学校評価システムの展開に関する実証的研究

福本みちよ 編著

玉川大学出版部

はじめに

　現在の日本の学校評価システムは、2002（平成 14）年 3 月に規定された小学校設置基準・中学校設置基準及び高等学校設置基準等の一部改正による学校の自己評価に関する規定の整備により、その法制化が進められてきた。具体的な内容は、2006（平成 18）年 3 月の文部科学省「義務教育諸学校における学校評価ガイドライン」の策定及び諸改訂により、徐々に整備されてきた。
　この「学校評価ガイドライン」の策定・改訂によって、日本の学校評価システムは一定の方向性が示されてきた。しかしながら、実際に学校評価システムを開発・運用していく各自治体や各学校に目を向けてみると、その運用実態や抱える課題は多様であり、学校評価や学校に対する支援の必要性は認識されていても、自己評価・学校関係者評価・第三者評価の趣旨に関する理解不足を含め、システムの定着・実効化に向けてはいまだ多くの課題を抱えているのが現状である。日本全体を見渡してみれば、学校評価システムの開発は途上であると言えよう。
　本書は、こうした現状を改善し、学校評価システムを有効に機能させるために、日本国内の先導的自治体や学校評価と学校支援を同時並行的に開発してきた諸外国を先行事例として、それらの学校評価システムの展開過程を分析し、そこから学校評価システムの開発に向けた促進要因と阻害要因を明らかにすることを目的としている。執筆にあたっては、単なる現状紹介にとどまることなく、そこから他の自治体においても応用可能な学校評価システムの開発に向けた促進要因と阻害要因を明らかにするよう心がけた。
　本書は、日本学術振興会科学研究費補助金を受けて 2007（平成 19）年度より 4 か年にわたって実施した「学校評価システムの展開に関する実証的研究」（基盤研究(B)　課題番号 19330181）の成果をもとにしたものである。刊行にあたっては、2012（平成 24）年度科学研究費補助金（研究成果公開促進費）の助成を受けた。
　本研究の推進ならびにその成果の公刊にあたっては、研究分担者および研究協力者の諸先生方には多忙の中で精力的に研究に取り組んでいただいた。

また、事例研究に際しては、各自治体の教育委員会等関係者の皆様には多大なるご協力をいただいた。この場をお借りして、厚く御礼を申し上げる次第である。なお、本書の出版にあたって、編集面でご助言・ご配慮をいただいた玉川大学出版部編集担当の森貴志氏と相馬さやか氏にも執筆者を代表して心よりお礼申し上げたい。

　2012年12月

編著者　福本みちよ

目 次

はじめに ………………………………………………………………………… i

序　章　研究の目的と内容 ……………………………………………………… 3

I　学校評価システムに関する政策動向・研究動向

第1章　日本における学校評価に関する政策動向 …………………………… 11
第2章　日本における学校評価システムの構築に関わる動向 ……………… 37
第3章　日本における学校評価論のレビュー
　　　　――これまでの学校評価研究の成果と今後の課題を中心に ……… 54

II　日本における学校評価システムの展開過程

第4章　ガイドラインに即した総合的学校評価システム
　　　　――福岡県 ……………………………………………………………… 71
第5章　「学校経営品質」による学校評価システムと支援体制の構築
　　　　――三重県 ……………………………………………………………… 86
第6章　「計画－評価－支援」の一体化をめざした学校評価システム
　　　　――横浜市 ……………………………………………………………… 99
第7章　「京都方式」の学校運営協議会を活用した学校評価システム
　　　　――京都市 ……………………………………………………………… 127

第8章 中学校区を基盤とした学校評価システム
　　　——胎内市・西海市 ………………………………………… 144
第9章 教育委員会・学校・専門家の協働による学校評価システム
　　　——岡山県矢掛町 …………………………………………… 165
第10章 集団ヒアリング型第三者評価を活用した学校評価システム
　　　——品川区 …………………………………………………… 193
第11章 学校準拠型第三者評価を活用した学校評価システム
　　　——広島市 …………………………………………………… 223
第12章 各自治体における学校評価システムの比較分析 ………… 245
第13章 学校評価活用事例：学校評価を機軸とした組織開発プロセス
　　　——高浜市 …………………………………………………… 253

Ⅲ　諸外国における学校評価システムの展開過程

第14章 第三者評価結果にもとづいた学校評価システム
　　　　——イングランド ………………………………………… 287
第15章 評価と支援のネットワークによる学校評価システム
　　　　——ニュージーランド …………………………………… 300
第16章 自律的学校改善を支える学校評価システム
　　　　——フランス・スコットランド ………………………… 315
第17章 振り返りを促す外部評価に力点を置いた学校評価システム
　　　　——ドイツ、バーデン-ヴュルテンベルク州 …………… 332
第18章 体系化された自己評価と第三者評価としての
　　　相互評価にもとづく学校評価システム
　　　　——アメリカ合衆国・Western Association of Schools and Colleges
　　　　（WASC）によるアクレディテーション …………… 354

第 19 章 Cambridge Education による第三者評価を導入した
　　　　学校評価システム
　　　　　──アメリカ合衆国ミネソタ州 Roosevelt High School を事例として
　　　　　……………………………………………………………………… 375

結　章　質保証時代の学校評価をどう展望するか ……………………… 393

資料

資料1　文部科学省「学校評価ガイドライン」の動きと
　　　　自治体における学校評価システムの構築過程 ……………… 420
資料2　イングランド・ニュージーランドにおける
　　　　学校評価の枠組み ………………………………………………… 429
資料3　学校評価関連文献リスト ……………………………………… 437

学校評価システムの展開に関する実証的研究

序　章 ｜ 研究の目的と内容

福本みちよ

1　本研究の背景

　今、学校は、自己評価・学校関係者評価・第三者評価という三つ巴の評価システムを活用することにより、各学校における教育の質保証を図ることが求められている。

　従来、日本においては学校現場でも学校評価研究の領域においても、「学校評価」を「学校による自己評価」としてのみとらえる感が強く、理論的にも実証的にも外部による学校評価についての十分な検討はなされてこなかった。ところが、学校評議員の制度化に連動する形で学校関係者評価が実施されるようになり、さらには2005（平成17）年7月の「骨太方針2005」を契機として一気に注目されるようになった外部評価は、2006（平成18）年3月の文部科学省「義務教育諸学校における学校評価ガイドライン」以降、第三者評価という形でそのシステム化に向けた研究開発が急速に進められていった。

　とはいえ、学校関係者評価にせよ、第三者評価にせよ、システム導入のみが先行し、評価指標の開発や評価者養成といった評価システムの構成要素は各自治体において手探りで進められているのが現状である。加えて、いわゆる「評価のやりっぱなし」で、いかに評価結果を受け止めそれを学校改善にいかしていくのかという、評価結果をいかした学校運営や、学校評価システムの効果的な活用ができずにいる学校に対する支援は、その必要性は指摘されるものの、具体的なシステム研究・開発は進んでいない。

　本書は、こうした現状に対して何らかの改善を図るべく、日本学術振興会科学研究費補助金を受けて2007（平成19）年度より4か年にわたって実施した「学校評価システムの展開に関する実証的研究」（基盤研究(B)　課題番号

19330181）の成果をもとにしたものである。ただし、本研究は上記のような問題意識を土台として行われてきた以下の二つの先行研究の成果の上に成り立つものであり、ここではまずこれら先行研究の研究成果を簡単に確認したい。

　第一に、「学校評価の促進条件に関する開発的研究」（1999〜2002（平成11〜14）年度日本学術振興会科学研究費補助金基盤研究(B)(2)、課題番号11551006、研究代表者　木岡一明）では、イギリスやニュージーランドですでに制度化されている専門的外部機関による第三者評価を軸とする学校評価システムの研究を通じて、外部機関による学校評価が直面している課題の分析を行ってきた。

　第二に、「学校評価システムの構築に関する開発的研究」（2003〜2006（平成15〜18）年度日本学術振興会科学研究費補助金基盤研究(B)(2)、課題番号15330173、研究代表者　木岡一明）では、自己評価と外部評価が機能的に連携した学校評価システムの開発に主眼を置き、外部による評価を受容する文化が成熟していない日本の学校文化において、いかに外部機関（者）を受容する体制を構築し、さらに外部による評価結果をいかに自己評価に反映させ、学校経営の活性化を効果的に進めていくか、といった課題に対して理論的実証的に取り組んだ。加えて、学校評価システムの開発に向けて先導的かつ萌芽的な取組を行っている自治体に対する訪問調査を実施するとともに、実際に学校評価システムの開発に携わっている各教育委員会や教育センターの学校評価担当者並びに学校評価研究者による学校評価研究推進連絡協議会を発足させ、学校評価システム構築に関する情報交換と実証的研究を精力的に進めた。

2　本研究の目的

　こうした先行研究の成果をふまえ、本研究に課せられた使命は「自己評価・学校関係者評価・第三者評価という三つの評価をいかに機能的に連動させるか」「それらの評価機能を十分に生かしうる学校経営システムをいかに確立させるか」という問いに何らかの答えを見出すことであり、それらを通じて義務教育の質保証を牽引しうる公教育システムの解明に一歩でも近づく

ことであった。そこで本研究の目的は、「この三つの評価がどのように連動するのか」「各評価から出された評価結果をどのように学校改善に結びつけていくのか」「この三つの評価が連動した評価システムを効果的に機能させるために必要な条件整備とはどのようなものか」といった、日本の各教育委員会や各学校が抱える現実的課題に対して理論的実証的に取り組んでいくことと設定した。

　そのために、本研究では日本国内の先導的自治体や、学校評価と学校支援を同時並行的に開発してきた諸外国を先行事例として、それらの学校評価システムの展開過程を分析し、そこから学校評価のシステム開発に向けた促進要因と阻害要因の解明に取り組んだ。具体的には、自己評価の機能の基本的な性格とその位置づけ、および第三者評価のあり方とその可能性について直近の知見に基づき実践的提言を試みるとともに、指導主事による支援機能の強化とその限界性の整理、教育委員会から学校への支援体制のあり方として全体支援と個別支援に分類され事情に応じて適宜選択すべきであることを明示した。研究を進めるにあたっては、単なる現状紹介にとどまることなく、事例分析から他の自治体においても応用可能な学校評価システム開発に向けた促進要因と阻害要因を明らかにするよう心がけた。

　さらに、本研究の一つの特徴といえる点が、日本の学校評価研究においても研究成果の蓄積が浅い「学校支援機能」に力点を置いたところである。これまでの研究成果により、伝統的な視学制度の歴史をもちつつ競争的要素も包含した形で第三者評価を行ってきたイングランドや、制度的にはイングランドとの類似点を多くもちながらも自律的学校経営の素地を全くもたないなかで、学校分権と外部機関による第三者評価を同時に導入したニュージーランド、さらには両国とは異なる視点で学校評価を導入しつつあるドイツやフランスといった各国における自己評価と外部評価、第三者評価の実施実態、並びに評価の実施にともない必要とされる諸施策（学校改善支援システムの構築、評価者養成等）の特質や構造、機能についてはすでに明らかにされている。これらの研究成果をもとに、本研究ではこれまで明らかにしてきた評価システムがいかなる構造の下で教育の質保証を果たしているのか、すなわち評価システムの導入による効果とその効果を最適化していくための支援システムを教育の質の保証という観点から分析するという側面に力点を置いた。

この「学校支援機能」に着目した研究においては、特にその点で紆余曲折しながらも一定の成果を上げているニュージーランドやイングランドの先行事例から日本に必要な示唆を提示し、学校内部の専門性向上と行政を含めた外部からの専門的指導・助言ないしは支援の相補関係をどのように構築するかについて、分析を試みた。

3　本研究成果の概要

　上記のような研究目的をもとに研究を進めたわけだが、本書ではその研究成果をⅠ部、Ⅱ部、Ⅲ部に分けまとめ、さらに巻末において資料を掲載している。

　第Ⅰ部「学校評価システムに関する政策動向・研究動向」においては、日本における学校評価に関する政策動向をまとめるとともに、学校評価論に関する先行研究の分析を通して学校評価研究の動向をまとめた。具体的には、第1章では1998（平成10）年から2012（平成24）年までの学校評価に関する各種審議会等の答申や報告書の内容を時系列に整理し、日本の学校評価政策の動向をまとめている。第2章では、日本における学校評価システムの法制化について、2002（平成14）年以降の動向について確認するとともに、法制化にともなって整備されてきた「学校評価ガイドライン」の法的な位置づけについて検討している。さらに、「学校評価ガイドライン」のなかでも、特に「第三者評価」の位置づけについて検討している。第3章では、これまでの学校評価研究の成果と今後の課題を中心に日本における学校評価論をレビューしている。

　第Ⅱ部「日本における学校評価システムの展開過程」においては、日本国内の先導的自治体（第4章福岡県、第5章三重県、第6章横浜市、第7章京都市、第8章新潟県胎内市および長崎県西海市、第9章岡山県矢掛町、第10章東京都品川区、第11章広島市）を取り上げ、各自治体における学校評価システムの展開過程を分析し、そこから学校評価システムが有効に機能するための促進要因と阻害要因の抽出を試みた。これらの事例研究をふまえ、第12章では各自治体の学校評価システムの比較分析を行い、今日の学校評価システムにおける自治体としての取組の到達点について検討した。そして第13章では学

校評価の活用事例として、高浜市における学校評価を基軸とした学校組織開発の事例研究を行っている。

　第Ⅲ部「諸外国における学校評価システムの展開過程」においては、日本に示唆となる取組を展開している諸外国（第14章イングランド、第15章ニュージーランド、第16章フランス及びスコットランド、第17章ドイツ〈バーデン－ヴュルテンベルク州〉、第18章及び第19章アメリカ）を取り上げ、諸外国における学校評価システムの展開過程を分析し、そこから学校評価システムが有効に機能するための促進要因と阻害要因の抽出を試みた。

　最後に資料編では、早くから第三者評価を義務化し、のちにその機能を大きく変容させるとともに、学校自己評価の充実に向け学校支援に力を入れているニュージーランドとイングランドの学校評価の枠組みの比較表、及び日本における学校評価に関する先行研究文献リスト等を提示した。

　本書は14人の執筆者により作成されているが、その多くが実際に自治体の学校評価システム開発の計画段階・実施段階・改良段階に直接携わってきており、学校評価システム開発の現状や課題、壁となる阻害要因等と格闘してきた。本書では、そこから得られた経験知も加味されている。本書によって示された視点や課題が、今後の学校評価研究の進展に何らかの形で寄与できることを願うばかりである。

Ⅰ

学校評価システムに関する
政策動向・研究動向

第 1 章 日本における学校評価に関する政策動向

湯藤定宗・髙妻紳二郎

はじめに

　2010（平成 22）年 7 月 20 日に「学校評価ガイドライン〔平成 22 年改訂〕」が策定された。後述するように、この平成 22 年改訂において第三者評価の定義や実施体制等が整備され、自己評価と学校関係者評価、そして第三者評価を構成要素とした学校評価の全体像が示されたことになる。学校評価は国の政策レベルでいえば、10 年余りの歳月をかけて、一応の決着がついたと考えられる。

　ところで、最初の学校評価のガイドラインである「義務教育諸学校における学校評価ガイドライン」が策定されたのは 2006（平成 18）年 3 月 27 日であった。その後 2008（平成 20）年 1 月 31 日に「学校評価ガイドライン〔改訂〕」が策定され、続いて冒頭の「学校評価ガイドライン〔平成 22 年改訂〕」に至る。これら学校評価のガイドラインの策定と改訂だけをとらえても、学校評価政策をめぐる動きは時の政治状況に影響を受けながら、予断を許さない状態が特に教育関係者にとっては何年も続いていたことも事実である。

　本章では 1998（平成 10）年から 2012（平成 24）年までの学校評価に関する各種審議会等の答申や報告書の内容を時系列に整理し、日本の学校評価政策の動向を把握することを目的とする。

（湯藤定宗）

1 「義務教育諸学校における学校評価ガイドライン」策定までの流れ

(1) 学校評価が政策提言された答申（1998年）と提案（2000年）

　日本において、後述するような「義務教育諸学校における学校評価ガイドライン」策定を初めとする、一連の学校評価導入の最初の契機は、1998（平成10）年の中央教育審議会（以下中教審）答申「今後の地方教育行政の在り方について」においてであった。同答申では、地域住民による学校運営への参加の具体的改善方策として「各学校においては、教育目標や教育計画等を年度当初に保護者や地域住民に説明するとともに、その達成状況等に関する自己評価を実施し、保護者や地域住民に説明するように努めること」が提言として示された。また「自己評価が適切に行われるよう、その方法等について研究を進めること」とされたことから、この時点では直ちに自己評価としての学校評価を導入する時期ではないという認識であったことが理解できる。
　状況が大きく動く契機となったのは、小渕恵三内閣総理大臣の私的諮問機関という位置づけで2000（平成12）年3月に発足した教育改革国民会議による「教育を変える17の提案」であった。同会議は同年12月に最終報告書「教育を変える17の提案」を森喜朗内閣総理大臣に提出した。その提案の12項目目に「地域の信頼に応える学校づくりを進める」という提案があり、以下のように言及されている。「学校、特に公立学校は、努力しなくてもそのままになりがちで、内からの改革がしにくい。地域で育つ、地域を育てる学校づくりを進める。単一の価値や価値基準による序列社会ではなく、多様な価値が可能な、自発性を互いに支え合う社会と学校を目指すべきである」。そして、「各々の学校の特徴を出すという観点から、外部評価を含む学校の評価制度を導入し、評価結果は親や地域と共有し、学校の改善につなげる」という提案内容になっている。学校評価に関しては「外部評価を含む学校の評価制度」の導入という提案に特に注目する必要がある。なぜならば、外部評価という文言が、日本の教育政策として「教育を変える17の提案」において初めて提案されたからである。

(2) 「21世紀教育新生プラン」と「今後の教員免許制度の在り方について」における学校評価の位置づけ

 「教育を変える17の提案」を受けて、文部科学省（以下、文科省）は、翌月の2001（平成13）年1月に「21世紀教育新生プラン」を策定した。同プラン12項目「地域の信頼に応える学校づくりを進める」に関しては、自己評価システムの確立として、小学校・中学校では自己点検・自己評価と結果の公表を盛り込んだ学校設置基準が整備されることになった。

 また、2002（平成14）年2月の中教審答申「今後の教員免許制度の在り方について」において、学校評価システムの確立が以下の通り明記された。[5]「我々は、以上述べてきたようなコミュニケーションの成立を確実にするため、学校の自己点検・自己評価の実施とその結果を保護者や地域住民等に公表する学校評価システムを早期に確立することを提言する。各都道府県教育委員会等において、学校や地域の実情に応じた評価を行うための具体的方策について、先進的な取組を参考にしつつ、調査研究を進めることを提案したい。そして、自己点検・自己評価の実施とその結果の公開の進展に併せ、外部評価が加味され、外部評価の導入へと段階的に進めていくことを求めたい」。

 上記の答申内容に基づき、そして「21世紀教育新生プラン」のタイムスケジュール通りに、2002年3月に小学校と中学校の学校設置基準が初めて制定された。[6]

 小学校（中学校）設置基準
 第2条（自己評価等） 小学校（中学校）は、その教育水準の向上を図り、当該小学校（中学校）の目的を実現するため、当該小学校（中学校）の教育活動その他の学校運営の状況について自ら点検及び評価を行い、その成果を公表するよう努めるものとする。
  2　前項の点検及び評価を行うに当たっては、同項の趣旨に即し適切な項目を設定して行うものとする。
 第3条（情報の積極的な提供） 小学校（中学校）は、当該小学校（中学校）の教育活動その他の学校運営の状況について、保護者等に対して積

極的情報を提供するものとする。

　上記の小学校（中学校）設置基準に明記されているように、自己点検・自己評価と結果の公表が努力義務とされたが、これは学校評価が省令として初めて明文化されたことを意味する。一方で「教育を変える17の提案」における「外部評価を含む学校の評価制度」の導入に関しては、中教審答申「今後の教員免許制度の在り方について」に明記されていた「外部評価が加味され、外部評価の導入へと段階的に進めていくことを求めたい」という文言を受け、将来的には外部評価の導入を想定はしているものの、2002年時点においては自己点検・自己評価と結果の公表の努力義務化に留めたともいえる。この時期までの学校評価に関する政策動向としては、中教審の答申内容が全面的に反映された結果となった。しかし、後述するようにこの時期以降 2008（平成20）年の教育再生会議が解散されるまでは、文科省や中教審よりも、同会議を中心としながら首相官邸が学校評価政策の主導権を握ることになっていく。

(3) 「経済財政運営と構造改革に関する基本方針2005」と「新しい時代の義務教育を創造する」における共通点

　小泉純一郎内閣総理大臣の下、2005（平成17）年6月に閣議決定された「経済財政運営と構造改革に関する基本方針2005」、いわゆる「骨太の方針」において「義務教育について、学校の外部評価の実施と結果の公表のためのガイドラインを平成17年度中に策定する」とされた。加えて「骨太の方針」では、「確かな学力」の向上を図るために、児童生徒の学力状況の把握・分析と指導方法の改善・向上のための全国的な学力調査の実施について提案している。閣議決定後の2005年10月に提出された中教審答申「新しい時代の義務教育を創造する」において、義務教育の水準確保が示されているが、上記の「確かな学力」の向上と共通して見られる主張であることが指摘できる。

　また、上記した中教審答申「新しい時代の義務教育を創造する」では「骨太の方針」と同様、外部評価の導入を以下の通り、強く提言している。「現在、学校評価は、学校が教育活動の自律的・継続的な改善を行うとともに、「開かれた学校」として保護者や地域住民に対し説明責任を果たすことを目

的として、自己評価を中心に行われている。(中略) その一方で、各学校における実施内容のばらつきや、評価結果の公表が進んでいないなどの課題も見られる。今後、更に学校評価を充実していくためには、学校・地方自治体の参考に資するよう大綱的な学校評価のガイドラインを策定するとともに、現在、努力義務とされている自己評価の実施とその公表を、現在の実施状況に配慮しつつ、今後全ての学校において行われるよう義務化することが必要である。また自己評価の客観性を高め、教育活動の改善が適切に行われるようにしていくためには、公表された自己評価結果を外部者が評価する方法を基本として、外部評価を充実する必要がある。(中略) 国は、評価に対する専門的な助言・支援を行うとともに、第三者機関による全国的な外部評価の仕組みも含め、評価を充実する方策を検討する必要がある」[8]。

同答申は、自己評価を中心に行われている2005年までの学校評価には内容のばらつきがあり、評価結果の公表も進んでいないことを課題として、「学校評価ガイドライン」策定、及び努力義務とされていた自己評価の実施とその公表を各学校において義務化することを提案している。さらに、自己評価の客観性を高めるための方法として、義務化されるべき自己評価の実施とその結果を外部評価者が評価する、外部評価が必要であるとしている。

また「骨太の方針」同様、学習到達度・理解度把握のための全国的な学力調査の実施について「客観的なデータを得ることにより、指導方法の改善に向けた手がかりを得ることが可能となり、子どもたちの学習に還元できることとなる。このような観点から、子どもたちの学習到達度・理解度についての全国的な学力調査を実施することが適当である」[9]と提言している。

既述した1998 (平成10) 年の中教審答申「今後の地方教育行政の在り方について」と2000 (平成12) 年の教育改革国民会議による「教育を変える17の提案」、及び2002 (平成14) 年の中教審答申「今後の教員免許制度の在り方について」を比較すれば明らかなように、上記の答申及び提案では、外部評価については積極的ではなかった。しかし、2005年の中教審答申「新しい時代の義務教育を創造する」における外部評価に対するスタンスは、同年の「骨太の方針」と主張は共通しており、これまでの中教審の提案とは大きく異なっている。

「骨太の方針」が公表されたのは2005年6月21日であり、「新しい時代の

義務教育を創造する」が公表されたのは同年10月26日である。そしてこの4か月の間に起きたこととしては、衆議院の解散そして総選挙を挙げることができる。同年8月8日に郵政民営化法案が参議院本会議で否決されたことを受けて、同日に衆議院が解散され、9月11日に行われた第44回衆議院総選挙において、自由民主党が圧勝した。

　この選挙結果の勢いのまま、総選挙前に策定されていた「骨太の方針」に強い影響を受けるかたちで、中教審答申「新しい時代の義務教育を創造する」が提出され、2006（平成18）年3月27日に「義務教育諸学校における学校評価ガイドライン（以下、「学校評価ガイドライン」）」が策定された。

　また、全国的な学力調査の実施もこの時期に決定した。「骨太の方針」においても、また「新しい時代の義務教育を創造する」においても共通して、学校評価（外部評価を含む）と全国的な学力調査を提言している。一見異なる政策提言のように思えるが、この二つは連動していると考えることができる。学校評価の目的は、後述するが端的には第一に学校改善、第二に信頼される開かれた学校づくり、そして第三に教育委員会による学校支援等を通しての一定水準の教育の質の保証である。学校によって提供される教育の質の保証を学校評価を通して確保すると同時に、学校教育の成果を全国的な学力調査によって検証し、学校教育が提供している教育の質の面からも、その教育を受けている児童生徒の学力結果からも、アカウンタビリティが果たされていることを示すことが目指されているのである。

（湯藤定宗）

2　学校評価ガイドラインの目的、方法、及び設置者等による支援や条件整備等の改善

(1)　学校評価の目的

　「学校評価ガイドライン」によれば、冒頭に「学校評価は、それぞれの学校が、自らの教育活動その他の学校運営について自律的・継続的に改善を行っていくために必要なものである。また、学校が保護者や地域住民に対して説明責任を果たし、保護者、地域住民などが情報や課題を教職員と共有しながら学校運営に参画しその改善を進めていく上で重要である」とある。さら

に「本ガイドラインは、学校評価が必ずこれにそって実施されなければならないことを示す性質のものではない。各学校や設置者は、それぞれの状況等に応じて進めてきた学校評価の取組の中に、本ガイドラインに示された内容を適宜取り込むこと等により、学校評価の質的な改善を図って頂きたい」とある。

「学校評価ガイドライン」における学校評価は、中教審答申「新しい時代の義務教育を創造する」において示されていた通り、「教育の成果の検証のための主要な手段」として位置づけられている。そして、学校評価の目的は以下の三つとされた。

①各学校が、自らの教育活動その他の学校運営について、目指すべき成果やそれに向けた取組について目標を設定し、その達成状況を把握・整理し、取組の適切さを検証することにより、組織的・継続的に改善すること。

②各学校が、自己評価及び外部評価の実施とその結果の説明・公表により、保護者、地域住民から自らの教育活動その他の学校運営に対する理解と参画を得て、信頼される開かれた学校づくりを進めること。

③各学校の設置者等が、学校評価の結果に応じて、学校に対する支援や条件整備等の必要な措置を講ずることにより、一定水準の教育の質を保証し、その向上を図ること。

端的には、第一に各学校による組織的・継続的な学校改善、第二に各学校による信頼される開かれた学校づくり、第三に市町村教育委員会等による、学校の一定水準の質の保証及び向上が学校評価の三つの目的である。

学校評価が各学校に対する努力義務的な性格であれば、「学校評価ガイドライン」に明記されている「現在の学校評価の取組状況に応じ、ガイドラインに示された内容を段階的に導入するなど、無理のない方法で取り組んで頂きたい」と記載された内容は、文字通りに機能したかもしれない。しかし、学校評価の三つ目の目的が、市町村教育委員会等による、学校の一定水準の質の保証及び向上と設定されている以上、各学校単位による無理のない方法による学校評価とはなりにくい。つまり、各学校の設置者である市町村教育委員会等の学校評価を通しての学校支援や条件整備の在り方によっては、結果として学校に対して負担になる学校評価を強いることも予測される。

(2) 学校評価の方法

「学校評価ガイドライン」では、各学校が自ら行う評価及び学校運営の改善を自己評価、評価委員会等の外部評価者が行う評価及び学校運営の改善を外部評価と規定した。この二つの学校評価に加えて、評価結果の説明・公表、設置者への提出及び設置者等による支援や条件整備等の改善も学校評価の要素とした。

ところで、これまで外部評価として位置づけられてきた、児童生徒や保護者、地域住民に対するアンケートは、学校の自己評価の一部としてとらえることが適当とされた。また、外部評価を実施する評価者としては、学校評議員、PTA役員（保護者）、地域住民等が想定された。PTA役員や学校評議員の一部は保護者であり、また、学校評議員には地域住民も含まれる。そうすると自己評価の一部としてとらえることが適当とされた保護者や地域住民のアンケート結果は自己評価で、その自己評価をした評価者が、同時に外部評価者として評価をすることになる。つまり、自己評価と外部評価における保護者と地域住民の区別が明確ではない状況が生じる。

学校評価の方法に関して、「例えば、教職員と保護者・地域住民が1つの組織を設けて自己評価と外部評価を同時に行うことや、外部評価結果の設置者への報告にかえて外部評価者に設置者の職員を加えることなどが考えられる」とされている。また外部評価委員会に関しては、「外部評価委員会にかえて、学校評議員や学校運営協議会等の既存の保護者、地域住民等による組織を活用して外部評価を行うことも考えられる」とある。既述したが、「学校評価ガイドライン」の冒頭で述べられていた通り、「現在の学校評価の取組状況に応じ、ガイドラインに示された内容を段階的に導入するなど、無理のない方法で取り組んで頂きたい」という趣旨には賛同するものの、既存の組織や人材を活用しながら各学校や地域の実情を考慮した、学校評価の弾力的な運用を奨励したとしても、実質的には教育現場はかえって混乱する。この点は、後に「学校評価ガイドライン〔改訂〕」において解消されるものの、この時点では用語の定義において混乱が見られる。いわゆる「骨太の方針」と称される閣議決定により2005（平成17）年度中に学校評価ガイドラインを策定することが事前に決められており、時間不足のなかでの策定作業

だったことが理解できる。[12]

(3) 評価結果の説明・公表、設置者への提出及び設置者等による支援や条件整備等の改善

　表1-1は、学校設置基準が制定、施行された2002（平成14）年度から5年間にわたる、学校評価に関する自己評価、外部評価、及び結果の公表の実施率の推移である。2002年度においてすでに9割近くの公立学校が自己評価を実施しており、2006（平成18）年度においては9.6ポイント上昇し、98.0％と非常に高率である。外部評価については、2004（平成16）年度まではアンケートや懇談会での意見聴取のみでも外部評価を実施したことになるが、2002年度の44.3％が2006年度には88.9％に上昇し、44.6ポイントも上昇している。学校評価結果の公表については、2005（平成17）年度においても58.3％と、自己評価や外部評価の実施率と比較して、低率に留まっている。

　この状況を踏まえて、「学校評価ガイドライン」には学校評価結果の公表に関して各学校は、自己評価書を学校のホームページを利用するなどして、広く一般に公表すること、及び自己評価書を設置者に提出することとされているのである。また、外部評価に関しても、その定義が定着していないことから、旧来のアンケートや懇談会での意見聴取だけでも外部評価とみなす場合は8割以上の実施率だが、「学校評価ガイドライン」で定義された外部評価の実施率は51.5％（2005年度）、49.1％（2006年度）に留まっており、約半数の公立学校でのみ外部評価が実施されていることがわかる。

表1-1　公立学校における学校評価及び情報提供の実施状況[13]（％）

	2002年度	2003年度	2004年度	2005年度	2006年度
自己評価実施状況	88.4％	94.6％	96.5％	97.9％	98.0％
外部評価実施状況＊	44.3％	64.1％	78.4％	83.7％ (51.5％)＊	88.9％ (49.1％)＊
学校評価結果の公表	38.9％	39.0％	42.8％	58.3％	45.2％＊＊

　＊　外部評価とは保護者や地域住民等による評価であるが、2005・2006年度の括弧内の数字は、「学校評価ガイドライン」において定義された外部評価（アンケートや懇談会での意見聴取のみならず、学校評議員、PTA役員（保護者）、地域住民、有識者等の外部評価者が行う評価）の実施率である。
＊＊　2005年度までは「公表」を広く定義し、「学校評議員への説明」等を含めて調査を実施しているため単純比較できない。

各学校による自己評価や外部評価に加えて、設置者等による支援や条件整備等の改善という要素が、学校を改善していく際には非常に重要であることは言うまでもない。したがって、それを機能させるだけの専門性や力量を市町村教育委員会が有しているかが問われているのである。学校評価ガイドラインには「設置者は、各学校から提出された自己評価書をもとに、特に学習指導など専門性が要求される事項について、各学校の自己評価が適切に行われたかどうか、学校運営の改善に向けた取組が適切かどうかを検証し、学校運営の改善に向けた指導・助言を行う」とある。また、上部組織としての都道府県教育委員会等の対応として「各学校において自己評価や外部評価が適切に行われるためには、評価に携わる者が評価について一定の知識を持つことが不可欠である。このため、各都道府県（政令指定都市）の教育委員会が、設置者と連携しながら、学校評価の実施にあたり、各学校で中心となる教職員の研修や、外部評価者の知識の向上を目的とした研修を行うことが必要である」と述べられている。上記二つの引用箇所において、市町村及び都道府県教育委員会が専門的な指導力を有することが前提となっているが、その前提も検証する必要がある。

（湯藤定宗）

3　教育再生会議と学校評価の推進に関する調査研究協力者会議に見られる議論の展開

(1)　安倍晋三政権発足、教育再生会議発足、教育基本法改正、教育再生会議第一次報告

　安倍晋三内閣総理大臣の強いリーダーシップの下、2006（平成18）年10月10日に閣議決定され、教育再生会議が設置された。その趣旨については「21世紀の日本にふさわしい教育体制を構築し、教育の再生を図っていくために、教育の基本にさかのぼった改革を推進する必要がある」[14]との閣議決定にある。内閣総理大臣就任後わずか2週間後に教育再生会議を発足させたことからもわかるように、教育改革に対する並々ならぬ意欲を看取することができる。

　教育再生会議は、2007（平成19）年1月24日に第一次報告書「社会総が

かりで教育再生を——公教育再生への第一歩」を提出した[15]。その報告書において教育再生のための当面の取組として、七つの提言と四つの緊急対応が掲げられている。

　学校評価に関して注目すべきは、七つの提言の「⑤保護者や地域の信頼に真に応える学校にする」である。保護者や地域の信頼に真に応えるために、教育再生会議が提言した具体的内容は、第三者機関（教育水準保障機関（仮称））による外部評価・監査システムの導入である。教育界に馴染みにくい、非常に強硬な提言に思えるが、安倍氏自身は彼の著書『美しい国へ』において以下のように言及している。「ぜひ実施したいと思っているのは、サッチャー改革が行ったような学校評価制度の導入である。学力ばかりでなく、学校の管理運営、生徒指導の状況などを国の監査官が評価する仕組みだ。問題校には、文科省が教職員の入れ替えや、民営への移管を命じることができるようにする。もちろん、そのためには、第三者機関（たとえば「教育水準保障機構」というような名称のもの）を設立し、監査官はそこで徹底的に訓練しなければならない。監査の状況は国会報告事項にすべきだろう[16]」。上記の教育再生会議第一次報告の提言⑤の具体的内容として提案されている外部評価・監査システムは、彼の主張を政策として具現化しようとしたことは明らかである。

　ところで、彼の著書が出された2006年といえば、教育基本法改正が思い出される。同年11月16日に衆議院本会議を通過、参議院本会議を12月15日に通過し、成立した改正教育基本法は、同年12月22日に公布・施行された。同法の59年ぶりの改正を契機として、教育再生会議の第一次報告に盛り込まれた内容は、これまでに類を見ないほどの速さで関連法案を成立させていく。学校教育法、地方教育行政の組織及び運営に関する法律、教育職員免許法及び教育公務員特例法の、いわゆる教育三法の改正もその流れの中にある。安倍政権誕生と教育再生会議の発足、及び教育基本法改正という一連の流れは、学校評価にも非常に大きな影響を及ぼしている。当然のことながら、教育基本法が改正されたことから、関連法令の改正が検討されることになり、その最初の動きが、以下の中教審答申である。

　教育基本法が改正されたことを受け、2007年3月10日に中教審が「教育基本法の改正を受けて緊急に必要とされる教育制度の改正について」を答申

した[17]。その答申において、いわゆる教育三法の改正について言及されている。学校評価に関しては学校教育法において、規定の新設が提案され、学校の第三者評価の在り方については留意事項として、さらに検討することが盛り込まれていた。

(2) 「学校評価の在り方と今後の推進方策について 中間とりまとめ」による修正提案

2006（平成18）年3月に策定された「学校評価ガイドライン」の「はじめに」において、「文部科学省では、各学校が行う学校評価の状況等を踏まえ、本ガイドラインがより良いものとなるよう継続的に見直すこととしたい。本ガイドラインの今後の改定に向けて、関係者の皆様からの積極的な提言等を期待するところである」[18]とある。これを受けた具体的な動きとしては、同年7月、文部科学省初等中等局に「学校評価の推進に関する調査研究協力者会議（以下、学校評価推進会議）」が発足し、2007（平成19）年3月28日に「学校評価の在り方と今後の推進方策について中間とりまとめ」が出された[19]。

特に注目すべきは、以下の3点である。第一に、「学校評価ガイドライン」と比較して大きく変わった箇所として、学校評価の実施手法を「自己評価」、「学校関係者評価（外部評価）」、そして「第三者評価」の三つに明確に分類することが提案されている。また、学校評価の基本は自己評価であることが確認されている[20]。

二つ目に、先述した中教審答申「教育基本法の改正を受けて緊急に必要とされる教育制度の改正について」と同様、学校評価の規定を学校教育法に位置づけることが適当とした。さらに、その際には、自己評価・学校関係者評価（外部評価）の実施・公表の在り方等についても明確化を図ることが重要であるとの認識が示された。

三つ目に、学校評価に関する教育委員会等の役割強化に関して、「市町村教育委員会を中心に、設置者等による学校評価結果に基づく学校への支援・改善機能の重要性を強調することが必要である」としている。また、教育委員会による各学校への研修等の充実が必要であることに加えて、教育委員会の構成員としての指導主事の資質を高めるための研修等が重要であることを

指摘している。このことは、教育委員会自体の学校評価に関する専門的指導力が問われていることを意味する。

(3) 学校評価に関する学校教育法等の法令規定と「学校評価の在り方と今後の推進方策について(第一次報告)」が提案した内容

　2007(平成19)年6月20日に参議院本会議において、教育改革関連法案が可決成立した。学校評価に関しては、既述した同年3月10日の中教審答申「教育基本法の改正を受けて緊急に必要とされる教育制度の改正について」、及び同年3月28日の「学校評価の在り方と今後の推進方策について中間とりまとめ」を受けて、学校教育法が以下の通り改正された[21]。

　　第42条　小学校は、文部科学大臣の定めるところにより当該小学校の教育活動その他の学校運営の状況について評価を行い、その結果に基づき学校運営の改善を図るため必要な措置を講ずることにより、その教育水準の向上に努めなければならない。
　　第43条　小学校は、当該小学校に関する保護者及び地域住民その他の関係者の理解を深めるとともに、これらの者との連携及び協力の推進に資するため、当該小学校の教育活動その他の学校運営の状況に関する情報を積極的に提供するものとする。

　学校評価推進会議は、「中間とりまとめ」に続き、「学校評価の在り方と今後の推進方策について第一次報告(以下、「第一次報告」)」を2007年8月27日に提出した。「第一次報告」において強調されていることは以下の通りである。
　第一に「概念が混乱している様相も見られた学校評価の用語について、一定の定義を行い関係の整理を行ったこと」、第二に「特に、保護者や地域住民など学校と密接な関わりを有している者を、単に学校が提供する諸活動を享受する者としてだけではなく、学校に参画するものとして捉え、学校関係者評価等の学校評価の活動を通じて、学校をより良くするために教職員と協力して能動的・主体的に参画する存在として位置付けたこと」、第三に「学

校運営の改善に果たす設置者の役割や在り方について、その重要性を強調するなど、より明確化を図ったこと」。

また、上記の学校教育法改正を受けて、「第一次報告」は学校教育法施行規則改正に関して、以下のように提言した。「すべての学校が自己評価を行い、その結果を公表すること。すべての学校が、自己評価結果を踏まえて学校関係者評価（外部評価）を行い、その結果を公表するよう促すこと。各学校が行った自己評価や学校関係者評価（外部評価）の結果を、当該学校の設置者に報告すること」。

下記の2007年10月30日付で改定された学校教育法施行規則と、上記の学校教育法は、第一に自己評価とその結果公表の義務化、第二に学校関係者評価（外部評価）の実施と結果公表の努力義務化、第三に自己評価結果の当該設置者への報告の義務化を法令上明文化したが、以下の同法施行規則の内容は、上記の「第一次報告」による提言通りの内容となっている[22]。

第66条　小学校は、当該小学校の教育活動その他の学校運営の状況について、自ら評価を行い、その結果を公表するものとする。
　2　前項の評価を行うに当たつては、小学校は、その実情に応じ、適切な項目を設定して行うものとする。
第67条　小学校は、前条第1項の規定による評価の結果を踏まえた当該小学校の児童の保護者その他の当該小学校の関係者（当該小学校の職員を除く）による評価を行い、その結果を公表するよう努めるものとする。
第68条　小学校は、第66条第1項の規定による評価の結果及び前条の規定により評価を行つた場合はその結果を、当該小学校の設置者に報告するものとする。

(4) 教育再生会議第三次報告における学校評価に関する提言

教育再生会議は第三次報告として「社会総がかりで教育再生を～学校、家庭、地域、企業、団体、メディア、行政が一体となって、全ての子供たちのために公教育を再生する～」を2007（平成19）年12月25日に発表した[23]。さ

らに、2008（平成20）年1月31日に同会議は、「社会総がかりで教育再生を（最終報告）～教育再生の実効性の担保のために～」を提出した[24]。

　第三次報告「5. 現場の自主性を活かすシステムの構築～情報を公開し、現場の切磋琢磨を促し、努力する学校に報いる～」において、学校の情報公開を第三者評価の基本としながら、第一に、国が学校の第三者評価についてのガイドラインを示すこと、第二に、各地域では国が示すガイドラインを参考に、有識者、専門家、住民等からなる評価委員会による学校の第三者評価を行うこと、第三に、各学校の主体的な改善活動を、学校評価結果に基づいて教育委員会がサポートすること等が示された。しかし、安倍内閣総理大臣がすでに退任した後の報告書でもあり、「第一次報告」当時の教育再生会議に対する追い風とは程遠い状況下での第三次報告、及び最終報告となった。

（湯藤定宗）

4　「学校評価ガイドライン〔改訂〕」における目的、及び定義の変更点

　教育再生会議による最終報告が提出された同日（2008（平成20）年1月31日）に「学校評価ガイドライン〔改訂〕」が文科省によって作成、公表された[25]。対象となる学校に変更が加えられ、高等学校及び特別支援学校も含まれることとなった。また学校評価推進会議による「学校評価の在り方と今後の推進方策について」の「中間とりまとめ」と「第一次報告」において[26]、「学校評価ガイドライン」の内容が重点的に検討され、学校評価の目的と定義について以下の通り変更が加えられた。修正された学校評価の目的は以下の3点である[27]。

①各学校が、自らの教育活動その他の学校運営について、目指すべき目標を設定し、その達成状況や達成に向けた取組の適切さについて評価することにより、学校として組織的・継続的な改善を図ること。

②各学校が、自己評価及び保護者など学校関係者等による評価の実施とその結果の公表・説明により、適切に説明責任を果たすとともに、保護者、地域住民等から理解と参画を得て、学校・家庭・地域の連携協力による学校づくりを進めること。

③各学校の設置者等が、学校評価の結果に応じて、学校に対する支援や条件整備等の改善措置を講じることにより、一定の水準の教育の質を保証し、その向上を図ること。

　2006（平成18）年3月の「学校評価ガイドライン」と比較しても、上記の三つの目的自体は多少の文言の修正は見られるが、大きな変更は見られない。

　一方、外部評価に関して大きな修正が加えられている。最初の「学校評価ガイドライン」では、「各学校が自ら行う評価及び学校運営の改善」を自己評価、「評価委員会等の外部評価者が行う評価及び学校運営の改善」が外部評価と定義づけられていた。「学校評価ガイドライン〔改訂〕」において、「自己評価は、学校評価の最も基本となるものであり、校長のリーダーシップの下で、当該学校の全教職員が参加し、設定した目標や具体的計画等に照らしてその達成状況や達成に向けた取組の適切さ等について評価を行うもの」と定義されており、自己評価に関しては、新旧のガイドライン間に大きな変化は見られない。一方、外部評価に関しては、保護者等の学校に関係する者（当該学校の教職員は除く）と当該学校に直接かかわりをもたない専門家等に分類し、前者を「学校関係者評価」、後者を「第三者評価」として、それぞれ以下のように定義づけた。「学校関係者評価は、保護者、学校評議員、地域住民、青少年健全育成関係団体の関係者、接続する学校（小学校に接続する中学校など）の教職員その他の学校関係者などにより構成された委員会等が、その学校の教育活動の観察や意見交換等を通じて、自己評価の結果について評価することを基本として行うものである」。「第三者評価は、その学校に直接かかわりをもたない専門家等が、自己評価及び学校関係者評価の結果等も資料として活用しつつ、教育活動その他の学校運営全般について、専門的・客観的（第三者的）立場から評価を行うものである」。

　上記の定義により、学校関係者評価は、当該学校の自己評価結果について評価することとされ、両者は「学校運営の改善を図る上で不可欠のものとして、有機的・一体的に位置付けるべき」とされている。学校関係者評価を通じて、保護者、及び地域住民等が学校のことを知り、学校と「課題意識を共有」し、「相互理解を深める」ことを通して、「保護者・地域住民の学校運営への参画を促進し、共通理解に立ち家庭や地域に支えられる開かれた学校づくり」が期待されているのである。

なお、第三者評価については「学校評価ガイドライン〔改訂〕」においては上記の定義しかなされておらず、「今後さらに文部科学省において検討を深める」という状況に留まっている。安倍政権退陣に伴う教育再生会議のトーン・ダウンにより、丁寧な議論による内容の充実を選択することが可能となった結果、教育再生会議（「第一次報告」）や『美しい国へ』で主張されていた外部評価・監査システムの構築は保留状態となった。

　また、学校教育法施行規則第68条に新たに規定された、学校評価結果報告義務により、市町村教育委員会に対して学校評価結果に基づく適切な学校支援がこれまで以上に課せられており、市町村教育委員会の専門的指導力が強く問われている。まず、各学校において学校評価が適切に実施できる教職員の研修が必要となる。また各学校への学校改善に関する支援という観点から、指導主事の役割が非常に重要であり、その研修も市町村教育委員会が企画・実施しなくてはらない。状況に応じて、都道府県教育委員会による市町村教育委員会への多様な支援も不可欠である。　　　　　　（湯藤定宗）

5　文部科学省委託事業の推進と民間研究機関による調査結果の活用

　既述したように、「学校評価ガイドライン〔改訂〕」においても第三者評価の詳細な内容については「今後さらに文部科学省において検討を深める」状態であったが、その数年前から文科省は、第三者評価も含めた学校評価に関する調査委託事業を推進していた。

　2006（平成18）年度から文部科学省調査委託研究事業として「専門家等による学校の第三者評価試行事業」、「大学や民間研究機関に委嘱して実施した第三者評価の手法、評価者研修制度に関する研究」、「全国都道府県教委に委託して実施した学校評価ガイドラインに基づく学校の自己評価及び外部評価の実践研究」が実施された。

　その後引き続いて2007（平成19）年度には国が委嘱した専門家等による第三者評価の試行に加えて、研究機関や都道府県を主体とした評価等、学校の第三者評価に関して全国の多様な特性をもつ地域において様々なパターンを試行した。そして第三者評価の手法、学校改善支援の在り方等に関する研

究が大学、民間等研究機関に委託して実施された。その後も引き続いて大学や民間研究機関に委託された「第三者評価ガイドラインの策定に向けた調査研究」が実施されている。2010（平成22）年度は「学校評価の評価手法等に関する調査研究事業」として学校関係者評価の充実・活用や学校情報の効果的な活用による学校評価の改善などの先進的な研究課題について、大学や民間の研究機関等に委託して実施した。

　多種多様な委託事業の成果についてはそれぞれ報告書が刊行され、ウェブサイト上で入手可能であるが、本節では民間研究機関として長期にわたって政策提言に際しての調査資料を提供してきた三菱総合研究所と野村総合研究所の2者の報告について簡単に紹介しておきたい。なお、この2者の他にも監査法人トーマツ、社団法人日本教育工学振興会、（株）アイエスエイ、（株）PHP総合研究所等の民間研究機関が寄与している。それぞれターゲットを絞った調査研究を手がけ、ガイドライン策定の際の資料を数多く提供している。

(1) 三菱総合研究所

① 「学校関係者評価を活かしたよりよい学校づくりに向けて」（2009（平成21）年4月）

　文科省は2008（平成20）年度に「学校の第三者評価の評価手法等に関する調査研究」を三菱総合研究所に委託し、特に「学校関係者評価の充実」に焦点化した調査研究を実施した。学校、保護者、地域住民の他、教育委員会や実際に評価を手がける委員が協力して学校づくりを進めていくうえで求められる工夫を報告書「学校関係者評価を活かしたよりよい学校づくりに向けて（学校関係者評価参照書）」として作成している。ただちに活用できるものの作成が目指され、「研修の手引書」もあわせて示される等、具体的なノウハウを提供するものとなっている。

② 「学校評価結果を受けた設置者による支援の視点とポイント」（2011（平成23）年3月）

　同研究所は2010（平成22）年度においても文科省委託事業「学校評価の評価手法等に関する調査研究」を受け、「学校評価結果を受けた設置者によ

る支援の在り方」に重点を置いた調査研究を実施した。教育委員会関係者を対象にして学校における評価結果を効果的に活用するための視点やポイントや基本的な手順をまとめた。学校評価結果の活用に関する教育委員会のチェックリストも添付されており、実際の活用に際しては各事情に応じて使い分けることを求めているものの、総じて着手しやすい工夫がなされている。

(2) 野村総合研究所

　野村総合研究所は、2008年度に文科省の「学校の第三者評価の評価手法等に関する調査研究」を受託し、学校評価（自己評価、学校関係者評価等）に関する事例集を刊行した。全国各地の小中学校の取組のなかから優れた事例の共通点や工夫している内容を紹介した「各学校・設置者における学校評価の好事例の収集・共有に関する調査研究事例集」（2009年1月）である。調査研究の目的を「今後の学校評価の充実方策の検討、並びに学校評価の効率的・効果的な普及等に資するための、学校評価に関する好事例の収集」にあると位置づけ、北海道から沖縄まで全国22の実践団体の事例を紹介しているボリューム豊かな事例集である。

〔髙妻紳二郎〕

6 「学校評価ガイドライン〔平成22年改訂〕」における変更点

(1) 「学校の第三者評価のガイドラインに盛り込むべき事項等について（報告）」の提案

　文科省による調査委託事業が複数実施される状況において、上記したように保留状態となった外部評価・監査システムの構築は、2009（平成21）年4月に文科省初等中等教育局に設置された「学校の第三者評価のガイドラインの策定等に関する調査研究協力者会議（以下第三者評価協力者会議）」において継続審議されることとなった。第三者評価協力者会議は2010（平成22）年3月31日に「学校の第三者評価のガイドラインに盛り込むべき事項等について（報告）」を提出した。同報告書において特に重要であると思われる箇所について言及する。

第一に、学校の第三者評価の定義である。「学校教育法に規定されている学校評価の一環として、学校とその設置者が実施者となり、学校運営に関する外部の専門家を中心とした評価者により、教育活動その他の学校運営の状態について、専門的視点から評価を行うもの」と定義された。

　第二に、実施体制である。「第三者評価は、学校とその設置者が実施者となり、その責任の下で、第三者評価が必要であると判断した場合に行うものとする（法令上、実施義務や実施の努力義務を課すものではない）」。また「法令上実施が義務付けられている自己評価と、実施が努力義務となっている学校関係者評価が十分に行われることが重要であり、その上で、第三者評価の導入により、学校評価全体が充実したものとなることが望まれる」とある。つまり、第三者評価は努力義務にもなっておらず、法令上の義務が課せられている自己評価が基本であることが強調されている。

　第三に、評価項目についてである。「教育の成果に関する評価は多面的観点から行われるべきであり、特定の数値指標だけで評価を行うことは避けるべきである。学校や地域の実情に応じ、数値等による定量的評価と定性的評価をバランス良く組み合わせて評価を実施していくことが重要」だと指摘している。

　安倍政権下において教育再生会議が第一次報告において提案した「国は、学校に対する独立した第三者機関（教育水準保障機関（仮称））による厳格な外部評価・監査システムの導入を検討する」という提言からは相当距離のある政策提案である。ちなみに、第三者評価協力者会議は2009年4月に発足後1年かけて2010年3月までに9回の会議を開催して上記報告を行っているが、2009年8月に第45回衆議院総選挙が行われ、民主党政権が誕生した後にこの報告書が提出されていることに留意したい。

(2)　「学校評価ガイドライン〔平成22年改訂〕」における第三者評価の定義と実施体制

　「学校の第三者評価のガイドラインに盛り込むべき事項等について（報告）」において「文部科学省においては、①本報告の趣旨を踏まえ、必要に応じて教育関係者等の意見をさらに幅広く聞いた上で、速やかに学校の第三者評価のガイドラインを策定すること」と明記されている言葉通り、2010（平

成22）年7月20日に「学校評価ガイドライン〔平成22年改訂〕」が文科省より出された。「学校評価ガイドライン〔平成22年改訂〕」の最大の特徴は、第三者評価についてその特性と意義、実施体制、評価者等について言及したことに尽きるが、特に重要な2点を指摘する。

第一に、第三者評価の定義については2008（平成20）年に改訂された「学校評価ガイドライン〔改訂〕」において「学校と直接関係を有しない専門家等による客観的な評価」とされていたが、「学校評価ガイドライン〔平成22年改訂〕」においては「学校とその設置者が実施者となり、学校運営に関する外部の専門家を中心とした評価者により、自己評価や学校関係者評価の実施状況も踏まえつつ、教育活動その他の学校運営の状況について専門的視点から行う評価」と再定義されている。この定義は既述した第三者評価協力者会議による定義を受けて修正したと理解できる。

第二に実施体制である。「学校評価ガイドライン〔平成22年改訂〕」においては「第三者評価は、学校とその設置者が実施者となり、その責任の下で、第三者評価が必要であると判断した場合に行うものであり、法令上、実施義務や実施の努力義務を課すものではない」。この文言も第三者評価協力者会議による報告書の文言に酷似していることがわかる。そして、「第三者評価が必要と判断した場合に行うもの」という位置づけは、日本の学校評価システムの在り方を決定づけたという意味で第三者評価協力者会議の影響が非常に大きかったといえる。

（湯藤定宗）

7　学校評価の在り方に関するワーキンググループとりまとめ——「地域とともにある学校づくりと実効性の高い学校評価の推進について」（2012（平成24）年3月）

中教審は、2011（平成23）年7月に学校運営の改善の在り方等に関する調査研究協力者会議に学校評価の在り方に関するワーキンググループを置き、2012（平成24）年3月12日に「地域とともにある学校づくりと実効性の高い学校評価の推進について」（報告）をとりまとめている。同報告によれば、学校評価の目的とこれまでの経緯が確認され、今日的意義を「地域とともにある学校づくり」にあるとして、関係者への期待と取組の指針を丁寧に

示している。この報告は「学校評価の実施に伴う負担感の軽減、学校評価の結果に基づく学校運営改善への教育委員会の支援、その他学校評価の実質化のために必要となる事項を検討するため」に、同協力者会議の下にワーキンググループを設置し、自己評価を含む学校評価の現状と課題を整理し、すべての学校で実効性の高い学校評価を推進するために必要な取組について提言したものである。

　この報告で注目すべきは取組事例の紹介にあり、上記民間研究機関の視点も参照しながら、合計18の事例を簡潔にまとめている。単に「取組事例」として各主体の名の下に羅列するのではなく、特徴を把握したうえでそれを前面に出した整理となっており、これまでにない報告としての性格を打ち出しているといえる。この18事例を以下に列挙してみよう。

　①目標を重点化・具体化して、成果を児童生徒が変容した姿で表現（広島市）
　②全教職員の参加による目標設定（鳥取県岩美町）
　③自己申告書における学校経営計画に基づいた目標設定（東京都）
　④学校評価の結果を活用した「学校運営改善モデル」の活用（PHP総合研究所）
　⑤学校評価支援システムの活用（慶應義塾大学）
　⑥学校・保護者・地域の連携協力による「協働型」学校評価（仙台市）
　⑦学校関係者評価委員との連携・協働を図る取組（新潟県上越市）
　⑧既存の制度を活用して運営改善に能動的に関わる評価者を確保（京都市）
　⑨学校の魅力と課題を発見するための外部アンケートの実施（京都市）
　⑩様々な方法を活用した柔軟な情報収集と情報発信（愛知県高浜市）
　⑪地域の声「エプロン特派員」による情報発信（新潟県見附市）
　⑫教育委員会の明確な教育ビジョンの設定（宮崎県五ヶ瀬町）
　⑬設置者による評価の統一様式や年間スケジュールの提示（東京都武蔵村山市）
　⑭学校関係者評価委員を対象とした研修用DVDの作成（茨城県取手市）
　⑮学校間の連携による学校評価・学校改善（堺市）

⑯学校評価アドバイザー・スペシャルアドバイザーの学校派遣（新潟県見附市）
⑰学校の情報公開に関するガイドラインの作成（広島県）
⑱学校評価の実効性を担保する仕組みとしての第三者評価の実施（岡山県矢掛町）

　このように学校評価のそれぞれの取組の特色が手際よく説明されていることから、同報告の汎用性はこれまでになく高いものといえる。しかしながら、シンプルに特色を抽出することに配慮された反面、各事例紹介が1頁に留まっており、詳細については個別に参照しなければならず、同報告書の活用については担当者のその後のアクションに委ねられるともいえる。
　日本における学校評価の実施状況は、初期の取組を経て漸次その成果が見られるようになり、必要に応じて修正が加えられ、各自治体における指針も示される段階に至っている。そのプロセスには2006（平成18）年度以降の文科省による試行事業の実施や、それに含まれる民間研究機関による事例の検討と整理がなされ、ある程度の参照事例は蓄積されたといえよう。ただし、野村総研の好事例集や学校評価の在り方に関するワーキンググループの報告で示された取組事例は、それらの性質上、要約版とならざるを得ず、掘り下げた分析や学校評価システム自体の促進要因や阻害要因の抽出には至ってはいない。

（髙妻紳二郎）

おわりに

　自民党政権下において組織された教育改革国民会議や教育再生会議などは、教育基本法の改正に端的に見られるように、日本の教育政策に非常に大きな影響を与えたことは事実である。そして、学校評価政策も例外ではなかった。
　本章では、学校評価に焦点を当てて、1998（平成10）年の中教審答申「今後の地方教育行政の在り方について」から2012（平成24）年の「学校評価の在り方に関するワーキンググループ」による「地域とともにある学校づくりと実効性の高い学校評価の推進について」（報告）までの答申等を概観し

ながら、学校評価政策の動向を概観した。その間に作成された2006（平成18）年の「学校評価ガイドライン」、2008（平成20）年の「学校評価ガイドライン〔改訂〕」、そして2010（平成22）年の「学校評価ガイドライン〔平成22年改訂〕」についても言及した。

　本章で言及してきたように、学校評価政策は、文科省や中教審がリーダーシップを発揮した時期とそうでない時期があり、日本の政治状況に大きな影響を受けて今日までの学校評価政策が形成されてきたといえる。

　潮目の一つは、小泉純一郎内閣総理大臣の下でなされた閣議決定「経済財政運営と構造改革に関する基本方針2005」（2005（平成17）年6月）から安倍晋三内閣総理大臣の下で誕生した教育再生会議発足（2007（平成19）年10月）、及び第一次報告書提出（2007年1月）である。「学校の外部評価の実施と結果の公表のためのガイドラインを平成17年度中に策定する」とあらかじめ期限を設定されての策定作業を強いられ、加えて2005年9月の第44回衆議院総選挙における自由民主党の圧勝の勢いが、中教審答申「新しい時代の義務教育を創造する」にも大きな影響を及ぼしたと推察される。さらに、安倍晋三内閣総理大臣が発足させた教育再生会議による第一次報告書における「第三者機関（教育水準保障機関（仮称））による外部評価・監査システムの導入」という提案は、特に教育関係者には大きな違和感と危機感を抱かせたと思われる。

　しかし、わずか1年後には内閣総理大臣は安倍晋三から福田康夫に交代した。そして教育再生懇談会が2008年2月26日に設置されるに伴い、教育再生会議も廃止された。

　もう一つの潮目は、2009（平成21）年8月に実施された第45回衆議院総選挙を経ての民主党政権の誕生である。そして、政権交代以前の2009年4月から第三者評価について議論を重ねてきた第三者評価協力者会議は、政権交代後の2010年3月に報告書を提出し、その提案内容は「学校評価ガイドライン（平成22年改訂）」において反映され、第三者評価は、安倍晋三や教育再生会議が想定していた「外部評価・監査システム」とは大きく異なる位置づけがなされて今日に至っている。

　子どもたちへのより良い学習機会の提供という観点から、いつの時代においても求められているのは、妥当、かつ一定年数継続した教育政策である。

ところで2008年2月26日に教育再生会議の廃止と教育再生懇談会の発足が閣議決定されたことは既述した通りである。「時の政権の影が色濃ければ、その行く末も政権とともにあるものだろう。福田政権になって、文科省や官邸はすっと距離を取り始めた」という教育再生会議に対する朝日新聞の社説も指摘しているように、「政治や行政の思惑から離れて一から議論を積み上げること」、「印象論や思いつきだけで議論をしない」、「過去の改革を検証し、専門家の意見に耳を傾けること」が不可欠である。教育政策を牽引する主体の正当性を主張するのではなく、教育政策は諸外国の実践も含めた研究調査データに基づく、科学的知見によって提言されなければならない。学校評価政策も例外ではない。

(湯藤定宗)

〈注〉
(1) 学校運営の改善の在り方等に関する調査研究協力者会議　学校評価の在り方に関するワーキンググループ『地域とともにある学校づくりと実効性の高い学校評価の推進について』文部科学省、2012年、1頁。
(2) http://www.mext.go.jp/b_menu/shingi/old_chukyo/old_chukyo_index/toushin/1309708.htm［最終アクセス2012年6月28日］
(3) http://www.kantei.go.jp/jp/kyouiku/houkoku/1222report.html［最終アクセス2012年6月30日］
(4) http://www.mext.go.jp/a_menu/shougai/21plan/p3.htm［最終アクセス2008年2月16日］
(5) http://www.mext.go.jp/b_menu/shingi/chukyo/chukyo0/toushin/020202.htm［最終アクセス2008年2月16日］
(6) 幼稚園設置基準と高等学校設置基準に関しては、それぞれ2002年3月29日と2004年3月31日に改訂され、自己点検・自己評価および結果の公表に関して同様の文言が加筆された。
(7) 経済財政諮問会議『経済財政運営と構造改革に関する基本方針2005』内閣府、2005年、14頁。
(8) 中央教育審議会『新しい時代の義務教育を創造する』2005年、25-26頁。
(9) 同上、16頁。
(10) 学校評価ガイドラインの背景については以下に詳しい。木岡一明「学校評価ガイドラインの背景」『教職研修』5月号、2011年、78-79頁。
(11) 文部科学省『義務教育諸学校における学校評価ガイドライン』2006年。
(12) 学校評価ガイドラインの策定の経緯については以下に詳しい。木岡一明「学校評価ガイドライン策定の経緯」『教職研修』6月号、2011年、62-63頁。
(13) http://www.mext.go.jp/b_menu/houdou/16/01/04011602.htm［最終アクセス2008年2月22日］
(14) http://www.kyouiku-saisei.go.jp/pdf/01_secchi.pdf［最終アクセス2008年2月22日］
(15) http://www.kantei.go.jp/jp/singi/kyouiku/houkoku/honbun0124.pdf［最終アクセス2008年2月22日］
(16) 安倍晋三『美しい国へ』文藝春秋、2006年、211頁。
(17) http://www.mext.go.jp/b_menu/shingi/chukyo/chukyo0/toushin/07031215.htm［最終アク

セス 2008 年 2 月 22 日］
(18) 文部科学省、前掲書、2006 年。
(19) 学校評価の推進に関する調査研究協力者会議『学校評価の在り方と今後の推進方策について 中間とりまとめ』文部科学省、2007 年。
(20) 中間とりまとめにおいても、自己評価、学校関係者評価（外部評価）、第三者評価が定義づけられているが、各目的に関して『学校評価の在り方と今後の推進方策について第一次報告』、さらに『学校評価ガイドライン〔改訂〕』においてその都度修正され、示されている。
(21) これらの規定については、幼稚園、中学校、高等学校、中等教育学校、特別支援学校等にも準用されており、適用される。
(22) http://www.mext.go.jp/a_menu/shotou/gakko-hyoka/08021216.htm［最終アクセス 2008 年 2 月 25 日］。なお、これらの規定は、幼稚園（第 39 条）、中学校（第 79 条）、高等学校（第 104 条）、中等教育学校（第 113 条）、特別支援学校（第 135 条）、専修学校（第 189 条）、各種学校（第 190 条）にそれぞれ準用される。
(23) http://www.kantei.go.jp/jp/singi/kyouiku/houkoku/honbun1225.pdf［最終アクセス 2008 年 2 月 25 日］。同会議第二次報告「社会総がかりで教育再生を～公教育再生に向けた更なる一歩と「新教育時代」のための基盤の再構築～」では、「「ゆとり教育見直し」の具体策とともに、徳育、大学・大学院の改革、そして、それらを実現するための教育財政基盤の在り方について重点をおいて提言」していることから、学校評価に関する内容が含まれていない。したがって、拙稿では第二次報告を取り上げていない。
(24) http://www.kantei.go.jp/jp/singi/kyouiku/houkoku/honbun0131.pdf［最終アクセス 2008 年 2 月 25 日］
(25) http://www.mext.go.jp/b_menu/houdou/20/01/08012913.htm［最終アクセス 2008 年 2 月 25 日］
(26) 高等学校及び特別支援学校については、それぞれ特性を踏まえた学校評価に関する留意点が本ガイドラインには示されている。
(27) 文部科学省『学校評価ガイドライン〔改訂〕』2008 年、1 頁。
(28) 学校の第三者評価のガイドラインの策定等に関する調査研究協力会議『学校の第三者評価のガイドラインに盛り込むべき事項等について（報告）』文部科学省、2010 年、2 頁。
(29) 同上、4 頁。
(30) 同上、5 頁。
(31) 同上、8 頁。
(32) 同上、1 頁。
(33) 文部科学省、前掲書、2008 年、2 頁。
(34) 文部科学省『学校評価ガイドライン〔平成 22 年改訂〕』2010 年、3 頁。
(35) 同上、3 頁。
(36) http://www.kantei.go.jp/jp/singi/kyouiku_kondan/konkyo.pdf［最終アクセス 2008 年 2 月 27 日］
(37) 「社説　教育再生会議　安倍氏と共に去りぬ」朝日新聞、2008 年 2 月 1 日、3 面。

第2章 日本における学校評価システムの構築に関わる動向

加藤崇英

はじめに

　本章では、まず、わが国における学校評価システムの法制度化について、2002（平成14）年以降の動向について確認するが、加えてそういった法制度化に伴って整備されてきた「学校評価ガイドライン」の法的な位置づけについて検討する。次に「学校評価ガイドライン」のなかでも、とりわけ、「第三者評価」の位置づけについて検討し、特に設置者等、教育委員会の課題について、提言的なかたちをもって指摘する。そして最後にこれらを踏まえたうえで、学校評価システムの制度化と関わって、学校の自主性、教育委員会の支援、国の関与と責任のそれぞれについて附言を述べたい。

1　わが国の学校評価システムの法制度化の動向

(1)　法制度化の推移

　わが国において学校評価そのものは戦後、アメリカからの移入や、文部省（当時）による試案の作成、また学校現場においても幾度かの「学校評価ブーム」といわれる時代を経てきたこともあり、その意味で研究者や一部のあるいは一時代の実践家には知られるものであったといえる。しかし、必ずしも学校関係者のすべてが知りうるものとしての位置づけ、つまり、制度的なあるいは法的な位置づけが与えられてきたわけではなかった。その意味で、近年の法制度化のプロセスから見れば、2002（平成14）年3月に規定された小学校設置基準、中学校設置基準及び高等学校設置基準等の一部改正による学校の自己評価に関する規定が、その端緒といえる。すなわち、学校の自己

点検及び自己評価に関する努力規定（第2条）と、加えて、教育活動その他の学校運営の状況に関して保護者に対し積極的な情報提供をすること（第3条）が明記されたことによる。

　上記の小学校設置基準及び中学校設置基準は、それまで法規定化されてこなかったものであるが、それは、とりわけ義務教育諸学校の設置に関しては、種々の細かな関係法令が存在することで、実質的にその必要性に乏しかったためであるといえるが、当時の地方分権と規制緩和の推進という状況のなかでは、特に後者の規制緩和の文脈を背景として、その法規定化の必要性が生じたといえる。すなわち、「私立学校を含めた多様な学校の設置を促進する観点から、設置基準を小学校等を設置するのに必要な最低の基準として明確化」する必要があり、さらに「地域の実態に応じた適切な対応が可能となるよう、弾力的、大綱的に」基準を規定することが、「小学校設置基準及び中学校設置基準の制定等について（通知）」（13文科初第1157号、文部科学事務次官、2002年3月29日）において基本方針とされたためである。つまり、それまで存在しなかった学校の自己点検・自己評価に関する法規定は、法制度化のプロセスから見れば、設置者管理主義と認可主義を基本とするわが国の学校の設置に関する法規定として、必要とする「最低の基準」のひとつとして数えられる用件という位置づけを与えられるところから始まったといえる。

　上記の第2条と第3条は、学校評価をめぐっての学校と教育委員会、学校と保護者・地域住民の関係もそれぞれ示しているといえるが、これによって従来とは異なる変容を促すものといえた。すなわち、教育委員会との設置者管理主義における管理・被管理関係は、主としてその事前の管理を前提としているといえるが、そこに「結果の評価」という観点が、また、保護者・地域住民との関係では、PTAを例に挙げるまでもなく、子どもの成長体験を共有することを基本とした素朴な意味での信頼協力の関係を前提としているといえるが、そこに「説明責任」という観点が、それぞれ制度的に加えられたといえる。

　その後、文部科学省は、最初の学校評価ガイドラインとして、「義務教育諸学校における学校評価ガイドライン」（2006（平成18）年3月27日）を公表した。また、協力者会議や研究事業を併行させるかたちで内容を吟味しな

がら、学校教育法の一部改正（公布：2007（平成19）年6月27日）において、学校評価システムの構造を示すとともに、翌年（同年度）の2008（平成20）年1月31日に「学校評価ガイドライン〔改訂〕」を公表した。また2010（平成22）年7月20日、主として第三者評価に関する内容を盛り込むかたちで、再度、改訂を行った（「学校評価ガイドライン〔平成22年改訂〕」）。

(2) 学校評価ガイドラインの分析

① 法規定における改変とその特徴

すでに述べたように、学校評価は、小学校設置基準・中学校設置基準の新設及び高等学校設置基準等の一部改正によって法規定化がなされ、それは学校の設置に要する「最低の基準」（第1条）としての要件を有していたといえる。このように学校設置基準において規定されていたものが、2007（平成19）年6月の学校教育法の一部改正に伴って、学校設置基準における規定から、学校教育法における規定として、その法的位置づけが変更された。上記に指摘したように、小学校設置基準そのものは、それほど条文を有しているわけではなく、また学校の具体的な編制や教育の実施に関わる具体的な規定は、むしろ他の関係法令に依存している。よって、同基準において学校評価が規定されていたというその法的な意味づけは、省令としての小学校設置基準よりも、学校教育法としての規定となったことによって法令上の重要度が高まっただけでなく、学校教育法という、学校現場にとっても重要で、かつ周知度の高い法律に規定されたことで、学校の責務としてより明確化されたと解することができよう。

学校教育法第42条では、「小学校は、文部科学大臣の定めるところにより当該小学校の教育活動その他の学校運営の状況について評価を行い、その結果に基づき学校運営の改善を図るため必要な措置を講ずることにより、その教育水準の向上に努めなければならない」と定められている。ただしこれを注意深く見るならば、学校教育法第42条の規定では、小学校設置基準第2条に見られた「自ら」（第2条、現行法削除）の文言は見当たらない。

他方、学校教育法施行規則第66条では、「自ら」の文言が見受けられる。そして第2項において、その場合、「その実情に応じ、適切な項目を設定して行うものとする」とされる。つまり、この規定は自己評価を示すものであ

る。そして、この自己評価を前提に「当該小学校の児童の保護者その他の当該小学校の関係者（当該小学校の職員を除く。）による評価」を行うが、これは、すなわち「学校関係者評価」であり、その結果を公表する努力義務が課せられている。そして、自己評価の結果を設置者に報告する（第68条）。つまり、このような「自己評価」「学校関係者評価」「設置者への報告」は省令レベルの規定となる。

　以上のように、学校評価は、学校教育法第42条においてその責務が示されているが、これを一義的な規定と見る場合、そこには「自ら」の文言はなく、法的には学校の自己評価を想起する「自ら」の文言は、学校教育法施行規則レベルにおいて示されるという構造になっている。よって、このことは「④　法的拘束力」においても後述するが、法令から見れば、文部科学大臣によって定められる基準性において自己評価を行うとされるのであり、第一義的には自己評価であることは必ずしも規定されていないと解釈しうる。改めて指摘すれば、わが国の学校評価は、省令レベルにおいて自己評価であることが学校教育法施行規則における規定として確認できるが、一方、学校教育法における規定をもって、法律上の規定として学校評価の規定性を高めたといえるが、これが自己評価であるかどうかは、学校教育法施行規則と学校評価ガイドラインを併せた解釈のうえにはじめて可能であるといえる。

② 　内容とこれまでの改訂

　学校評価ガイドラインは、まず、義務教育諸学校を対象としたそれの策定から始められた（文部科学省『義務教育諸学校における学校評価ガイドライン』）。それは前述した小学校設置基準等における「自己評価」と「情報の提供」から出発した。すなわち、そこでは、学校の「自己評価」を前提として、保護者や地域住民等が構成する外部組織が「外部評価」を行うという仕組みを基本とすることで、すべての学校の学校評価が客観性を保持できるようにすることをねらいとしている。そしてこの段階では、外部評価は、子ども、保護者、地域住民など学校に関係する者が行う「当事者評価」と、教育委員会などが行う「設置者評価」、専門家など第三者機関が行う「第三者評価」というとらえ方をしていた。

　次に「義務教育諸学校における学校評価ガイドライン」について、法的な

改正を踏まえて、改訂が行われた。その基本的な枠組みについては大きな変更はないものの、主なものは以下の4点といえる。第一に、高等学校を対象とし（当時の段階で幼稚園を除き）、初等中等教育段階のすべての学校種を対象とした。第二に、重点化された目標設定についてその意義を強調し、目標設定を焦点化すること、関連して、児童生徒・保護者対象のアンケート調査など評価項目もこれを絞ることによって、学校の事務負担の軽減も考慮した。第三に、それまでの「外部評価」を「学校関係者評価」に改め、学校関係者評価の評価者に保護者を加えることを基本とすることを強調し、保護者による評価と積極的な情報提供の重要性を指摘した。第四に、学校評価の結果を設置者に報告することであり、これによって設置者が学校に対して適切に、人事や予算における支援を講じることが重要であることを強調した。

　そして2010（平成22）年における改訂は、前改訂からの変更ではなく、学校の第三者評価に係る内容が追加されたものである。すなわち、第三者評価は、「自己評価や学校関係者評価を最大限有効に活用し、学校運営の改善をより確実に進めていくためには、これらの評価に加えて、学校運営の質を確認するとともに、学校の優れた取組や改善すべき課題などを学校や設置者等が改めて認識できるような取組を行うことが重要である」と指摘された。そして、「学校教育法に規定されている学校評価の一環として、学校とその設置者が実施者となり、『第三者評価』として」、「保護者や地域住民による評価とは異なる、学習指導や学校のマネジメント等について専門性を有する者による専門的視点からの評価」や「各学校と直接の関係を有しない者による、当該学校の教職員や保護者等とは異なる立場からの評価」として実施していくことが有効であると指摘されている(2)。そして第三者評価を実施する場合には、設置者の判断によって行い（実施義務や努力義務は課せられていない）、その評価者は学校運営について専門的視点から評価を行うことができる者とし、例示として教育学を専門とする大学教授や校長経験者などが挙げられ、ふさわしい識見や能力を有すると判断される者とした。また、その実施は、実施時期・日程、評価項目等を決定し、評価者が授業の観察等も含めて評価し、学校目標の設定や達成に向けた取組の状況、学校運営の状況について評価するとともに、今後の学校運営の改善につなげるための課題や改善の方向性等を提示するとした。また、結果の活用や公表についても指摘して

いる。[3]

③ 評価の主体・客体関係及び保護者・地域住民との関係における問題性[4]

　小学校設置基準の制定当初の段階では、「小学校設置基準及び中学校設置基準の制定等について」（通知）（13文科初第1157号　2002（平成14）年3月29日　文部科学事務次官）においても明らかなように、学校の自己評価は、「保護者・地域住民等の信頼に応え」るため、また「家庭や地域と連携協力して」いくために必要なことである、とその目的を位置づけられ、また、保護者・地域住民に対してその結果とともに情報を提供していくことは、「開かれた学校づくり」を推進し、学校が説明責任をしっかりと果たしていくうえで必要であるとする観点から学校評価が位置づけられているといえる。だが、この段階ではここでとどまり、よって保護者・地域住民の関与の度合いは低く、学校評価システムにおいて、いわば「受け身」的である。

　次に、「義務教育諸学校における学校評価ガイドライン」（2006（平成18）年3月27日）以降は、「自己評価」と「情報提供」という基本に立ってシステムを構想していく。すなわち、「自己評価」と、その結果を受けた「外部評価」の応答によって、学校が外部から意見を得て、これを次年度の改善に活かし、学校がPDCAサイクルを機能させるという、ひとつの「学校評価システム」のモデルが示される。このなかで特に保護者と地域住民のいっそうの役割、すなわち具体的には「外部評価委員」としての「参画」を求めるものとなった。ここで「外部評価」を行う主体に、保護者・地域住民もなりうることで、まさに学校評価システムに参画できることになる。しかし、この「外部評価」になりうる一種の資格や要件、条件には大きな振れ幅があったと指摘できる。「義務教育諸学校における学校評価ガイドライン」では、例えば、「外部評価委員会にかえて、学校評議員や学校運営協議会等の既存の保護者、地域住民等による組織を活用して外部評価を行うことも考えられる」[5]として、この「外部評価」を担う「外部評価委員」等について、既存の組織・委員の代用による「外部評価」を認めていた。さらにいえば、ここで先行する制度である「学校評議員」や「学校運営協議会」を代用することで学校評価の機能を代替できるとしていた。しかしここには問題性を指摘しうる。すなわち、学校評議員は、どちらかといえば「外部」者的な性格をもっ

て、意見のみを指摘しうる立場であるのに対して、学校運営協議会は当該年度の学校の運営計画を承認し、また人事や予算について教育委員会に意見を述べることができるほど、学校の「内部」に深く関与し、責任を有する性格をもっている。実態はともかくとしても、この両者は制度・理念的に見れば、学校経営への関与について、性格ないしその深度の度合いについての違いは明白である。2007（平成19）年6月改訂以降の学校評価ガイドラインは、「外部評価」を廃して「学校関係者評価」を用いているが、上記の問題を解決したものではなく、むしろこの問題性が内包されたままになっていると指摘できる。

　また、2007年6月における学校教育法の一部改正、同法施行規則の一部改正を経た、2008（平成20）年1月の学校評価ガイドラインでは、「自己評価」「学校関係者評価」「評価結果の設置者への報告」という学校評価システムの骨格を明確にしたが、ここで「外部評価」を「学校関係者評価」として定義し直す議論のなかで、保護者によるアンケートの問題があった。つまり、保護者アンケートは外部評価ではなく、学校が行う自己評価のプロセスに位置づくことが明確化され、また保護者や地域住民は、学校にとっての協力的な関係にあるため、外部者というよりは、「学校関係者」と位置づけられた。

　これらを経て、学校評価システムのなかでは、保護者・地域住民は、以下の三つの位置づけがそれぞれ与えられることとなった。すなわち、第一に、「情報の提供」を受け、学校が説明責任を果たすことで信頼を得る保護者・地域住民の全体、第二に、「自己評価」のプロセスのなかで「保護者アンケート」等の方法によって関与する保護者・地域住民の全体ないし回答者、第三に、「学校関係者評価委員会」の「委員」の一人として、保護者・地域住民から参画する限られた保護者・地域住民である（学校の事情によって、学校評議員や学校運営協議会委員など、兼任という実態が想定される学校も少なくない）。学校の多くは、保護者への情報の周知と保護者アンケートの回収の努力によって、第一と第二を「同じ」保護者・地域住民ととらえることも可能であろうが、第三との同一視はよほどの小規模校を除いてほぼ不可能といえる。同時に、保護者への情報周知の不足、アンケートの回収率の低下は、学校評価システムにおける保護者・地域住民の「参画格差」を生じさせること

となるといえる。[6]

④ 法的拘束力

　これまで述べてきた学校評価ガイドラインは、いかなる位置づけをもっていると考えられるか。すでに検討[7]されているように、「取り組みの目安となる事項」であるとガイドラインに示されてはいても、わが国の教育行政システムの重層構造を前提として、これを単なる目安ととらえることは不自然といえる。他方、学校評価ガイドラインは、どれほどの拘束力を法的に有しているととらえることができるであろうか。

　例えば、学校教育に関わる基準性についての議論で、すぐに想起できるものは、いうまでもなく学習指導要領に関するものがある。周知のように、旭川学テ事件等の判例を持ち出すまでもなく、学習指導要領が学校の教育課程編制の基準たる法的拘束力をもっているかどうかは、これまで数々の議論を呈してきた。そして現行法においては、学習指導要領は、文部科学大臣名による告示（国家行政組織法第 14 条）による公示の形式によることが学校教育法施行規則第 52 条において明示されている。これをもって、学習指導要領の有する、学校の教育課程編制における基準性としての法的拘束力の程度は明らかといえる。

　一方、学校評価は、「学校教育法等の一部を改正する法律（2007（平成 19）年法律第 96 号）」の公布（2007 年 6 月 27 日）において、「文部科学大臣の定めるところにより」（第 42 条）とされ、その基準性を予定した。そして、その「定めるところ」とは、「学校評価に係る学校教育法施行規則等の一部を改正する省令について（通知）」（文部科学省初等中等教育局長、2007 年 11 月 8 日）において、すでに確認した学校教育法施行規則第 66 ～ 68 条であることが明示された。すなわち、「自己評価」「学校関係者評価」「設置者への報告」が、文部科学大臣が定めた学校評価の基準性といえる。そして、同通知では、学校評価ガイドラインについて、「その目安となる例を示す」とあり、したがって学校評価ガイドラインは、文部科学大臣が定める基準（省令）を説明する初等中等教育局長名による通知において、「留意事項」として「目安となる例」であることが明示されたのである。したがって、法的拘束力という意味で学習指導要領と学校評価がどのように異なるかについて、簡潔に

示すとすれば、以下のように指摘しうると思われる。すなわち、学習指導要領が、省令の規定をもって、文部科学大臣名による告示として公示されるものであるのに対し、学校評価は、文部科学大臣の定めるところによる省令の基準性に関わって、その例示であることが初等中等教育局長名の通知によってなされるものであると解することができる。ゆえに学校評価ガイドラインは、学習指導要領に比して、文部科学大臣名による告示行為ほどに法的な拘束力は有してはいないが、学校や学校の設置者たる自治体等は、これを単なる目安と解することは許されず、上記通知のレベルにおいて、その法的拘束力を有するものと解したうえで、学校評価の適切・適正な実施に努める責務があるといえる。

2 「学校評価ガイドライン」への提言
——設置者責任の明確化について

　以下では、本章筆者（加藤）による考えとしての「学校評価ガイドライン」に対する提言として、第一に評価項目の設定及び評価者支援について、第二に第三者評価及び市町村教委と都道府県教委の関係について、いずれも設置者責任の明確化の必要性という観点から、それぞれ述べたい。

(1) 評価項目の設定と評価者支援について

　現場の学校評価に対する理解や課題とは、確かに学校改善の視点を明確にしてマネジメントとしての課題において学校評価を位置づけている学校もあるが、かなりの学校においては、端的にいうならば、いかなる評価アンケートを行うのかという意味での理解にとどまり、また、そのような意味での評価項目の設定が課題となっている。学校評価ガイドラインにおいて、自己評価の評価項目・指標等の設定では、「短期的（場合によっては中期的）な重点目標等の達成に向けた具体的な取組などを評価項目として設定する。また、評価項目の達成状況や達成に向けた取組の状況を把握するために必要な指標を設定する。必要に応じて、指標の達成状況等を把握・評価するための基準を設定する」（『平成22年改訂ガイドライン』13頁）とされている。さらに、「評価項目・指標等の設定に当たっては、設定した重点目標等の達成に即し

た具体的かつ明確なものとし、教職員が意識的に取り組むことが可能な程度に精選する」とし、「また、重点目標や評価項目・指標等の設定に当たって、学校関係者評価の評価者や一般の保護者等が理解ができるように、いたずらに網羅的になったり詳細かつ高度に専門的な内容とならないよう留意する」とされている。これらはこれまでの学校評価に関わるアンケートをめぐる理解が様々な混乱を招いてきたことに鑑み、その問題点を解消しようというねらいがあるといえる。だが、「具体的にどのような評価項目・指標等を設定するかは各学校が判断すべきことである」と指摘しつつも、ガイドラインにおいて示される12項目に亘る参考項目（『ガイドライン』47-52頁）が網羅的なものであることは否めない。ガイドラインでも「これらはあくまでも例示に過ぎないものであり、そのすべてを網羅して取り組むことは必ずしも望ましくない」として、「各学校は、その設定した重点目標等に照らして適宜選択し、あるいはそれぞれの特色や課題に応じて新たに設定するなどして、必要な評価項目・指標等を設定することが重要である」としているが、いかに設定するかということについては、ガイドライン上にあるものではなく、各学校において判断されることになる。

　また、「設置者が、地域の実情等に応じ、設置する学校で共通して取り上げるべき評価項目・指標等を設定することも考えられる」とも指摘しており、読み方によっては、学校としては適切な評価項目の設定に際して、設置者（自治体教育員会）の動向や様子を待つような立場にも置かれている。関連して、学校評価ガイドラインでは、自己評価における評価者の研修ないし支援について、以下のように指摘している。「各学校において自己評価や学校関係者評価が適切に行われるためには、評価に携わる者が評価について一定の知識を持つことが不可欠である。このため設置者及び都道府県教育委員会は、適切に役割分担して、各学校における学校評価の取組の中心となる教職員の研修や、保護者など学校関係者評価の評価者の知識の向上等を目的とした研修の充実を図る[8]」。

　確かに学校評価ガイドラインは、基本的には単位学校レベルの自律的な学校評価を前提としているが、上記のような自治体レベルの枠組み構築の可能性も示している。つまり学校評価における基本的な部分である評価項目の設定という面から、こういった選択を学校側に判断を委ねている。今日の学校

にはそういった意味での自主的な判断能力が不可欠であるという見解はあろうが、すでに確認した意味での法的拘束力を有するガイドラインである以上、ガイドラインは、自治体に対して、もっと方針を明確に示すことを要請することが求められるのではなかろうか。

(2) 第三者評価及び市町村教委と都道府県教委の関係について

　学校教育法及び同法施行規則における学校評価に関する規定においては、設置者は学校からの評価結果に関して報告を受ける（学校教育法施行規則第68条）のみの関係にある。いうまでもなく、学校教育法では、設置者の管理及び費用負担に関する責任（第5条）と設置の認可（第4条）について確認されているほかは、専修学校等の設置認可や中等教育学校等における教育課程の規定等に関する定めがあるだけである。すなわち、学校教育法上は、設置者と学校との関係でいえば、第三者評価の義務ないし努力義務の規定がないだけでなく、評価の支援そのものに関する規定も存在しない。つまり、設置者による学校評価に関する支援は、学校評価ガイドラインにおいて示されているに過ぎないが、それは学校教育法上における設置者管理主義の原則に立脚していると解釈しうる。よって、学校評価ガイドラインでは第三者評価の必要性がいわれても、設置者管理・被管理の関係性のなかで、評価と支援・援助が機能することが予定されているといえるが、このような制度設計では、評価と支援・援助の関係は、管理と被管理の関係として解消されてしまう恐れもある。

　例えば、学校評価ガイドラインでは、都道府県教育委員会の役割として、「市区町村立の義務教育諸学校においては、都道府県教育委員会が県費負担教職員の定数・配置・給与等を適正に管理し改善することができるよう、市区町村教育委員会が、学校評価の結果及び改善状況についての情報を都道府県教育委員会に適切に伝える」や、「都道府県教育委員会は、市区町村教育委員会からの報告を受けて、必要に応じ、教職員の配置、研修の実施、指導主事等の派遣などの支援・改善のための措置を講じる」[9]とまで示されているが、学校評価の機能を介して、このようなことがどれだけ可能だといえるだろうか。関連して、「教員評価との関係」[10]については、「目標管理型」として

の共通性を指摘する一方で、結果の活用については「相違点」としており、したがって学校評価（の結果の報告）と教員評価との関係性は「学校評価ガイドライン」を前提とするならば想定することはできない。確かに、学校評価の内容からも、必要な教職員の配置や研修については検討できるかもしれないが、都道府県教委と市町村教委が協議できるような具体的かつ詳細な内容が伴うことは現状では想像しがたい。したがって、このような側面において見ても、評価によって可能となるはずの支援・援助は、従前の管理・被管理の関係に置換されてしまう懸念を指摘せざるを得ない。

まとめにかえて
――学校の自主性、教育委員会の支援、国の関与と責任

　わが国では、学校評価システムの制度化に並行するかたちで学校評価ガイドラインの改訂が進められてきたが、これについてその特質や課題について本章では検討してきた。最後にこれを踏まえて学校評価システムの制度化との関係において、学校の自主性、教育委員会の支援、国の関与と責任についてそれぞれ指摘したい。

　第一に、学校評価の実施に対する学校の主体性なり、自主性についてである。堀内によれば、評価とは、何らかの教育活動の行為者、つまり当事者によるものが「自己評価」であり、これを「理解できる」「関係者」による「他者評価」と、その行為に対して専門的な判断や知見をもたらすことのできる者による「客観評価」もしくは「専門家評価」がある。この定義に従えば、例えば学校に対する「保護者によるアンケート」は、学校から見れば、内部か外部かはともかく、あるいは外部か内部かは関係なく、一種の「他者評価」であるはずである。そのような意味で「自己評価」に対峙する関係にあるといいうる。しかし、学校評価ガイドラインでは、「保護者によるアンケート」は、「外部評価」たり得ないことから、これを学校の「自己評価」の資料として扱うように求めたわけである。同様に、例えば授業面において見れば、堀内の定義において把握するならば、学校は、内部においても、これを評価するとき「自己評価」と「他者評価」（この場合「他者評価」は一種の「ピア・レビュー」といえよう）があり、そこでピア・レビューに関する何

らかの記録・資料があれば、それは「授業評価」や「学習評価」に関する「他者評価」としての記録・資料となるはずである。しかし、今日の学校評価の制度化の文脈（「学校評価ガイドライン」の枠組み）から見れば、このような「ピア・レビュー」は、制度上の概念＝「ことばの使い方」としては、学校の「自己評価」の取組であって、そこでの記録・資料は、学校の「自己評価」の資料となる。

　このように制度化による概念の統一は、学校運営の諸過程における評価プロセスの厳密な定義を不問とするか、場合によっては誤解を誘発しかねないものとなっている。学校・校長のマネジメント力の向上をいかに支援するかという問題とも関わるが、制度化を前提としたマネジメントや評価実践の在り方がどのように可能かということについて、学校に対して支援が足りなければ、学校の自主的な学校評価の取組がますます損なわれることになるのではなかろうか。

　第二に、教育委員会による、学校との支援的・援助的な関係構築の努力である。この間、地方分権化と学校の自主・自律化は、多少なりとも進展してきたにせよ、すでに述べたように、教育委員会と学校との関係は、学校教育法や地方教育行政の組織及び運営に関する法律（地方行政法）上における設置者管理主義の関係を原則とするなかでは、これがもっとも強く機能しているといえる。つまり、教育委員会と学校の関係は、そのような法的原則を前提として長年に亘って培われてきた設置者管理主義のなかにある。確かに教育行政における学校と教育委員会の関係性には、指導主事による指導・助言機能としての関係もあり、本書においても横浜市を事例とするなかでその役割・機能を活かして学校評価システムを構築しようとする動向が取り上げられているが、こういった事例は、現在のところ、極めて一部の事例に過ぎないのである。

　学校評価システムにおいて、学校と教育委員会との関係が、設置者管理主義のなかで教育委員会への報告を最低限の管理義務として機能するのか、あるいは、そのなかでも指導・助言機能を最大限活かすかたちで、支援的・援助的な関係構築がなされていくのか。意図的にしろ、無意図的にしろ、どちらに舵を取るのか、あるいは取られるのか、いずれにせよ、教育委員会が学校評価のルール化を進めるにあたって、これをいかなる支援的な体制として

整えていくのかによって、その実態は大きく異なっていくのではないか。いうまでもなく、本書において、取り上げている各自治体の取組や諸外国の事例は、後者（支援的・援助的な関係構築）としてその特質を説明してきたし、本書に参画する研究者は、そういった意味で教育委員会・学校との関わりをもってきている。まだ暫くは学校評価システムの定着には時間を要するといえるが、こういった意味での支援的な学校評価システムの運用に教育委員会が努力する必要があると思われる。

　第三に、国の関与とその責任についてである。端的に指摘すれば、自己評価と学校関係者評価のバランス構造は、単なる両者の均衡にあるのではなく、相乗効果としての、すなわち学校教育と学校運営等に関しての、両者の有する不断の向上志向性に支えられる必要があり、設置者にはこのような志向性の維持について責務があるといえる。そして、このような志向性の維持について、何らかの問題性が発見されるか、あるいはその疑いが生じるような場合に、「学校評価ガイドライン」では、第三者評価を実施することが予定されていると解されるのである。しかしながら、現行の「学校評価ガイドライン」では、この第三者評価の実施について、実施義務や、その努力義務に関する法的規定の支えはない。自治体が上記の当事者能力をもち得ていることが前提とされているのであろうが、他方、国の関与や責任をもっと明確に示す課題があるのではなかろうか。

　学校評価ガイドラインにおいて第三者評価について自治体の実施責任を法的に規定していないことは、確かに予算的な議論も含めて尽くした結論であろうとはいえ、自治体の責任の明確化という点、特に、最終的にいかなる教育の質を、どこが保証するのか、ということについて、わが国の学校評価の仕組みの限界性を示したといえる。このことは、木岡や加藤において指摘されるように、学校評価の制度枠組みの問題というよりは、翻って地域教育経営や個々の学校経営のガバナンス改革という課題に還元されるべき課題ではあるかもしれない。だが、本書で論じている、特にイギリスやニュージーランドにおける海外の学校評価の事例が示していることでいえば、ひとつの制度的な考え方としては明確である。つまり、個々の学校の有するガバナンスがいかなる在り方であるかということ、すなわち学校理事会（イギリス）なり、BOT（ニュージーランド）なりの在り方ということの一方で、これらの

国々においては、最終的に、学校評価（イギリスやニュージーランドでは第三者評価）の結果、なお改善課題を有するその学校の、教育の質保証について、国がいかなる関与をするのか、このことについて明示している。その意味では、わが国においては、わが国の有する教育行政システム及び学校経営システムとこれを支える現行法制の枠組みという限りにおいては、学校評価システムの取りうる一定の「結論」の段階にあり、またこの範囲内での取組を今後進めていけば一定の「成熟」を得られるかもしれない。しかしながら、上記に述べたように、これら評価機能をもってしても、最終的な教育の質保証については課題を残してしまっているのではなかろうか。

〈注〉
(1) この経緯については、以下の論文を参照。木岡一明「戦後日本における学校評価論の系譜的検討」『学校経営研究』第6巻、大塚学校経営研究会、1981年、39-60頁。木岡一明「学校評価論の現状と課題——教育経営研究の学術性と実践性を検討する手がかりとして」（課題研究報告1　教育経営研究の学術性と実践性に関する検討）『日本教育経営学会紀要』第34号、1992年、114-116頁。
(2) 文部科学省『学校評価ガイドライン　平成22年改訂』、28頁。
(3) 文部科学省、同上書、29-34頁。
(4) これについての詳細な検討は、以下の論文を参照。加藤崇英「学校評価システムにおける参加とその問題性——学校と保護者・地域住民を結び付ける評価の現状」（特集　親・地域の学校参加の再検討——学校・家庭・地域の新たな関係構築の可能性と課題）『学校経営研究』第35巻、大塚学校経営研究会、2010年、10-19頁。
(5) 文部科学省『義務教育諸学校における学校評価ガイドライン』（2006年3月27日）、7頁。
(6) 「『父母等に責任の分担を求める参加制度』は、その他律性を学校経営過程に取り込むことを意味する」とし、「自律性を解発していた『他律性』は解消し、厳しい緊張関係ではなく、責任分担という発想に示されるように整序された関係が生じ」、よって、「相対性が見いだせなくなり、それによって自律性もまた瓦解せざるをえなくなる」と指摘される（木岡一明『新しい学校評価と組織マネジメント——共・創・考・開を指向する学校経営』第一法規、2003年、231頁）。
　学校評価ガイドラインにおける保護者・地域住民の関与のその態様は、意図・無意図いずれにせよ、この指摘の状況に近づくものと筆者は考える。
(7) 雲尾周「改訂学校評価ガイドラインへの対応」（科研費・基盤研究(B)「学校評価システムの展開に関する実証的研究」中間報告書(2)、研究代表者：福本みちよ）2009年、14-23頁。
(8) 文部科学省、『学校評価ガイドライン　平成22年改訂』、25-26頁。
(9) 文部科学省、同上書、26頁。
(10) 文部科学省、同上書、5頁。
(11) 堀内孜「学校経営の構造転換にとっての評価と参加」『日本教育経営学会紀要』第48号、2006年、9-11頁。
(12) これについては以下の論文を参照。木岡一明「公教育の規範性と学校組織マネジメント」堀内孜編著『公教育経営の展開』東京書籍、2011年。加藤、前掲書。

〈参考・引用文献〉

大脇康弘（2003）「学校評価の思想と技術の構築」長尾・和佐・大脇編『学校評価を共に創る——学校・教委・大学のコラボレーション』学事出版、28-42 頁。

沖　清豪（2003）「イギリスにおける中央集権的視学・監査制度の機能変容」『教育制度学研究』第 10 号、日本教育制度学会、6-20 頁。

勝野正章（1993）「学校評価論の予備的考察」『東京大学教育学部教育行政学研究室紀要』13、37-49 頁。

加藤崇英（2005）「書評　長尾彰夫・和佐眞宏・大脇康弘編『学校評価を共に創る——学校・教委・大学のコラボレーション』学事出版、2003 年」『学校経営研究』第 30 巻、58-65 頁。

加藤崇英（2006）「地方教育行政施策にとっての学校経営研究の有用性——山形県における学校評価の取り組みに参画して」『学校経営研究』第 31 巻、20-31 頁。

加藤崇英（2008）「日本における学校評価論のレビュー——これまでの学校評価研究の成果と今後の課題を中心に」（科研費・基盤研究(B)「学校評価システムの展開に関する実証的研究」中間報告書(1)、研究代表者：福本みちよ、2-14 頁）。

加藤崇英（2010）「学校評価システムにおける参加とその問題性——学校と保護者・地域住民を結び付ける評価の現状」（特集　親・地域の学校参加の再検討——学校・家庭・地域の新たな関係構築の可能性と課題）『学校経営研究』第 35 巻、大塚学校経営研究会、10-19 頁。

木岡一明（1981）「戦後日本における学校評価論の系譜的検討」『学校経営研究』第 6 巻、大塚学校経営研究会、39-60 頁。

木岡一明（1992）「学校評価論の現状と課題——教育経営研究の学術性と実践性を検討する手がかりとして」（課題研究報告 1　教育経営研究の学術性と実践性に関する検討）『日本教育経営学会紀要』第 34 号、114-116 頁。

木岡一明（1995）「従来の教育経営評価の理論・政策と課題」（〈特集 1〉教育経営と評価）『日本教育経営学会紀要』第 37 号、2-10 頁。

木岡一明（2002）「学校評価」安彦忠彦他編『新版　現代学校教育大事典』1、ぎょうせい、522-524 頁。

木岡一明（2003）『新しい学校評価と組織マネジメント——共・創・考・開を指向する学校経営』第一法規。

木岡一明（2011）「公教育の規範性と学校組織マネジメント」堀内孜編著『公教育経営の展開』東京書籍。

雲尾　周（2009）「改訂学校評価ガイドラインへの対応」（科研費・基盤研究(B)「学校評価システムの展開に関する実証的研究」中間報告書(2)、研究代表者：福本みちよ、14-23 頁）。

幸田三郎（1990）「学校評価」『新教育学大事典』第一法規、592-594 頁。

髙妻紳二郎（2006）『イギリスにおける学校評価の組織・構造に関する実証的研究』（科研費、基盤(C)(2)最終報告書）。

髙妻紳二郎（2007）『イギリス視学制度に関する研究：第三者による学校評価の伝統と革新』多賀出版。

小松郁夫（2002）『初等・中等教育学校の外部評価に関する基礎的比較研究』（科研費報告書、萌芽的研究）。

林　孝（2006）「学校評価・教員評価による学校経営の自律化の可能性と限界」『日本教育経営学会紀要』第 48 号（〈特集〉教育改革と学校経営の構造転換(3)学校経営の自律化に向けた評価と参加の在り方）、16-27 頁。

福本みちよ（2001）「ニュージーランドにおける外部機関方式による学校評価システム——学校による自己評価と外部機関評価の関連性に着目して」『教育制度学研究』第 8 号、日本教育制度学会、97-100 頁。

福本みちよ（2002）「学校評価に関する研究動向――教育改革を背景とした学校評価論の展開」『教育制度学研究』第9号、255-258頁。

福本みちよ（2003）「外部評価制度における支援機能について――ニュージーランドの事例から」『教育制度学研究』第10号、143-146頁。

堀内　孜（2006）「学校経営の構造転換にとっての評価と参加」『日本教育経営学会紀要』第48号、2-15頁。

湯藤定宗（2008）「日本における学校評価に関する政策的動向」（科研費・基盤研究(B)「学校評価システムの展開に関する実証的研究」中間報告書(1)、研究代表者：福本みちよ、24-33頁）。

第3章 日本における学校評価論のレビュー
――これまでの学校評価研究の成果と今後の課題を中心に

加藤崇英

はじめに

　本章の課題は、これまでのわが国の学校評価論・研究において取り上げられてきた議論や定義、理念に関して論点を明らかにしてこれまでの成果を示すとともに、学校評価ガイドラインの改訂及び第三者評価の位置づけなど、わが国の学校評価システムの在り方について新たな局面を迎えるなかで、今後の学校評価研究に関する課題や方法を示そうというものである。なお、学校評価研究の整理や総括ということでいえば、これまでにも木岡や勝野、福本による、それぞれ先行研究に関する優れた検討やレビューがあり、展開や動向、枠組みについては、これらの先行研究ないしレビューに譲るところが大きいといえる[1]。

　本章では、そういった先行研究における整理・総括を受け、特に近年のレビューを中心とすることで、本書における研究課題や研究方法についての提言的な検討や議論につなげていきたいと考える。

1　学校評価の在り方に関する議論

(1) 学校評価の定義に関する議論

　幸田による学校評価に関する一つの定義として、「一つのまとまりをもった、計画的・組織的教育を行うために設けられた個々の学校が、その機能をどの程度十分に果たしているかを、学校教育の目的・目標の達成度という観点から明らかにし、その結果に基づき、学校が行う活動全般についての改善

を図ることを目的として、学校の在り方とその活動全体を対象として行う総合的評価」(2)がある。木岡が、「幸田は、評価主体として学校設置者と個々の学校の校長を中心とした教師集団を挙げつつも、学校設置基準等が詳細に定められている日本では、主体は校長を中心とした教師集団と考えるべきとしている」と指摘する(3)ように、わが国において学校評価とは多くの場合、校長を中心とした教職員による自己評価を意味してきた。しかし、同時に指摘するように、公教育経営システム全体において学校評価がいかに機能するかという、その想定やモデル、すなわち「どこまでを学校改善の射程におさめ、何に焦点をあて、どう改めるかという課題の設定や観点によって、親や子どもによる評価を含めるなど、評価の主体、内容や方法、そして定義もおのずと異なってくる」(4)。このことは学校評価を一義的に示すことができない以上に、そもそも学校経営や教育経営システムをどのように把握するのか、そういった問題性にこそ、学校評価の論点が存在するともいえる。

　このような前提に立ち、他のすべての学校評価論者の様々な視点を含み込ませる意味でも、木岡は学校評価を「学校の在り方の改善を目的とする、学校に対する評価」であり、「広くは、学校改善を意識しない漠然とした学校に対するイメージや評価も含めうる」(5)と定義する。また、木岡は自身の学校評価論をここからさらに焦点化し、展開しているといえる。すなわち学校が組織マネジメントによる組織開発を展開し、内部や外部という峻別を越えて、保護者・地域及び行政との関係において、関与を得、巻き込み、活動をともにすると同時に、アカウンタビリティをも確保するという、より多角的な学校評価の在り方である。よって「学校評価とは、学校に関わる事項（特性や雰囲気を含む）に対する一定の価値判断である。その価値判断のなかには、学校全体の在り方の変化を解発するポテンシャル（潜在的なエネルギー）を備えたものがあり、そのポテンシャルが現実の力を発揮したときに『学校組織開発のための方略としての学校評価』となる」(6)。これは幸田の「『あるべき学校評価』観」に対する木岡による、「『学校評価』を学校の日常にコミットメント（浸透）させていく」「過程」を重視した学校評価の定義である(7)。

(2) 学校評価と学校の自律性

　上記における木岡による学校評価の定義は、幸田の定義の示す学校像を否

第3章　日本における学校評価論のレビュー　55

定するものではない。そこに至るまでに、様々な学校経営上の課題が経営過程にあって、それらを示していく必要があったといえる。つまりこのようなプロセスを含ませる学校評価の在り方に、今日の地方分権と学校・校長の裁量拡大といった現代の学校の在り方が反映されていると思われる。これは、幸田の時代における学校の平等・画一的な在り方とは対比的といえよう。ここには学校の自律性にとっての、学校評価の役割や機能の問題も内包されている。すなわち幸田が「活動全体を対象として行う総合的評価」としてはいるが、どちらかといえば学校の内部組織における評価の機能を想定しているのに対して、木岡の定義はオープンシステムとしての学校組織のもつ内外環境を前提にしているといえる。

　今日、組織に対する内外環境の視点、さらには組織文化や組織風土の知見も蓄積されてきたといえる。林は、木岡の緒論を参照しつつ、以下のように学校評価の在り方について指摘している。すなわち「評価を学校改善につなぐ前提条件として、例えば、学校内外から新しいものを取り入れ有効に活用して学校をよくしていこうといった、『学び』を重視する組織文化を確立し、教職員間に成長的・挑戦的な組織風土を醸成していくことが必要であ」り、「また、継続的な改善を導く評価のための組織づくりにあたって、『子どもはどう変わったか。そのために学校として何をしたか』の視点を保持し、『課題意識をもって評価せざるを得ない』状況を創出していくことが必要である。そして、学校のもつ条件性を活かし長所に焦点化して教育活動を見直し、学校や地域等の実態を踏まえ、自校の学習活動に何を優先的に取り入れるのかを検討することから学校評価を出発させることが重要である[8]」。ここには、「学び」という学校組織における重要な営みが起点となって文化の形成と風土の醸成がなされ、展開する組織づくりにおいて必然的に生じる評価のはたらきが確認されている。そして、「学校が明確な教育意図をもち教職員が一丸となって主体的に教育活動を展開しようとする意思と能力を明確に示す装置となり、かつ、自己決定－自己責任に対する説明責任を果たす装置として学校評価・教員評価を機能させるとき、学校評価・教員評価による学校経営の自律化の推進が、児童生徒に対する教育の質の向上に好循環を生み出す装置となる可能性があると考えられる[9]」。

(3) 学校評価の目的、機能及び評価の主体
―――客体、評価対象等に関する議論

　学校評価に関する定義は、どちらかといえば機能主義的な観点によって示されることの方が多いように思われる。特に目的、役割、評価の主体と客体、評価の対象等に関わっての定義である。すなわち、学校評価の定義に関する議論のなかには、評価の主体－客体という評価－被評価の基本的な関係に対する視点が核となって存在している。

　勝野は、学校評価論に関するレビューとともに、この学校評価の主体－客体ないし評価－被評価という基本的な視点について、簡潔な整理を行っている。すなわち外部評価に関する考察のなかで、「自己－他者」（誰が評価するか）に加えて、「何を評価するか」、「何のための評価をするか」について併せて検討している（図3-1）。勝野は、「自己－他者」（誰が評価するか）、「学校経営評価－学校教育評価」（何を評価するか）、「改善のための評価－基準に合わせる評価」（何のための評価をするか）を検討するなかで、図3-1の枠（太枠）に示したように、「自己」「学校経営評価」「改善」においてとらえられる関係が「学校評価論の主流」をなしてきたと指摘した。すなわち学校評価論の多くは、学校経営評価を自己評価として行い、しかもその目的は学校改善にあるとした。そして三組の対概念のうち前者（図3-1、太線部）は、「理論的にも実践的にも深く結び」つき、「学校評価論の主流」をなしてきたと指摘される。

　ここには、自己－他者という相対関係が示されているが、学校評価の基本的なこのような見方とは異なり、「自己」に対して「外部」が相対関係として示されるという、一種の「ねじれ」の関係が現実的な学校評価の動きのな

問い			対概念	
誰が評価するか	‥‥‥	自己評価（診断）	－	他者評価
何を評価するか	‥‥‥	学校経営評価	－	学校教育評価
何のための評価をするか	‥‥‥	改善のための評価	－	基準に合わせる評価

図3-1　日本における学校評価論の理論枠組み―――対概念の整理

かでは起こってきたことが着目される。例えば大学評価の制度化は「自己評価」を起点としつつ、しかし「他者評価」ではなく「外部評価」が相対するという「ねじれ」を示した。

　大脇は、学校評価について、大きな構造としての学校と教育委員会の自律－支援関係と、個々の取り組みの基軸となる学校評価方式について述べている[12]。そして学校評価そのものが多面的な性格をもつことを前提としながらも、目的や役割を明確に示し、そのうえで、学校自己評価のための豊かな指標づくりについて、その基準や視点をまとめている。また、それは、学校評価に関する用語（自己評価、内部評価、外部評価、他者評価等）について、関係者間における学校評価概念の混乱を避けることをねらいとした整理として着目できる。すなわち大脇は、上記の「ねじれ」の問題点を論じ、なおかつ喜多村和之氏の論を参照しながら、これを整理したうえで、「学校評価は各学校が行う自己評価（内部評価）を基本にして、これを外部評価（行政機関、専門評価機関など）または協同評価によってより客観化・対象化することが望ましい」と述べている[13]。

　また研究者の定義ではないが、文部科学省『義務教育諸学校における学校評価ガイドライン』でも、自己評価を前提として、保護者や地域住民等が構成する外部組織が外部評価（その後の「学校関係者評価」）を行う仕組みを基本とすることで、すべての学校の学校評価が客観性を保持できるようにすることをねらいとして示した。すなわち、文部科学省『義務教育諸学校における学校評価ガイドライン』の段階での種類分けでいえば、学校が自ら評価する「自己評価」、学校から見て外部の者が評価する「外部評価」がある。そして外部評価は、子ども、保護者、地域住民など学校に関係する者が行う「当事者評価」と、教育委員会などが行う「設置者評価」、専門家など第三者機関が行う「第三者評価」がある。だが、ここで「当事者」とは、保護者や地域住民が学校にどれだけ関与しているかというその度合いによっても一概に「当事者」として完全に肯定できるものでもなければ否定できるものでもない。よって、現在の『学校評価ガイドライン〔平成22年改訂〕』に至っては、「学校関係者評価」という言葉が用いられている。この定義の厳格な線引きは難しいが、個々の学校における関わりのなかで何らかの関係が築かれるなかでの評価を考えるとするならば、支持できる定義ということができよ

う。また学校評価の状況調査に関連して、「外部評価」と「外部アンケート」の区別も指摘された。これは学校が保護者アンケートを「外部評価」としてカウントしないようにする意味をもたせるとともに、「自己評価」を前提として、保護者や地域住民等が構成する外部組織によって行うものであるとの概念提示である。

　他方、堀内においては、上記に示した「自己」「外部」の「ねじれ」を同じく指摘するも、「自己－他者」関係を組織の「内部－外部」に亘って細かに定義づけしようと意図するものである。堀内は、上記の広まっている学校評価概念についてその問題性を指摘し、「自己－他者」「内部－外部」ととらえ、四つの象限として整理している。それは、「自己評価」と「外部評価」、すなわち「自己」と「外部」を対概念としている理解に対する指摘である。すなわち評価は、何らかの教育活動の行為者、つまり当事者によるものが「自己評価」である。そして「その行為の在り方を『理解できる』『関係者』による『他者評価』」と、その行為に対して専門的な判断や知見をもたらすことのできる者による「客観評価」もしくは「専門家評価」に分けられる。そしてここに「内部－外部」を別の次元とする視点を示す。その意味では、学校内部においても「『自己評価』と『他者評価』」がある。これは例えば、いわゆる同僚教師によるピア・レビューのような関係を指していると思われ

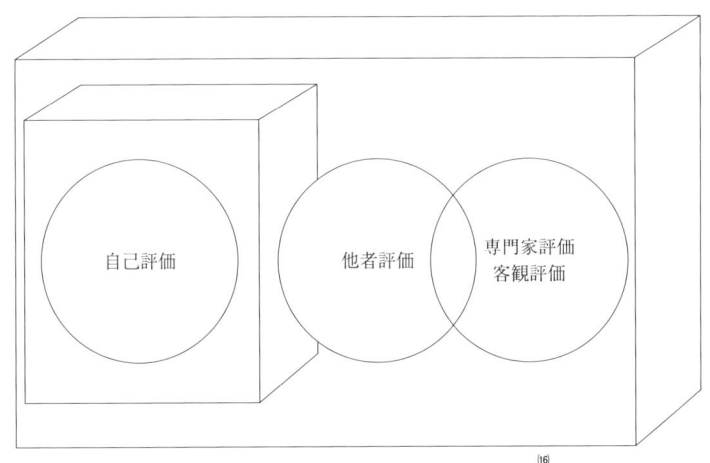

図3-2　「自己－他者」「内部－外部」関係

る。[15]

(4) 学校、教育委員会、研究者のコラボレーション

　福本によるレビュー[17]においても、「各地にみられる学校評価システム構築に向けての取り組み」として学校、教育委員会、研究者のコラボレーションが取り上げられている。

　近年では、例えば、大阪教育大学によるスクールリーダー・プロジェクトの一連の活動は、学校評価に関連する大学と現場との継続的なコラボレーションとして、その実践的な意義が評価されるといえよう。また、木岡及び浅野による「学校組織マネジメント研修」[18]も、学校評価の内容を含みつつ、かつ、三重県、高知県、鳥取県などの学校・センター・教員とのコラボレーションを含んだ取組として著作・連載・科研費研究等、これらの成果は大きいといえる。また筆者自身も微力ながら、大学と現場のコラボレーション的な取組に関わってきた。[19]これらの取組について、必ずしも一括りにすることはできないが、ここでは以下のような特徴があることを指摘しておきたい。

　まず、これらの多くは政策から理論、実践まで含んでいること、そしてその意味で学校評価の実践に特有の評価基準や評価表、あるいはいわゆるチェックシートの作成についても、かなりの労作もあり、そして経年・継続的な取組であることが認められる。そういった意味での研究者と現場教員・教育行政関係者とのコラボレーションという意義は大きいといえる。しかし、その一方で、必ずしも研究的な検証作業が十分に伴っているわけではないことが指摘できる。つまり、例えばその研究的な水準がどの程度のものであるのか、あるいは、実践における効果についても研究的に究明されている場合は少ない。また関わる研究者や現場の実践者も複数であるため、論旨の一貫性を見いだしにくいことが挙げられる。ただし、そもそもそれらは理論や定義の厳密化を第一義としていないともいえる。さらに、例えば理論について、その実践から何か新しいことが明らかになって修正を加えたり、発展させることができたというよりは、これまでの研究知見を前提としていたり、その見方を基本的に崩したりすることは少ない。総じて、これらの取組は、実践としてはバラエティを認めても、研究としては、その精緻化を待たれるところといえる。

2　海外の学校評価に関する研究報告等

(1)　海外の学校評価研究の成果について

　近年の学校評価に関する論考には海外の事例が少なくない。また雑誌論文では、そういった海外の学校評価に関する研究を行っている研究者がその知見や情報を紹介するとともに日本の学校評価に示唆を提供するというかたちをとっている場合も多い。この場合、総じて、制度や取組に関して詳細に指摘するという意味では緻密さをもっているが、比較の手法にまでは十分に研究的に取り組まれてきたわけではないので、わが国の制度への適応の可能性などについては、示唆を越えるかどうか、すなわち実際にどれだけ、どのように適用できるのかという論点については、必ずしも十分な究明がなされているとはいえないと思われる。だが、そのなかでも海外の学校評価についてわが国の現状や適用にまで踏み込んだ研究も少なくない。

　著作としてまとめられたものを挙げれば、例えば、中留武昭『アメリカの学校評価に関する理論的・実証的研究』（第一法規、1994 年）や、最近では、髙妻紳二郎『イギリス視学制度に関する研究──第三者による学校評価の伝統と革新』（多賀出版、2007 年）が、国の歴史、制度、文化の全体像から個々の学校の事例に踏み込んで学校評価の特質について明らかにしている労作といえる。共同研究としての成果としては、木岡を代表者とする科学研究費による共同研究である「学校評価の促進条件に関する開発的研究──外部セクターの在り方に着目して」（基盤研究(B) 1999-2002）や「学校評価システムの構築に関する開発的研究」（基盤研究(B) 2003-2006）がある。また窪田眞二・木岡一明編著『学校評価のしくみをどう創るか──先進５カ国に学ぶ自律性の育て方』（学陽書房、2004 年）では、イギリス、フランス、ニュージーランド、アメリカ、ドイツの学校評価について、それぞれ論じられ、また並列的な比較も試みられている。

(2)　外部評価機関とその変容に関する分析

　近年の学校評価に関する研究としてもっとも大きな成果を上げているのが

海外の学校評価に関する研究である。なかでも、とりわけイングランドとニュージーランドに関する研究が挙げられる。

イングランドの OFSTED（教育水準局）は、当初極めて厳しい評価の活動のイメージによって、日本でも多くの教育関係者にとって名前の知られるところとなったといえる[20]。それは、評価と同時に教育困難校への改善命令や廃校措置に至るまでの制度も含んでいたからであるが、そういった評価の仕組みやルールの在り方の一方で、制度における柔軟性、例えば、最初の4年間の評価サイクルから問題のない学校については6年間のサイクルに移行し、困難校を優先するなどの変化が指摘しうる[21]。

こういった OFSTED の在り方は、他方で伝統的な視学制度とのバランスにおいて論じられる。前掲の髙妻の研究は、イギリスにおける視学制度を歴史的にたどりながら、HMI 制度（Her Majesty's Inspector）と OFSTED の相違を明らかにしている。特に、①ナショナル・カリキュラムを基準とした児童生徒の達成度評価、②学校改善に向けたパフォーマンスを明らかにするための自己評価と同僚評価、③ OFSTED による定期的な評価の三つの構造として明らかにしている[22]。また、学校ごとの「戦略策定・開発チーム（Strategic Development Team）」による学習や授業のパフォーマンスのチェックと教員による共有化、学校理事会の構成員と LEA（Local Education Authority）のメンバーを含む「学校改善チーム（School Improvement Team）」の編成など、これらはわが国の状況との対比を可能とする詳細な事例分析によって明らかにされている[23]。

またイングランドとともに注目されているのがニュージーランドにおける学校外部評価機関、ERO（Education Review Office）である。福本によるニュージーランドにおける学校評価に関する一連の研究[24]では、教育委員会の廃止ないし大幅な縮小、これによる学校への権限の委譲と評価システムの導入という一連の制度改変のなかで、評価の制度や手続きについて明らかにするだけでなく、学校理事会の設置、自己評価の義務化、ERO による外部評価、学校に対する支援体制という四つの仕組みを同時並行的に発展させてきたことを指摘し、全体として学校を取り巻く支援的なネットワークの構築について論じている。

とりわけイングランドとニュージーランド、すなわち外部評価機関に関す

る髙妻、福本らの研究からは、外部評価の制度も、そして外部評価機関そのものの在り方についても、学校との関係によって変容が起こっていることが明らかにされてきた。すなわち外部評価機関そのものの自律性とでもいうべき側面についても研究・分析がされてきていることに着目したい。

　外部評価といえば、評価者の属性、評価領域や評価項目・基準、評価サイクル、評価結果の公表、評価結果の運用といった外部評価機関のスペックともいうべき要素に関しての制度やルール、手続きに関してまず注目される。それはある意味当然といえる。しかし、外部評価機関のメンバーが、もちろん外部評価を行うという第一の目的によって学校に関わるわけではあるが、そのプロセス（過程）を通じて、そこに何らかの価値形成が起こっており、そのことが名目は「外部－内部」と峻別し得たとしても、教育の核心に迫るものであればあるほどにそのような「外部－内部」の評価というよりは、「支援的な関係」へと発展していく可能性を内包していると指摘しうる。つまり学校評価をめぐる国家全体のアカウンタビリティの在り方や制度的な関係から、組織（外部評価機関）と組織（学校）の関係、さらには人と人のコミュニケーション関係にレベルを移す段になって、そういった「支援的な関係」が生じることは、学校評価システムの構築における特質として、海外の諸事例からも上記の髙妻や福本の研究によって明らかにされてきたといえる。

まとめにかえて

(1)　近年の学校評価研究の成果と今後の課題及び方向性について

　まず、これまでの検討を通じて、近年の学校評価研究の成果を以下の3点としてまとめたい。第一に、学校における「内－外」「自己－他者」関係など、評価－被評価をめぐる主体－客体関係に関する研究、第二に、学校における「内－外」関係が、教育の営みのもつ創発特性によって、協働的な関係へと発展・転化する点に着目した研究、第三に、学校を取り巻く支援関係としての評価の在り方に関する研究である。これら3点は相互に関係づけられて論じられている部分も多いが、いずれにせよ、これらの諸点を特徴として

学校評価に関する定義、原理、法制度、組織、手続き等について、国内外の研究をもって明らかにしてきたことが、近年の学校評価研究の成果といえる。上記のように成果を示したが、これらの成果を「あるべき学校評価」にしてはならない。つまりは、学校の自律性の観点から、実態的及び実践的な意味での解明が今後も課題といえる。

　学校という現場に目を転じれば、今日、「事前の管理」から「結果の評価」ということがいわれているが、現在のわが国の学校の置かれる状況を見る限り、そうではない。もっと厳しいもの、つまり「事前も管理」し、「プロセスを制御」し、「結果も評価」する、といってよいほどにインプット、スループット、アウトプットのすべてにおけるトータル・コントロールとしての評価システムが展開されてきている。その評価の網の目のなかで学校組織が自らは身動きが取れないほどの状況に置かれはじめていると指摘しうる。仮に、これを「自律的学校経営」というならば、「自律的学校経営」という他律性のなかで、学校組織の自律性を解明しなくてはいけない。そういったアイロニーによって把握される危険すら指摘しうるのである。

　しかし、そういった制度に対する批判に根拠を置くだけでは現状は打破できないということも一方では強く指摘できる。すなわち、わが国の学校教育システムが国際的な視点からも、また国内的な視点、特に教育以外の他の領域からの視点に対しても、これに耐えうるアカウンタビリティ・システムを構築していかなくてはいけないという大きな課題があることは確かであり、本章で取り上げてきた学校評価論・研究に携わってきた者のほとんどがこの点については認めるところではないかと推測する。むしろ、そのような建設的なところ、すなわちシステム・デザインとしての研究に根拠が置かれなくてはいけないと思われる。その意味では、国内におけるこれまでの教育経営に関する研究の諸領域において、いかに海外の研究の成果から学び、これを批判的にとらえて、具体的な評価システムのモデルを構築し、デザインするかが今後の課題であると思われる。

(2)　「学校評価」の相対化
　　　──学校組織の自律性に関する研究のなかで

　"学校が自ら点検・評価を行い、経営を改善し、教育の質を向上させるこ

とができる。"このような理念やモデルを実現する学校は確かにあるかもしれない。しかし、学校関係者評価や第三者評価の導入とは関係なく、このような理想的なモデルを制度化し、これを目指すことと、完璧で完成されたものとしてすべての学校に強要することは別物といえよう。すでに勝野は、「学校改善の論理が計画－施行－評価の合理的・循環的マネジメント・サイクルに強く依存していることも問題」とし、「学校評価と改善との関係についてはより精緻な理論の構築を行うべき」と指摘していたが[26]、このことは学校評価に限らず、これまでの多くの学校の自律性に関する研究そのものが取り組んできた問いでもある。

　しかしながら今日、学校評価と学校改善がセットとなったモデルは、著しい制度化の局面を迎えようとしている。現代において、学習指導要領や教科書の存在を抜きに学校における自律的な教育課程編成を論じることができないように、"学校評価に関する何らかの制度的制約を抜きにして、自律的な学校評価の取り組みを論ずることはできない。"学校評価システムは、そういった法制度的な環境の存在を前提にしている。ゆえに、制度・政策的に与えられた意味での「学校の自律性」と、組織の自律性としての「学校の自律性」とを峻別したうえで、それぞれにおける学校評価システムの模索があり、そのうえでの実践探究が求められよう[27]。

〈注〉
(1) これまでのレビューについては、以下を参照。木岡一明「戦後日本における学校評価論の系譜的検討」『学校経営研究』第6巻、大塚学校経営研究会、1981年、39-60頁。勝野正章「学校評価論の予備的考察」『東京大学教育学部教育行政学研究室紀要』13、1993年、37-49頁。福本みちよ「学校評価に関する研究動向――教育改革を背景とした学校評価論の展開」『教育制度学研究』第9号、2002年、255-258頁。
(2) 幸田三郎「学校評価」『新教育学大事典』第一法規、1990年、592-594頁。
(3) 木岡一明「学校評価」安彦忠彦他編『新版　現代学校教育大事典』1、2002年、ぎょうせい、522-524頁。
(4) 木岡、同上書。
(5) 木岡、同上書。
(6) 木岡一明『新しい学校評価と組織マネジメント――共・創・考・開を指向する学校経営』第一法規、2003年、138頁。
(7) 木岡、同上書、139頁。
(8) 林　孝、「学校評価・教員評価による学校経営の自律化の可能性と限界」『日本教育経営学会紀要』第48号、2006年、23頁。
(9) 林、同上書、25頁。

⑽　勝野正章「学校評価論の予備的考察」『東京大学教育学部教育行政学研究室紀要』13、1993年、39頁。
⑾　図においては、勝野の論に従って「問い」、「対概念」等、追記した。勝野、同上書、39頁。
⑿　大脇康弘「学校評価の思想と技術の構築」長尾・和佐・大脇編『学校評価を共に創る——学校・教委・大学のコラボレーション』学事出版、2003年、28-42頁。
⒀　大脇、同上書。
⒁　堀内孜「学校経営の構造転換にとっての評価と参加」『日本教育経営学会紀要』第48号、2006年、9-11頁。
⒂　木岡では、学校評価に関わる内部－外部関係について、父母の、教育要求の実現を目的とする参加論と、教育活動や学校経営過程への協働化論を峻別しているように思われる（木岡一明『新しい学校評価と組織マネジメント——共・創・考・開を指向する学校経営』第一法規、2003年、231頁）。それに対して、堀内は、学校評価に関わる内部－外部関係について、父母（ないし子ども・保護者・地域住民）の「二重性」の問題として木岡の提起を受けつつも、医療や法曹も例として、専門職組織がその専門職性を「社会に承認されているにもかかわらず、それらの行為に広く社会的な価値共有が必要とされるようになった」とし、外部からのチェックに果たす保護者の機能とその第一義性について確認している（堀内孜「学校経営の構造転換にとっての評価と参加」『日本教育経営学会紀要』第48号、2006年、10頁）。ただ、「自己－他者」「内部－外部」を軸とする4象限による堀内の整理は、父母（ないし子ども・保護者・地域住民）に関して、「行為者」の行為を「理解できる」「関係者」たる「他者評価」者としての位置関係を補完することで、木岡の指摘する自律性－他律性問題に一定の回答を果たしたと思われる。このような両者の相違は、教師の専門職性に対する見解の相違に起因していると思われる。すなわち木岡における専門職性概念においては、保護者（や外部等）との対峙や交流によって、その専門職性の本質的な変容や向上に関して、より多くの蓋然性を認めうるし、むしろこの点を積極的に認めるところに学校組織の変革のキー概念を包含していると思われる。これに対し、堀内は、その専門職性概念において、その変容や向上も含めて保護者（や外部）に対してある程度の参照可能性を認めつつも、公教育経営システムのエージェントたる揺るぎない専門職性としての性格をより重視していると思われる。
⒃　図は、堀内の論を筆者が図式化したものである。堀内、同上書。
⒄　福本、同上書、256頁。
⒅　加藤崇英「書評　長尾彰夫・和佐眞宏・大脇康弘編『学校評価を共に創る——学校・教委・大学のコラボレーション』学事出版、2003年」『学校経営研究』第30巻、2005年、58-65頁。
⒆　加藤崇英「地方教育行政施策にとっての学校経営研究の有用性——山形県における学校評価の取り組みに参画して」『学校経営研究』第31巻、2006年、20-31頁。
⒇　「活動などを考慮すると、OFSTEDの『School Inspection』とは『学校視学』とか、『学校訪問』のような生やさしいものではないことが分かる。そこで私は日本の会計検査院のイメージからOFSTEDを『教育水準監査院』とし、Inspectionの意味として『検査』という言葉よりも評価機能を重視して『監査』の訳が適切であろうと考えた」（小松郁夫『初等・中等教育学校の外部評価に関する基礎的比較研究』（科研費報告書、萌芽的研究）、2002年、33頁）。
㉑　小松、同上書、36頁。
㉒　髙妻、同上書。
㉓　髙妻紳二郎『イギリスにおける学校評価の組織・構造に関する実証的研究』（科研費、基盤(C)(2)最終報告書、2006年）。
㉔　福本みちよ「ニュージーランドにおける外部機関方式による学校評価システム——学校による自己評価と外部機関評価の関連性に着目して」『教育制度学研究』第8号、日本教育制度学会、2001年、97-100頁。

福本みちよ「外部評価制度における支援機能について――ニュージーランドの事例から」『教育制度学研究』第10号、2003年、143-146頁。
(25)　筆者は、海外を対象とした学校評価に関する研究について、以下のような論旨展開についての関心をもつ。
　　それは、まず、学校評価システムの必要性や有効性及びその機能について「国家の教育水準の維持・向上レベル」においてその出発点を論じたうえで、このシステムが適切に機能しているかどうかに関する検証については、あるいは問題があった場合の微調整については、「個々の学校組織レベル」の具体事例や校長・教員に関するアンケート調査ないしこれに類する研究結果に求めるという方法をとっていると思われる。この論旨展開そのものは同意しうるが、そこでの「個々の学校組織レベル」で起こっている学校と評価機関の関係をいかに議論するかが課題であると思われる。
　　つまり、そこでは学校評価機関そのものの自律性（存在意義証明や生き残りを含む）の観点から評価や支援の機能について論じている傾向が強く、学校組織の自律性の観点から評価機関との関係がもっと論証される必要があると思われる。これらの研究がそもそも評価機関そのものの研究を第一義にしていることから当然ともいえるが、この点を議論しないと、わが国における学校評価システムをいかに構築していくかについて、批判的な検証も加えたものになり得ないのではないか。学校組織の自律性の観点からいえば、例えば、学校の自律的な経営から、いかに外部評価機関との関係が受容されているかが明らかにされねばならないと思われる。すなわち学校評価が自律的学校経営の鍵的概念となる事例についても、あるいは学校評価が学校の自律性に阻害的であるという、学校評価研究として見れば極めてラディカルに見える研究についても、総じて学校組織の自律性に関する研究として両面において展開されることがなければ、学校評価システムそのものに対する批判的検証が弱まり、理想モデルの定着のみを研究的に議論することになりかねないと思われる。以上のような関心は、本章で取り上げた高妻によるイギリスの学校評価に関する一連の研究からの知見によって得られた。
(26)　勝野、同上書。
(27)　浜田の論文における「学校の自律性」に関する検討から示唆を得た（浜田博文「『学校の自律性』研究の現代的課題に関する一考察」『学校経営研究』第29巻　大塚学校経営研究会、2004年、102-115頁）。

〈参考・引用文献〉
大脇康弘（2003）「学校評価の思想と技術の構築」長尾・和佐・大脇編『学校評価を共に創る――学校・教委・大学のコラボレーション』学事出版、28-42頁。
沖　清豪（2003）「イギリスにおける中央集権的視学・監査制度の機能変容」『教育制度学研究』第10号、日本教育制度学会、6-20頁。
勝野正章（1993）「学校評価論の予備的考察」『東京大学教育学部教育行政学研究室紀要』13、37-49頁。
加藤崇英（2005）「書評　長尾彰夫　和佐眞宏　大脇康弘編『学校評価を共に創る――学校・教委・大学のコラボレーション』学事出版、2003年」『学校経営研究』第30巻、58-65頁。
加藤崇英（2006）「地方教育行政施策にとっての学校経営研究の有用性――山形県における学校評価の取り組みに参画して」『学校経営研究』第31巻、20-31頁。
木岡一明（1981）「戦後日本における学校評価論の系譜的検討」『学校経営研究』第6巻、大塚学校経営研究会、39-60頁。
木岡一明（1992）「学校評価論の現状と課題――教育経営研究の学術性と実践性を検討する手がかりとして」（課題研究報告1　教育経営研究の学術性と実践性に関する検討）『日本教育経営学会紀要』第34号、114-116頁。

木岡一明（1995）「従来の教育経営評価の理論・政策と課題」（〈特集1〉教育経営と評価）『日本教育経営学会紀要』第37号、2-10頁。
木岡一明（2002）「学校評価」安彦忠彦他編『新版　現代学校教育大事典』1、ぎょうせい、522-524頁。
木岡一明（2003）『新しい学校評価と組織マネジメント──共・創・考・開を指向する学校経営』第一法規。
幸田三郎（1990）「学校評価」『新教育学大事典』第一法規、592-594頁。
髙妻紳二郎（2006）『イギリスにおける学校評価の組織・構造に関する実証的研究』（科研費、基盤(C)(2)最終報告書）。
髙妻紳二郎（2007）『イギリス視学制度に関する研究──第三者による学校評価の伝統と革新』多賀出版。
小松郁夫（2002）『初等・中等教育学校の外部評価に関する基礎的比較研究』（科研費報告書、萌芽的研究）。
浜田博文（2004）「『学校の自律性』研究の現代的課題に関する一考察」『学校経営研究』第29巻　大塚学校経営研究会、102-115頁。
林　孝（2006）「学校評価・教員評価による学校経営の自律化の可能性と限界」『日本教育経営学会紀要』第48号（〈特集〉教育改革と学校経営の構造転換(3)学校経営の自律化に向けた評価と参加の在り方）、16-27頁。
福本みちよ（2001）「ニュージーランドにおける外部機関方式による学校評価システム──学校による自己評価と外部機関評価の関連性に着目して」『教育制度学研究』第8号、日本教育制度学会、97-100頁。
福本みちよ（2002）「学校評価に関する研究動向──教育改革を背景とした学校評価論の展開」『教育制度学研究』第9号、255-258頁。
福本みちよ（2003）「外部評価制度における支援機能について──ニュージーランドの事例から」『教育制度学研究』第10号、143-146頁。
堀内孜（2006）「学校経営の構造転換にとっての評価と参加」『日本教育経営学会紀要』第48号、2-15頁。

Ⅱ

日本における
学校評価システムの展開過程

第4章 ガイドラインに即した総合的学校評価システム
―――福岡県

髙妻紳二郎

はじめに

　福岡県は、福岡市と北九州市の二つの政令指定都市を含む28市、30町、2村から成り、両都市を含めた県人口は507万人（2011（平成23）年6月1日現在）を数える。これら60市町村は地理的、歴史的、経済的特性などから、「北九州」「福岡」「筑後」「筑豊」の4地域に分けられている。なお、政令指定都市である福岡市は人口148万人、北九州市は97万人である。また、福岡県全体で小学校768校、中学校376校、高等学校165校、特別支援学校39校を抱えている（2011年度）。

　福岡県も他の都道府県と同様に、2000（平成12）年度以降、文部科学省（以下、文科省）から補助金交付を受けた研究指定校の実践を踏まえつつ、組織的な学校評価システムの構築を模索してきた。そして各校レベルにおいても、先例に学びつつ組織的取組のための組織や立案が引き続いてなされている。それらの取組をみてみると、年度末反省会のマンネリ化からの脱却を試み、校務分掌組織単位によるグループ討議を行う事例が多く看取されるようになった。福岡県の学校評価は総じてガイドラインに即し、学校自己評価も年度毎にまとめられ、学校評議員制度を活用した学校関係者評価を取り入れている学校が多いことから伺えるように、正統的な学校評価システムの運用がみられる地域である。学校の第三者評価は文科省の補助事業を受けて継続的な試行事業も展開してきた。現在では第三者評価は設置者、学校ともに当面着手することはなく、個別の学校において自己評価と関係者評価の実施を粛々と進めている状況にある。本章では、福岡県において取り組まれた事例を参照しつつ、ガイドラインに即した総合的な学校評価がいかに展開し得る

か、そしてさらに促進する要因と総合的な展開を阻害する要因について検討したい。

1　福岡県における学校評価システムの起動

　筆者はすでに2002（平成14）年度からの福岡県における学校評価システムの定着過程及び修正手続き、試行過程を追い、学校評議員制の実施と関連した学校評価の動向や具体的事例にふれつつ、それらに対する学校側（教務主任など）の意識の概要について整理、報告してきた[3]。これらの報告の中では学校評価行為そのものに対して「教職員に心理的抵抗が強いこと」や「単に報告にとどまり、次年度への申し送りがシステム化されておらず新年度から再スタートする場合が多いこと」、「年度末に集中して評価する場合が多く、しかも時間的な余裕が極めて少ないこと」等を指摘している。それから8年が経過した現在、一定の到達点を探る本章の目的に照らして、再度、2002年当時の福岡県において顕在化していた課題を今一度確認しておきたい。

　①学校評価そのものへの意識は高まってきているものの、何のための評価なのか実践レベルで把握されておらず、多忙感をあおるものとなってしまっていること。
　②教育課程に関する自己評価はこの１年で相当程度進展したが、その他の領域、とりわけ学校経営を対象とした自己評価はほとんど進捗していないこと。
　③進捗しているとみなされている研究実践校でも、従来の年度末反省的記述が多く見られ、「学校改善」を強く志向している行政側の意図と乖離していること。
　④したがって、双方の学校評価後の検討が不可欠であること。
　⑤その他、学校の保守性を悲観する場合が多いものの、外部評価を契機にしてより開かれた学校を目指そうとする雰囲気が醸成され、ひいては外部評価者のトレーニングを求める声が多くなってきていること。

　これらの点に関しては、昨今の多様な教育制度改革に巻き込まれることを

余儀なくされている教師の多忙感がぬぐえず、学校評価に関しては評価が改善に直結することが稀で、その効果が知覚されていない状況は今日においても引き続いてみられる事象である。ただ、教職員全体で学校評価に取り組む風土が、多くの研修や個別的取組を経て、この数年において福岡県においては飛躍的に醸成されてきたことは高く評価し得る事実ではある。そしてほぼすべての義務教育諸学校において学校評価が学校経営計画の中に位置づけられ、PDCA サイクルを意識した学校評価が進んでいる現状に至っている。

　県教委、政令市教委、中核市教委、その他教委が主催する官製研修も必修・選択問わず多彩に開講され、そのターゲットも管理職層、ミドルリーダー層、5 年、10 年、15 年経験者層といったように幅広い。加えて、教育事務所管轄区や学校区域においても地域住民や保護者（学校関係者）を対象とした研修や、新任教育長、教育委員を対象とした勉強会、学校評議員を集めての学習会も数多く開催されている。さらに加えて、校長会や教頭会といった職能団体においても学校評価の進め方をテーマとする研修が、公式にも非公式にも継続開催されている。

　もとより福岡県だけでなく、全国の学校は複雑な個別事情を抱えていることに加えて、学校評価に通じた管理職、教務主任の異動によりせっかくの取組がいったんリセットされ、新たな管理職の教育方針に沿ってリスタートするケースも多いこと、さらには主導する指導主事の学校評価経験や重点のかけ具合に大きく左右されるために、事例校における取組分析はおのずとその時期を描写するといったように部分的かつ断面的にならざるを得ない。PDCA サイクルに照らしたとき、前年度の特筆すべき取組が跡形もなく消えてしまい、何が成果として残り、何が課題として引き継がれたのかが判然としないケースがあることにも留意しておかねばならない。

2　学校の自己評価・公表・報告に関する管理職の意識

　ここで筆者が 2008（平成 20）年 7 〜 8 月にかけて実施した管理職（主に教頭）を対象としたアンケート結果の概要について簡潔に整理しておこう。学校の自己評価・公表・報告が義務化された段階における福岡県における義務教育諸学校の管理職 230 名を対象とした自由記述形式の問いに答えてもらっ

た結果である。質問項目は以下の通りである。
　①これまで実施した学校評価（関係者評価を含む）で苦労した点（自由記述）
　　(1)保護者との関わりにおいて
　　(2)学校評議員・地域との関わりにおいて
　②学校の円滑な実施のために必要な条件とは（自由記述）
　　(1)学校で可能なこと
　　(2)教育委員会の支援が必要なこと
　　(3)保護者への要望・期待
　　(4)地域への要望・期待

以下、上記設問のいくつかについて特徴的な回答を示しておこう。
　①これまで実施した学校評価（関係者評価を含む）で苦労した点
　　(1)保護者との関わりにおいて
　　　・わが子中心となり、学校全体を見渡した評価となっていない。
　　　・担任批判を含め、批判に終始している。
　　　・評価できるための情報をどう提供するか。学校の取組がよくわかっていないのに正しい評価ができるのか。
　　　・ごく一部の意見なのか、検討に値する意見なのか判別しがたい。
　　　・学校を改善するための意見がない。
　　　・学校評価イコール担任評価となっている。
　　　・長い表現の設問は最後まで読んでもらえず回答が適当である。
　　　・無記名だったが無責任な発言が安易に出されるため記名式にした。おおむね好意的となった。
　　　・学校がよくなれないのは多忙のゆえ。モンスターペアレントのような、教育以前のことに振り回されていること。学校評価がそれを助長することにならないか心配である。
　　(2)学校評議員・地域との関わりにおいて
　　　・自治会長や公民館長が継続していてメンバーの交代がなくマンネリ化。
　　　・自分たちが生きてきた、育ってきた教育から現在の教育を見ようと

する。
　　・学校に対して大変協力的であるため、だからこそ改善点を指摘して
　　　ほしいが、指摘されことがない。
　　・公開した情報がどの程度理解されるのか不明だし、十分理解されて
　　　いるのかわからない。
②学校の円滑な実施のために必要な条件
　(2)教育委員会の支援が必要なこと
　　・統一の評価項目の作成と配布を願う。統一したフォームでどこでも
　　　やる必要があるし、結果も教委で公表してほしい。
　　・学校評議員の研修機会の確保。評価者の研修。
　　・学校評価を生かした学校改善例の紹介をすると意欲化につながると
　　　思う。
　　・評価を実施するうえでの相談、アドバイス的機関を作ってほしい。
　(3)保護者への要望・期待
　　・わが子だけでなく、懇談会や学習発表会など、学校に足を運びよそ
　　　の子を含めた全体的な見方で見てほしい。
　　・公正に評価する、建設的な意見であること。
　　・発言や記述内容に責任を持ってほしい。自分が要望を出したのなら
　　　自分でできることの実践も必ずすること。

　こうしてみると学校評価の趣旨が徐々に浸透しているとはいえ、保護者へのアンケート実施をもって外部評価と位置づけられていた時期のような「いわれない担任批判」や「学校批判に終始する」保護者への対応に苦慮するケースはおおむね減ってきているといえる。すなわち、外部見解の代表性を吟味するノウハウが学校に徐々に蓄積されつつあるとみることができる。
　また、地方都市においては県教委よりも設置者・市教委へ支援を求める姿を看取することができ、かつ、その求めが学校の個別事情により極めて多様化していることである。特に昨今の経済不況の深刻化を受けて要保護家庭、準要保護家庭の数そのものが増加傾向にあり、学校の支援だけでは状況が好転することを期待できない面にも留意しなければならない。3世代同居の割合が高い地域、公的扶助を必要とする家庭が多い地域、人口急増地域、人口

流出入が際立って高い地域、伝統的に住民が学校教育活動に深く関わりを持ってきた地域など、様々な地域事情を考慮に入れた評価システムの多様化の必要性が強く問われている。

　また、評価者の研修は依然として重要な課題であるが、これまで取り組んできた学校評価が、学校改善に結びつくものとなっているのか、学校運営が改善されたのか、学校評価の結果、児童生徒に望ましい変容がみられるのか等といった、学校評価結果の検証がいったん求められている段階にあるといえよう。学校評価に関わる当事者全体で学校評価システムの導入に力を注いでいる教育委員会のこれまでの取組を振り返り、実施プロセスそのものの評価や、意欲化につながる学校評価システムづくりに転換する必要がある。もとより、かかる課題は福岡県だけに該当することではない。ただし、かかる継続的な捉え方が学校側に意識化されているかは甚だ疑問が残るところである。学識経験者とされる大学教員等の研究者は、特定の学校や教委に中長期的にコミットでき、PDCAサイクルの循環の視点から様々に助言し得るけれども、上述のように学校管理職や指導主事を含め、教員人事が定期的に行われる学校現場事情に鑑みると、新しい管理職や教員の姿勢に期待しつつ学校の取組を促進するよりもむしろ中長期的な視点を保持し得る学校関係者を巻き込んだPDCAサイクルを回すといった視点も必要となると思われる。

3　学校自己評価・学校関係者評価の福岡県における事例

　以下、2008（平成20）年度に文部科学省（以下文科省）委託事業として福岡県八女市が実施した「学校評価の充実・改善のための実践研究」及び福岡県春日市の地域運営学校（コミュニティ・スクール）を事例として取り上げ、地方市における学校評価の現状を検討する。[4]

　福岡県八女市では教育委員会が主導し、「八女市学校評価実践検討委員会」を設置し、以下の手順に従って実践研究を実施した。すなわち、①市内の全小・中学校（14校）を対象にし、②教育活動の精選・重点化を進めるために自己評価項目に「焦点化した各学校共通の評価項目」を設定する、③各校は自校の重点目標に基づき、「学校の選択項目（独自項目）」を設定する、④市

教委は共通の評価資料を基に評価基準を設定し評価する、⑤市教委は学校関係者評価委員による評価が円滑に推進されるように自己評価の結果を集約した資料を作成する、⑥それらの資料をデータ化し事務的な作業の簡素化を図る、というプロセスである。市内小中学校 14 校では校内評価委員会、学校関係者評価委員会をそれぞれ設置し、2 学期制をとっていることにより前後期 2 回の評価報告書を作成する。すなわち 1 年間で 2 回の PDCA サイクルを回すという試みでもある。

　さらに 2009（平成 21）年度には福岡県第三者学校評価調査研究の対象校も小中各 1 校含まれている。したがってここでは学校自己評価、学校関係者評価、第三者評価という 3 レベルの学校評価全体を見渡しての検討も行うこととする。

　八女市立 A 小学校は全校児童数 214 名、職員数 18 名の小規模校である。「豊かな心をもち、確かな学力を身につけ、意欲的に生きる、心身ともにたくましい子どもの育成」を学校教育目標に掲げ、「①たくましくやり抜く子ども、②だれにでもやさしくできる子ども、③みんなと進んで学ぶ子ども」、を具体的な子ども像として示すとともに、重点目標を「確かな学力をもとに、学び合う力を身に付けた子どもの育成」と設定し、落ち着いて活気のある学校を目指している。学校自己評価も年間を通して計画的に実施され、結果も学校便り等を通してフィードバックする体制を作っている。また、重点目標達成に向けて、管理職のリーダーシップのもと各主任が中心となり、定例的な研修会開催を通して、教職員の中に信頼関係とスムーズな情報伝達体制を指向している小学校でもある。

(1) 学校自己評価

　八女市では 2 学期制を採用していることから、前後期 2 回の自己評価を実施している。それらを【学校通知表】として、自己評価、学校情報、学校関係者評価の内容を盛り込み、『学校評価書』としてまとめている。共通評価項目は合計 18 項目用意される。それらに加えて学校独自の選択項目を合計 14 項目設定し、合計 32 項目でのおおむねシンプルな評価項目となっている。『学校評価書』では、いずれも評価基準、評価の根拠資料を明示し、4 段階評価を実施し、評価結果を受けた課題と改善策が具体的に提示されてい

る。

　さらにすべての教員がアンケートに回答し、自身で４段階評価を行い、各々の課題を文章化して把握する作業も並行して行っている。こうした作業を通して本年度の目標（成果指標）と具体的方策（取組指標）の理解が深まり、ままみられるような成果と課題の混在状況を脱し、ポイントをしぼった重点課題の抽出に成功しているといえる。

(2) 学校関係者評価──通常の公立学校で組織する事例

　Ａ小学校の学校関係者評価委員会は６名で構成され、接続校の校長を含むことが規定されているほかには学校が任意に構成メンバーを選任することができるとされている。その役割は「自己評価の結果を評価すること」「評価の結果を報告書にまとめ、学校・設置者へ報告すること」とされる。具体的には、「自己評価結果について、評価結果は妥当なものであったか」、「自己評価結果に至る根拠の説明について、説明は十分であったか」、「具体的な改善について、適切な取組か、期待できる方策かどうか」、「自己評価活動全般について、学校評価システムの機能状況、取組状況等はどうか」という４観点から、単に意見を述べるにとどまらず、次期に向けての改善策に関するコメントも詳細にまとめられる。そしてその公開についても学校便り、学校ホームページ、ＰＴＡ総会におけるプレゼンテーションによって行われた。こうしたプロセスを経ることによって、次年度に向けて自己評価シートをだれがみても理解しやすいように平易な言葉やわかりやすい資料を使って作成する必要性が自覚されたり、教育活動の改善等についても多くのヒントが提供されたという効果が随所に見受けられるものとなっている。

(3) 学校関係者評価
　　──学校運営協議会〔コミュニティ・スクール〕で組織する事例

　次に学校関係者評価の取組として、結論的にいえば、子どもや保護者対象のアンケートの集計を保護者が行うといったように、いわば「保護者が保護者をケアできる」地域運営学校の強みが顕著に看取される福岡県春日市立のＢ小学校を取り上げる。家庭と学校が連携することを意図したシンプルな月別の記録票をファイリングしつつ、担任と保護者との密なコミュニケーショ

ン関係の構築が図られている事例である。

　2学期制を敷いている本校では、すでに6月の時点で「学校評価の考え方と進め方」と題する研修会及び学校運営協議会を開催した。校務分掌の校内評価委員会が主体である。法的根拠をはじめ、学校評価の目的や仕組み、さらには文科省のガイドラインを踏まえての目標と指標の設定の確認がなされている。特徴的なのは、本校の課題を四つの課題別コミュニティ、すなわち①学びコミュニティ、②心を育むコミュニティ、③元気コミュニティ、④安全安心コミュニティに分類し、教員が分担しながら具体的評価項目を設定・評価する取組である。

　こうした学校評価の取組方針と前期評価結果について、夏休み明けに学校関係者評価が実施された。なお、保護者や地域住民代表を含むメンバー12名で構成する学校関係者評価委員会が6月に設置され、7月には関係者評価の仕方について協議を重ね、3か月にわたる説明を経て、9月に評価の根拠等を示しながら質疑応答、実際の評価（評価表の作成）が行われた。おおむね学校関係者評価が導入された趣旨通り、学校の自己評価シートをもとにした評価である。

　「学校自己評価結果は妥当なものであったか」について、上記の4点、①学びコミュニティ、②心を育むコミュニティ、③元気コミュニティ、④安全安心コミュニティの評価が実施された。これらのほかにも校内研修の充実、組織運営の充実、教育環境の充実について記述形式による評価がなされている。評価の妥当性の理由も細かに記述されているほか、評価を妥当としたうえでの改善策・今後の方向性を評価者に記述してもらうという方法である。したがって、改善点の指摘にとどまらず、それらをどのように解消し、方針として打ち出すべきか等についての記述も見られ、他の多くの学校が苦慮している評価者研修の必要性がクリアされている学校であるといえる。このほか特筆すべきことは、学校関係者評価に求められていることが自己評価結果の検証のみならず、自己評価結果に至る根拠の資料及び説明が十分であったかどうか、学校が示した具体的な改善方策について適切な取組か、期待できる方策かどうか、学校評価システムの機能状況はどうか、といった点からも評価がなされていることである。もちろん自由記述欄も用意されており、大局的な見地からの指摘や具体的な方策も提示されている。

学校はこうした関係者評価を受け、ただちに「学校関係者評価の経緯・評価の概要と課題」をまとめた。先の関係者評価結果の概要を整理し、後期の教育活動に生かすという流れである。保護者や地域住民の協力体制が構築されているために、学校関係者評価が極めてスムーズに展開している事例である。他校へは俄かに適用しがたい点はあるものの、学校関係者評価を視野に入れた時間をかけた説明と評価実践、経験の蓄積が委員にとっても評価力量形成の点で大きな効果が上がると思料される。

4　第三者評価（試行事業）の事例

　学校自己評価、関係者評価の取組に並行して、福岡県では2008（平成20）年度に文科省の委嘱事業「県が主体となる学校の第三者評価に関する調査研究」、2009（平成21）年度には同様に「学校の第三者評価ガイドラインの策定に向けた実地検証」をそれぞれ実施した。初年度はまさに試行錯誤であったが、「第三者学校評価調査研究委員会」を発足させ、学校の第三者評価の評価方法や評価内容に係る協議と実践を試行した。2008年度の事業の反省

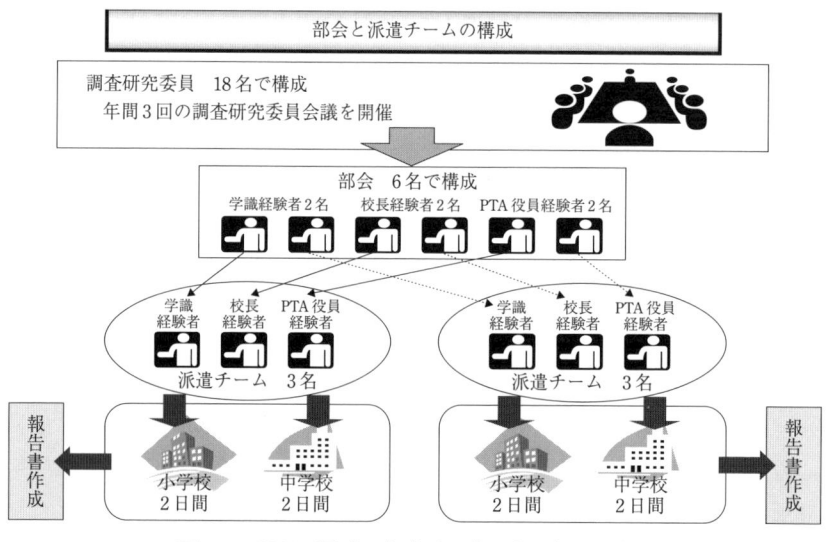

図4-1　2008（平成20）年度　第三者評価のしくみ

をもとに、2009年度において修正した点もあるが、両年度で内容、方法、組織、プロセスの点において大きな変更はない。若干の概要を述べれば、評価チームによる各学校の第三者評価に関する規程は、「実際に学校を訪問して第三者評価を実施する評価委員4名を一つのチームとして派遣する」と規定し、2008年度の3名から1名増員した。すなわち1チームの構成は、学識経験者（チームリーダー）、教育事務所または教育センターの指導主事、小中学校校長経験者、PTA役員経験者の4名をもって構成した。

　上述のように、対象となる学校は、調査研究推進校として、県教委が教育事務所管轄区域ごとに小学校1校及び中学校1校を指定することとし、第三者評価の方法を、ア．自己評価、学校関係者評価資料の点検及び評価、イ．評価資料をもとにした教育活動の参観（授業、給食、清掃、部活動等）、ウ．ヒアリング（教職員、児童生徒、保護者、地域住民等）、エ．学校との協議、と定めた。そして第三者評価の実施後、評価チームは「第三者評価報告書」を作成し、実地検証委員会に提出する。その後、福岡県教育委員会は各学校及び設置者に、評価チームの「第三者評価報告書」を送付する手続きをもって終了する。

5　学校評価システムが有効に機能するための要件

(1)　システム全体を見通して

　学校評価システムが有効に機能するためにはいかなる要件を考慮に入れておかなければならないのか、そして具体的展開に結びつくためにいかなる要件が配慮されなければならないのか、福岡県の事例を通して整理する。

　まず、学校評価を進める主体間、すなわち県教委、教育事務所、市町村教委等における学校経営要因の的確な把握である。要因といっても学校がおかれた地理的事情、伝統、地域性、保護者層、評判、地場産業、学力、勤務年数、教員の姿勢等多様である。特に地方においては小規模校も多く、大規模校との比較において教員の多忙感の質が全く異なることや、教員の年齢構成を見たときに市内の小中学校10校で40歳以下は3人といったようなケースも散見され、一律の評価票で一斉に足並みをそろえて取り組むといった手法

はおのずと限界をはらむ。上述の八女市では、日本の各地で実践されているように共通評価項目と学校選択項目に分類し、重点項目については取組指標と成果指標を意識することで実効性を高めている。かかる市の姿勢は学校評価システムが全体として軌道に乗ることを後押しする装置として、不可欠な要素である。

　次に、指導機能に段階性と系統性を持たせることである。すなわち、学校組織の特質に応じて、学校管理職のリーダーシップ力とマネジメント力を発揮する場面を使い分けるという視点を持つということである。学校経営の具体的場面を想定すると、教務主任のファシリテート度合によって学校評価活動の深化が左右されることも共通実態として看取されるし、さらにそれを左右する県教委・教育事務所・設置者配置指導主事による三層構造の学校改善指導のいずれが当該学校にとって最も影響力があるのかといった点を当事者が自覚しておくことも不可欠な活動である。もちろんここにも当事者間の人間関係や上に述べた学校経営要因が複雑に存在し、それらが促進要因にもなれば阻害要因にもなり得ることを前提として把握しなければならない。そしてその後の展開において三層構造からなる指導主事の役割機能が系統的に働き、ベクトルがおおむね同じ方向に向いた指導助言を提供することが極めて重要な要素である。

　その他、地方教育行政事務上の裁量度・規制度について事務レベルの協議をつめておくことである。直接個別の学校評価活動に影響する要因ではないが、そして学校評価システムの展開に限ったことではないが、教委事務局勤務職員の理解度や配慮、教育長の方針や取組状況、予算の決定配分、首長部局の「雰囲気」、自治体条例、学校改善活動を主導し責任を持つ部署の明確化とそれらの間の権限関係、ひいては学校との指導助言関係をクリアにしておくことが強く求められる。例えばわずかな予算措置、費目の設定に関しても緊縮財政の折からアカウンタビリティが強く求められており、学校評価ミッションを背負った指導主事だけが東奔西走することも少なくない。少なくとも学校管理規則及び関連する自治体条例を常時参照できる体制を構築しておく必要があることは言うまでもない。

(2) 学校の個別事情に照らして

　義務教育諸学校のうち、小学校と中学校では学校評価への組織的取組の温度差があることは関係者にとっては体感できる事実であろう。また学校の規模や教員配置（年齢や経験のバランス）等によっても学校評価システムの浸透度は左右される。これまでの研究が明らかにしてきた知見に従えば、校内のファシリテーターの存在と彼らを後押しする管理職のリーダーシップが整えば、学校評価に限らず組織マネジメントはうまく展開するのであって、それらの条件が満たされない場合は教委による支援が不可欠な要件となるだろう。特に指導主事による学校（運営）支援の効果は極めて強く期待されるところである。福岡県の事例では学校自己評価の際に、点検評価項目をあらかじめしぼったうえで当該年度の評価を進めていくという手法をとるケースが多かった。全方位的（網羅的）な学校評価は総じて敬遠され、その効果も乏しいことが予想されるためであった。全般にわたって評価項目を設定し取り組んできた学校の経験からその負担感が大きく、評価結果が改善に結びつかないまま評価の効用を獲得できなかったことが大きい。そこでガイドラインに示されるように学校で評価項目を取捨選択して取り組むことに傾斜していった経緯がみられる。もちろん、全方位的な学校評価にあえて取り組み、その経験を踏まえて重点項目設定に至るという事例もみられ、校長の当該学校の組織特性の把握と適用可能な評価方法の適切な選択が学校評価の手応えを職員に感じさせることにもつながっている。

　学校関係者評価も福岡県春日市の事例に見られるように、保護者や地域住民を抵抗なく学校に日常的に受け入れることにより地域ぐるみで児童生徒を育てようとする風土の醸成が導かれ、それが児童生徒に好影響をもたらしている。コミュニティ・スクールの運営実態が市民に定着するにつれて学校間の特色の打ち出しも鮮明となり、地域事情に立脚した学校関係者評価も工夫が重ねられつつある。学校の規模や地域事情を勘案しつつ、「自由な感想の述べ合い」や「気付いた点を何でも」、「忌憚なくご意見を」といったような段階から脱却して、学校関係者と職員とのコミュニケーションを図ることが最大の効果を産み出すことにつながると考えられる。

(3) 第三者評価の試行を通して

　2010（平成22）年度をもって学校第三者評価事業は、文科省の委嘱事業としては一応の終了をみた。福岡県における試行事業はすべて終了し、アンケートを通して具体的な成果と課題が取りまとめられた。まず、学校側の第三者評価への期待について、学校も、設置者も、重点取組の評価や学校運営改善についての専門的助言、専門的視点からの評価の3点について期待度が高いことがわかる。すなわち、実地レベルでいえば、第三者評価システムに添えられる趣旨のひとつである「自己評価、学校関係者評価の妥当性の検証（補足）」については必ずしも大きな期待を寄せていないということである。評価実施後の反応をみれば、客観的な状況の把握、改善策の助言や示唆、課題や改善方策の明確化という観点において役立つという実感を持っていることがわかった。なかでも「改善策の助言や示唆」については期待も大きく、報告書に示された指摘や助言、示唆的な文言が学校にとって有効なものとして受容されていることが看取される。その理由のいくつかを下に示そう。

・学校の課題改善のための参考になる。
・専門的な助言は大いに参考になる。
・学校は課題の背景分析や改善のための提案、専門的助言を必要としている。
・学校関係者評価では専門性や客観性のある評価が難しい面があるので、そこを充実させるうえで有効である。

　しかしながら、学校の実態を完全に理解しての助言ならば良いが、実態把握が十分でなければ改善の役に立たないといった反応もみられ、依然として学校訪問の期間とその質的な充実が主要な課題となっていることがわかる。

　このほかにも、評定（例えば4段階）をつけることについて、学校の希望は分かれている。評価基準の曖昧性や、評定されると意欲がそがれるといった慎重論、達成度を客観的に判断できる、経年変化が理解しやすいといった支持論もみられ、一律の評価システムを用意するだけではシステム全体として機能しなくなるといった課題が示唆される。あわせて、第三者評価の方法、委員の選定、研修、自己評価項目と関係者評価項目及び第三者評価項目の相互調整、評価の時期、地方主体型における県と市の関係性、指導主事の

果たす役割等に関しても、第三者評価を実施するプロセスにおいてあらためてクリアに浮かび上がった課題も少なくない。いずれも難題だが、上記(1)との関連において関係者の中で系統性を構築することが今後に向けての有効な作業と思われる。

〈注〉
(1) 福岡県 HP 参照（2012 年 7 月 2 日）。
(2) 県教委の指導助言が直接影響する高校と、県教委とのあいだに教育事務所と市町村教委が地域事情をはらみつつ影響を及ぼし合う義務教育諸学校とでは進展状況が相違している。したがって別個に論じる必要があるが、全国の取組状況を俯瞰するという視点から、本報告では小中学校の学校評価の展開過程を検討対象として取り上げる。
(3) 2001・2002 年度の報告書「学校評価の促進条件に関する開発的研究」中間報告書(2)及び最終報告書（代表　木岡一明、科学研究費補助金　基盤研究(B)(2)課題番号 11551006）。
(4) 福岡県八女市教育委員会『平成 20 年度学校評価の充実・改善のための実践研究のまとめ』（文部科学省委託事業）。この他にも福岡県では福岡県太宰府市教育委員会『太宰府市学校評価システム構築事業最終報告書』（2006・2007 年度文部科学省委嘱「義務教育の質の保証に資する学校評価システム構築事業」）や久留米市教育委員会『学校教育システムの改善モデル地域指定報告──保護者・地域に信頼される学校づくり「地域学校協議会」』（2004・2005・2006 年度福岡県重点課題研究）などがある。
(5) なお、2008・2009 年度において県教委が実施した調査研究の内容と第三者評価の具体的方法、及び変更点については日本学術振興会科学研究費補助金中間報告書研究代表者福本みちよ、基盤研究(C)(2)課題番号 15530527）中間報告書(2)を参照されたい。

第5章 「学校経営品質」による学校評価システムと支援体制の構築
―― 三重県

加藤崇英

はじめに

　学校評価の取組としてみれば、三重県は全国でもかなり早い時期から力を入れて取り組んできた自治体といえる。大まかに指摘すれば、その特徴は行政評価からの影響にあるといえる。つまり、学校評価の取組のきっかけが学校教育の内部から生じたというよりは、むしろ外部、すなわち県の一般行政部局において行政評価を導入する動きに連動するかたちで起こり、その取組が開始されたことが指摘できる。そして、そういった早くから開始された学校評価が、やはり行政部局における取組と連動するかたちで日本経営品質賞の考え方を導入することによって、三重県型学校経営品質として実践されていき、そのための支援体制が整備されていったというところに特質が指摘できる。

1　三重県における学校評価の導入とその背景

　三重県における学校評価の取組は、その起点が行政評価の取組にあることはすでに良く知られるところである。すなわち1995（平成7）年4月に北川知事（当時）が就任し、「生活者起点の行政」への転換が図られた。「生活者起点」とは、「『行政サービスの受け手である全ての人々』の側を起点」とした「行政サービス」を提供することであり、その運動の中心となる取組が「事務事業評価システム」である。これは、「県の全事務事業を事業の目的から見直し、数値目標を掲げ成果があったかどうかを評価し、県民に説明責任を果たそうとするもの」であり、行政に評価を取り入れる先駆的な取組であ

った。その後、「三重のくにづくり宣言」(1997（平成9）年11月策定）において、880の数値目標を掲げたが、これは21世紀における三重県のあるべき姿を示した総合計画といえるものであり、県行政の基本方針を明示したものである。このような県行政改革と呼応した教育行政分野での取組であるということが三重県における学校評価のもっとも大きな特質といえる。

　三重県における学校評価の取組は、上記の「生活者起点」の基本的な考え方が反映された「三重県教育振興ビジョン」(1999（平成11）年3月）を経て、2000（平成12）年1月の「学校自己評価手法構築に関するワーキンググループ」の設置、さらに教育委員会総務課教育行政システム改革推進室による「学校の自己評価手法に関するワーキンググループ」の設置によって推進されていく。それらのワーキンググループでの議論では、「教育方針、教育目標等を掲げて教育活動を展開し、行事の後や年度末に反省を行ってきた」という従来の評価活動に対して、「教育方針や教育目標が抽象的で、効果や達成度を具体的、客観的に測ることが少な」く、「データに基づく判断が不十分」であり、「課題は検討されても、具体的な改善策につながっていない」。また、「児童生徒や保護者、地域住民の声やニーズ等を十分把握し、活用する視点が不十分」であり、「学校が限られた情報しか発信しておらず、学校、地域、家庭が協働して児童生徒を育成する体制が不十分」であるといった側面も指摘された。

　そして2000年度からの取組以降、県庁、県教委、県教育センターの取組が連動し、また事業の一本化が進められていく。つまり、上記の取組、さらに「学校経営改善のための評価方法開発プロジェクト事業」（三重県総合教育センター）等を経て、文部省（当時）「地域住民の学校運営の参画の在り方に関する調査研究」（「県立学校ワーキンググループ」「小中学校ワーキンググループ」「協力者会議」含む）へと推移していく。これらのワーキングの成果としては、学校評価のための手引き等（『学校自己評価の手引き』『学校自己評価の具体的手法』『学校自己評価の充実に向けて』『学校の自己評価ってなに？』）があり、県内教職員に向かって発信された。

　2001（平成13）年度には、「三重県立学校の管理運営に関する規則」に学校自己評価の実施と公表を位置づけ、本格的な取組の開始となった。例えば、県立学校ワーキンググループで作成した『学校自己評価実施の手引き』

を全県立学校教員に配布し、また校長・教頭等に説明会を実施し、そこでは「目標管理の手法による学校経営を基盤として、学校自己評価の位置づけ、評価目標の設定の仕方、活用の仕方等」の研修を行った。その後、2002（平成14）年度には全県立学校における自己評価の取組を県教委のホームページで公表（自己評価シートの提示）するとともに、学校自己評価の取組状況の調査を行い、同時に小中学校用の学校自己評価について、資料の作成を行った。

2 「学校経営品質」としての学校評価の取組

(1) 学校自己評価システムから学校経営品質へ

　2003（平成15）年度から、三重県における学校評価は、三重県型学校経営品質への取組へと変貌を遂げることになる。それまでの学校の自己評価の取組は、「個々の教育活動の成果を確認し、改善活動に結びつけているという点において、一定の成果を上げている」と評価できる一方で、「学校を一つの組織体として捉え、教育活動の方向性や注力の軽重についての考え方が教職員で共有されていないため、その効果が不十分な状況であった」とも指摘された。さらに「評価項目が、必ずしも、教育目標の実現に向けた教育活動全体をとらえ、学校全体の最適を考える視点に結びついていない」、「分掌等での取り組みとなり、必ずしも、全教職員の共通認識に基づく学校全体の活動になっていない面もある」といった側面も指摘された。そこで、日本経営品質賞の考え方を、学校になじむかたちで導入することになり、これをもとに、三重県型学校経営品質（以下、学校経営品質）の開発を進めることになった。これは、学校経営品質におけるセルフ・アセスメントをわかりやすい仕組みとして開発することで、県立学校5校（飯野高校、松阪高校、名張高校、木本高校、城山養護学校）において試行するとともに、学校経営品質を推進するリーダー（校長・教頭、市町村教育長）の研修を行った。また各県立学校において、学校経営品質を中心となって進める推進者の研修を行った。さらに次年度、2004（平成16）年度から学校経営品質に取り組む小中学校（モデル小中学校：13市4町から小学校35校、中学校28校、計63校）を対象に事

前説明会を実施した。

　上記のように、2003年度から三重県の学校評価は、学校経営品質という名称で現在まで展開してきた。2004年度には、全県立学校において学校経営品質の取組を開始した。小中学校については63校（小学校35校、中学校28校）のモデル校で試行を開始した。また、学校経営品質に関する研修会に関して、管理職研修、推進者研修、一般教職員研修、学校経営品質実践報告会、学校等への出前研修（128回）等を実施した。2005（平成17）年度には、自主研修組織への支援（県立学校教頭会・小中学校教頭会2地域）、実践事例報告会の開催のほか、学校等への出前研修（171回）もさらに回数を増加させた。また、経営品質協議会のアセッサー認定研修へ職員等を派遣した。2006（平成18）年度は小中学校への拡大が進み、学校経営品質の取組は、470校に上り、約80％の学校に導入された。さらに、それまでの各種研修会を継続・発展させるとともに、地域別実践事例報告会の開催、市町教育委員会担当者研修会の充実、自主研修組織の拡大（小中教頭会4地域）、また学校等への出前研修（161回）はほぼ前年実績を消化し、経営品質協議会へのアセッサー認定研修派遣も行っている[9]。

(2) 四つの基本理念と2大ツール

① 四つの基本理念[10]

　基本理念は、学校経営品質の基本的な価値観、態度、信念、行動基準を意味するものとして「学習者本位」「教職員重視」「社会との調和」「独自能力」の四つから構成されている。「学習者本位」とは、「教育という価値の受け手である児童・生徒や保護者等によって望ましいことを追究していくこと」であり、「何を望んでいるか」というニーズを大切にする視点である。次に「教職員重視」とは「教職員一人ひとりを重視、やる気と元気を大事にする環境」づくりの視点である。また「社会との調和」とは、学校が「地域社会の一員」として外との関わりを構築するとともに、「開かれた学校」や「安全な学校」を実現していく視点である。そして「独自能力」とは、自らの「特色ある学校づくり」の追究の視点である。学校経営品質では、これらそれぞれの理念の重要性を強調するだけでなく、これらの各要素の「バランス」を強調している。また取組の全体や、後に述べるアセスメントなどを通

して、これらの理念をすべての教職員で共有できるようにすることが目標とされている。

② 「学校経営の改革方針」（第一のツール）

　学校経営品質では、各学校が自らの学校経営を適切に改善していくために二つのツールを設定している。第一は「学校経営の改革方針」である。三重県型学校経営品質において「学校経営の改革方針」と呼ばれるこのツールは、学校の評価と改善が機能するPDCAサイクルとして学校のマネジメントを整えるための考え方や手順を示すものである。そのねらいは、PLANとして「改革方針」の策定を行うが、そこでは「目指す学校像」を明確化し、「現状の課題」をとらえ、しっかりと「重点目標」を定める。そしてこの「『改革方針』は、毎年度当初、校長が保護者、学校評議員等の意見を反映しながら、教職員との対話に基づき策定」する。また、「『改革方針』は、毎年度末に、行動計画に基づく具体的取組の状況について、学習者や保護者など外部の声を取り入れながら評価を行」う。この評価とは「個々の行動計画の到達度や有効性をチェックするもの」である。したがって、後述の「学校経営品質アセスメント」とは異なる。

③　アセスメント（第二のツール）

　学校経営品質アセスメントとは、その名の示すとおり、「診断」である。このアセスメントによって、「目指す学校像」の実現に本当に有効な取組を行っているのか、あるいは、「目指す学校像」の実現にとって適切な課題なのかどうか、学校経営の状況を「診断」する。学校経営品質アセスメントは、学校版として作成するにあたり全体を10頁程度のシートにとどめ、簡便化されて作成された[11]。

　「学校経営の改革方針」は、PDCAサイクルを機能させるマネジメントと評価にその特質があり、これを各学校が作成することになるが、そのような各学校の「学校経営の改革方針」を、ツールであり、かつ、シートとして提供されている「アセスメント」によってチェックする仕組みをもつというのが、「学校経営品質」の基本的な構造になっている（**図5-1**[12]）。

　学校経営品質アセスメントの内容としては、大きくは「学校プロフィー

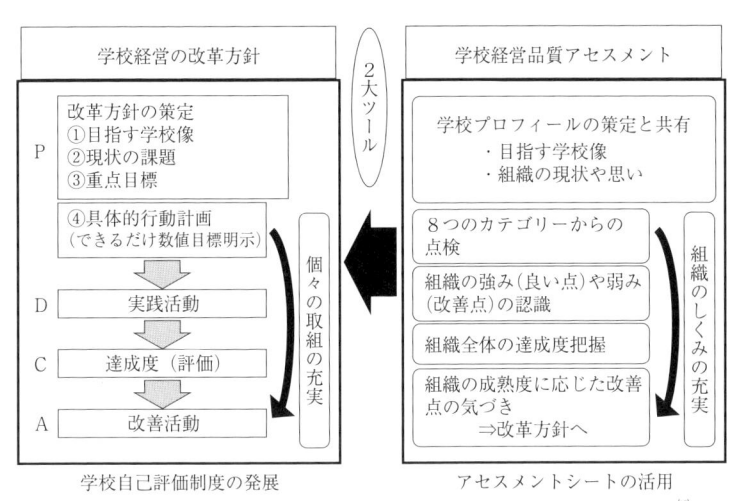

図 5-1「学校経営の改革方針」と「学校経営品質アセスメント」の関係[13]

ル」と「アセスメントシート」(八つの観点項目「カテゴリー」に基づく)に大別される。前者は、マネジメントの内容だけでなく、学校のビジョン形成や環境認識についても適正になされているか、チェックする項目によって構成されているといえる (**図5-2**)。

　後者の八つのカテゴリーでは、それぞれのカテゴリーにおいてさらにチェック項目が用意されている。八つのカテゴリーという枠はあるが、それぞれのカテゴリー内でのチェック項目は学校が自ら設定できる部分もあるので、この仕組みを取り入れた学校が完全に標準化されるようなものとはなっていない。さらに各カテゴリーにおいて、自らの学校経営の「強み」と「弱み」を明確化することがねらいとされている (**図5-3**)。

　さて、各カテゴリーにおいて、それぞれの「強み」と「弱み」が明らかになると、次は、具体的に改善策を導きだし、策定することになる。その際に、各カテゴリーの結果をしっかりと活かすことが課題となるといえる。それぞれのカテゴリーについては、自己評価を行い、どれぐらいの達成度かどうか、評点を示すことで強弱が明らかになる。すなわち、どのカテゴリーを強化する必要があるのかが明らかになるとともに、それによって相互のカテゴリー間との関係から強弱の関係も明らかになり、これをもとに具体的な経

学校プロフィール

この様式は記述内容によりスペースを自由に拡大してご利用ください。

記述項目	記述内容			
1 目指す学校像				
2 「価値」を提供する相手方について ①相手方の区分				
②現在の要求・期待				
③要求・期待の将来変化				
3 学校を取り巻く環境変化について				
4 教職員の人材育成について				
5 パートナーについて ①主要なパートナー				
②パートナーとの関係の将来変化				
6 学校経営の基本方針について				
7 その他情報 ①児童生徒数 ②教職員数				

図 5-2 学校プロフィール（様式）[14]

《ポイント》
校長は、学校の目指すべき方向（ビジョン）を明らかにし、教職員がそれに向かって取り組むよう、リーダーシップを発揮しているか。

1　各事項について、あなたの学校の現状を評価し、A〜Dの該当する欄に○印を付してください。
　　「取組状況」欄には、A又はBと評価した場合、具体的取組内容を箇条書きで記載してください。
　　C又はDと評価した場合は、取組の阻害要因があれば記載してください。

《凡例》　A…できている。
　　　　　B…概ねできている。
　　　　　C…どちらかというとできていない。
　　　　　D…できていない。

No.	事　項	A	B	C	D	取　組　状　況
1	学校の目指す方向（ビジョン）が明確に示されていますか。		○			4月の職員会議で全教職員に配付された。学校評議委員会においても公表。学校便り・朝の打ち合わせでも明示。安全安心についての取り組みは迅速で明確であった。
2	校長は、学校の目指す方向（ビジョン）をわかりやすい方法で、組織内に浸透させていますか。		○			4月以降は、学校経営構想について教職員自身も振り返ることはなかったため、浸透まではできていない。
3	校長は、学校の目指す方向（ビジョン）を保護者や地域の方々にわかりやすく伝え、その共有を図っていますか。		○			学校便り（月2回発行）を中心に、必要に応じて学校の様子などを地域にむけて発信している。学校室を開放し、保護者や地域の方が来校しやすくなるようにしている。「深小っ子見守り隊」発足に向けての準備などで、地区別懇談会を実施。
4	校長は、学校の目指す方向（ビジョン）が組織内へどの程度浸透しているかを把握していますか。			○		職員とのコミュニケーションを図り、話し合い雰囲気作りに心がけている。しかし、具体的にどれくらい浸透しているか把握する手だてが確立されていない面もある。長期休業中に教職員一人ひとりに対して聞き取りを実施している。
5	校長は、学校としての重要な目標の達成度を定期的に確認し、課題の検討を行い、改善につなげていますか。			○		安全安心についての取り組みについては、積極的に取り組んでいる。ただし、他のものについては、その取り組みに対して、教職員が追いつかず消化しきれていない状態になっている。
6						

2　1の結果をふまえた気づきを記述してください。

【　強　み（良　い　点）　】

今年度の重点目標である安全対策については、明確に示された。保護者アンケートでも、安全対策の評価については、高い評価を得た（A そう思う 75%　B どちらかというとそう思う 25%）。地域や保護者との信頼を深めるため、率先して学校長が行動している。不審者対策として、全校的に標語「イカのおすし」を広めた。機会あるごとに、子ども達や教職員に向けて話をしたこともあり、定着してきた。

【　弱　み（改　善　点）　】

経営方針が個人レベルまで浸透していなかった。今後は職員会議などで、学校の目指すビジョンを今まで以上に話し、個人レベルまで浸透をはかっていく。もう少し教職員と日常的に話をしていった方がよかったのではないか。組織内への説明や丁寧な確認がなされなかった。事後報告がないこともあった。

3　別紙の評点ガイドライン（方法／展開）にてらして自己評価を行ってください。

0	1	2	3	4	5
			○		

図5-3　「カテゴリー1・校長のリーダーシップ」アセスメントシートの事例[15]

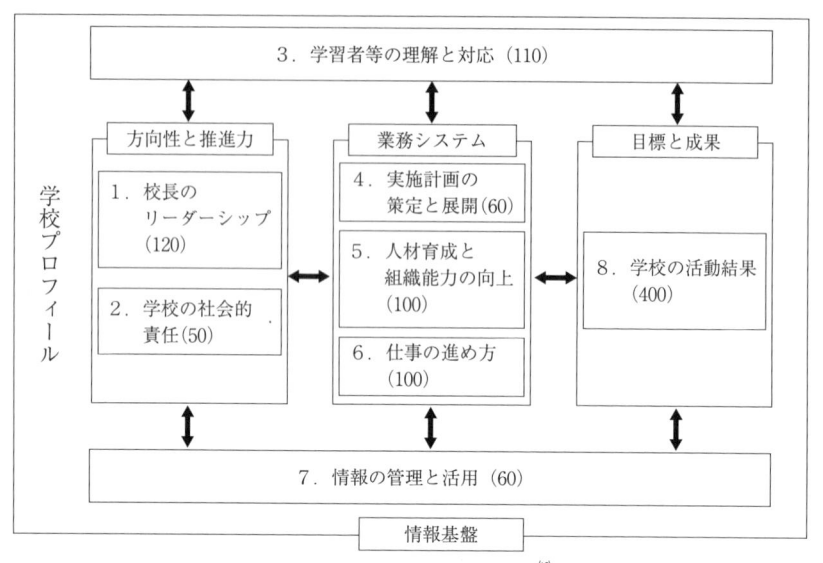

```
┌─────────────────────────────────────────────────────────┐
│              3．学習者等の理解と対応 (110)                │
│        ↕                  ↕                  ↕           │
│   ┌─方向性と推進力─┐ ┌──業務システム──┐ ┌──目標と成果──┐│
│ 学 │ 1．校長の      │ │ 4．実施計画の  │ │              ││
│ 校 │   リーダーシップ│ │   策定と展開(60)│ │              ││
│ プ │   (120)        │ │                │ │ 8．学校の活動結果││
│ ロ │                │ │ 5．人材育成と  │↔│   (400)      ││
│ フ │ 2．学校の社会的 │↔│   組織能力の向上│ │              ││
│ ィ │   責任(50)     │ │   (100)        │ │              ││
│ ー │                │ │ 6．仕事の進め方│ │              ││
│ ル │                │ │   (100)        │ │              ││
│   └────────────────┘ └────────────────┘ └──────────────┘│
│        ↕                  ↕                  ↕           │
│              7．情報の管理と活用 (60)                    │
│                    ┌──情報基盤──┐                       │
└─────────────────────────────────────────────────────────┘
```

図5-4　各カテゴリー間の関係[16]

営改善に活かすことできるという構造になっている（図5-4）。

　なお付言しておきたいことは、アセスメントは全体の評価を行うものとされている。つまり「学校経営の改革方針」は、アセスメントによる学校経営全体の診断を経て、また年度末に児童・生徒や保護者の声を取り入れながら、見直すものとされている。そして、これらのプロセスにおいて、教職員間で話し合い、共有しながら、校内で進めていくことの重要性が強調されている[17]。

3　三重県における学校評価の今後の進展
——県支出事業と県全体の展開

　最後に、三重県の学校評価の取組に関して、今後の進展について3点を指摘したい。
　第一に、学校経営品質の取組の進展である。全国的な動向としてみた場合、これまで述べてきたように三重県の学校評価の取組は先駆的であると同時に、「経営品質」という考え方を取り入れて「学校経営品質」を開発した

という独自さもある。今後、この考え方によって、県内すべての公立学校が、経営としての考え方に共通理解をもって取り組むことになる。これまで見てきたように、「学校経営の改革方針」と「学校経営品質アセスメント」という学校評価の考え方は、経営ないしマネジメントに対する考え方にも共通の考え方なり、手法を提供するかたちになっている。いずれ、このような考え方の"セット"を県内すべての学校が共有することの効果について検証が待たれよう。

　第二に、いわば、三重県の学校評価の取組と文部科学省「学校評価ガイドライン」の"融合"である。2006～2007（平成18～19）年度、全国各地で文部科学省委託による学校評価システム推進のための研究事業が取り組まれているが、三重県では、推進地域として鈴鹿市が8小学校、2中学校において展開している。そこでは、これまで三重県が取り組んできた、「学校経営の改革方針」と「学校経営品質アセスメント」を2大ツールとする三重県版学校経営品質の考え方と、文科省の学校評価ガイドラインに示される自己評価と外部評価（学校関係者評価）による学校評価の考え方とが融合するように構想され、取り組まれてきていることである（図5-5）。例えば、図5-5に見られるように、外部評価側にアセッサーを派遣する構造など、特色と思われる側面も少なくなく、事業報告等、注目されるといえる。

　第三に、県全体で学校支援の体制を構築していることである。上記に述べ

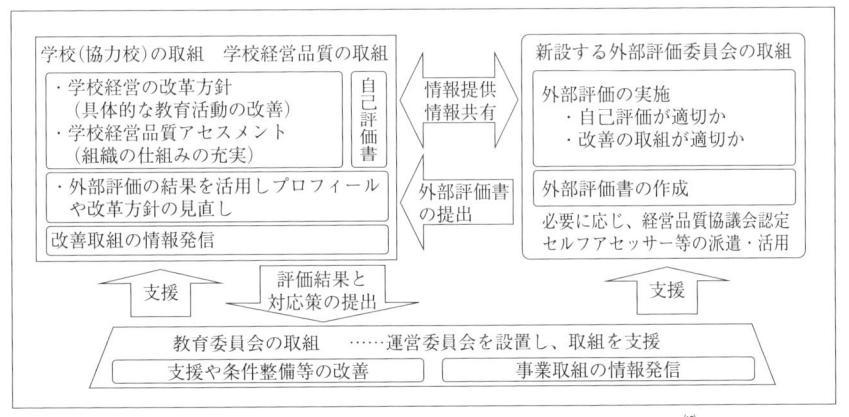

図5-5　学校経営品質を基本とした学校評価システムの取組[18]

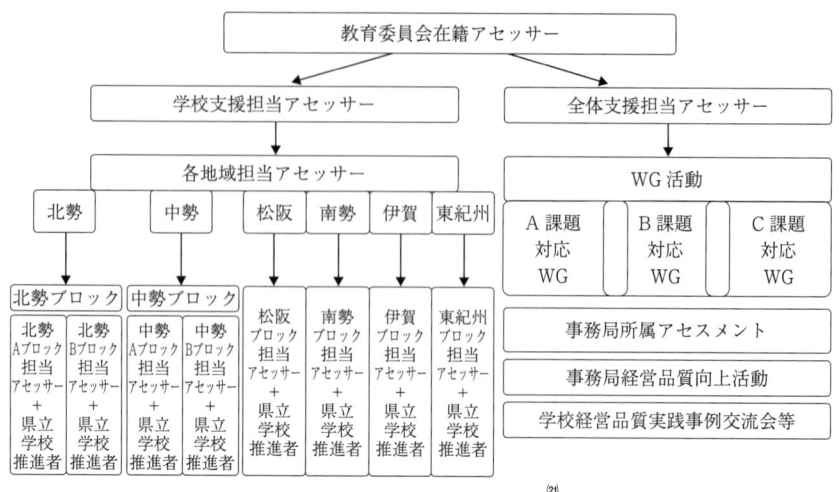

図 5-6 アセッサーの活動体制[21]

たように、三重県のように、ここまで学校評価の考え方に共通理解をもたせるシステムを運用するためには、制度やマニュアルが整備されているだけでは機能し得ない。三重県型学校評価の特色は、全県的なアセッサーの育成と彼らによる支援体制というシステムが構築されており、またそれがこれまで実績を積んできているということである。それは例えば、学校経営品質の考え方を伝えるアセッサーの支援体制である（図5-6）。

学校経営品質の取組を行っている学校は、2009（平成21）、2010（平成22）年度には県内の公立小中高等学校の全校を予定している[19]。さらに、2007（平成19）年度からは県単独予算による学校評価支援事業[20]も展開しており、今後もそういった全県的な取組と支援体制をもったシステムとして注目される。

〈謝辞〉なお、本稿の執筆に際し、三重県教育委員会事務局・経営企画分野・教育改革室様に、訪問調査及び収集資料についてご協力いただきました。お礼申し上げます（調査訪問：2007年9月4日）。

〈注〉
(1) 北川正恭「三重県における行政改革――生活者起点への意識改革」『品質』31(4)、日本品質

管理学会、2001年、21頁。
(2) 三重県教育委員会事務局・経営企画分野・教育改革室「三重県における取組概要説明資料」2007年。
(3) 木岡一明「三重県『学校自己評価システム』──学校の主体性と活動の一貫性に重きを置いたPDCAサイクル」『総合教育技術』57(15)、小学館、2003年、20-21頁。
(4) 三重県教育委員会「三重県における学校自己評価の取組」『教育委員会月報』4月、2002年。
(5) 三重県教育委員会「三重県型『学校経営品質』の取組を通して──三重県における学校評価の推進」『教育委員会月報』第58巻第1号、2006年。
(6) 三重県教育委員会、同上書、52頁。
(7) 三重県教育委員会事務局・経営企画分野・教育改革室「三重県における取組概要説明資料」2007年。
(8) 三重県では、1999年度において、「日本経営品質賞審査基準」による「行政経営品質評価基準」を活用し、県行政の実態を評価する取組を進めた。2001年には、三重県内の企業・団体による「三重県経営品質賞」を創設した。すなわち、「事務事業評価システム」の導入であり、大きくは、ニュー・パブリック・マネジメントへの転換である（北川、前掲書）。すなわち三重県における「経営品質」という考え方による学校評価の試みは、突如として出てきたというよりは、こういった行政評価との関わりの中で、構想されてきたものととらえることもできよう。そして端的に「行政評価」の手法が学校に適用されるのではなく、「学校経営品質」として、学校への適用を考慮し、その手法を開発したことに大きな意義があるといえる。
(9) 三重県教育委員会事務局・経営企画分野・教育改革室「三重県における取組概要説明資料」2007年。
(10) 三重県教育委員会事務局・経営企画分野・教育改革室「学校経営品質・学校評価システム構築事業・概要説明資料」2007年。
(11) 「経営品質の本来のアセスメントは、100ページにも及ぶ報告書に基づいて行われる」が「学校経営品質においては、事務簡素化の観点からアセスメントシートのページ数を10ページにとどめ、簡易なアセスメント方式」とした（三重県教育委員会「学校経営品質関係資料　平成19年3月改訂版」2007年）。
(12) また、それまでの「学校自己評価」と、新たに登場した「学校経営の改革方針」とを混同するのを避ける意味でも、「学校自己評価」という評価は「学校経営の改革方針」（評価を含むマネジメント）のなかに含まれることが確認されている（三重県教育委員会「学校経営品質関係資料　平成19年3月改訂版」）。
(13) 三重県教育委員会事務局・経営企画分野・教育改革室「三重県における取組概要説明資料」2007年。
(14) 三重県教育委員会「学校経営品質関係資料　平成19年3月改訂版」2007年、22頁。
(15) 三重県教育委員会事務局・経営企画分野・教育改革室「学校経営品質・学校評価システム構築事業・概要説明資料、2007年、73頁。
(16) 三重県教育委員会事務局・経営企画分野・教育改革室「三重県における取組概要説明資料」2007年、5頁。
(17) 三重県教育委員会「学校経営品質関係資料　平成19年3月改訂版」2007年。
(18) 三重県教育委員会事務局・経営企画分野・教育改革室「学校経営品質・学校評価システム構築事業・概要説明資料、2007年、55及び58頁。
(19) 三重県教育委員会事務局・経営企画分野・教育改革室「学校経営品質・学校評価システム構築事業・概要説明資料、2007年。
(20) 県立学校での研究（特別支援学校の小学部、中学部を含む7校）及び市町教委への委託（予算、約200万円。1地域3校程度を想定）。（訪問調査時の情報）

⑵1 三重県教育委員会事務局・経営企画分野・教育改革室「学校経営品質・学校評価システム構築事業・概要説明資料、2007年。

〈参考文献〉
木岡一明（2003）「三重県『学校自己評価システム』——学校の主体性と活動の一貫性に重きを置いたPDCAサイクル」（先進地域の取り組みを見る⑴、（特集〈新・学校評価〉の時代——足もとからの確かな評価のために）『総合教育技術』57⑮、小学館、2003年、20-27頁。
北川正恭（2001）「三重県における行政改革——生活者起点への意識改革」『品質』31⑷、日本品質管理学会、21-27頁。
三重県教育委員会（2000）「三重県における教育行政システム改革」『教育委員会月報』、2000年、56-63頁。
三重県教育委員会（2002）「三重県における学校自己評価の取組」『教育委員会月報』4月、2002年、53-63頁。
三重県教育委員会（2003）「教育行政システム——学習者起点の教育行政の推進」『中等教育資料』7月号、2003年、86-87頁。
三重県教育委員会（2006）「三重県型『学校経営品質』の取組を通して——三重県における学校評価の推進」『教育委員会月報』第58巻第1号、2006年、52-61頁。
山田正廣（2007）「三重県における学校経営品質の取組」『教育行財政研究』第34号、関西教育行政学会、2007年、99-102頁。

〈資料〉
三重県教育委員会（2007a）平成18年度「学校経営品質」実践交流会〈全体交流会資料〉津市芸濃総合文化センター
三重県教育委員会（2007b）平成18年度「学校経営品質」実践交流会〈地域別交流会報告資料〉北部地域交流会、三重県四日市庁舎
三重県教育委員会（2007c）平成18年度「学校経営品質」実践交流会〈地域別交流会報告資料〉中部地域交流会、三重県津庁舎
三重県教育委員会（2007d）平成18年度「学校経営品質」実践交流会〈地域別交流会報告資料〉南部地域交流会、大紀町コンベンションホール
三重県教育委員会（2007e）「学校経営品質関係資料　平成19年3月改訂版」
三重県教育委員会（2007f）「学校経営品質」実践事例集　vol.1
三重県教育委員会（2007g）「学校経営の改革方針ガイド」第1版
三重県教育委員会（2007h）「三重県型学校経営品質」（パンフレット）

〈訪問に際し、提供いただいた冊子〉
三重県教育委員会事務局・経営企画分野・教育改革室（2007i）「学校経営品質・学校評価システム構築事業・概要説明資料」
三重県教育委員会事務局・経営企画分野・教育改革室（2007j）「三重県における取組概要説明資料」

第6章 「計画－評価－支援」の一体化をめざした学校評価システム
──横浜市

福本みちよ

はじめに

　横浜市は、人口約369万7千人（2012（平成24）年7月1日現在）、市立小学校345校、中学校149校、高等学校9校、特別支援学校12校（同年4月1日現在）の計515校を抱える大都市である。本市における学校評価への取組の歴史は長く、とくに近年は文部科学省事業および本市独自の事業による研究指定校での研究・実践を重ねながら、本市教育委員会旧授業改善支援課（現在は改組）を中心として市立学校共通の学校評価システムの構築にあたってきた。そして、2008（平成20）年3月に「横浜市学校評価ガイド」を策定、さらに2010（平成22）年2月にはその改訂版を発行し、本市の学校評価システムの基盤を築いた。

　こうした流れのなか、2010年4月からはそれまでの教育委員会体制を解体・4分割し、政令指定都市としては初めての取組となる「方面別学校教育事務所」が市内4カ所に開設された。学校教育事務所設置のねらいは、「より学校に近い場所から、教育課程や学校経営等を適確・迅速かつきめ細かく支援することで、学校の自主性・自律性をさらに高め、校長のリーダーシップによる学校経営を推進する」ことにある。教育委員会の機能として新たに学校に対する支援機能を重要視しながら、これまで展開させてきた学校評価システムをどのように継承・発展させていくかが一つの課題となっている。

　筆者は、2006（平成18）年度より本市学校評価事業運営委員会委員等として本市の学校評価システムの展開過程に携わってきた。本章では、その展開過程を検証することを通して、学校評価システムが有効に機能するための要因（もしくは阻害的に働く要因）について検討する。

1 横浜市における学校評価システムの展開過程

(1) 地域住民の学校運営への参画と情報提供

　本市における学校評価への取組の歴史を紐解いてみると、まず1954（昭和29）年に最初の「学校評価の手引」を発行している。その後、とくに1977（昭和52）年の学習指導要領改訂以降は「教育評価の手引」（1980（昭和55）年）、「学校教育活動の評価」（1983（昭和58）年）、「学校経営の評価」（1984（昭和59）年）、「学校教育活動評価と学校経営評価の実践」（1985（昭和60）年）、「個性・創造性の伸長を図る学級経営の評価」（1987（昭和62）年）、「教育評価の手引」（1992（平成4）年）と、1980年代を中心に立て続けに学校評価関連の手引書を発行している。

　その後、2000（平成12）年の学校教育法施行規則の改正により学校評議員制度が導入されたことを受け、本市では2002（平成14）年に「『まち』とともに歩む学校づくり懇話会」（以下、「まち懇」）の設置を各学校に通知し、「まち」とともに歩む学校づくりを強力に推進した。そしてその基盤を作るべく、学校の外部への情報提供を重視した施策が展開された。2004（平成16）年2月に出された教育委員会通知「横浜市学校情報公開指標」では、2002年の小学校設置基準の改正の趣旨をふまえ、学校が公開すべき情報の項目を指標として提示し、「学校や地域の特別な事情によるほかは、（中略）「指標」の「公開すべき情報」の各項目をできるだけ公開するよう努める」ものとしている（**表6-1**）。

　このように、「まち懇」を核とする新たな学校経営のあり方を模索するとともに、その基盤として学校による情報提供の重要性を強調していくわけだが、同時に「学校情報を積極的に公開し、保護者や地域からの意見等を学校運営の改善に活かしていくことにより、学校は説明責任を果たすとともに学校評価システムの一環である「評価→改善」を実行する[3]」という考え方を学校に浸透させていくことが一つの課題として見えてきたのである。

表 6-1　横浜市学校情報公開指標（小・中学校）　　　　　　（2004 年）

	公開すべき情報	具体的内容（例）	公開の趣旨・方法等
教育ビジョン	学校の特色、教育目標、経営方針	特色ある授業・行事・事業、学校教育目標、経営理念、指導の方針・重点	学校のPRの一環として、各学校で行われている特色ある授業・行事・事業、各学校の目指す教育目標、各学校の掲げる経営理念や指導の方針・重点等を広く公開することが望まれます。また、そのうち教育目標や経営方針については、たとえば行動目標や数値目標を設定するなど、分かりやすく工夫することが望まれます。
	教育課程全体計画	全体計画構造図	教育内容について知りたいという保護者等のニーズに応えるため、教育課程の全体計画、各教科等の年間指導計画、各教科等の年間授業時数、各学年・学級の日課表等、各学校で行われている重点研究・教科研究等の内容を、平易な表現で分かりやすく公開することが望まれます。
	年間指導計画	各教科等年間指導計画一覧表	
	授業時数	各教科等年間総授業時数	
	時間割	各学年の日課表	
	研究内容	重点研究・教科研究等の内容	
学校の概要	学校の状況	学校長名、住所、電話、ホームページアドレス、Eメールアドレス、学級数、児童生徒数、教職員数	例示されている学校長名、学校住所・電話・ホームページアドレス、学級数等は各学校の基本情報であり、学校だより等で広く公開することが望まれます。Eメールアドレスについては、平成16年7月の新教育情報ネットワーク稼働に伴う一斉変更に合わせ公開してください。
	学校の歴史沿革	沿革の概要	各学校の沿革（創立年月日、校名変遷等）も基本情報として広く公開することが望まれます。
	学校長・教職員	担当学年・教科、校務分掌、組織図	教職員について知りたいという保護者等のニーズに応えるため、学校長の紹介や各教員の担当学年・教科、学校事務職員、学校栄養職員、学校給食調理員、学校用務員等の業務内容などを広く公開することが望まれます。その際、すべての教職員を含めた校務分掌、組織図等も公開することが望まれます。
行事	行事予定	年間・月間行事予定表、学校説明会・授業参観・懇談会日程	保護者等の学校運営への参画を促すため、年間・月間行事予定、学校説明会・授業参観・懇談会等の日程を広く公開することが望まれます。ただし、安全管理上の問題等を考慮して、詳細な日時等については、ホームページには掲載しなくても構いません。

評価	評価方法	評価規準、評定の方法	評価等について知りたいという保護者等のニーズに応えるため、評価については、目標に準拠した評価の趣旨、学校としての方針、教科目標、単元領域目標、評価規準を公開することが望まれます。また、通知表の見方も平易な表現で分かりやすく公開することが望まれます。
	通知表	通知表の見方	
施設	学校施設	特徴のある施設・設備	学校施設の状況を保護者等に理解してもらうため、各学校の特徴的な施設・設備等を広く公開することが望まれます。ただし、安全対策・防犯対策上の配慮も必要となります。
	学校開放	対象施設、開放日時、利用方法	保護者・地域への学校開放の推進を図るため、開放対象施設・開放日時・利用方法等を広く公開することが望まれます。
危機管理	保健安全対策	学校保健安全計画、通学路図、スクールゾーン対策協議会、保健指導、給食指導	地域や保護者の協力を得ながら保健安全・防災・防犯対策をすすめるため、学校保健安全計画、通学路図、保健だより、学校防災計画、緊急避難場所、安全管理実施状況等を公開することが望まれます。特に防災対策については、地域との関連も強いので、広く公開することが望まれます。
	防災対策	学校防災計画、緊急避難場所	
	防犯対策	学校安全管理実施状況	
経理	学校財務	予算執行計画、決算報告書	経理面での説明責任を果たし保護者等の信頼を高めるため、学校の予算執行計画及び決算報告書、学校納入金についての会計報告を保護者等に対して分かりやすく公開することが望まれます。特に学校予算・決算については、広く公開することが望まれます。
	学校納入金	学年行事等会計報告	
学校評価	自己点検・自己評価	評価項目・方法・結果	保護者や地域の意見を学校運営に活かすため、学校評価システム導入後は、文部科学省の「小学校設置基準」又は「中学校設置基準」に基づき、評価項目・方法・結果等を広く公開することが望まれます。既に学校評価を実施している学校、評価結果を公開している学校は内容の拡充に努めることが望まれます。
	「『まち』とともに歩む学校づくり懇話会」	メンバー、開催日、会議内容	懇話会の存在を地域・保護者に周知するため、懇話会のメンバー・開催日・議事内容等を広く公開することが望まれます。

連携	PTA関係	年間活動計画、行事	PTA活動を保護者、地域に周知するため、PTAの年間活動計画、行事等を広く公開することが望まれます。
	学校・家庭・地域連携	学家地連の組織・活動計画	学校と保護者、地域の連携を強化するため、学校・家庭・地域連携事業の組織・活動計画等を広く公開することが望まれます。また、学校開放運営委員会の活動状況等も広く公開することが望まれます。
	学校開放	学校開放運営委員会の活動	
	学校支援ボランティア	学校支援ボランティアの導入状況	保護者や地域等からの学校支援ボランティア導入を促進するため、ボランティアの導入状況や活動状況等を広く公開することが望まれます。
その他	部活動・クラブ活動	部活動等の紹介	児童生徒の部活動やクラブ活動の状況を保護者、地域に理解してもらうため、部・クラブの種類、状況等を活用して広く公開することが望まれます。
	児童生徒の進路	主な進路の状況	児童生徒の進路状況を保護者等に周知するため、プライバシーに十分配慮しながら主な進路を公開することが望まれます。
	児童会・生徒会活動	児童会・生徒会活動の状況	児童会や生徒会について保護者、地域に理解してもらうため、プライバシーに十分配慮しながら活動状況を公開することが望まれます。

(2) 「学校版マニフェスト」（中期学校運営計画）の導入

① 導入の背景

　2000（平成12）年1月の学校教育法施行規則の改正（学校評議員制度の創設）、2002（平成14）年3月の小学校設置基準等の改正（学校の自己評価の実施、結果の公開の努力義務化、積極的な情報提供）等を背景に、本市では2003（平成15）年度から学校評価システム構築に向けての研究が本格的に開始された。その流れを大きく方向づけたのが、2006（平成18）年3月の「横浜教育改革会議」（以下、「改革会議」）の最終答申である。2004（平成16）年7月に教育委員会は、「これからの横浜における教育のあり方と改革の方向性について検討する」ために改革会議を設置し、①教育内容に関すること、②学校運営に関すること、③教育行財政に関すること、という三つの議題を柱として、それぞれの改革の方向性について審議を開始した。そして2006年3月の改革会議最終答申において、「学校は明確な目標設定と学校評価を行い、保護者・地域に情報発信する」[4]ことが提言され、その具体的方策として①5年程度を視野に入れた学校運営ビジョンを明確に示した「中期学校運営計画」（学校版マニフェスト）の市立全校での策定、②外部評価も取り入れた、授業評価と経営評価を核にした学校評価の推進、③有識者など第三者評価を視野に入れた学校評価の推進、④市立学校らしい数値目標の創意工夫、が挙げられた。

　こうした動きは、学校に対して求められるものが従前の「公開指標」にもとづく情報公開から、各学校のビジョンと明確な目標の設定、さらにその検証（評価）へと変容したことを意味している。これを契機として、「学校版マニフェスト」の導入と、本市独自の学校評価についてのガイドラインの作成に向けた作業が展開されることとなる。

② 「学校版マニフェスト」導入のねらい

　「学校版マニフェスト」（中期学校運営計画）は、3～5か年間の学校の中期的な重点目標や具体的取組を明らかにして、それらを保護者や地域住民にわかりやすく伝え、地域や保護者の力を活用しながら課題解決を図ることをねらいとしたものであった。その項目は、①「学校教育目標」、②「学校経営

方針」、③「指導の重点」、④「改善の視点」、⑤「取組目標」、⑥「人材育成の考え方」、⑦「当年度の重点取組項目」、⑧「前年度までの取組結果（2年目以降）」、⑨「まちとともに歩む学校づくり懇話会等の意見」、⑩「その他」とされ、とくに⑤についてはできる限り数値を用いた具体的な目標設定が求められた。2006（平成18）年7月に、本市教育委員会小中学校教育課から全市立学校に対して第1回目の「学校版マニフェスト」策定を求める通知が出され、その提出期限は同年12月末とされた。

　「学校版マニフェスト」の導入にあたって、当初、小中学校教育課では「他都市では学校評価システムの一部として中期的な学校運営計画を策定する例が多いですが、横浜市では、学校と地域・保護者等の相互理解を深めるために、学校の考え方と取組状況を明示する仕組みとして導入します」という説明を行っていた。つまり、「学校版マニフェスト」の作成を学校評価システムの中には位置づけず、あくまで学校評価とは切り離したものとして位置づけたのである。その策定意義は「学校の考え方を示すこと」にあるとし、「できたかできなかったかの評価をするためにあるのではなく、学校が一生懸命に取り組んでいく内容を、保護者をはじめとして外部の方に理解してもらう」ためのツールとして設定したのである。しかし、この「マニフェストはマニフェスト、学校評価は学校評価」という考え方が、学校に混乱と更なる負担感を招く結果となったことは否めない。そのため、後になって当初の策定意義を修正し、「学校版マニフェスト」を実現する教育活動の展開とそれに対する適切な評価と改善が行われるよう、学校現場に対して学校評価の趣旨の徹底を図るための施策が展開されていく。

(3)　「横浜市学校評価ガイド」の策定

①　作業過程

　「学校版マニフェスト」の導入に続き、「横浜版学習指導要領」による学校づくりと学校評価を連動させることを含め、今後本市がめざす学校評価の方向を明示することをねらいとして、教育委員会は2006（平成18）年7月に第1回学校評価事業運営委員会を開催し、「横浜市版学校評価ガイドライン」（最終的に、名称は「横浜市学校評価ガイド」となる）の策定作業に着手した。「横浜市独自の学校評価ガイドラインの策定」とはいえ、この作業は、当然

<審議>	<実態調査>
学校評価研究推進協議会 (学校評価研究推進校等情報交換会) ↓　↑ 学校評価事業運営委員会企画会 ↓ 学校評価事業運営委員会	横浜市学校評価に関する実情調査（7月）
	<学校現場への情報提供>
	よこはま学校評価ニュース（随時発行）
	学校評価シンポジウム（12月）
	横浜教育フェスティバル学校評価部会（1月）

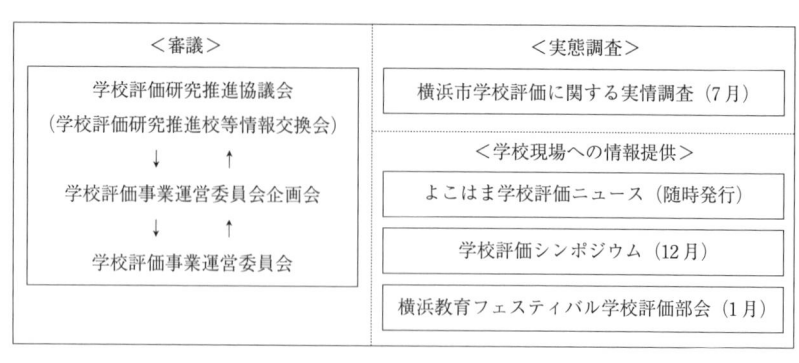

図6-1　「横浜市版学校評価ガイドライン」の策定作業

のことながら同年3月に発表された文部科学省「義務教育諸学校のための学校評価ガイドライン」をふまえてのものとなっていく。

　策定作業は、学識経験者（大学教員）、学校長（小・中・高・特別支援）、教諭（小・中）、PTA代表、地元企業代表といった面々で組織される学校評価事業運営委員会を中心に進められた。加えて、研究指定校での実践をもとにした情報交換の場である「学校評価研究推進協議会」（主として、研究指定校関係者により構成）と、学校評価事業運営委員会での審議内容案を作成する「学校評価事業運営委員会企画会」（主として、学校評価事業運営委員会の委員のうちの学校関係者および指導主事により構成）も設置され、研究指定校での研究成果、学校現場の実態・意見をふまえた策定作業が進められた（図6-1）。さらに、こうした策定作業経過についての情報は、様々な形で随時学校へ提供された。その主たる媒体となったものが、教育委員会旧授業改善支援課が作成・発行した「よこはま学校評価ニュース」と、毎年12月に開催される「学校評価シンポジウム」、さらには毎年1月に開催される「横浜教育フェスティバル学校評価部会」であった。

　そして、2008（平成20）年3月に「横浜市学校評価ガイド（小学校・中学校・特別支援学校（小学部・中学部）編）」が発行された。当初、「ガイドライン」と称していた部分はあえて「ガイド」とした。2007（平成19）年3月の発行が予定されていたが、結果的には1年遅れでの完成となった。

② 「横浜市学校評価ガイド」の内容

　「横浜市学校評価ガイド」（以下、ガイド）では、各学校が PDCA サイクルにもとづき、自己評価・学校関係者評価に取り組み、開かれた学校づくりを推進し、学校の自己改善力及びチーム力の向上を推進するために学校評価（自己評価、学校関係者評価、第三者評価）及び教育委員会による支援をどのように実施するのか、その内容と方法について説明している。

　ガイドにおいて強調されたことは、第一に「横浜版学習指導要領」にもとづくカリキュラムマネジメントと連動した学校評価の展開である。本市には、「横浜教育ビジョン」とそれをふまえた「横浜版学習指導要領」があり、その実現が学校評価の前提となる。

　第二に、自己評価における評価指標を、市立学校全体の「共通評価項目」と学校の特色等に応じた「学校独自評価項目」に分けた点である。「共通評価項目」は、**表 6-2** にあるように 10 の分野から構成された。「学校独自評価項目」については、「学校版マニフェスト」に示される学校教育目標の実現に向けて、学校が必要であると判断するときに「共通評価項目」に加え設定する、とされた。これらの評価項目に対する評価指標は、「学校が設定している取組目標から評価項目ごとに、独自に、かつ具体的に設定」するものとされた。

　第三に、自己評価は長期的サイクルと短期的サイクルでとらえることとした。長期的サイクルとは、目標の達成状況の把握と取組の検証を教育活動の区切りとなる適切な時期に行うことで構築する 1 年間のサイクルであり、中間期で状況把握と検証・改善を図り、年度末に再度検証することで効果的に次年度につなげることが想定された。また、短期的サイクルは、日常の教育活動のなかで課題が見つかった場合、また大きな行事が終了した際等に、すみやかに自己評価に取り組み、改善策や今後の方向性を明らかにして実行していくサイクルとされた。

　この「横浜市学校評価ガイド」にもとづく学校評価が、市内の全小学校・中学校・特別支援学校（小学部・中学部）で 2008（平成 20）年 4 月より実施されることとなった。

表6-2 自己評価における共通評価項目

分野	共通評価項目
1 教育課程・学習指導	①全教職員の共通理解のもと、学校版マニフェストを作成し、評価・改善を含めて、その実現を目指した具体的な取組を実践している。 ②「横浜版学習指導要領」に示されている"横浜の子ども"をはぐくむための重点的課題を実現するための教育計画を作成し、教育活動を実践している。 ③学習内容と評価規準を明確にした年間計画を立て、それに基づき、個に応じた子ども主体の学習となるような指導を工夫し、評価・評定を行っている。
2 進路指導	①進路について子どもの発達段階に応じて将来の生き方など、子ども自らが考えたり課題選択能力や解決能力を育てたりする指導に取り組んでいる。
3 児童・生徒指導	①子ども一人ひとりに応じた教育相談を定期的に実施するとともに、日常的に子どもとのコミュニケーションを大切にし、児童・生徒理解に努めている。 ②あらゆる機会を通して、全教職員で、児童・生徒指導に関する情報の共有化を図り、子どもの規範意識をはぐくむ指導に取り組んでいる。
4 保健管理	①全教職員の共通理解のもと、学校保健計画を立て、自己の健康管理能力向上のための取組を行っている。 ②子どもの健全育成のため、保護者や地域住民及び関係機関との連携を図っている。
5 安全管理	①危機管理（防犯、防災）マニュアルを整備し、事件・事故や災害発生時に、適切で迅速な対応ができるように教職員に周知・徹底している。
6 特別支援教育	①校内委員会の設置、特別支援コーディネーターの指名や校内研修の実施等、特別支援教育推進のための校内支援体制を関係機関との連携を図りながら整備している。 ②自校の特別支援教育推進上の課題をとらえ、個別の指導計画や個別の教育支援計画を作成・活用している。 ③特別支援学校や個別支援学級と普通学級の子どもとの交流及び共同学習を実施している。
7 組織運営	①校務分掌及び学年の運営については、情報を共有し、かつ組織的取組を円滑に行っている。
8 教職員の研究・研修	①学校全体で、授業力向上を目指した授業研究や研修を年間計画に位置付けるとともに、日常的に授業改善に取り組んでいる。 ②教職員が互いに研鑽し、力量を高めることができるように、組織や研究・研修体制を整えたり、校内の組織風土づくりを図ったりしている。
9 保護者・地域住民との連携	①教職員、保護者が活動の意義を十分に理解し、PTA活動を円滑に運営できるようにしている。 ②保護者や地域住民に、学校版マニフェストや経営方針、教育活動について、また学校評価の結果やその改善策についての説明をしている。 ③学校ホームページや学校だよりの充実等、学校情報を分かりやすく提供している。
10 教育環境整備	①施設・設備の安全、維持管理のための点検を実施し、必要な改善を図っている。 ②資源ゴミの分別やリサイクル等、横浜市の環境基準を遵守する姿勢で環境整備に取り組んでいる。

2 「学校版マニフェスト」及び「横浜市学校評価ガイド」の改訂——「学校版マニフェスト」に連動した学校評価への転換

(1) 改訂のねらい

　2年間の策定期間を経て、ようやく2008（平成20）年3月に完成した「横浜市学校評価ガイド」であったが、翌2009（平成21）年5月にはその改訂作業が始められ、2010（平成22）年2月に「横浜市学校評価ガイド」（改訂版）が発行された。わずか1年強で改訂作業に着手した最大の理由は、「学校版マニフェスト」と学校評価が連動せず、「マニフェストはマニフェスト、学校評価は学校評価」という状況が学校に負担感と疲弊感をもたらし、「学校版マニフェスト」と学校評価の双方が形骸化していくという危機感がみられたことにあった。加えて、分権化への対応や小中一貫教育の推進といった新たな課題への対応が迫られてきたという背景もあった。

　そのため、「学校版マニフェスト」と学校評価が効果的に連動するシステムづくりが模索された。ここでいう「学校版マニフェスト」と学校評価の連動とは、以下のようなイメージとされた。[9]

- 学校版マニフェストの取組目標と評価指標が対応している。
- 学校評価の評価項目と学校版マニフェストの改善の視点が一致している。
- 学校評価の評価項目と学校版マニフェストの内容が結びついている。
- 学校評価を行うことで、学校版マニフェストの改善に結びつくようなシステムになっている。
- 学校評価の結果をもとに学校版マニフェストの見直しを行っている。
- 職員一人ひとりが学校版マニフェストを具体的に思い浮かべることができる。
- 学校版マニフェストを全職員で共通理解している。
- （各学校の）学校評価担当が学校版マニフェストを理解したうえで、新たに評価活動に取り組んでいる。

・学校評価によって明確になった課題が学校版マニフェストに反映されている。

　こうした「イメージ」に近づいていけるよう各学校が取り組むとともに、教育委員会としてその道筋を示すことが緊要の課題であることが認識され、結果として「学校版マニフェスト」のとらえ方及び内容の見直しと「ガイド」の改訂が行われることとなった。

(2) 横浜市の新学校評価システム
　　──中期学校経営方針にもとづく学校評価

① 新学校評価システムの特徴

　新学校評価システム（「学校版マニフェスト」と連動する学校評価）の導入に向けて、「ガイド」の改訂作業は急ピッチで進められた。5月に改訂作業を始め、同年12月の「学校評価シンポジウム」ではそのおおよその姿を現場に示すという厳しい時間的制約があったものの、何とか教育委員会が意図する学校評価観を学校現場に示すことができ、予定通り2010（平成22）年2月には「横浜市学校評価ガイド（改訂版）」（以下、改訂版）を完成させることができた。

　さて、新学校評価システムは次のような特徴を持つ。第一に、従来の「学校版マニフェスト」を根本的に改訂した。この改訂作業において大きな壁となったものが、実は「学校版マニフェスト」という用語であった。すでに様々な施策において使用されていることはもとより、学校現場においても周知された用語ではあったが、一部の学校においては学校経営ビジョンではなく、単に「校長が学校経営に対する夢を表明するもの」ととらえられていたことも事実であった。そのため、新学校評価システムにおいてはまずはこの曖昧な「マニフェスト」という用語の使用をやめ、「中期学校経営方針」と改称した。また、ここでいう「中期」とは、3年間とされた。

　第二に、中期学校経営方針の書式と学校評価報告書の書式を連動させ、前述の「連動」のイメージを実際のものにするよう工夫した。書式自体を「連動」させ、視覚的にも「中期学校経営方針にもとづく学校評価」をわかりやすく表現した。

第三に、「中期学校経営方針にもとづく学校評価」のめざす方向性として、「評価の実効性・効率性・公開性」を強調した。ここでいう実効性・効率性・公開性について、改訂版では次のように定義している。

実効性	・学校経営と学校評価を一体化させ、学校経営の方向を明確にして組織的・継続的に学校経営の向上を図ること。 ・中期学校経営方針の取組目標を評価することから、評価結果を次の取組の改善につなげていくこと。
効率性	・評価内容を重点化・焦点化することで、作業の軽減と効率化を図り、教職員・学校関係者の評価内容に対する共通理解を深めること。 ・学校関係者評価の役割と評価目的・方法を明確にすることにより、学校関係者評価委員が学校経営に参画し、地域と協働的な取組を目指すこと。
公開性	・中期学校経営方針を毎年更新し、それを公表することで、学校関係者にとって分かりやすい学校評価の環境を整えること。 ・学校評価報告書を中期学校経営方針と併せて公表していくことにより現状の把握と改善策を学校・家庭・地域が共有すること。

　このように、新学校評価システムは従来の「マニフェストはマニフェスト、評価は評価」という発想から脱却し、「評価の実効性・効率性・公開性」を柱とした「中期学校経営方針にもとづく学校評価」を導入したのであった。

② **学校現場の反応**

　こうしたシステムの転換を、学校現場はどのようにとらえたのか。表6-3及び表6-4は、それぞれ新学校評価システムの趣旨を初めて学校現場に伝えた2009（平成21）年12月の「学校評価シンポジウム」、および翌2010（平成22）年1月に実施された「横浜教育実践フォーラム学校評価部会」の出席者アンケートの一部抜粋である。短期間で学校評価システムが変更になったことに対して、学校現場から不満の声が上がったことも事実だが、それ以上に「昨年度に比べ現実に運用していけるスタイルになりよかった」「中期学校経営方針の項目と学校評価項目とが統一されて示されたことでC＆A（Check（評価）＆ Action（改善）※著者注）がしやすくなる」「校長としてこの2年間、現任校の改善に取り組む中でずっと感じてきたマニフェスト、学校評価活動、経営計画の3本立ての作業がようやく一本化されたことが何よりもうれしく今後の期待と意欲がもてた」といった、改訂を肯定的に受け止め、かつ新学校評価システムに対して意欲的に取り組もうとする学校側の期

待感が多く寄せられた。ちなみに、両シンポジウム・フォーラム共に初めて収容定員を超えるほど多数の学校関係者が参加し、大盛況であった。学校現場の新学校評価システムに対する関心の高さを物語ると同時に、学校におけ

表6-3　2009年度「よこはま学校評価シンポジウム」参加者アンケート（一部抜粋）

1	もっと学校の特色を打ち出していけるようにしたい。その方が学校の課題を明確になり評価が生きる。何でつながっていくかの視点が大切であることがわかった。評価者が評価できるだけの情報がないと評価は信頼性がない。そこが学校評価のポイントだと思う。どんな支援が必要かの項目も必要。学校評価の大きなねらいは、学校への支援‼ぜひお願いします。	小
2	平成15年に県の指定を受け、学校評価の研究を行い、その後市の研究校として実践してきたが、最終的に統一されてしまった。今後、どの学校も同じような目標・評価が行われていくような気がする。パターン化のよさがマンネリ化で意味をなさなくなるのでは。	小
3	これまで学校版マニフェストと学校評価の関連について、あまり意識していませんでしたので、これからは連動させて活用していくことになり、とても意味のある学校評価となると思いました。授業を通した学校づくりは、私もその通りだと思いました。授業をしっかりマネジメントできるような、教職員の組織づくりが学校づくりの基盤になっていると思います。	小
4	「ガイド」を一人ひとりの教職員がよく理解させる方法の工夫が必要だと感じた。学校関係者評価の環境作りは学校だけにまかせておくのは限界があり、行政としての取組をもっとすすめてほしいと思った。「学校評価ガイド」を今改訂する意味が分かった。アンケート（評価）をとる意味、バランスの悪さ、数年先の教育の姿をとらえるための危機感などがその根底にあることがよく分かった。	小
5	中期学校経営方針の項目と学校評価項目とが統一されて示されたことでＣ＆Ａがしやすくなると思います。課題のある家庭の増加、職員構成のアンバランスは、本当に教育の未来が見えにくい状態だと思います。学校が教育的効果をあげるためにはPDCAサイクルを活かした学校評価が必要だと思います。	小
6	あまりに細かい学校評価は現場が混乱すると思うのですが、本当にここまでやるのでしょうか？「つながり」とともに『かかえこまない』という考え方によって評価の考え方が少し見えてきました。ただ、『かかえこまず、つながりを求めた』時の地域・保護者との摩擦は市教委が締めてくれるのでしょうか？	小
7	学校経営方針とマニフェスト、学校教育目標が一体化し学校評価が大変しやすくなると思います。特色ある学校づくりを取り組みやすくなりそうです。	無
8	マニフェストと学校評価が連動した形になることは、とても望ましいことです。市としての共通部分と学校独自部分があれば網羅できると思います。	小
9	テーマを見て我が意を得たりと、本日の研修に参加しました。手さぐりで前期振りかえり（自己評価）にマニフェストを使いました。しかし、具体的に項目におこすことが大変難しいと実感しております。さらに勉強してみます。	小

10	平成22年度から3年の中期計画（中期学校経営方針）を各学校で打ち出すという話がありましたが、経営方針と学校評価がリンクすることで、常に運営・改善のサイクルが明確になっていくのではないでしょうか。小中の連携も考え、経営方針を考えていく必要があると思いました。	無
11	マニフェストと学校評価の連動は20年度から取り組んでいるが、マニフェストそのものがきちんと、保護者、学校関係者に浸透しているかという課題がある。わかりやすい具体的マニフェスト→前期の具体的取組→学校評価→改善策→次年度のマニフェストの組立、と当たり前のことをしっかりとやっていけば、学校評価は生きてくる。	無
12	今年度、本校は「横浜市学校評価ガイド」に基づく学校評価にシフトしたところだが、さらに22年度にも改訂が行われる点は残念だ。	小
13	なぜ短期間で次々変化させるのか。あわただしく消化しきれないでいる。	小
14	方面別の教育センターの支援については期待している。また、元気な学校をつくることに学校評価が役立っていくことというの印象に残った。	小
15	正直なところ、「また仕事がふえた…」という印象でした。ここまで数年かけて作ってきた本校なりの学校評価システム、今年はそれをマニフェストとつなげながら改善を加えてきました。学校なりに改善を加えてきた形を、統一した形に変えなければならない…。迅速・的確な支援を期待して学校に持ち帰りたいと思います。	小
16	現状の学校は、やればよいことをしていくには人不足です。若手が増えて、何をやるにも予想以上に時間がかかり、勤ム時間は、あってないに等しい。でも、取り組んでみたいヒントはたくさんいただきました。	小
17	校長としてこの2年間、現任校の改善に取り組む中でずっと感じてきたマニフェスト、学校評価活動、経営計画の3本立ての作業がようやく一本化されたことが何よりもうれしく今後の期待と意欲がもてた。評価はまさに学校経営の改善のためである。学校経営の中・長期ビジョンや課題分析力、創造性がない校長では新しい「中期経営方針」が、またマニフェストと同様になる可能性もあるだろう。各方面別教委ム事所の指導主事にはきびしいチェックと支援をお願いしたい。統一フォーマットもよいが、若干の学校独自書式も認めてもよいのではないだろうか。	小
18	小規模校の場合、異動や退職等での職員の入れ替わりが激しいため、中期学校経営方針を全職員で共通理解を図ることが難しい面もあると思いますが、頑張りたいと思いました。	小
19	フォーマットの統一性は公開の視点からもありがたい。中期計画と学校評価の統一性がより大切だと思った。	小
20	マニフェストと学校評価の一体化は、求めていたところです。	小
21	中期学校経営方針を提示することで、より具体的に自らを振り返る観点もわかりやすくなり、3年スパンで取り組み目標を見直し、その時、そこに合った学校のあり方や方向性をみえやすくなってくると思う。学校経営と評価を一体化することの意義は、よく伝わってきた。	小
22	中期学校運営方針の計画について、方面別事務所から改善のアドバイスが可能になるのでしょうか。	中

23	経営と評価の一体化を図りながら現場でも努力している所ですが、なかなか思うようにいかないのが現実。一つの方向性を示してもらった。	中
24	趣旨については理解できないこともないが、20年度から実施した「学校評価ガイド」に基づく学校評価がやっと定着してきたところなのに何故わずか2年で変えてしまうのか理解できない。このスケジュール通りに進めるために、現場がどれだけ大変か事務局はわかっているのだろうか？総論としては賛成できるので、どうにか導入までにもう少し現場に時間がほしい。「学校支援」と言いながら、これでは「学校に試練」を与えているとしか思えない。	中
25	学校評価←→学校経営 PDCA ←→授業・学級経営のPDCA、まずは学校現場の基盤をきっちりと築くことが、評価にも値し、支援にも値すると信ずる。	中
26	中期学校経営方針に基づく学校評価により、組織的・継続的に学校経営の向上を図り、学校・家庭・地域の連携協力による信頼される学校づくりを進めていくという役割はもっともであるし、フォーマットの統一による評価の効率性を高め、分かりやすい学校評価に向けての改善策であると思います。これからさらに見直しを進め、実のある評価として行きたいと思います。今学校として考えていることは、小中連携の中での基礎的基本的な学力の定着、規範意識の醸成、コミュニケーション能力（社会的スキル）の向上、学習・生活スタンダードを作成し、教職員の共通理解のもと、保護者・地域の協力を得て実践することです。	中
27	学校評価は「やらされている」という感があった。「良い学校をつくりたい」と一般教員が変わるためのヒントがあった。	中
28	中期学校経営方針の書式が統一されることにより、事務作業が効率化されるだろうとの説明があったが、学校の独自性が表現しにくくなることはないのか、懸念を感じた。	中
29	新しい学校評価のねらいは、充分に理解はできた。が、その実現のために校内のシステムを構築していかねばならないことに、正直負荷に感じています。新学習指導要領、小中一貫カリキュラムの作成と実施など、同時進行で行うべきことが多く、実務担当としては処理できるか非常に不安です。まず、校内の職員組織づくりから取り組めたらと考えている。	中
30	評価の実効性、効率性、公開性は納得するところであり、大いに賛成である。学校の質的向上を目標に組織的に改善していく必要性、形骸化せぬようにするためのモチベーションの与え方も考えていくことが重要であろうと感じた。	中
31	知りませんでした。学校評価の中心は保護者アンケートではないのですね。それどころか、やらなければならないことですらないのですね。どこの学校もこればっかりやっている気がしたので…。一番大事なのは、教職員の自己評価。これに自信と責任を！ですね。学校運営「組織」のあり方も大事だと思いました。各指導部がそれぞれ動いているような、これまでのあり方ではダメですね。学校運営をトータルコーディネート（？）（総合的に方針をつくる。会社なら取締役会、学校なら…??）できる部署が確立しないとダメですね。まだまだナベブタ組織です。	中

32	学校経営計画、中期学校経営方針、学校評価の関わりがよくわかりました。連動した学校が24％ということは、まだまだどの学校もよく理解していないのだなとわかりました。さっそく学校にもどって調べてみます。中期学校経営方針、現状をしっかり分析して作成していくことが大切だとわかりました。本校の課題をみんなで話し合ってみます。教育活動を中心にすえた学校運営、授業づくりが学校づくりにつながっていくのだということが目からうろこでした。先生方にも伝えたいと思います。書ききれないくらい勉強になりました。	中
33	従前のガイドによる基準でも感じましたが、今回の共通評価項目等を見ても小・中学校の観点が中心で、特別支援学校としてはどうもフィットしないように感じます。そうすると、各特別支援学校の方向性がずれてきて、結局アンケートのまとめで終わってしまいかねない危惧もあります。基本的な考え方はいいとしても、実務面での特別支援学校の共通の方向性も作りたいと思います。	特

（表現については、アンケート自由記述そのまま抜粋　／　小：小学校、中：中学校、特：特別支援学校、無：記入なし）

表6-4　2009年度「横浜教育実践フォーラム　教育分科会②　「学校評価」」参加者アンケート（一部抜粋）

1	中期学校経営方針に基づく学校評価の具体的な進め方がよく分かった。マニフェストと呼ばれるものと、学校評価を結びつけること、学校が取組んでいることを、保護者に理解してもらうことの必要性がよく分かった。	小
2	学校評価のこれからの具体的なやり方がよくわかった。印象的だったのは、「学校評価は職員全体でやっていく→共通認識　／　短時間で効率的に作る」そのためにスウォット分析を早急にやってみたい。また、「専門職集団としての組織力を高めていく」ことに魅かれたので、本校でもそのような組織作りに取組んでみたい。	小
3	学校評価の進め方については、これまでのものより、とてもわかりやすく精選されていると思う。各学校にあまり負担にならないようにという視点も感じられた。お願いしたいのは、戦略として必要な人材（児童指導専任、特別支援教育コーディネーター）の配当。小学校は特に人がいない現状を理解してもらっているとは思うがぜひよろしくお願いします。	小
4	学校評価は「管理職だけのものではなく、教職員全体のもの」というあたり前の考えが、職場には定着していない現状を改めて実感する機会となった。日常の教育活動、重点研究、行事などの全ての「意味」を支える部分であるため、考える機会が必要。（参会者の皆様がみな先輩で、自分のような年のものが…と思う考え自体を改める必要がある）	小
5	本校も経営計画のふりかえりの時には、必ず職員で本校の子どもをどんな子どもに育てたいのか、について話し合い、目標と活動を産み出している。SWOT分析の方法の方がもっと具体的にでてくると思う。すぐやってみたい。	小

6	学校評価に関して、意義は理解しているつもりで、合理化の必要性も充分に感じる。しかし、理解しつつも、やること、やらなければいけないことが多く、大きな改革とは思えない。今回の学校評価の改革・改善で中期運営計画との整合性を図り、自己評価と改善等をつなげていくシステムはよいと思う。学校運営に生かしていける学校評価、学校評価により学校が改善されていくようにしていきたい。SWOT分析については、とてもわかりやすく、本校でも取組んでみたい。授業改善と学校評価をつなげたシステムを考えていきたい。	小
7	学校経営方針を職員が理解し実践し改善していくためには、SWOT分析を活用していきたい。本校からもう一人参加しているので、来年度の学校づくりに向けて今後の取組みについて話し合い、全体会で協議したい。この時期に聞けてよかった。次につながる評価をしたい。	小
8	学校評価を戦略に生かすSWOT分析の活用を取り入れられたらと思いながら聴いた。自分の経験でも、学校評価アンケートは、学校関係者、保護者、児童、全てにとるが、まとめるのは担当者。大変な思いをし、まとめて、改善案を示してもあまり浸透しないように感じていた。全職員がかかわり分析まで行っていくことは、学校評価がより現実的なものとなり、改善策も具体的になり、共通認識も深まり、次への意欲も大きくなると思う。参加してとても良かった。	小
9	ここで教えてもらったことで、まず校内で共有化することが大切。そのためにどうするか、から始まる。学校評価についての認識がまだ共通認識されていない中、はじめて、アンケート（実態把握のための）を作り、公表し、話合いの場を作ったのが、今年でした。転勤したばかりの学校ですが教職員等話合いをして、向かっていく方向を共通理解できてよかった、というところに、はじめてとりくめばかりの学校ですので、共通理解をどうはかっていくか、考えたい。	小
10	これからの学校評価のあり方を学んだ。保護者や地域に見える学校にしていかなくては、ということがはっきりわかった。学校にもどり、学校評価そして学校づくりについて考えていきたい。自分の学校がよいところは何なのかをもう一度考え直したい。	無
11	学校案内（6年間の学び、子どもの姿、行事、体験活動）を考えているところだが、6年間分の内容を示すことのこわさもあるが、示し方を工夫して何とか実現してみたい。9年間として示すことの可能性も考えられるが、「強みは戦略的に使う、弱みを戦略的に克服する」	小
12	昨年12月のシンポジウムにも参加したが、これからの学校評価の重要性を理解するとともに、これから年度末、年度初めの教務主任としての職務におわれながらの、中期小学校経営方針の作成に不安を感じた。もう少し時間をいただき、より充実したものを学校職員全体で作りあげていきたい。	中
13	SWOT分析の考え方がとても印象強い。自校の強みを違う視点で戦略や課題に導き出そうという発想がないと、いい活動はいい活動で終結してしまう。どういう学校づくりをしていきたいのか、どういう活動を重点化していくのかを職員全体で共通理解してはじめてPDCAのPがはじまる。それには、SWOT分析の機会をぜひつくりたい。	中

14	昨年度、転勤したてに、学校評価といわれ、示された指標をもとに、指標づくり、外部委員会、校内の担当、検討組織、アンケート等をつくり、2年に入ったばかり、小中連携させて改良してきたのに…。	中
15	学校評価について参加したが、今年度まで本校で行った評価よりも分かりやすくよい。本校でも一部の職員でやっているという感覚しかないと感じていた。今後の改善に生かします。	中
16	学校評価の仕方が、22年度から変わるが、わかりやすい形になってきた。しかし、実際それを実施していく教職員一人一人の意識改革が一番重要であると、日々教育実践の中で感じ、それが一番難しい課題である。	中
17	SWOT分析やってみます。PDCAサイクルをスパイラルで上がっていくのはいい。やらされる評価でなく、次へ生かせる評価が出せそう。	中
18	どこから手をつけようかと悩んでいたので、実例を提示もらい大変参考になった。手をかけることで、より良い方向に学校づくりができると意を強くした。	中
19	「学校評価がツールになっていない」ということを本校にあてはめてみると、「その通りだ」と思う。評価を評価で終わらせないためにも、「学校をどのようにしていきたいかを知る」ものにしていく。現在は、SQSを使い教職員と保護者にアンケートを取り、「ニーズ度」によって改善点を探り、次年度へつなげている。「SWOT」は参考になった。	中
20	12月のシンポジウムを受けてのフォーラム大変勉強になった。5月末の提出に向け、21年度の学校評価の結果を基にして、重点目標や取組目標を設定していきたい。全職員が意味決定した取り組みを、まず1年目に何をするかよく話し合っていきたい。現在、本校では生徒や学習のスタンダード作りに入っている。3年後をイメージして、22年度の共通取組項目を提示していきたい。それを、小中一貫連携の会議に提示し、各小学校にも理解してもらい、協力してもらっていきたい。本日の内容をもとに1月26日の小中職員交流会の話し合いと連携していきたい。	中
21	SWOT分析で、本校の実情をつかむことに対する意欲が高まった。学校評価を本当に改善に生かすことの意味が理解できた。学校の強みはさらにのばし、弱点は改善の営みがみえやすい項目を考える、とても気持ちを楽にして学校経営にとりくめる。	特
22	学校経営方針の書式は、学校の独自性、特性、取組があらわしにくいのではないか。マニフェスト中期目標設定10項目全ての改善が要求される。ということは、重点化しようがしまいが総合的・全方位対応を要請されている。→3年で取組む中期目標と共通・10の取組みの縦の構造で全てをひろう発想が書式を統一し、全て項目を埋めるやり方の中で、つながりが不分明で焦点化していくと感じる。	特
23	こうした実践フォーラムが、多数の参加を得て、実施されていることがすばらしい。学校評価についても、PとCのつながりを明確に位置づけた具体的な提案で大変参考になった。今回はフォーラムに参加して、小・中の実践をきいた。ちょっとした取組みの工夫、意識の持ち方で、今やっている実践をうまくつなげ、発表させられるのではないか、と考えた。持ち帰りたい。	一般

（横浜市教育委員会授業改善支援課作成「横浜教育実践フォーラム　授業改善支援課関連分科会　アンケート集計」より一部抜粋　／　小：小学校、中：中学校、特：特別支援学校、無：記入なし）

る学校評価観の定着が進んでいることを感じさせるものであった。

3 学校支援体制づくりに向けて
―― 学校教育事務所の取組

(1) 教育委員会の解体と学校教育事務所の設置

　新学校評価システムの導入と同時に、本市教育委員会ではもう一つの大きな改革が断行された。教育委員会が解体・4分割され、「学校教育事務所」が市内4カ所に開設されたのである。学校教育事務所の主な機能は、**表6-5**に示した通りである。学校訪問の充実を図り、学校の教育活動の状況を把握しながら、教育課程や学校経営等を適確・迅速かつきめ細かく支援することを重視している。

　一方で、この機構改革に際して教育委員会全体で指導主事が大幅に新規採用された[10]。結果として、こうした新規採用の指導主事の力量形成という新たな重要課題が、学校に対する支援体制づくりと同時並行の形で政策遂行のための必須要件となった。

表6-5　学校教育事務所の機能

教育活動	・指導主事による学校訪問を充実⇒学校における教育活動をしっかり把握。 ・適確、迅速できめ細かな支援を実施。 【学校課題解決支援チームの運営】 学校が抱える様々な課題への対応力向上支援
人材育成	・計画的な学校訪問。人事と研修の一体化。⇒さらに適確に「人材情報」を把握。 ・教職員の教師力・授業力を向上。 【方面別学校教育事務所での研修の実施】
学校事務支援	・事務改善や職員のスキルアップ⇒教職員の事務負担軽減。 ・学校事務を効率的かつ効果的、さらに公正・適正に執行。 【学校事務の業務支援窓口の設置】
地域連携推進	・地域の教育力を活かした学校運営を実施。 【よこはま学援隊の運営支援】 【学校運営協議会の運営支援】

（出典：横浜市教育委員会ウェブサイト http://www.city.yokohama.jp/me/kyoiku/bunken/jimusho.html より）

(2) 学校教育事務所による学校支援への取組

① 学校教育事務所開設1年目（2010（平成22）年度）

　2010（平成22）年4月に方面別学校教育事務所が開設され、指導主事を中心とした教育委員会による学校支援がスタートした。4方面に分かれて各学校教育事務所がそれぞれのスタンスで学校支援を行っていくにあたり、全学校教育事務所共通の「学校支援計画」というツールが活用された。これは、学校担当の指導主事が訪問や電話連絡等で知り得た担当校についての様々な情報や、その学校の目標や課題（学校が重点とする目標やとらえている課題、及び学校はとらえていないが指導主事がとらえている課題）、さらにはどのような支援を提供していく必要があるかをまとめたものである。ただし、これはあくまでも指導主事の手持ち資料であり、共通のフォーマットは設定されたが、正式な文書ではなくメモ扱いとされた。「学校支援計画」の使用頻度や活用状況は指導主事によって様々ではあるが、一人の指導主事が多くの学校を担当しなければならない業務状況においては、常時気づいたことをメモし、実際にどのような手立てを打ち、その結果はどうであったのかを記録しておくためのツールはやはり必要である。それを、共通のフォーマットで運用するようにしたのである。実際に、指導主事が通常の学校訪問（年4回）の前に、その学校の課題やそれまでの支援状況の確認のために当該校の「学校支援計画」を読み込んでから出かける、といったように活用されている。また、異動等に際しての指導主事間での引き継ぎ資料にもなっている。

　一方で、「きめ細かな支援」が学校教育事務所の機能の核であることは認識されながらも、学校教育事務所開設1年目はそもそも「学校支援とは何か」という基本的な共通認識が確立されておらず、教育委員会全体としての体系化も図られずに業務だけが進行していた。確かに、教育委員会全体のスタンスとして「学校訪問の充実」及び「評価と支援の一体化」（学校評価結果にもとづく学校支援の提供）を重視するという点は強調されてはいたが、肝心な「学校支援」の中身が整理されないまま、指導主事はひたすら規定の学校訪問を含む業務をこなし続け、日々の事件・事故対応に追われる状況が見られた。

② 学校教育事務所開設2年目（2011（平成23）年度）

 開設2年目に入り、各学校教育事務所において別々ではあるが「学校支援」の体系化につながる動きが少しずつ見え始めた。
 例えば、2011（平成23）年4月にA学校教育事務所では、学校評価をテーマとした指導主事研修が行われた。研修では、A学校教育事務所管轄地域（4区）のそれぞれから1校を取り上げ、その学校の学校評価報告書を指導主事が相互に読み解き、交流し合うという取組がなされた。ところが、実際に研修を行ってみると各指導主事の学校評価観の相違が浮き彫りになり、「評価と支援の一体化」を論じる段階には至っていないことが見えてきた。学校に対する支援の前に、それに取り組む側の共通認識と基本的視点の確認が急務であった。そこで、同年7月には「学校評価に連動した学校支援」をテーマに、まずは中期学校経営方針や学校評価報告書の読み解き方についての研修が実施された。この研修をふまえ、同年9月の研修では「評価と支援の一体化」を視野に入れ、A学校教育事務所としての学校支援のあり方についての共通理解を深める議論がなされた。そこでは、学校支援に取り組む前提として、各学校の学校評価への取組状況を3つのステージ（①学校教育目標に示された学校のめざす姿が、具体化されたり共有化されたりしている。②取組目標が、取り組むことによって期待される成果が明確にできるものになっている。③目標に向かって、取組内容の精選・構造化が図られている。）に分類・整理する試み等も検討された。そして、翌2012（平成24）年1月の研修ではこれまで行ってきた「学校支援」の具体的な内容を振り返り、整理・分類しながら「学校支援とは何か」ということについての検討が行われた。この研修を受けた指導主事からは、「教育委員会支援を今後、類型化する必要があると気づいた。施策の整理の意味でも」「学校支援にはニーズとステージがあり、その裏付けの一つとして学校評価があると理解した」「自己認識のない学校への支援をどうするかが課題」といった感想が寄せられた。
 筆者は、上記の研修に講師として関わってきたが、A学校教育事務所ではこの他にも民間企業講師によるコンサルテーションの意義と方法論についての研修等も行っている。こうした研修を通しての最大の気づきは、「学校支援とは何か」という共通認識が確立されていないままに、「学校支援」という名の業務を行ってきたことに指導主事自身が気づいたことであろう。そ

の結果、A学校教育事務所の2012年度に向けての課題の一つとして、「学校支援に対する共通認識の確立」が挙げられるに至った。

③　学校教育事務所開設3年目（2012（平成24）年度）

　2012（平成24）年度に入ってからの動きのなかで注視すべきことは、学校支援機能を果たすための指導主事の力量形成への積極的な取組に向けた動きが見え始めたことである。

　2012年度に入りB学校教育事務所では、積極的な指導主事研修（指導主事ミーティング）が展開されている。4月だけで10回の指導主事ミーティングが開かれ、テーマは「指導主事として大切にしたいこと」に始まり、教育委員会の施策の理解、学校評価の読み取り方、方面別学校教育事務所の機能についての理解、小中一貫教育支援の進め方等、多様な内容が盛り込まれている。この中で、第9回の指導主事ミーティングでは、学校評価に連動した学校支援のあり方を考えるという研修が行われた。具体的には、B学校教育事務所管轄地域（5区）の各学校担当指導主事が具体的事例をもとにそれぞれの学校支援策を提示し、それについて協議するという内容であった。筆者は、この研修にオブザーバーとして参加させていただいた。ちょうど1年前にもB学校教育事務所の指導主事研修に参加させていただいたが、この1年間での指導主事の視点の変化に大変驚かされた。B学校教育事務所での、指導主事育成の成果の一端を垣間見ることができた。この研修の成果の一つとして、本市が展開している小中一貫教育推進ブロックを学校評価やそれに連動する学校支援の展開の基礎単位にするという視点が打ち出された。一つの学校教育事務所内であっても、担当区以外の動きや他の指導主事の支援活動の成果や課題が指導主事間で共有されていない部分がある。こういった研修を通して、それぞれのノウハウが共有され、かつ学校教育事務所全体としての効果的な施策展開の方向性が見えてきたことは大きな成果といえる。

　一方で、学校教育事務所間の連携が弱く、各学校教育事務所で蓄積された知見やノウハウが教育委員会全体として共有されていない状況がある。学校教育事務所それぞれが学校支援について考え、指導主事研修を展開しているが、これらに関して学校教育事務所間での連携強化を図っていくことでもたらされる効果は大きいはずである。確かに、距離的時間的に限界があること

は否めないが、もっと効果的・効率的に学校支援機能の強化を図ることは緊要な課題であるはずであり、改善の余地は十二分にあるはずである。

4 学校評価システムが有効に機能するための要件
——横浜市の事例から

これまで述べてきた本市における学校評価システムの展開過程の検証から、学校評価システムが有効に機能するための促進要因、及びそれに対する阻害要因を整理してみたい。その際に、本市の場合、対象となる学校数が圧倒的に多いということをふまえる必要がある。そのうえで、本市立学校全体にわたって自己評価を効力感のあるものにしていくという観点から、促進要因および阻害要因を検討する。

(1) 促進要因

① 「計画－評価」の一体化

本市の新学校評価システムの大きな特徴は、計画段階（中期学校経営計画）と評価段階（学校評価報告書）のフレームを明確に設定し、かつそれを一体化させた点にある。本市では、教育委員会が学校評価のシステムづくりに着手する以前から、校長会の学校経営部会において学校評価研究が進んでいたという歴史がある。学校経営部会では、講師による講演等だけでなく先進的な自治体の実地視察等も重ね、精力的に学校評価研究に取り組んでいた。加えて、学校評価の研究指定を受けた実践研究校による学校評価研究推進協議会では、毎回 KJ 法等による目標管理や構造化について学習を重ねた。それでも、目標管理の仕組みは学校になかなかうまく浸透していかず、状況を改善していくことはたやすいことではなかった。そのため、目標の系統性や評価の構造化をわかりやすく示すためには、視覚的にも「計画－評価」を一体化させることが効果的な手法と考えられた。結果として、PDCA サイクルのＰとＣの連動という点については、学校の理解を深めることができた。

② 評価結果にもとづく学校支援

「計画－評価」の一体化が進むことにより、教育委員会による学校支援の

発想もまた変容した。「計画－評価」の一体化は、学校が抱える課題をあぶりだすことに効果的であり、学校がどのような支援を必要としているのかが把握しやすくなるというメリットがある。だからこそ、学校支援機能を高めるために指導主事は、担当する学校の中期学校経営方針及び前年度の学校評価報告書を丁寧に読んでいくことにより、学校のビジョンや現状を可能な限り把握する。そのうえで、学校訪問を重ねていくことで、その学校がどのような支援を必要としているのか、もしくはどのような支援がその学校にとってより効果的かを判断するという姿勢が重要視された。学校教育事務所による学校支援はまだ始まったばかりであり、その取組の効果を検証するのは現時点では時期尚早ではあるが、評価結果にもとづく学校支援の提供を今後も継続していくことで、学校評価システムがより有効に機能していくことにつながっていくことは間違いないはずである。

③ 「学校評価観」の浸透

本市は500校を超える学校を抱えており、学校評価システムの趣旨をすべての学校に浸透させることは非常に難しい。趣旨が理解されないまま形式だけが入ってしまうことは、逆に学校評価システムの形骸化につながりかねない。学校評価システムの趣旨、言い換えれば本市としての学校評価観をどのように学校に浸透させていくかが、学校評価システムを有効に機能させるための鍵的要件となる。それを本市においては、「学校評価ニュース」を随時発行したり、シンポジウムやフォーラムを毎年定期的に開催するなどして、繰り返し直接学校に投げかけ続けた。結果として、シンポジウムも毎年繰り返して実施していくことで、徐々に参加者の手応えがつかめるようになっていった。学校評価観を定着させていくためには何度も学校に投げかけ続け、それを学校側が整理・理解し、自校の取組に対して自信をもてるようになって、初めてこちらが期待するような学校評価システムを運用するための基盤が作られていくといえよう。

④ 指導主事のモチベーション

本市における学校評価システムの展開に継続して関わってきたことで筆者が痛感したことは、展開過程においてこの業務に携わる指導主事の間で学校

評価観が徐々に熟成・共有されていったことが、学校評価システムを継続・発展させていくための重要な促進要因になったということである。2006（平成18）年に学校評価事業運営委員会が組織された当初は、指導主事の間でも学校評価に対する共通の考え方はまだ形成されていなかった。しかし、学校評価システムが徐々に形成されていくのと合わせて、指導主事間においても共通の学校評価観が熟成されていった。それが、学校に対して本市の学校評価観を伝播させていくうえでの機動力になった。指導主事の異動により学校評価業務に関わる指導主事は代わっていったが、それでも学校評価観が引き継がれていったことが、現在の本市の学校評価システムを維持・発展させていった大きな要因であるといえる。

⑤ 校長や他の指導主事との情報共有

　方面別学校教育事務所の指導主事が学校評価観を熟成させていくために、また担当する管轄区域の学校に学校評価の本質を伝えていくために欠かせないツールとなっているのが、毎月各区で開催される「学校経営推進会議」である。これは、校長相互の協力体制の構築と学校経営能力の一層の向上をめざして開かれる校長会議である。会議は統括校長が主宰するが、毎回会議のテーマは統括校長と各区の学校担当指導主事が相談して決定している[11]。指導主事の立場からすると、この会議の運営にあたっては担当区の学校の中期学校経営方針や学校評価報告書の読み込み、施策の学習が欠かせない取組となる。さらには、区単位での小学校長会、中学校長会とのやりとり、統括校長との打ち合わせ、区担当指導主事同士の情報交換など、様々な情報共有が必要になってくる。こうしたまわりとの情報共有が、結果として学校評価観の熟成につながり、かつ評価結果にもとづく学校支援を提供していくための基盤づくりにもつながっている。

(2) 阻害要因

　一方で、促進要因の①は、とくにこれまで学校評価に積極的に取り組んできた学校にとっては阻害要因となる可能性がある。**表6-3**ないし**表6-4**を見てもわかるように、評価枠（シート）の共通化に対する不満・混乱が全くないとはいえない。「計画−評価」の一体化を重要視しながらも、いかに

個々の学校の特色が見える学校評価にしていくかという点は、本市の学校評価システムにおいて弱い部分であり、さらなる工夫が求められる点である。

同時に、学校評価に積極的に取り組む学校ほどアンケート主義に陥っている傾向も見られる。この点は、学校の積極的な姿勢を生かしつつも改善を図っていかなければ、教員（とくに学校評価担当）の負担感や疲弊感を生む大きな要因となりかねない。本市でいう「効率性」の向上は、継続して検討を要する点である。

おわりに

現在本市では、学校評価ガイドの再々改訂に着手しており、2013（平成25）年度よりさらに改善が加えられた新たな学校評価システムが始動する予定である。2012（平成24）年度の学校支援機能の向上に向けた学校教育事務所による取組が、2013年度からの新たな学校評価システムでどのように効果を発揮できるか、期待するところである。

謝辞
本稿を執筆するにあたり、横浜市教育委員会南部学校教育事務所・尾上伸一主任指導主事をはじめとして、横浜市教育委員会事務局（旧）授業改善支援課、同（現）指導企画課、及び学校方面事務所の指導主事の方々から、貴重な資料や助言をご提供いただきました。この場をお借りして、深く御礼申し上げます。

〈注〉
(1) 横浜市統計ポータルサイト（http://www.city.yokohama.jp/me/stat/jinko/news-j.html）
(2) 横浜市教育委員会ホームページ（http://www.city.yokohama.jp/me/kyoiku/bunken/jimusho.html）
(3) 横浜市教育委員会「「横浜市学校情報公開指標」による情報公開の推進について」（http://www.city.yokohama.jp/me/kyoiku/shingikai/kyoikukaikaku/bukai/pdf/161028s08.pdf）
(4) 横浜教育改革会議最終答申「活力と個性あふれる「教育のまち・横浜」をつくる」2006年、22頁。
(5) 実際の「学校版マニフェスト」は、①計画期間、②学校教育目標、③学校経営方針、④指導の重点、⑤改善の視点と取組目標、⑥人材育成の考え方、⑦平成〇年度の重点取組項目、⑧これまでの取組結果、⑨教育懇話会の意見、の9項目から構成される。⑤は、明らかにした「改善の視点」にもとづいて計画の期間内にどのように取り組み対処していくか、具体的に取組の

目標を記載する。⑥は、計画期間中に校内での人材育成をどのように進めていくか、その考え方を記載する。⑦は、計画期間のうち、当該年度に重点的に取り組む項目を記載する。⑧は、計画期間の2年目以降については前年度の取組を振り返り、その結果を「前年度までの取組結果」として追加し、公表する。

(6) 横浜市教育委員会小中学校教育課記者発表資料「横浜市立学校に学校版マニフェスト（中期学校運営計画）を導入」、2006年7月18日。

(7) 小学館『総合教育技術』2006年12月号、57頁。

(8) 横浜市教育委員会では、国の学習指導要領の内容をふまえたうえで、「横浜教育ビジョン（2006年10月策定）」で示された内容を市立学校において実現していくための取組の方向や特色を示した「横浜版学習指導要領」を2008年2月に公表・導入している。

(9) 横浜市教育委員会「第1回学校評価実践研究会説明会・協議会（2009年5月20日）ワークショップ報告」

(10) 横浜市教育委員会事務局の指導主事数は、2009年5月1日現在で94名だったものが、2011年同日では150名となっている（横浜市教育委員会『教育統計調査』2009年度、2011年度。なおこの調査は、隔年実施である）。

(11) 校長の学校経営力の向上を支援するため、意欲が高く能力や実績に優れた校長の中から小・中学校においては全区に1名ずつ、また特別支援学校にも1名配置されるのが統括校長である。統括校長の職務内容は、①学校経営に関する研究、②校長相互の必要な指導助言、③「教育委員会運営方針」等の周知や情報提供である。2010年度にモデル実施し、引き続き配置されるようになっている。

第7章 「京都方式」の学校運営協議会を活用した学校評価システム
──京都市

高橋 望

はじめに

　2008（平成20）年1月に発表された『学校評価ガイドライン〔平成20年改訂〕』は、学校評価の実施手法を「自己評価」、「学校関係者評価」、「第三者評価」の三つの形態に整理した。2006（平成18）年3月に発表された『義務教育諸学校における学校評価ガイドライン』とこの『学校評価ガイドライン〔平成20年改訂〕』の相違点として、「外部評価」を評価主体に応じて「学校関係者評価」と「第三者評価」に区分したことが着目される。そして、2010（平成22）年7月に発表された『学校評価ガイドライン〔平成22年改訂〕』においても三つの形態は踏襲されており、大きな変更は見られない。

　『学校評価ガイドライン〔平成22年改訂〕』に従えば、学校関係者評価とは、「保護者や地域住民等の学校関係者などにより構成された評価委員会等が、自己評価の結果について評価することを基本として行う評価」[1]であり、「保護者や地域住民などの学校関係者等が、自己評価の結果を評価すること等を通じて、自己評価の客観性・透明性を高めるとともに、学校・家庭・地域が学校の現状と課題について共通理解を深めて相互の連携を促し、学校運営の改善への協力を促すこと」[2]を目的としている。そして、各学校は、学校関係者などにより構成される委員会（学校関係者評価委員会）を置くが、「学校関係者評価委員会を新たに組織することにかえて、学校評議員や学校運営協議会等の既存の組織を活用して評価を行うことも考えられる」[3]とされている。すなわち、学校関係者評価主体として、学校評議員や学校運営協議会が想定されていると指摘することができる。

　本章が事例として取り上げる京都市は、全国の中でも学校運営協議会の設

置に非常に積極的な自治体として認識される[4]。現在その設置数は180を超え[5]、今後もその数は増加する見込みである[6]。学校運営協議会が学校関係者評価主体として想定されていることに鑑みると、他の自治体に比して多くの学校運営協議会を設置している京都市の取組を検討することは、学校評価と学校運営協議会との関連について明らかにするうえで意義があると考える。ゆえに、本章においては、以下、「京都方式」の学校運営協議会について整理した後、同市の学校評価システムを概観し、学校運営協議会を中心とした学校関係者評価について報告したうえで、同市の取組から析出される学校評価が有効に機能するための要件について検討を試みる[7]。

1 「京都方式」の学校運営協議会

最初に、学校運営協議会の概要について整理したい。周知のように、学校運営協議会制度は、2004（平成16）年の「地方教育行政の組織及び運営に関する法律」の改正により制度化された。主な権限としては、①学校の運営に関する基本的な方針について承認すること、②学校の運営に関して教育委員会又は校長に対し、意見を述べることができること、③教職員の採用等に関して、任命権者に対し意見を述べることができること、が挙げられる[8]。保護者・地域住民、有識者等によって構成される合議制の組織であり、保護者・地域住民が一定の権限や責任を持って学校運営へ参画することを可能にした制度である。

一方、京都市では、「京都方式」と呼ばれる独自の取組を展開している。2002（平成14）年に文部科学省の「新しいタイプの学校運営の在り方に関する実践研究校」に御所南小学校が指定されたことに端を発し、同年、京都市独自で「新しいタイプの学校運営の在り方に関する実践研究」に着手することによって、高倉小学校、京都御池中学校を指定し、これら3校を中心に取組の拡大を図ってきた。

「京都方式」の学校運営協議会の特徴としては、第一に、学校運営協議会委員の他に「企画推進委員」と呼ばれるボランティアが参画し、組織化されている点が挙げられる。

①学校が地域の特色を生かした学校運営協議会の設置・運営ができるよう、学校の裁量の拡大（学校長による委員の推薦、ボランティア参画による企画推進委員会の設置）を図っています。
②広い意見を学校運営に生かすため、協議会委員の一部を公募します。
③学校運営協議会が「子どものためにできること」を企画し、校長の裁量で企画を実行する部会（企画推進委員会）を設置することができます。企画推進委員会は、保護者・地域・学生の方々によるボランティア参画により運営されます。

> 【例】学習支援委員会、学校安全委員会、図書館活用委員会、野外活動委員会、スポーツ委員会、伝統体験委員会、国際交流委員会、学校評価委員会　など

　上に示したように、「京都方式」の学校運営協議会[9]は、協議会委員と企画推進委員から構成されており、各校が任意に様々な部会（企画推進委員会）を設置し、企画推進委員としてボランティアの参画・協力を得ることができる。十数名の協議会委員に対して、100名を超える企画推進委員を有している学校も少なくなく、ボランティアの企画推進委員が実際の活動を支え、具体的な活動を担っている[10]。学校評価との関連からいえば、企画推進委員会の一部会として、学校評価を担う部会の設置の可能性が挙げられる。
　第二に、学校運営協議会を「学校の応援団」、「学校のご意見番」として位置づけている点が挙げられる。

> 　京都市の学校運営協議会は、保護者や地域の方々の学校教育への参画意識を高め、ボランティア等による学校への支援を充実させるための「核」として位置づけています。従って、学校運営協議会の委員は、学校教育について意見を述べるだけでなく、「子どもたちに何ができるか」を共に考え、様々取り組みを企画・立案し、保護者・地域の方々のボランティア参画を得ながら共に行動する、いわば学校の応援団であり、ご意見番であります[11]。

すなわち、「京都方式」の学校運営協議会は、学校運営方針等に対して承認を行い、教職員人事に対して意見を述べるという法令に基づいた学校運営協議会の機能よりもむしろ、学校と「共に汗をかきながら子どもたちの学びと育ちを支援」することに重点が置かれ、「学校・地域の実状に応じて、ボランティア参画の企画推進委員と一体となって『子どものために行動する』」組織と位置づけられる。

　整理すると、「京都方式」の学校運営協議会は、「協議会委員＋ボランティアから成る企画推進委員」によって構成され、企画推進委員会を校長の裁量で組織できるなど、学校と協働し、学校を支える組織として認識できる。そして、その機能は、法令上のそれよりもむしろ、京都市独自の要素、すなわち、「学校の応援団」としての役割が強調されており、ボランティアの企画推進委員の活動がメインとなっている。2008（平成20）年度より文部科学省は「学校支援地域本部事業」を展開しているが、京都市の学校運営協議会は同事業と類似の性格を有しているということができ、支援型の学校運営協議会という特色を指摘することができる。

　京都市は、「開かれた学校づくり」を推進するため、保護者や地域住民による学校運営への参画を積極的に進めている。その手段とされているのが、学校運営協議会制度である。実際、学校運営協議会を設置した学校は、学校評議員を廃止する傾向にあり、京都市においては、「京都方式」の学校運営協議会を活用することにより、保護者や地域の力を学校へと向け、学校が保護者や地域住民の協力を得る術を構築しているのである。

2　京都市の学校評価システムの特徴

　京都市は、2003（平成15）年より全市的に学校評価に着手している。その積極的な取組は、京都市独自の学校評価ガイドラインを作成し、既にそれが第3版（2009年6月刊行）まで発表されていることからも窺える。

　同市の学校評価システムは、文部科学省より『学校評価ガイドライン〔平成20年改訂〕』が発表された後、2008（平成20）年度に大きな転換を経験する。本章では、2008年度以降の同市の取組、すなわち、『京都市学校評価ガイドライン〔第3版〕』に準じ、その改訂のポイント（(1)自己評価の充実、(2)

学校関係者評価の充実）に従って検討していく。[17]

(1) 自己評価の充実

① 学校評価支援システム導入

　京都市における学校評価支援システムとは、学校評価にかかる省力化を実現するための教育委員会が提供するツールを指す。「かんたん調査票作成ソフト」、「かんたん調査票読み取りソフト」、「かんたん課題分析データベース」の三つがパッケージ化されている。京都市はこれまでも、評価の集計、分析、公表にかかる作業の迅速化を図るため、慶應義塾大学が提供するSQS（Shared Questionnaire System）を導入していたが、学校評価支援システムは、慶應義塾大学との連携協力に関する協定に基づき新たに提供されたものである。[18]

　学校評価支援システムの特徴は、ニーズ調査型アンケートに集約される。ニーズ調査型アンケートを使用することで、学校の課題と魅力を同時に明らかにすることが企図されている。

　具体的には、アンケートにおいて各項目の重要度と実現度の回答を同時に求め、重要度と実現度の「差」をニーズ度として析出する。重要と考える項目とそれが実行できているかについて回答を求めることで、両者の「差」が大きい場合、その項目は重要度が高いが実現できていない事項となり（ニーズ度が高い）、当該校の喫緊の課題として認識される。一方で、重要度も実現度も高い項目は、当該校の魅力（強み）として認識される。**図7-1**はある小学校における分析方法であるが、「魅力」（重要度：高、実現度：高）、「最重要課題」（重要度：高、実現度：低）、「充分」（重要度：低、実現度：高）、「長期的目標」（重要度：低、実現度：低）に分類することで、魅力と課題を視覚的に捉えることを可能にしている。[19] また、本システムは、教職員と保護者に同様の質問項目を設定することで、両者の認識のズレを確認することができるようになっており、認識のズレが学校改善のための議論のきっかけとなるよう企図されている。[20] すなわち、「かんたん調査票作成ソフト」とは、ニーズ調査型アンケートを即座に作成するソフトであり、「かんたん調査票読み取りソフト」はアンケート結果を処理・集計するためのソフト、そして「かんたん課題分析データベース」とは、重要度、実現度、ニーズ度をそれぞれ

数値化し、結果を図7-1のように表示するソフトである。

　ニーズ調査型アンケートの結果は「学校評価表」にまとめられる[21]。「学校評価表」は、ニーズ調査型アンケートをもとに当該校の自己評価結果を整理するものであり、学校関係者評価の際の資料として使用することが企図されている。

　以上のような学校評価支援システムを、『京都市学校評価ガイドライン〔第3版〕』に落とし込んだ場合、「自己評価の充実」に対応していると考えられる。すなわち、各学校の自己評価は、このニーズ調査型アンケートをもとに実施されている。「かんたん調査票作成ソフト」は「点検型」と呼称される択一式回答形式のアンケートでも、重要度と実現度の二つの尺度を設定した「ニーズ調査型」でも、必要に応じて作成することができるようになっている。例えば、教職員と保護者に対するアンケートは「ニーズ調査型」で実施し、児童生徒に対するアンケートは「点検型」で実施することも可能である。当該校の意図や必要性に応じて選択することができる。

　自己評価は、「教職員アンケート」、「保護者・地域アンケート」、「児童生徒アンケート」の三つによって構成されている。アンケートを主要な学校評価手法として採用するのは、京都市が、一人ひとりの声を拾い、それを学校改善にいかしていこうとする姿勢の表れであり、学校評価の取組が始まった初期より一貫している同市の方針である[22]。

② 「振り返り」重視の姿勢

　一貫してアンケートを重視する姿勢には、アンケートを通じた「振り返

	低 ← 重要度 → 高	
高 ↑ 実現度 ↓ 低	充分	魅力
	長期的目標	最重要課題

図 7-1

り」を重視している点が挙げられる。京都市は原則として2学期制を採用しているが[23]、基本的に学期ごとの評価の実施が促されており、年間2回の学校評価の機会が持たれている（前期：中間評価、後期：年間評価）。前期の振り返りを後期にいかし、後期の振り返りを次年度にいかすというサイクルが確立しており、年度途中に評価を実施することによって前期の取組の総括を行い、軌道修正等をしながら、後期の教育活動、学校運営へと反映させるのである。

　アンケートを通じた「振り返り」は、学校に対する評価だけでなく、評価主体自身への「振り返り」としての効果も期待されている。例えば、保護者・地域アンケートにおいては、「朝食を食べさせているか」、「学校から配られるプリントなどは必ず見ているか」等の項目を設定することによって、学校に対して意見を述べると同時に、保護者自身に対して、子どもや学校に対する姿勢・態度を振り返る機会を提供している。同様に、児童生徒アンケートにおいても、「苦手科目を頑張ろうと努力していますか」、「自ら進んで本を読んでいますか」等の項目を入れることによって、児童生徒自身に対して、自らの学校生活を振り返ることを促している。

　こうした姿勢は、学校評価を通じて、教職員だけではなく、保護者や地域住民に対しても学校の関係者であるということを意識させ、学校評価が学校にとっての振り返りになることはもちろんのこと、保護者や児童生徒にとっても普段の生活を振り返るきっかけとして機能することを企図している。換言すれば、学校関係者として意識させることで保護者・地域住民をできるだけ学校運営へと巻き込んでいこうとする姿勢を読み取ることができ、「京都方式」の学校運営協議会制度と同様、アンケートを実施することを通しても、保護者・地域住民の参画を促しているとみることができよう。

(2) 学校関係者評価の充実

① 学校関係者主体としての「京都方式」の学校運営協議会

　ここでは、既述の「京都方式」の学校運営協議会がいかに学校評価システムに関わっているのかについて考察していく。『京都市学校評価ガイドライン〔第3版〕』に落とし込んだ場合、「学校関係者評価の充実」に対応していると考えられる。

これまでの流れを明確にするため、2006（平成18）年の『義務教育諸学校における学校評価ガイドライン』に遡って検討を行う。
　同ガイドラインにおいては、外部評価に関して、「学校の自己評価結果を、学校評議員、PTA役員（保護者）、地域住民等の外部評価者が評価する方法を基本として行うもの」であり、外部評価者によって構成される外部評価委員会等、もしくはそれに代えて「学校評議員や学校運営協議会等の既存の保護者、地域住民等による組織を活用して外部評価を行うことも考えられる」としている。これに対して、『自ら振り返り、互いに高め合う学校評価――京都市の「学校評価システム」ガイドライン』（2007（平成19）年4月刊行）では、「『学校評議員の会』『学校運営協議会』の活用」と題された項目において、以下のように示されている。

　　「自己評価」・「外部評価」・「児童生徒による評価」の結果や分析・考察、改善案等を「学校評議員の一堂に会する場」や「学校運営協議会」で説明し、意見を求め、学校評価が適切に行われたかどうか、学校運営の改善に向けた取り組みが適切かどうかを検証し、学校改善に生かす。
　　（文部科学省のガイドラインによる「外部評価委員会」の機能を果たす）

　すなわち、京都市においては、『義務教育諸学校における学校評価ガイドライン』の謳う外部評価委員会として「学校評議員の一堂に会する場」や「学校運営協議会」を想定していたことが指摘できる。
　一方、2008（平成20）年の『学校評価ガイドライン〔平成20年改訂〕』において、外部評価が「学校関係者評価」と「第三者評価」に区分されたことを受け、2008年度の『政策推進方針』において変化をみることができる。

　　京都市の学校評価は、教職員による「自己評価」、「児童生徒による評価」、「保護者・地域の方々による評価」、さらには、<u>その結果をもとにした学校運営協議会または学校評議員の方々等の「関係者評価」</u>からなります。（下線部は引用者）

　上の下線部は、2007年度の『政策推進方針』にはみられなかった表現で

ある。また、2008年度の『学校教育の重点』においては、以下のような記述を確認することができる。

〈学校運営協議会・学校評議員の方々には！〉
　教職員、保護者・地域の方々、児童生徒のアンケート結果を受け、学校が成果や課題を分析します。<u>平成20年度からは、その結果について、学校運営協議会や学校評議員の方々に客観的な視点に立って評価をしていただきます。</u>（下線部は引用者）[29]

2008年度から、『学校評価ガイドライン〔平成20年改訂〕』が発表されたことを受け、学校運営協議会、学校評議員を学校関係者評価主体として明確化したことが看取される。
　そして、『京都市学校評価ガイドライン〔第3版〕』では、より明確な表現を確認することができる。学校関係者評価は「平成13年度に全校配置となった学校評議員の方々や、設置率では全国の約3割を占める学校運営協議会の方々に『学校関係者』として評価活動に参画していただき、共に改善を進めていただくこと[30]」であり、「学校運営協議会や学校評議員の会等が学校の自己評価結果を改めて評価し、改善のための支援策をともに練っていただくこと[31]」とされている。そして、自己評価の結果を客観的に評価するという題目のもと、以下のように示されている。[32]

・学校運営協議会又は学校評議員が委員会を組織して行う評価を「学校関係者評価」とする。
・自己評価の結果を学校運営協議会又は学校評議員等に示し、評価等を得るとともに、課題の改善策、地域や保護者の支援策等を協議する。

　学校運営協議会を学校関係者評価主体として明確に位置づける点は、設置率の高い京都市の特色と捉えることができよう。また、自己評価結果を学校運営協議会に示し、意見等をもらうだけでなく、ともに改善策まで検討していくことが想定されている点も着目される。学校運営協議会は、学校関係者評価の過程で学校改善に資する支援策を学校側とともに考え、その実行にお

いても関係者として協力していくこと、換言すれば、ともに学校改善を行っていくことが構想されているのである。既述の「学校評価表」においては、学校関係者評価結果とともに、今後実施していく支援策を明記することが求められている。

② 「京都方式」の学校運営協議会による学校関係者評価
　では、学校運営協議会を学校関係者評価主体と位置づけた取組は、具体的にどのように展開されているのか。
　教育委員会が毎年9月に発行している、前年度の学校評価の取組を示した『京都市の学校評価システム』2010（平成22）年度版によれば（2009（平成21）年度の取組を収録）、事例として挙げられている全ての学校において、学校運営協議会にて学校関係者評価を実施していることが報告されている。「全ての小中学校で、『学校運営協議会』又は『学校評議員が一堂に会する場』で保護者による評価や児童生徒による評価も含めた自己評価の結果と改善策を説明し、意見をいただく形態で実施」しており、アンケートに基づいた自己評価結果を、学校運営協議会に説明し、それに対して学校運営協議会委員が意見を述べるという仕組みが成り立っていることが指摘できる。2009年度版（2008（平成20）年度の取り組みを収録）においても同様に、掲載されている全ての学校において、学校運営協議会にて学校関係者評価を実施していることが報告されている。
　また、筆者が実施したA中学校への訪問調査により、学校運営協議会における企画推進委員会の一部会である学校評価部会が、学校内での学校評価の取組の中心的役割を担っていることが明らかになった。A中学校では学校評価部会が、アンケートの項目作成や分析等も担い、主体的に関わっている。以前は評価に使用するアンケート等の作成から実施、分析、公表に至るまで全てを学校が行っていたが、学校運営協議会が立ち上がり、学校評価部会が設置されたことにより、適宜その役割を学校評価部会が担うようになってきているという。例えば、アンケートの質問項目において、いじめに関する項目を入れる契機となったのは、学校評価部会からの提言であった。自己評価結果に対して意見を述べるという学校関係者評価だけでなく、A中学校のように「協議会に『評価部会』を設けること等により、評価項目の検討

から分析まで学校運営協議会が主体的に参画している事例も[36]」みることができる[37]。

(3) 第三者評価機関としての検証委員会

京都市においては、第三者評価の取組もみることができる。教育委員会は、2007（平成19）年に学識経験者等を含めた「学校運営協議会及び学校評価に関する検証委員会」（以下、検証委員会）を設置している[38]。

検証委員会の主な職務は、京都市の学校評価システムが「効果的に機能しているかを検証するとともに、学校での評価活動について、第三者的な視点で評価・助言を[39]」行うことであり、市の学校評価システム全体について評価を実施する組織として認識することができる。具体的な活動としては、年間2回程度の委員会打ち合わせを開催し（学校運営協議会及び学校評価の現状についての検討、学校訪問後の総括、等）、年間4回程度の学校訪問を実施している[40]。検証委員会の名称からもわかるように、学校運営協議会、学校評価の両取組に対して共通の委員会が検証を行うことが想定されており、この点からも、両者に密接な関連があることが指摘できよう。

以上のことから、京都市の学校評価システムは、学校評価支援システムを

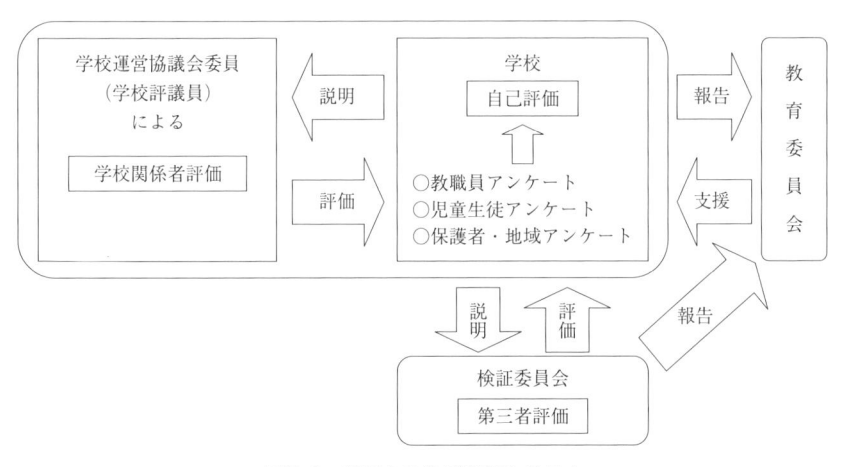

図7-2　京都市の学校評価システム
（出典：『平成22年度版京都市の学校評価システム──平成21年度実施状況』2010年、2頁より作成）

基盤とした三つの形態のアンケート（「教職員アンケート」、「保護者・地域アンケート」、「児童生徒アンケート」）による自己評価に対して、当該校の学校運営協議会による関係者評価を実施し、こうした取組が円滑に機能しているかどうかについて、第三者として検証委員会が評価を行うという仕組みと理解できる（図7-2）。

3　学校評価システムが有効に機能するための要件

　以上、本章では、京都市の学校評価システムについて整理・検討を行ってきたが、以下では、京都市事例の分析に基づき、学校運営協議会を学校関係者評価主体として位置づけた学校評価システムが有効に機能するための要件について検討していく。

(1)　学校評価、及び学校運営協議会の政策的位置づけ

　京都市は学校と地域の双方向からの信頼関係を構築することによる「開かれた学校づくり」を指向し、地域の子どもは地域で育てるという方針を市の教育政策として掲げている[41]。背景には、子どもたちの確かな「学び」と豊かな「育ち」を実現していくためには、学校の教育力とともに、市民ぐるみ・地域ぐるみの教育を推進していくことが大切であり、そのためには、「開かれた学校づくり」を進め、地域との結びつきを強める中で、学校と家庭・地域が責任転嫁や批判しあうのではなく、互いに高めあう信頼関係を構築し、子どもを育む当事者としての役割を協働して果たしていかなければならないとの考えがある[42]。そして、学校評価と学校運営協議会が、別個の政策として展開されるのではなく、両者ともに市の「開かれた学校づくり」の一環として位置づけられているのである。学校を開き、地域との協働を通じた学校づくりを実現するためにも、学校運営協議会を保護者・地域住民を学校へと巻き込むためのツールとして位置づけることで参画を促し、加えて、「京都方式」の名のもとにボランティア組織である企画推進委員会を設置・活用することで、運営協議会委員以外の保護者・地域住民の参画も可能にしているのである。両施策が「開かれた学校づくり」を推進するための方策として位置づけられ、有機的かつ一体的に展開されている点が挙げられる。

(2) 教育委員会による支援姿勢・体制

　教育委員会は、学校が手を挙げれば、積極的に学校運営協議会の設置を承認する姿勢を示しており、同時に、学校に対して学校運営協議会を設置するよう促す姿勢も看取することができる。保護者・地域住民の協力を得る方策として位置づけられる学校運営協議会を、上述の政策的動機も後押しし、教育委員会自身も保護者・地域住民を巻き込むための方策として戦略的に位置づけ、促している点が挙げられる。

　また、学校評価システム全体としてアンケートを重視していることから、その集計・分析等にかかる業務は学校にとって大きな負担となることが予想される。その点、「学校評価支援システム」を教育委員会が準備・整備することで、学校への負担の軽減化を図っている。また、「学校評価支援システム」の円滑な活用を実現するためのワークショップ等も定期的に開催している[43]。

　加えて、「学校評価支援システム」の開発の際に慶應義塾大学と連携を持ったように、教育委員会が、大学等の研究機関や研究者との密な連携・協力関係を保っていることも指摘できる。京都という土地柄、大学等が多く協力を得やすいという環境も指摘できるが、検証委員会の活動においても複数の研究者の協力が得られているように、教育委員会の積極的な対外的姿勢を挙げることができる。

(3) 地域の協力体制

　元来京都市には、明治からの番組小学校に代表されるように、地域の子どもは地域で育てるという精神が根づいている。当該地域への土着性が、学校への協力体制を自然と構築し、学校運営協議会の設置を円滑に進めている要因でもあろう。換言すれば、学校運営協議会等の施策を受け入れる土壌が、地域の中に内包されていたといえる。

　また、アンケートを通じて、保護者や地域住民に対しても学校の関係者であることを意識させるという戦略が、こうした土壌をさらに醸成しているという点も指摘できる。

おわりに——まとめにかえて

　最後に、京都市の学校評価システムの今後の展望として1点指摘し、本章のまとめとしたい。学校運営協議会には多くの場合、当該校の保護者や学区内の住民が委員として選出されている。それゆえ、学校運営協議会を関係者評価主体とする場合、関係者評価が当該校のみで完結してしまう可能性が指摘できる。すなわち、接続する学校、隣接する学校といった「関係者」が抜け落ちてしまう可能性が生じるということである。例えば、中学校であれば、中学校区全ての小学校の関係者が委員として入っているか、また小学校であれば、接続する中学校の関係者が委員として入っているか、隣接する他校の関係者が委員として入っているかという視角から検討することが考えられる。接続校、隣接校の視点を有した関係者評価は、小中一貫や学校間連携の促進といった観点からも重要と考えられる。

　現民主党政権の政策方針として、「新しい公共」型学校創造事業が打ち出され、その中では、学校評価や学校運営協議会等の取組を有機的に関連させ、地域と連携した学校づくりの進展を図っていく指向がみられる。こうした政策動向に鑑みると、本章で検討してきた京都市の取組は、その先進的事例として捉えることができよう。

謝辞
　本稿の執筆にあたり、京都市教育委員会学校指導課の担当の方々に、訪問調査及び関連資料収集のご協力をいただき、また、京都市立A中学校の校長先生には訪問調査をご快諾いただき、ご協力いただいた。榊原禎宏氏（京都教育大学教授）、藤村法子氏（同准教授）、今村高治氏（同大学院生、京都市立衣笠中学校教諭〔当時〕）には、有益なご意見をいただいた。心より御礼申し上げます。

〈注〉
(1) 『学校評価ガイドライン〔平成22年改訂〕』、3頁。
(2) 同上書、18頁。
(3) 同上書、20-21頁。
(4) 2012年4月現在、京都市は全国の自治体の中で学校運営協議会の設置数が最も多い。
(5) 2012年4月現在、設置数は183校・園である（幼稚園：8園、小学校：140校、中学校：28

校、特別支援：7校）。京都市教育委員会学校指導課作成資料『京都市の学校運営協議会——平成の番組小学校づくり』および文部科学省ホームページ（http://www.mext.go.jp/a_menu/shotou/community/school/detail/1321409.htm【2012年11月25日確認】）より。

(6) 京都市教育委員会指導部学校教育課へのインタビュー調査より（2008年12月19日、2012年6月4日）。

(7) 京都市の学校評価の取組については、教育委員会による報告が下記にも掲載されているのであわせて参照されたい。「市民づくり、地域ぐるみで進める『平成の番組小学校』づくり」『教育委員会月報』第一法規、2011年2月号、及び「学校をエンパワーする『学校評価システム』——京都市教育委員会の取組」天笠茂・大脇康弘『学校をエンパワーメントする評価』ぎょうせい、2011年。

(8) 地方教育行政の組織及び運営に関する法律第47条の5。

(9) 京都市教育委員会『地域ぐるみの学校運営協議会——京都市の理念と実践』2007年、12頁。

(10) 同上書。例えば、高倉小学校は61名（18頁）、京都御池中学校は67名（22頁）、新町小学校は120名（27頁）、の企画推進委員を有している。

(11) 同上書、12頁。

(12) 『コミュニティ・スクール通信＠京都』vol.2、2009年。

(13) 同上書。

(14) 前掲『コミュニティ・スクール通信＠京都』vol.2では、京都市の学校運営協議会と学校支援地域本部事業が類似している点について言及されており、「学校・地域連携による「人づくりコミュニティ」の創出」（政策研究大学院大学、第12回教育政策セミナー〔2010年7月12日〕における生田義久氏〔京都市教育委員会教育政策監〕による発表資料）においても、京都市の学校運営協議会が学校支援地域本部の機能をあわせ持つことが指摘されている（http://www3.grips.ac.jp/~education/research/symposiumSeminar/seminar01_12/index.html【2012年6月29日確認】）。また、筆者による京都市教育委員会指導部学校教育課へのインタビュー調査においても、京都市の学校運営協議会と学校支援地域本部の類似性が確認された（2012年6月4日）。

(15) 京都市の学校運営協議会は、法令上の学校運営協議会とは特徴を異にする点が存在するため、考察の際、「京都方式」であることに留意する必要がある。

(16) 京都市は、学校評議員が制度化されるより以前の1999（平成11）年より教育改革推進プロジェクトを立ち上げ、検討を開始している。そして、2000（平成12）年の法改正を受け、2001（平成13）年には政令指定都市で初めてその導入を図っている。翌2002（平成14）年には、全ての市立学校・幼稚園に評議員の設置を完了し、現在もその充実を進めている。「開かれた学校づくり」のもと、学校評議員よりも、より学校へとコミットできる形態として学校運営協議会を設置する場合が多い。換言すれば、学校運営協議会を設置できる程度まで学校コミュニティが育ち、地域の協力が得られるようになった場合（学校評議員の活動が円滑に機能している場合）、学校評議員に代わって学校運営協議会が設置される傾向がある。京都市教育委員会へのインタビュー調査より（2008年12月19日）。

(17) 2008年度以前の取組については、高橋望「京都市における学校評価の取り組み」『学校評価システムの展開に関する実証的研究』（課題番号19330181）平成19年度-22年度科学研究費補助金（基盤研究(B)）中間報告書(2)（研究代表者：福本みちよ）、2009年を参照されたい。

(18) 京都市は慶應義塾大学との連携に関する協定を、2008年8月に締結し、2010年度までの3年間、学校評価支援システムの共同開発を進めてきた（京都市教育委員会『平成22年度版京都市の学校評価システム——平成21年度実施状況』2010年、9頁）。学校評価支援システムの内容については、同資料に加えて、京都市教育委員会『学校評価をみんなのものに』を参照している。

(19) 同上書（京都市教育委員会『平成22年度版京都市の学校評価システム——平成21年度実施

(20) 実際、教職員と保護者の認識のズレが明らかになっても、そこからいかに改善策を導き、組織的に実施していくかについては課題が多いことが報告されている（『平成22年度版京都市の学校評価システム――平成21年度実施状況』2010年、11頁）。アンケートの活用法、結果を次年度にいかす仕組みづくりについては、検討の余地が残されていることが看取される。
(21) 2011（平成23）年度からは、全校に対して「学校評価表」の内容を全て盛り込み、「学校評価実施報告書」として教育委員会に提出することを求めており、ガイドラインの謳う「設置者への報告」として機能している。
(22) 京都市教育委員会へのインタビュー調査より（2008年12月19日）。
(23) 学校運営上必要な場合は、教育委員会と協議のうえ学期を区分しないこともできる。
(24) 『義務教育諸学校における学校評価ガイドライン』、3頁。
(25) 同上書、7頁。
(26) 京都市教育委員会『自ら振り返り、互いに高め合う学校評価――京都市の「学校評価システム」ガイドライン』2007年、9頁。
(27) 教育委員会は、各学校に最低年間3回は学校評議員と学校長が会合を持つ機会を作るよう指導している。京都市教育委員会へのインタビュー調査より（2008年12月19日）。
(28) 『平成20年度京都市教育委員会政策等推進方針』、10頁。
(29) 京都市教育委員会『平成20年度学校教育の重点』、8頁。
(30) 『京都市学校評価ガイドライン〔第3版〕』、はじめに。
(31) 同上書。
(32) 同上書、10頁。
(33) 『平成22年度版京都市の学校評価システム――平成21年度実施状況』2010年、7頁。
(34) 2011年度版（2010年度の取組を収録、2011年9月発行）においては、掲載されている学校3校中2校で、学校運営協議会において学校関係者評価を実施したことが報告されている。1校は未設置のため、学校評議員の会において実施したことが報告されている。
(35) 筆者によるA中学校への訪問調査に基づく（2008年12月19日）。A中学校は、教職員数45名、生徒数約600名であり、4つの小学校区からなる市立中学校である。2008年5月に学校運営協議会を立ち上げ、協議会委員は、4つの小学校区からの代表各2名、及び中学校区からの代表2名の計10名によって構成されている（以上のデータは2008年訪問時のものである）。
(36) 『平成22年度版京都市の学校評価システム――平成21年度実施状況』2010年、7頁。
(37) 既に示したように、学校関係者評価は「保護者や地域住民等の学校関係者などにより構成された評価委員会等が、自己評価の結果について評価することを基本として行う評価」であるが、京都市の場合、「京都方式」の学校運営協議会の特性上、評価項目の作成等まで関わる事例をみることができる。すなわち、学校運営協議会が学校関係者評価主体として想定されてはいるが、協議会委員が自己評価結果を評価する場合や企画推進委員会が項目作成から評価まで任う場合など、その関わり方の度合いは学校ごとに異なる実態を指摘することができる。
(38) 2011年度の検証委員会の構成は以下の通りである。学識経験者（大学教授等）5名、幼小中等の校長5名、PTA代表1名、公募委員1名、教育委員会関係者1名、計13名。
(39) 京都市教育委員会『平成20年度学校教育の重点』、8頁。
(40) 『平成23年度版京都市の学校評価システム――平成22年度実施状況』2011年、7-10頁。
(41) 京都市教育委員会『京都市の教育改革』2010年。
(42) 京都市教育委員会『平成21年度版京都市の学校評価システム――平成20年度実施状況』2009年、1頁。
(43) 例えば、平成23年度は4回開催されている。京都市教育委員会『平成23年度版京都市の学校評価システム――平成22年度実施状況』、11頁。

⑷　こうした視角は、『学校評価ガイドライン〔平成22年改訂〕』における「接続する他段階の学校の教職員が評価者として加わるなどにより評価を受ける」(20頁)、あるいは、「中学校区単位などの、一定の地域内の複数の学校が協力して、互いの学校の教職員を第三者評価の評価者として評価を行う」(29頁)といった観点に通底するものと捉えることができる。

第8章 中学校区を基盤とした学校評価システム
——胎内市・西海市

雲尾 周

はじめに

　学校評価は、その名の通り「学校の評価」であり、単数か複数かは明示されていないが、通常は単体の学校をどのように評価するのかの事象である。しかし、複数校での評価が考えられてもよいし、複数校評価について中学校区を基盤に行うことの利点は多い。

　本章では、中学校区を基盤にした学校評価システムを構築している二つの事例を取り上げる。具体的には新潟県胎内市の、Aシート（市全体）・Bシート（中学校区）・Cシート（各学校）という3段階の評価シートの中で、Bシート作成にあたり、中学校区内の全校が集まる仕組み、そして、長崎県西海市の、中学校区に一つの学校評価委員会を設置し、それが中学校区内の全校の学校関係者評価を行う仕組みである。

1　学校評価における中学校区の位置づけ

　2002（平成14）年に制定された小学校設置基準、中学校設置基準により法令に位置づいた学校評価は、2007（平成19）年の学校教育法の改正により、法律の中にその地位を得た（学校教育法第42条、第43条）。この学校教育法の大改正は、直接には前年の教育基本法改定を受けたものであるが、1947（昭和22）年の制定以来、短期大学、高等専門学校、中等教育学校の新設など、つぎはぎだらけとなっていた学校教育制度をやっと組みなおしたともいえる。第1条の規定も「幼稚園、小学校、中学校、高等学校、中等教育学校、特別支援学校、大学及び高等専門学校」と学校段階順になり、各学校を規定

する章もこの順番に改められた。しかし、「義務教育」規定の比較にみるように新教育基本法が旧教育基本法に増して義務教育を重視しているのと同じく、学校教育法もまた、義務教育を重視している。すなわち、「第1章　総則」の後に「第2章　義務教育」を規定したうえで、学校段階順に「第3章　幼稚園」、「第4章　小学校」、「第5章　中学校」……と規定しているのである。

小学校の教育目標（改正前の学校教育法第18条に8号）と中学校の教育目標（改正前の学校教育法第36条に3号）は、義務教育の目標として合わされて、学校教育法第21条に10号規定されている。となれば、小学校は小学校で、中学校は中学校でそれぞれに教育目標を達成しようとするのではなく、小学校と中学校が力を合わせて義務教育の目標を達成しなければならないということになる。さらに「学校、家庭及び地域住民その他の関係者は、教育におけるそれぞれの役割と責任を自覚するとともに、相互の連携及び協力に努めるものとする」（新教育基本法第13条　学校、家庭及び地域住民等の相互の連携協力）という規定もあいまって、中学校区全体で家庭や地域と連携しながら義務教育の修了までの教育責任を果たしていくことが法理念であり、そのためにも学校評価は進められなければならない。「小学校は、当該小学校に関する保護者及び地域住民その他の関係者の理解を深めるとともに、これらの者との連携及び協力の推進に資するため、当該小学校の教育活動その他

表8-1　新旧教育基本法「義務教育」規定

旧教育基本法（1947年法律第25号）	新教育基本法（2006年法律第120号）
（義務教育）**第四条**　国民は、その保護する子女に、九年の普通教育を受けさせる義務を負う。 2　国又は地方公共団体の設置する学校における義務教育については、授業料は、これを徴収しない。	（義務教育）**第五条**　国民は、その保護する子に、別に法律で定めるところにより、普通教育を受けさせる義務を負う。 2　義務教育として行われる普通教育は、各個人の有する能力を伸ばしつつ社会において自立的に生きる基礎を培い、また、国家及び社会の形成者として必要とされる基本的な資質を養うことを目的として行われるものとする。 3　国及び地方公共団体は、義務教育の機会を保障し、その水準を確保するため、適切な役割分担及び相互の協力の下、その実施に責任を負う。 4　国又は地方公共団体の設置する学校における義務教育については、授業料を徴収しない。

の学校運営の状況に関する情報を積極的に提供するものとする」(学校教育法第43条。中学校には同法第49条により準用)のであり、その情報は「小学校は、文部科学大臣の定めるところにより当該小学校の教育活動その他の学校運営の状況について評価を行い、その結果に基づき学校運営の改善を図るため必要な措置を講ずることにより、その教育水準の向上に努めなければならない」(同法第42条。中学校への準用は同前)という学校の自己点検・自己評価によって形成される。

　義務教育としての目標達成を中学校区全体で実現しなければならず、その一助となるのが学校評価であるから、個別学校での学校評価から一歩進めて、中学校区全体での学校評価を考えなければならないのである。

2　胎内市の3段階の学校評価シート

(1)　胎内市における学校評価の取組

　新潟県胎内市は県の北部に位置し、2005(平成17)年9月1日に中条町と黒川村が合併して誕生した市である。人口33,888人(2003(平成15)年3月住民基本台帳)、2町村時代以前の旧町村を単位として4中学校があり、小学校は8校であった(本条小学校、柴橋小学校がそれぞれ138年、129年の歴史を閉じ、胎内小学校が新設されたため、2010(平成22)年4月からは7小学校。以下の記述は基本的に2009(平成21)年度調査時のものであるが、一部、2010年度のデータに改めたものは明示してある)。

　2006(平成18)年度に文部科学省の「義務教育の質の保証に資する学校評価システム構築事業」に係る、新潟県唯一の指定地域(及び全小・中12校が指定校)となった(翌年度も継続したが、新潟市が政令指定都市となったため同事業の指定を受け(2007・2008(平成19・20)年度)、県内の指定地域は2か所(指定校は合計24校)となった)。県教育委員会から研究指定の打診があった際に、新年度に指導主事が1名増えることがわかっていたので、指定を受けることも可能であったようである。この予算のおかげで、本市の特徴である「Aシート(市全体)・Bシート(中学校区)・Cシート(各学校)」の作成や検討が可能となった。研究予算が切れればそれで立ち行かなくなるものではな

く、研究予算がある間に、予算後の体制を形作っておくという、文部科学省の研究指定をうまく活用できた例であろう。

　また、学校評価から教育委員会評価へのつながりが明確であることも、本市の特徴である。一般に教育委員会の基本方針とされるような、各年度に出される「胎内市の教育」については、主に学校の代表により策定されている。すなわち、「胎内市の教育」策定委員会は、各校1名（校長・教頭・教務主任から学校ごとに指定）、委員長（校長）、教育委員会指導主事により構成されており、前年12月の各校の学校評価のまとめを受けて、3月中旬には原案を策定し、新年度4月に校長会で最終決定している。

　この「胎内市の教育」の重点項目（2009年度の場合、基本方針9と重点項目14が示されている）に基づいて、全学校に共通の評価シートAが作成される。これらを積み上げて、教育委員会評価に活用しているのである。

　教育委員会と学校の関係については、この「胎内市の教育」策定委員会の例にみられるように、胎内市においては、教育委員会と校長会・学校は一体的運営が図られている。他にも、各学校の人材を市全体に広げる試み（校長会による人材バンク）も始めているし、教育懇談会・新春懇談会、キャリア教育への支援要請など、校長会の取組は多い。

　小さな市の特色といってはいるが、教育委員会が、学校裁量予算とは別に校長会に一括予算を渡すなど、教育委員会と学校の一体性が強い。他市においては教育委員会事務の点検評価の際に、教育委員会評価の項目が学校評価と同じものしか作れず教育行政として何を行ったか明確でないことに悩んでいるところもあるが、胎内市においては、学校の評価を積み重ねたものが教育委員会の評価であることに確信がある。

(2) 3段階の学校評価シート

　本市においては、Aシート（市全体）・Bシート（中学校区）・Cシート（各学校）という3段階の評価シートを用いている。市全体の統一性が必要ということ（Aシート）、単独の学校ではなく中学校区のまとまりとして教育が進む必要があること（Bシート）、各学校の特色も大切であること（Cシート）がその作成理由である。

　Aシートは全市統一で1種類、Bシートは中学校区ごとに4種類、Cシー

トは学校ごとなので12種類（2010（平成22）年度は11種類）があることになる。表8-2からわかるように、2010年度においては、Bシートについては中条中学校区では3校で、黒川中学校区では4校で使用し、乙中学校区、築地中学校区ではそれぞれ2校が使用することとなる。

表8-2　胎内市立学校一覧（学区対応）

中学校	中条13		乙7	築地7	黒川7		
小学校	中条21	胎内10	きのと12	築地13	黒川9	鼓岡4	大長谷3

＊学校名の後の数字は、2010（平成22）年度の学級数

　Aシートについては、市の教育の重点・努力事項と同一の評価項目として、確実な取組の意識づけも図るものである。具体的には、各年度に作成される「胎内市の教育」の重点項目の評価により構成される。2009（平成21）

表8-3　2009（平成21）年度胎内市立小・中学校共通評価シートA【12校集計結果】

1 学校運営			
学校の姿	評　価　基　準		自己評価
地域をはぐくみ、地域と共に歩む学校づくり	A：実施目標の3評価項目全てについてA評価である。 B：実施目標の1～2評価項目についてA評価である。または、全てB評価である。 C：実施目標の3評価項目全てについてC評価が1つ以上ある。		A
学校の改善策	＊「自己評価」は、胎内市立小・中学校全12校の自己評価の集計結果です。 「学校の改善策」については、各学校のHPを参考にしてください。		

	努力事項	具体的な方策	評価基準	自己評価
	教育目標具現に向け、地域と共に連携協力した学校づくりの推進	自校の教育課題解決を図るため、地域や保護者、PTA等と連携協力した事業を、年2回以上実施する。	A：連携協力した事業を、年2回以上実施した。 B：年1回実施した。 C：実施できなかった。	A
	地域の自然・文化・施設などを活用した特色ある教育活動の推進	地域の自然・文化・施設などを活用した特色ある教育活動を、年2回以上実施する。	A：特色ある教育活動を、年2回以上実施した。 B：年1回実施した。 C：実施できなかった。	A
	学校評価（自己評価・学校関係者評価）の的確な実践とその評価を生かした教育活動の展開	PDCAサイクルに基づく評価を生かした教育活動を実施する。	A：評価を生かした教育活動を十分に実施した。 B：評価を生かした教育活動を実施した。 C：評価を生かした教育活動を実施できなかった。	A

　この「1. 学校運営」以下、2教育課程、3学習指導、4道徳教育、5人権教育・同和教育、6生徒指導、7体育・健康・安全教育、8国際理解教育、9情報教育、10環境教育、11特別支援教育、12特別活動、13キャリア教育と続く。

年度の場合、**表 8-3** に掲げたものが 13 頁にわたる、分量の多いものとなってしまう。今後、各重点 1 評価項目までに減らすことはできるが、教育委員会評価にも活用していることから、それ以上には減らせない。

　Cシートについては、このAシートの原案を受けて、それから大きく逸脱しない範囲内で、新年度に向けて作成することが基本である。新潟県教育委員会は下記のように共通評価 5 項目を示しているが、それを加えてもせいぜい 10 項目以内に収めるように心がけている。Aシートの項目は何が何でもすべて全力で行うということではなく、各学校においては自校で作成したCシートに従って進め、Aシートは最低やるべきもの、チェック事項としての扱いに変化してきている。

表 8-4　新潟県共通評価項目

○基礎学力の徹底を含む基礎・基本の定着…共通学力調査等の結果を活用して設定する。
○総合的な学習における自ら学び自ら考える力の育成…総合的な学習の時間のねらいや取組の成果をもとに設定する。
○豊かな心の育成…家庭・地域との連携について設定する。
○いじめや不登校児童生徒の減少…いじめ、不登校の解消に向けた学校の取組について設定する。
○体力の向上…体力テストの結果を活用して設定する。

新潟県教育委員会『学校評価の手引き（第 2 集）』2004 年、7-8 頁。なお、新潟県教育委員会においては、学校評価が定着してきたこともあり、2010（平成 22）年度より共通評価 5 項目を設定しないこととなっている。

(3)　中学校区での連携を図る B シート

　Bシートについては、指導主事の中学校区訪問日程の年度第 3 回（最終回）の際に原案を策定し、新年度に決定される。中学校区ごとに検討委員会を持ち、行動連携を意識した取組を行っている。問題分析と共通課題の設定、課題解決に向けた具体的方策の決定、実施・評価を小・中連携で行っているもので、中 1 ギャップの解消にも効果が高い。

　Bシートは、中学校区内の各学校が地域の課題を共有し、評価項目を設定しているため、学区ごとにかなり傾向の違うものとなっているし、年度が変わればまた違う内容ともなっている。

　中条中学校区では、「基礎・基本の定着」と「家庭学習」にしぼっていたが、2010（平成 22）年度は、前年度の「家庭学習」の内容をレベルアップして「基礎・基本の定着」に位置づけ、新たに「人間関係づくり」を課題化し

ている。

　乙中学校区でも「中1ギャップの解消」、「人権教育、同和教育」と、徳に関連する内容にしぼっているし、黒川中学校区では、「学習指導」（家庭学習）と「心の教育」（あいさつ）に特化している。

　一方で、築地中学校区では、知・徳・体の各分野からあげている。築地中学校区のBシートでは2009（平成21）年度のものを示したが、ここで注目すべきは自己評価と学校関係者評価のずれのある部分である。「家庭学習に

表8-5　2009（平成21）年度中条中学校区小・中学校共通評価シートB

1　学力向上～基礎・基本の定着～					
子どもの姿		評　価　基　準	自己評価	学校関係者評価	学校関係者評価委員のコメント
発達段階に応じて学習ルールを身に付けている子ども		A：学習ルールを身に付けている子どもが90％以上			
^		B：80％以上～90％未満			
^		C：80％未満			
学校の改善策					
努　力　事　項	具体的な方策		評　価　基　準		自己評価
中条中学校区学習ルール一覧の活用と定着	学習習慣共通7項目から取組事項を選び、児童生徒のルールの定着状況をチェックし、指導方法を改善する。		A：年3回以上改善した。		
^	^		B：年2回改善した。		
^	^		C：年2回未満改善した。		

2　学力向上～家庭学習～					
子どもの姿		評　価　基　準	自己評価	学校関係者評価	学校関係者評価委員のコメント
自分に合った学習時間を設定し、家庭学習に取り組む子ども		A：週4日以上めあて達成の子どもが80％以上			
^		B：65％以上～80％未満			
^		C：65％未満			
学校の改善策					
努　力　事　項	具体的な方策		評　価　基　準		自己評価
家庭学習の習慣化に向けた支援の強化	家庭学習の手引きを活用し、取組状況を把握しながら、家庭と連携する。		A：学期2回以上実施した。		
^	^		B：学期1回実施した。		
^	^		C：学期1回も実施せず。		

以下、胎内市の資料は「胎内市教育委員会からのお知らせ」より確認可能。http://www.city.tainai.niigata.jp/shiyakusho/kyoikui_oshirase/kyoikui_oshirase_top.html

表8-6　2010（平成22）年度中条中学校区小・中学校共通評価シートB

1　学力向上～基礎・基本の定着～					
子どもの姿	評　価　基　準		自己評価	学校関係者評価	学校関係者評価委員のコメント
発達段階に応じた家庭学習の習慣を身に付けている子ども	A：家庭学習習慣を身に付けている子どもが 　　小：85％以上・中：70％以上				
^	B：小：75％以上～85％未満 　　中：60％以上～70％未満				
^	C：小：75％未満・中：60％未満				
学校の改善策					
努　力　事　項	具体的な方策	評　価　基　準		自己評価	
家庭学習の習慣化に向けた支援の強化	家庭学習強調週間を設定し、家庭と連携して取り組む。	A：年3回以上実施した。			
^	^	B：年2回実施した。			
^	^	C：年2回未満実施した。			

2　豊かな心の育成～人間関係づくり～					
子どもの姿	評　価　基　準		自己評価	学校関係者評価	学校関係者評価委員のコメント
誰とでも明るくあいさつを交わす子ども	A：自ら明るくあいさつする子どもが80％以上				
^	B：65％以上～80％未満				
^	C：65％未満				
学校の改善策					
努　力　事　項	具体的な方策	評　価　基　準		自己評価	
あいさつの習慣化に向けた支援の強化	子どもたちの自主的な、取組状況を把握しながら、家庭や地域等と連携する。	A：年3回以上実施した。			
^	^	B：年2回実施した。			
^	^	C：年2回未満実施した。			

進んで取り組んでいる」ということについて学校の自己評価ではBとしたが、学校関係者評価からは「『学習のしおり』を配布して主体的に学習する仕方を教え、宿題を提出させてチェックするなど、細やかな指導をしている。学校の自己評価はBとなっているが、家庭学習の習慣化を十分に図っていることを高く評価する」というコメントとともにA評価とされているのである。なお、2010年度においては、この部分はシートの改善が図られ、実態に合わせて、小学生と中学生を分けて評価基準が作成されている（「児童生徒が80％を超える」→「児童80％、生徒が65％を超える」など）。

表 8-7　2009（平成 21）年度築地中学校区共通評価シート B

1 学習指導

子どもの姿	評価基準	自己評価	学校関係者評価	学校関係者評価委員のコメント
家庭学習（宿題や自主学習）に進んで取り組んでいる。	A：家庭学習（宿題や自主学習等）の習慣化が図られた児童生徒が80％を超える。 B：習慣化が図られた児童生徒が60％～79％ C：習慣化が図られた児童生徒が60％未満	B	A	「学習のしおり」を配布して主体的に学習する仕方を教え、宿題を提出させてチェックするなど、細やかな指導をしている。学校の自己評価はBとなっているが、家庭学習の習慣化を十分に図っていることを高く評価する。

学校の改善策
・「学習のしおり」や掲示用ポスターについて、内容及びチェック項目等の見直しを図る。家庭学習の仕方について来年度も継続して指導する。
・各学期2回、取組について振り返る場面を設ける。その結果を「学習だより」として保護者に返し家庭との連携意識を高める。
・習熟の差に応じた課題を提示するなど、課題の工夫に継続して取り組み、その点検、事後の指導をさらに充実させる。

努力事項	具体的な方策	評価基準	自己評価
家庭学習への取組のきめ細かい指導による習慣化	家庭学習定着期間を設け、学習習慣について振り返ることにより、進んで、家庭学習に取り組めるよう児童生徒への指導、保護者との連携を図った取組を継続する。	A：全学年で、各学期に2回以上振り返りの場面を設ける。 B：半分以上の学年で、各学期に2回以上振り返りの場面を設ける。 C：半分未満の学年で、各学期に2回以上振り返りの場面を設ける。	A

2 心の教育

子どもの姿	評価基準	自己評価	学校関係者評価	学校関係者評価委員のコメント
相手の良いところを認め合い、思いやりのある行動をとることができる	A：相手の気持ちを考えて行動できる児童生徒が80％を超える。 B：相手の気持ちを考えて行動できる児童生徒が60％～79％ C：相手の気持ちを考えて行動できる児童生徒が60％未満	A	A	人間関係づくりを進めて、いじめ防止に努めている。教育活動の成果も表れて、生徒を対象としたアンケート結果でも良好な回答が得られていることを評価したい。今後とも、全校生徒が過ごしやすい学校作りを続けてほしい。

学校の改善策
・計画的構成的グループエンカウンターの実施は、次年度も継続する。「自分の気持ちを伝える」ことに更に重点を置く。
・「スマイル運動」についての広報活動や評価活動を、執行部や代議委員会で行わせることで「みんなが過ごしやすい学校を作ろう」という意識がもっと高まると考えられる。

努力事項	具体的な方策	評価基準	自己評価
人間関係作りやいじめ防止に関する授業・活動の実施	児童生徒が主体となったいじめ根絶のための活動を年3回以上実施する。	A：いじめ根絶のための活動を年間3回以上実施 B：いじめ根絶のための活動を年間2回実施 C：いじめ根絶のための活動を年間1回実施	A

3 健康教育

子どもの姿	評価基準	自己評価	学校関係者評価	学校関係者評価委員のコメント
朝食・睡眠・テレビ視聴・ゲーム等、健康で規則正しい生活習慣ができる。	A：規則正しい生活リズムが習慣化している児童生徒が80％を超える。 B：規則正しい生活リズムが習慣化している児童生徒が60％～79％ C：規則正しい生活リズムが習慣化している児童生徒が60％未満	A	A	生活習慣の改善は、家庭の問題である。学校は、各種たよりや学校保健委員会などをとおして、家庭における意識の啓発に大変努めている。生徒の実態調査からも学校の取組の成果が表れていることを評価する。今後とも家庭と連携して、子どもたちの健康を増進してもらいたい。

学校の改善策
・アンケート結果により、実態にあった目標設定をしていく。
・養護教諭による生活改善を目指す授業を各学年で行う。
・健康生活チェックカードをより分かりやすく改善し、継続して行っていく。

努力事項	具体的な方策	評価基準	自己評価
生活習慣の改善に向けて、家庭・地域との行動連携	生活習慣チェックカードを活用し、家庭と連携した取組を行う。	A：家庭と連携した取組を年間3回以上実施 B：家庭と連携した取組を年間2回実施 C：家庭と連携した取組を年間1回実施	A

(4) 3段階シートの課題

　胎内市の特徴であるAシートについては、市内どこの学校でも同じことをやるということによる成果が大きい。市全体で一緒にやっていけるし、全体をよくしていくことができる。

　しかし、Aシートではたくさんの項目があり、とりわけ「○○に関する職員研修を年2回以上やる」などの事項に拘束されてしまう。同じ研修であっても、すべてに時間をかけるわけにいかず、学校で軽重をつけてやらざるを得ないところがあるというジレンマも生じているようである。また、Aシートで求められている「子どもの80％以上が…」などの評価についてもアンケートでなければわからないため、どうしてもアンケート項目が増えてしまう。

　Aシートは市の教育方針が網羅されているため、分量が多く労力がかかる。本来ならばこのような網羅的評価は、必ずしも毎年の実施を必要とはせず、各学校においては、数年に一度の総点検の際にのみ行えばよい。4中学校区あるので、毎年1中学校区行って4年間で一回りするような形を取れる（あるいは、1中1小の2学区を同一年に実施し、4校ずつ3年間で一回り）。しかし、毎年の、教育委員会の事務の管理及び執行の状況の点検及び評価に用いるためには全校がやり続けないといけない状況にある。

　したがって、分量を減らすこと（項目をしぼる等）、労力を減らすこと（評価項目を簡略なものにする、別の指標をあてる、評価者を学校外に移す等）、負担感を軽減すること（市の教育方針を全教職員に周知する機会とすること、改善につながるという実感が得られるようにすること、学校・市全体が変わるという目に見える成果があること等）などが必要である。

　Bシートについては、中学校区ごとの課題設定を迅速かつ適切に行わなければならない。Aシート→Bシート→Cシートの順に作られるのが理想的であるが、実際は同時並行で作成される。新年度にAが提示されてからB・Cを作っていたのでは間に合わないからである。中学校区の全校が集まり、意思疎通を図り、年度当初にA・Cに併せて迅速に作成しなければ効果が薄れる。また、A・Cにいかに合わせるか、も問われる。A・Cと内容が重なってしまっては、別立てのシートを作成する意義は薄れる。かといって、A

にもCにもないことを追求すれば、そのための評価業務は純粋に増加することになる。内容的に市全体、各校の教育課題と連動しながらも独自の課題設定が求められる。

3　西海市の複数校をみる地区学校評価委員会

(1)　西海市における学校評価の取組

　長崎県西海市は、2005（平成17）年4月1日に西彼町、西海町、大島町、崎戸町、大瀬戸町の5町が合併して誕生、2006（平成18）年度～2007（平成19）年度に文部科学省の「義務教育の質の保証に資する学校評価システム構築事業」の研究指定を、西海市西彼地区において受けていた（当時の状況については、本科研報告書（2007年度）106～115頁の高橋望「共通外部評価委員会を中心とした学校外部評価――長崎県西海市を事例として」参照）。

　2007年度末に文部科学省の研究指定2年間をまとめたものとして、西海市教育委員会は『児童生徒の健やかな成長を願う西海市学校評価ガイドライン』（以下「2008年ガイドライン」と略す）を発刊した。文部科学省の学校評価ガイドラインを参考に示されているが、やはり特徴的なのは、地区学校評価の記述である。そして、西彼地区の全小・中学校が研究指定時に作成した、学校評価を内容とするパンフレットを掲載している。

　そして文部科学省研究指定で実施していた「地区全体で1つの学校関係者評価委員会を設け、各校推薦の委員が地区内すべての学校の関係者評価を行う」という方式を、2008（平成20）年度より市内の全地区に展開した。市東部の西彼地区（中学校1校、小学校4校）、市北部の西海地区（中学校2校、小学校4校）、島部の大崎地区（大島町と崎戸町をあわせたよび方。中学校2校、小学校3校）、市南部の大瀬戸地区（中学校1校、小学校4校・分校1校）の4地区で、それぞれに地区に1つの学校評価委員会（学校関係者評価を行う）を設置したのである。

　それにあわせて、再度『児童生徒の健やかな成長を願う西海市学校評価ガイドライン』（以下「2009年ガイドライン」と略す）を発刊した。これには発行年月は示されず、2009（平成21）年度以降、継続的に使用することが意図

されている。内容は、2008年ガイドラインとほとんど同じであるが、新たに加わった内容はすべて地区学校評価委員会に関わるものであり、西海市独自に必要なものである。

(2) 地区内すべての学校をみる地区学校評価委員会

① 地区学校評価の流れ

地区学校評価委員会の大まかな流れを、2009年ガイドラインの記述を参考に以下に記す。

1) 地区学校評価委員会の設置

市教育委員会は、各学校からの推薦を受け、保護者や学校評議員、地域住民、地元企業、健全育成会の関係者等に委嘱して、地区学校評価委員会を四つ、設置する。地区学校評価委員の推薦書が各学校から教育委員会へ4月末までに提出され、各学校の第1回の学校公開日が決定すると、それを一覧にして教育委員会より委員委嘱通知と併せて知らせている。

2) 学校訪問等による評価活動及び助言

各学校は、地区学校評価の実施に先立って、学校の教育活動その他の学校運営の状況について地区学校評価委員会に説明する。年度1回目は学校経営計画等を用いることが多く、年度2回目は、自己評価報告書の一部（アンケート評価結果など）を用いることが多いようである。

地区学校評価委員は、授業や学校行事の参観、施設・設備の観察、校長など教職員や児童生徒との対話等を行う。学校が2回の公開日をそれぞれに設定するため、参観内容は学校ごとに異なる。

3) 評価結果のまとめ

地区学校評価委員は、その評価の結果を簡潔明瞭にまとめる。2009年ガイドラインの評価表では、左側に学校名、右側に「学校の取組についての気づき・感想等をお書きください」という欄が設けられ、地区内の学校評価すべてを1枚で書き込むようになっている。

② 委員会の開催回数

地区学校評価委員会は、西彼地区での研究を経て、各校年間3回の学校訪

問と、年度初めと終わりの全体会という設定で2008（平成20）年度に実施された。西彼地区は5校であるが、全市拡大の結果、6校ある地区では、全体会をあわせて年間20回の開催となる。出られる回に出ればよいという制度設計にはなっているものの、委員を引き受ける以上はなるべく出ようとするため、やはり仕事を持っている人には、大きな負担である。

　そこで、2009（平成21）年度は各校年間2回に減らし、また全体会も年度末1回のみとして、負担軽減を図っている。

　なるべく多く開催して、たくさん学校をみる機会を増やすことが、学校をみる目を養い委員の力量を高めることになる。一方で、委員の負担も大きくなる。適切な回数というものは、なかなか設定が難しい。

　そこで、無理せず出席できる回だけ出てもらえばよいし、委員の全体数が大きいので多少の欠席があってもある程度の出席者が確保できるシステムにはなっている。しかし、学校にとっては毎回同一の委員が来てくれれば説明に連続性を持たせて効率化・高度化を図ったりできるが、2回目以降も初めて来る委員が多ければ、初回と同じ説明をせざるをえなかったり、「1回目を見ていないのでよくわからない」という評価しか得られなかったりして、効果が劣ることも出てくる。

③　委員の状況

　委員の任期は1年であるため、毎年代えてもよいが、継続している場合も多い。委員を育てるという観点からは望ましいが、どの程度の長さが適当かは様々な考えがある。

　各校から3名ずつ出ているのであるから、3年任期で毎年1人ずつ交代するということが一般的に考えられる。しかし、各地区で行った聞き取り調査では、見事なまでにばらばらな意見が示された。

- 学校評議員は3年ぐらい長めにしている。地区評価委員は1年交代でも可能だろう。
- 評議委員が2年間なので、地区学校評価委員も2年間がよいと考える。
- PTA役員、また地域から選ぼうという方針であり、何年ぐらいということは念頭にない。PTA会長は毎年代わるものだし、区長も交代すれ

ば委員も代わる。
・過疎地域で人が少ない。年数制限をすると、代わりの人がいない。本人のご都合が悪くならない限りは続けてもらう。

　各学校により考え方や状況が大きく異なり、全市一律の基準は設け難い。
　委員の公募も、全市を対象に1月の広報紙で行われているが、2008（平成20）年度に西彼地区と大瀬戸地区でそれぞれ1名いたものの、2009（平成21）年度はいない。ちなみに、広報紙をみた委員が、「公募に応募してもよいがどうだろうか」と学校に連絡をしてきたことも、複数あったとのことである。せっかくの公募なのに誰も応募者がいないとよくない、あるいは、自分が公募委員になれば現在推薦をしてくれている学校でさらに1人委員を推薦することができる、など、たいへん協力的な方々が支えていることがよくわかる話である。

表8-8　2009（平成21）年度西海市地区学校評価委員会構成2例

西彼地区	委員属性	前年	大瀬戸地区	委員属性	前年
亀岳小学校	前・幼稚園長	継続	多以良小学校	地区公民館長	新規
	動物園長	継続		地区区長	新規
	前・育友会長	新規		PTA会長	新規
白似田小学校（前年公募1有。今年度1減）	同窓会長	新規	瀬戸小学校（前年度公募1有。今年度1減）	前・PTA会長	継続
	前・同窓会長	新規		PTA会長	新規
	公民館長	新規		歴史民俗資料館長	継続
大串小学校	区長	新規	松島小学校（前年度4。今年度1減）	学校評議員	継続
	PTA会長	新規		農業体験活動講師	継続
	PTA副会長	新規		PTA会長	新規
西彼北小学校（前年度3名。今年度1名増）	学校評議員	継続	雪浦小学校	公民館長	継続
	民生児童委員	新規		子ども会会長	継続
	民生児童委員	新規		PTA会長	新規
	民生児童委員	継続	同校幸物分校	婦人会支部長	新規
西彼中学校	育成協議会長	継続	大瀬戸中学校	PTA会長	新規
	PTA会長	新規		人権擁護委員	継続
	農業高校長	新規		主任児童委員	継続

この他、各学校の教頭も委員。

④　評価の効果

　学校にとっては、評価委員から子どもたちの地域での様子を教えてもらえるという効果がある。また、外部からの目で学校をみるので、学校内部では気づかないよさや問題点についての助言を得ることができる。このあたりは、学校評議員と同様ともいえる。ただ、学校評議員は、たとえば年3回の学期末に学校において学校経営に対する意見を述べたり、地域の子どもたちの状況や環境等について意見交換したりする存在である。自校しかみないし、教育活動の参観も必ずしも伴わない。学校からの様々な説明や参観がなくとも自分なりの意見を表明できる見識の持ち主に限られるのに対し、地区学校評価委員は、複数の学校での説明や授業参観等をもとに意見を考えればよい部分があるといった違いがある。

　今までに評価結果により教育委員会が支援・改善したことは、施設・設備が中心とのことである。運動場、飼育小屋の危険箇所撤去・補修、段差への対応など、学校が気づきにくい部分を指摘してもらえたり、予算不足から対応できないでいるところも学校評価委員からの意見ということで財政的な支援を行いやすくなるという効果がある。

(3) 地区学校評価委員会制度の課題

　このように地区学校評価委員会の評価は高いが、課題もある。

　第一に、開催時期の再検討である。2009（平成21）年度においては、第1回の学校公開日を6〜7月、第2回の学校公開日を11〜12月ころに設定していた。この時期では、学校自己評価はまとまっていない。夏休み中ないし冬休み中にまとめることの多い学校自己評価を点検するのならば、9月ないし1月の開催が妥当であろう。

　そうなった場合、年度始めの半年近く何も行われない状況になってしまう。そこで、委員の研修会を行うことが考えられる。全体研修を行い委員の意識を高めたり、教育に関する評価の観点を養ったりする。あるいは、地区ごとにどこか1校学校公開を行い、ワークショップ形式で評価の視点を示して議論したりする（地区内に数校あるので、いずれかの新任管理職のいる学校で、教育委員会の指導主事が関わりながら進めると、新任管理職のこの制度に対する理解も深めることができる）。委員研修を年度当初に行うことで、新任委

員であってもすぐに日常生活における委員としての活動が開始可能となる。
　これは、「地区学校評価委員会を継続していくためには理念をきちんと伝えていくことが必要」という、この制度に何年も関わっている校長の懸念にも応えることになる。学校評価の回数も参加人数も多く学校側として準備を負担に感じることもあるし、評価内容や評価項目も各学校が独自に設定しているため委員にとってはたいへん煩瑣であったりする。それをめんどうと思ってしまえば、制度は形骸化してしまう。年度当初にしっかりした研修を行うことで、委員側、学校側の双方が理解を深めることができる。
　第二に、教頭がどれだけ動けるかである。当初、教頭の名前も地区学校評価委員会に記載されていたが、役職指定で全員が自動的に委員になるため、学校や教育委員会が通常使用している委員一覧表には教頭個人名は載っていない。そして、一般に教頭は、校内でもっとも忙しい仕事といわれ、なかなか他校で開催される評価委員会には出て行けないという意見が多い。しかし、上述の「理念を伝える」という点に通じるものがあるが、教頭は評価委員として、評価制度を動かす者であるということを自覚して、できるだけ地区学校評価委員会に参加しなければならない。他校への意見を述べるということもあろうが、まずは制度理念を理解し、いろいろと見ることが大切である。学校関係者評価委員の意見をよく聞き、それらを自校に還元することである。実際、西彼地区での研究指定時は、教頭が他校を回ったことが効果をあげていたとのことである。
　また、地区学校評価委員会で用いる評価表の作り方について、検討が必要である。学校課題に直接応えるものになっていない。評価委員の負担感緩和のために項目をなるべく減らしたりしているが、学校側の説明しだいという部分がある。学校にどういう課題があって、何を目的としてどんな活動を行っているのか、どの部分をとりわけ評価してほしいのかを明確に委員に示すことが求められる。その評価表等も、学校公開日当日に配布してその場で記入という場合は、時間もなく、ほとんど書けないという意見もあった。自己評価結果、アンケート等は事前送付しておくことが必要である。評価委員会で説明を聞いたうえで、さらにアンケートは事後送付も認めなければ書きにくいであろう。

4　中学校区学校評価システムが
　　有効に機能するための要件

(1)　3段階の学校評価シートを機能させるために

　胎内市の学校評価は3段階であることに特徴があり、教育委員会評価を兼ねる、市全体に共通のAシートと、中学校区ごとに学区内の全学校が参画して作成するBシートというシステムが白眉である（3段階目は各学校が自校のために作成・使用するCシート）。

　胎内市は、全国の例に漏れず、過疎化が進行している。2010（平成22）年2月15日現在の住民基本台帳によれば人口32,103人であり、合併7年で1,700人以上減少している。いわゆる標準規模といわれる12～24学級を有する学校は、胎内市立学校一覧（学区対応）にみる通り全11校のうち1中学校3小学校に過ぎず、うち2小学校は早晩12学級未満になるであろう。学校統廃合の計画もあるとはいえ、現段階で22学級ある小学校も3学級しかない小学校も、同じ学校評価システムに乗っているわけである。

　極小規模校も大規模校と同じ学校評価を求められれば、その負担はかなり大きい。また、学校評価結果を数字で示すことについても、抵抗がある。「前回に比べて肯定的回答が3％増えた」などと言っても、それは「1人増えた」というだけの意味しかなかったりするから、数字に意義を見出しえない。他方、大規模校にしてみれば、評価対象が多く、それだけ手間がかかる。また、中学校区内の学校数が多ければその分、Bシート作成時の調整が必要となってくる。

　3段階の評価シートシステムを維持するためには、教育委員会はまず、Aシート実施の負担軽減に取り組むことが考えられる。それは作成時においてもいえることであり、校長会の協力のもとに「胎内市の教育」が作成されてそれに基づいてAシートがあるが、学校数が減少すれば校長会の構成人員も減る。Aシートについて、全市共通の評価と教育委員会評価を兼ねながら軽量化を図るという、相反する工夫が求められる。

　Bシートは、小中連携・小小連携に寄与する。同じ中学校区にある学校が

話し合いの場につかなければならないのである。そして、必ずBシートという形を作らないといけないため、形式的な会合ではすまないのである。また地域の組織には中学校区ごとに設置されているものもあり、学校と連携を図るうえで中学校区の単位での協議の場があることが望ましい。Bシートを作成する場にこれらの組織の方々にも参画してもらうことで、地域全体で子どもを育てるという意識を一層醸成していくことができる。

　各学校においては、市全体、中学校区全体、学校全体を評価するAシート、Bシート、Cシートに取り組んでいるが、Cシートから各学級に入っていったときに有効に機能しているという実感が得られているのかどうかが問われる。3段階のシートが設定され、また、そのうち各学校で作成するCシートは知育・徳育・体育に分かれている。評価システムとしてはたいへん整理されているため、評価もしやすいし、結果もわかりやすい。しかし細分化されすぎると、全体像が見えないことがある。ある評価項目は何のために存在し、その数値が変わることで学校の何がどう変わるのかが意識されなければ、評価のための評価に陥ってしまう。CシートはAシート、Bシートとの関連も必要であるが、しっかりと子どもの姿に焦点付けして作成されること、すなわち、子どもの実態や学校の課題に応じた評価項目を立てることが大原則であり、それらがどのように改善されていくのかが措定されていなければ、実際に子どもに接する教員は、有効性を実感できないであろう。

　3段階のシートのあり方を端的に表せば、トップダウンのAシートとボトムアップのCシート、地域を巻き込むBシートといえるのではないだろうか。

(2)　地区学校評価委員会を機能させるために

　「地区学校評価委員会制度の課題」で述べたように、地区学校評価委員会の持ち方（開催日程、資料、評価表）、委員研修、教頭の参加形態などの改善を図ることによって、また、教育委員会においては地区学校評価委員会で出された要望については可能な限り応えることで、関係する人たちの効力感を高め、本制度の一層の充実が図られるであろう。

　さらに別の方途での展開を2点、考えてみよう。本制度は、複数校からの選出委員が1つの地区学校評価委員会を組織し、地区内のすべての学校を評

価するものである。1人が自分を推薦した1つの学校を1回だけみるというようなものではなく、すべての学校を複数回みる機会が保障されることで、学校をみる目が養われるのである。となれば、なるべく学校をみる機会が多い方がよいが、今の「学校公開日」というような設定のまま日数を増やすことは、学校側では特別な準備を必要とするし、委員も日程調整を強いられる。

　そこで、地区全部の学校の年間予定表をまとめたものを年度当初に配布し、各校2回の学校公開日以外にも、諸行事への参観をしやすくする工夫を図ってはどうであろうか。老人会行事と学校公開日が重なって、委員の欠席が生じた例も実際あったようである。

　新潟県上越市の城北中学校区子どもを育てる会では、地区内の3小学校・1中学校だけでなく、各町内行事も載せた地域イベントカレンダーを作成し、高齢者など地域の人も参加しやすいようにしている。学校も地域の行事に重ならないような配慮をし、地域と学校の連携が取れている。

　地区学校行事等カレンダーを作成する過程で、地域の学校や様々な機関が交流する機会が持てるし、カレンダーを全戸配布（ないし地域での掲示）することで学校行事の日程等がわかり、委員は無理に休みを取らなくとも学校に行ける日に行くことができる。さらにいえば、自分の委員となっている地区外に行くことがあってもよいのではないだろうか。例えば、勤務先の近くの学校などが想定される。

　そのために、学校評価委員の名札を作成・供与して持ち歩いてもらい、いつでもどこでも学校参観できるようにしてはどうであろうか。

　もう1点は、専門家評価、第三者評価の問題である。地区学校評価委員会には、各校の教頭が委員となっている。これは同業者評価の性質も併せ持つものであるが、現在、あまり機能していないし、出席率が高まったとしても、同じ学区内の教頭として、他校の校長に意見はしにくいであろう。すると、教育委員会の学校教育課長や指導主事などが考えられる。ただし、専門的助言の範疇を超えるべきではないということに留意しなければなるまい。また、市外から地区学校評価委員を求めることは必ずしも禁じられてはいないが、制度設計上望ましいものではなく、さらに交通費1100円のみ支給という規定がそれを阻むであろう。

　自己点検と地区学校評価委員会の制度は整いつつある。さらに、市全体で

の統一性と、専門家評価・第三者評価の進展を図るかどうかの検討段階に進みつつある西海市の学校評価制度である。

(3) 中学校区を基盤とした学校評価システムを機能させるために

　冒頭「学校評価における中学校区の位置づけ」で述べたように、義務教育の修了までの教育責任を果たす一員として、学校も地域も存在するのである。そのためには、学校評価以前に、まず学校の目指す教育が地域に対して明らかにならなければならない。そこで有効に機能するのが、学校のグランドデザインである。同様のものが全国で作成されているであろうが、新潟県教育委員会において1999（平成11）年から県内の公立小・中学校すべてに作成を呼びかけ、2002（平成14）年度には全校で作成するようになったグランドデザインとは、教育理念、学校経営の全体図、教育課程の考え方、特色ある教育などを1枚の図表にあらわしたものである。それぞれの学校がそれぞれに考えて示しているので、ひとつひとつは素晴らしいが、中学校区のまとまりはとりにくい状況にある。これが、中学校区内の全校で協議して統一性のあるものになるならば、より一層中学校区としての目標（Bシート）も作りやすくなる。小学校6年間で育てる子ども像を、同じ中学校区内で整合性を図り、中学校3年間で育てる子ども像とも連動を図るのである。

　そして実は、3段階の学校評価シートでなくとも、中学校区単位共通評価シート（胎内市のBシート）を作るだけなら、他の地域でも可能である。胎内市のように市全体の共通評価シート、各校独自のシートがある方が中学校区共通の位置づけがはっきりするが、各校と中学校区共通の2段階だけでも進める価値はある。小中一貫教育・連携教育を志向しているところならば当然に行わなければならない。繰り返しになるが、中学校共通評価シートを作るために、学区内の全校が集まり、義務教育修了の子どもの姿を共通に描くことを、学校評価を媒介として行うのである。

　中学校区共通評価シートを「違う人が同じ基準でみる」とするならば、地区学校評価委員会制度は「同じ人がばらばらの基準でみる」ということである。それはそれでよさもあるが、既述のように、ある程度の共通性は必要である。したがって、中学校区共通評価項目の策定が第一歩であり、可能なら

ば地区学校評価委員会に進むなりすることが、中学校区学校評価を機能させる要件といえよう。

おわりに

　胎内市、西海市において学校評価を調査した際に期せずして使われた言葉は「地域は学校の応援団」というものである。学校評価を通じて、地域が学校を応援してくれているということが再認識されているのである。そしてその地域を「自校の学区」ととらえるのではなく、中学校区に広げて考えることが大切である。中学校にとっては、あるいは小・中1校ずつの小学校にとっては、中学校区がそのまま自校の学区となるが、その中に他の学校も含んでいて協働して教育を進めていかなければならないという認識を持つということである。

　胎内市、西海市に共通していることがもう1つある。学校評価システム開発に携わった教育委員会職員が優れていたということである。もちろん指導主事1人の力だけではなく、学校関係者や地域の人々の参画や協力があってこそ評価システムが機能しているのであるが、新しいシステムを構築する際には、中心となる人材をいかに得るのかということも重要な点である。

　最後になるが、調査に当たって、桐生指導主事（当時）をはじめとする胎内市の学校関係者、本多課長補佐（当時）・谷口指導主事（当時）をはじめとする西海市の学校関係者にたいへんお世話になったことに対し、お礼を述べたい。両市のその後の学校評価がどう発展しているか、機会があれば再訪して新たな示唆を得られるのではないかと期待される、魅力あるところである。

第9章 教育委員会・学校・専門家の協働による学校評価システム
──岡山県矢掛町

福本昌之

はじめに

　本章の目的は町教育委員会の学校評価システムの構築・開発過程について分析を行い、町教育委員会が主体となる学校評価の意義と課題について検討することである。

　学校教育法の規定によれば、学校評価の実施責任は第一義的には学校にある。しかしながら、学校評価が目的とする学校運営の改善は学校の自助努力だけではなし得ないため、学校設置者による必要な支援が適切に行われることが重要である。そのためには学校評価の意義づけ、実施方法、支援のあり方など学校評価システム全般に関して学校と教育委員会が共通理解を持つことが不可欠だと考えられる。その際、公立学校の場合には設置者である教育委員会が主体性を発揮することが重要だと言えよう。

　本章が取り上げるのは、2006（平成18）年度から5年間にわたって学校評価システムの構築事業の研究を行ってきた岡山県小田郡矢掛町である。筆者は2008（平成20）年7月より2011（平成23）年2月末まで同町の第三者評価委員等として同町の学校評価の計画、実践及び研究に関わってきた。その立場から、同町の学校評価システムの全体像について検討し、本町の実践と経験から見いだされる学校評価システムが有効に機能するための要因を考察することとする。

　矢掛町は県都岡山市の西方約50kmに位置し、公共交通機関を用いて約1時間程度のアクセスである。かつては旧山陽道の宿場町として栄えた歴史的な由緒のある町である。人口15,444人、5,041世帯（2010（平成22）年10月末現在）、2005（平成17）年度国勢調査に拠れば、産業区分別従事者比率は、

第一次産業12％、第二次産業約38％、第三次産業約50％となっている。また、文部科学省統計によれば、人口規模別の市町村教育委員会としては最も比率が高い（17％）カテゴリーに属し、この点からみれば日本の代表的な規模の町の教育委員会と言える。

　同町教育委員会が所管するのは4幼稚園、7小学校、1中学校である。各小学校は児童数平均100名程度（最大で約220名、最小で約50名）と比較的小規模である。中学校は生徒数360名程度で、町内6小学校の卒業生が進学する。

1　矢掛町の学校評価への取組経緯の概要

(1)　矢掛町の学校評価への取組の経緯

　矢掛町は2006（平成18）年度から5年間にわたって文部科学省の委託研究を受け、町が主体となる学校評価システムの構築に取り組み、町内のすべての小中学校も研究開発事業に参画してきた。[1]ただし、本町はこの研究以前からも学校評価に取り組んでおり、その取組の経緯の概略は以下のようなものである。

　本町の取組は2002（平成14）年、学校の自己評価の実施と結果の公表についての努力規定等が設けられた小学校設置基準および中学校設置基準が制定されたことに伴って始まった。当初は地域住民の学校運営への参画を制度的に位置づけることを主たる目的としたので、学校評価は学校評議員制度と連動させることによって推進された。学校が実施・公表した自己評価結果に基づいて学校評議員会は学校運営の改善について提言し、学校はその提言を受けて教育活動を推進し、自己評価結果を生かすよう努力するという制度設計に則り、学校評議員会と学校自己評価を相互往還的な営みとして位置づけるものとした。

　しかしながら、この初期の取組は各学校の裁量と判断に委ねられる部分が多く、評価項目が網羅的で焦点化されていない、改善に向けた具体的な取組に結びつきにくい、評価結果の公表が限られているなどの課題が浮かび上がっていた。[2]そこで、より実効性の高い効果的な学校評価の仕組みづくり、す

なわち、学校運営の改善につながる学校評価、地域の共同参画意識を醸成できるような情報公開、学校評価に基づく行政支援の推進など、学校評価の意義を高め、その効果をよりよく発揮する評価の仕組みづくりを進める必要性が感じられていた。そこで、町全体としての体系的な学校評価システム構築を意図し、文部科学省の研究事業を 2006 年度から引き受けることになった。

(2) 矢掛町における学校評価への取組と基本理念

　本町では研究初年の 2006（平成 18）年度より学校評価の基本的な理念についての研究を行い、町としての理念づくりへの取組を行ってきた。上意下達の制度の導入に終わることなく、そもそも何のために学校評価を行うのかを検討することから始まった。そのことが本町の学校評価システムの最も大きな特色になったと言える。その検討過程の中で、教育の充実を最重要目標に掲げ、学校の改善に資すること、学校の活力を喚起すること、低負担高効果（ローコスト・ハイパフォーマンス）を目指すことがその骨子として策定された。

　したがって、本町における学校評価システムへの取組の特徴の要点をあげれば、①町が主体となり、②研究開発という手法を取りながら、③低負担高効果を目指した取組を行ったということであると思われる。

　第一の特徴は、本町の場合、町立学校の教育改善のための手法の一つとして町教育委員会が主体的に学校評価に取り組んできたということである。少子高齢化などの課題を抱える小規模自治体において、よりよい学校づくりに取り組みたいという町教育委員会、とくに町教育長の意思が学校評価システム構築への取組の原動力であったと考えられる。教育長の「学校評価はよりよい学校づくりのために行う」という基本的な考え方は非常に明快で説得力を持っていた。取組当初は、「学校評価が学校改善に役立つものであれば最大に利用したい、逆に言えば、役に立たないものであればそれほど積極的に取り組まなくてもよい」という考えだったという[3]。

　学校評価は"押しつけられたもの"と認識され、そのため現場での抵抗感も強いという声を聞く。しかし、本町の場合は学校設置者である町教育委員会が、学校評価の意義と目的を明白に意識して町としてのシステムづくりを行ってきた。そのことが町立の各学校が学校評価の理念を共有し、共通理解

を図り、合意形成を図る上での要点だったと考えられる。

　また学校評価の制度設計上の理念としては、情報を公開することで地域との関係性づくりを進めるという側面も重視される。本町の場合、小規模であるという特性を生かして学校と地域との関係をより密接にしようとしており、地域の人々が学校を支えるという仕組みを促進する上で学校評価を有為なツールとすることになった。その際、町がイニシアティブをとり、地域と学校の関係づくりを総体的に支援してきたことも見逃せない。

　第二に、本町の学校評価システムが研究開発という手法を取り、試行錯誤も踏まえながら進展してきたということである。上述の通り、2006年度から2010（平成22）年度までの5年間にわたって、文部科学省の研究委託を受けながら、町が主体となる評価システムの構築に取り組んでおり、2006・2007（平成18・19）年度は、自己評価と関係者評価に関するシステム構築に関する開発的な研究を行い、2008・2009（平成20・21）年度は第三者評価に取り組み、2010年度は専門的視点を取り入れた学校関係者評価のあり方についての研究を進めた。

　町自身が主体となって設置する学校にふさわしい、学校改善に資する学校評価のあり方を探究するということは、各々の学校においてもその文脈と実情に即した効果的な取組を目指すものである。そのためには、既成の枠組みを当てはめるのではなく、自分たちに合ったシステムを開発することを重視せざるを得ない。

　また、研究開発という手法に拠ることで、町内8校の管理職・教職員のみならず、県教育委員会指導主事、大学教員、地域の有識者が関わることとなった。多様な立場の人々が学校評価システムづくりに関わる過程で、議論を行い、学校評価に関わる認識を深め、新たな知見を生み出すという効果ももたらされた。

　第三の特徴である低負担高効果を目指した取組とは、被評価者にとっても評価者にとっても負担感が少なく、一方で学校改善を効果的に進めるような学校評価を最重要視したということである。この背景には"評価のための評価になってはならない"という共通認識がある。上記の教育長の「学校がよくなるために行うものでなければ意味がない」という成果を重視する考え方は、同時に"やらされ感"のない学校評価を行うという基本認識として定着

することになった。さらには「学校が元気になる評価」という語が定着し、学校の潜在力を引き出すエンパワーメントの視点も生み出されてきた。

以上のような本町の学校評価の仕組みは、他の自治体の学校評価システムと比較した際、峻別すべき外見上の明白な特徴は指摘しにくいかもしれない。しかし、既成の学校評価観やシステムを鵜呑みにするのではなく、町教育委員会と学校が研究者等の参画を得ながら協働し、試行錯誤の過程を経ながら、町に適した学校評価の理念と目的を生み出し、学校評価システムを構築してきたことは大きな特徴として捉えることができる。

以下、本町の学校評価システムの具体について述べる。

2　自己評価および学校関係者評価への取組

(1)　研究委員会での取組

2006（平成18）年度の事業と研究は図9-1に示すような全体像のもとで推進された。事業運営委員会は事業全体を総括的に推進する組織であり、評価研究委員会が教育委員会と連携を取りながら、研究の具体的な内容や進め方について協議する組織として設置された。作業部会は研究委員会のための原案作成を行うこととされた。

各学校には自己評価の計画・実施を行う組織として校内評価委員会と外部評価（学校関係者評価）を実施する組織として外部評価委員会（学校関係者評価委員会）が設置された。[4]

事業運営委員会は、大学教授を委員長とし、教育長、教育委員、県教育庁指導課長、教育事務所次長、有識者、7小学校校長、1中学校校長の計14名より構成された。評価研究委員会は、大学准教授を委員長とし、各小中学校教頭、町教育委員などによって構成され、2006年は16名、2007（平成19）年は17名であった。また、評価研究委員会のうち9名によって作業部会が構成された。

事業と研究の推進の経過を見ると、大枠を事業運営委員会が策定し詳細な点については評価研究委員会で検討するという仕組みがとられている。事業運営委員会の委員と評価研究委員会の委員は重複していないが、学校ごとに

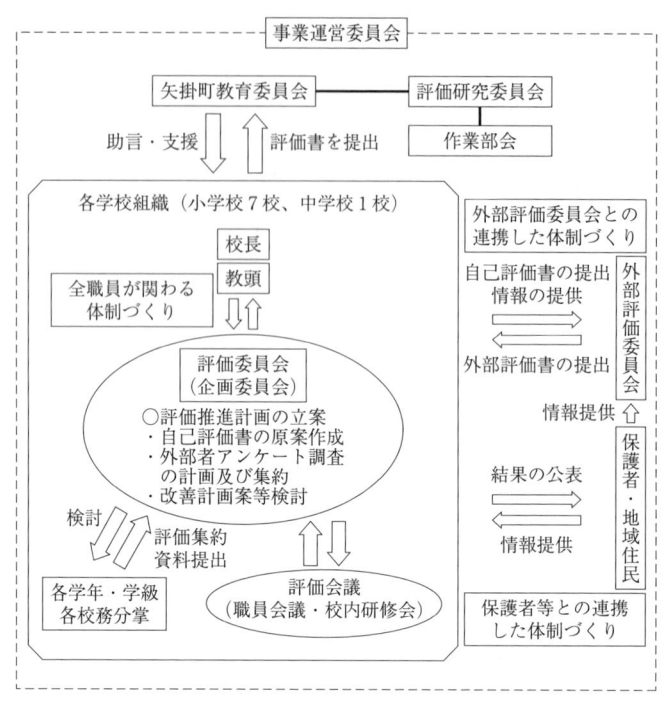

図9-1 矢掛町2006（平成18）年度の推進事業の組織図（平成18年度中間報告書より）

　見ると校長が事業運営委員会、教頭が評価研究委員会に参画している。したがって、「何のために評価が行われるのか」あるいは「どのような評価が行われるのか」といった評価の基本的な理念や枠組みについては計画段階から情報の共有が図られており、その後に続く各学校での取組の推進に好影響をもたらしたと考えられる。

　2回開催された事業運営委員会では、矢掛町での研究実施計画、研究委員会の活動、各学校の評価の概要の報告、まとめと課題、次年度の方針等が協議された。

　評価研究委員会は6回開催され、学校評価の基本的な枠組みに関する検討や協議が行われた。例えば、2006年度までにおける各校の自己評価の現状についての報告と情報交換がなされ学校のPDCAサイクルへの位置づけなど、各学校の今後の研究の進め方が討議されている。さらには、各学校の実

態を勘案しながら、学校評価システム構築事業の組織及び理念について協議がなされ、年間実施計画、学校自己評価書・学校関係者評価書の様式、学校評価の公表やまとめ方などが検討された。

作業部会では、事業推進と各学校の評価の進め方、研究スケジュール、矢掛町学校評価ガイドライン（指針）についての検討、評価書の様式についての討議など、上記の評価研究委員会で検討される原案作成を行った。

(2) 矢掛町学校評価指針の作成

研究推進の過程で、文部科学省「学校評価ガイドライン」及び関係資料を参考にして「矢掛町学校評価指針（暫定版）」(2006（平成18）年10月18日付)が策定された。「矢掛町学校評価指針の基本性格」の冒頭には以下のよう記されており、町としての主体性・自律性が明確に打ち出されたものになっている。

> 矢掛町学校評価指針は、各学校が文科省ガイドライン（以下、ガイドライン）を参考にして学校評価を実践・研究することを尊重しつつも、<u>矢掛町（推進地域）としての取組みの方向性ないしは方法等を提示する</u>ものである。
> なお、<u>本指針は、各校の実践・研究の進捗状況を踏まえて、必要に応じて修正等を行う</u>こととする。（下線は筆者）

この方針に則って「矢掛町学校評価システム」（図9-2）の概念図が示された。この概念図は、町の掲げる教育目標および各学校の教育目標と学校評価との連動性を強く意識したものとなっている。

学校目標は「矢掛町学校共通の具体的目標」と「地域のねがい」から構成され、町（教育行政）が掲げる教育理念と各校が果たすべき教育実践が重層的に捉えられている。

学校目標を中央に配置することでPDCAサイクルの意義を明示し、さらに、学校評価をこのサイクルの中に位置づけることで、学校評価の基本的な性格が明示されていると考えられる。さらに、図の右上には「義務教育の質の保証」に関わり「継続可能な取り組み」「学校改善に生かす取り組み」と

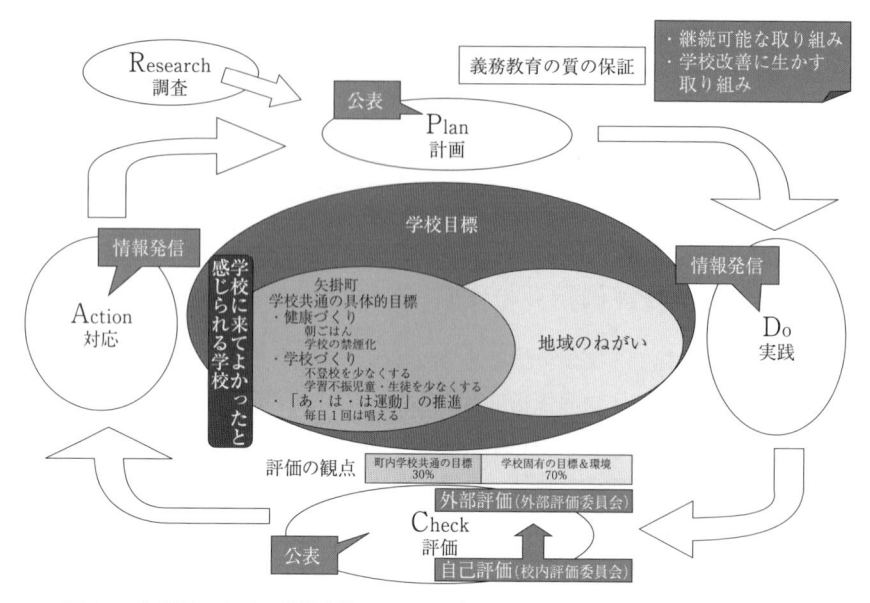

図9-2　矢掛町における学校評価システム（2006（平成18）年度中間報告書より）

いう学校評価システム構築という事業の持つべき性格も記されている。学校評価は学校改善のためのツールであるという基本理念を明示しつつ、一方で、町における教育経営のなかに学校評価を生かそうとする積極的な意思を読み取ることができる。

　以上のような経緯を経て、2008（平成20）年に矢掛町立学校管理規則を改正し「校長は、前項に示す教育目標等（筆者注：学校の教育目標、教育計画その他必要な事項）に関する評価及び学校関係者評価を実施し保護者及び地域住民等に公表するとともに教育委員会に報告するものとする」を加え、各校に学校関係者評価を義務づけた。

(3)　自己評価

　各校における学校評価の年次サイクルのモデルとして、学校評価年間計画の参考例が評価研究委員会によって作成された。各校はこのモデルを参考にしながら学校の実情に合わせて評価計画を立て、実施することになった。

　各校は学校評価を進める過程において効果的な仕組みのあり方を継続的に

検討した。評価結果を教育活動の改善にできるだけ早く活かすことを心がけ、実行可能なものについては、次年度を待たずに速やかに改善を行う、あるいはそのための体制づくりを行ってきた。

　さらに、学校の教育目標や重点目標、評価項目等について教職員全体で共通認識を図ることに重点を置いてきた。矢掛町指針においても、各校においては学校評価の組織として、校長、教頭、教務主任、研究主任、他から構成する「学校評価委員会」を設置することを例示し、学校評価を全校の取組として位置づけることを強く示した。

　各校でも全教職員が参画するような仕組みを工夫した。例えば、評価のためのワークショップ型の校内研修の実施、重点領域ごとにプロジェクトチームを編成し分野ごとの評価を明確化、教職員の検討委員会で作成した学校経営計画書原案を校長に具申など、学校評価を明確化することで、学校経営のPDCAへの参画を促進した事例が見られる。

　なお、各校においては、評価担当者を割り当て、その担当者だけが評価を行うという方式はとられていない。全教職員が学校評価に関わるのは膨大な時間と労力が投入され、一見非効率的に見えるかもしれない。作業が増えることにより多忙感がないわけではないが、それ以上に教職員が"やりがい"を感じている様子が同町の報告書（2009、2010）からはうかがえる[5]。その秘訣は、「その作業が役に立っている」という効力感が得られることにあると思われる。例えば、評価を通じて学校全体のことを考えるようになったとか、全体的な見通しの中で日々の教育活動を捉えるようになったという感想が述べられている。

　学校の教育活動を組織行動として捉えると、自己評価は組織としての自分たちの活動に対する省察を促し、自分たちの長所と短所を客観的に把握し、さらには、組織的な取組の重要性も再確認させる契機となる。さらに、それらがより深い研究の対象とされれば、より質の高い改善を生み出すと考えられる。

　本町の自己評価はこのように各校の組織的取組を通じて自己省察を図り、自己改善を生み出すことを重視するシステムとして機能しており、そのことが効力感を生み出す源泉にもなっていると考えられる。

(4) 学校関係者評価

　学校関係者評価委員会は年間3～4回行われている。各校で実施回数に多少の違いはあるが、第1回目の委員会で学校の経営方針や当該年度の学校の重点目標について説明が行われ、最終の委員会で評価書の作成が行われるという点では各校とも差異はない。最初と最後の間には数回の委員会が開催されるが、そのあり方は各校に委ねられている。

　学校関係者評価については、矢掛町立学校管理規則に基づき矢掛町学校関係者評価委員設置要綱が定められている。同要綱では、「自己評価の客観性を高めるとともに、教職員と地域住民・保護者が学校運営の現状と課題について共通理解を持ち協力することにより、教育活動その他学校運営の改善が適切に行われるようにすることを目的として学校関係者評価を実施するため」学校関係者評価委員を各校園に設置することとしている。

　本町の学校関係者評価は2002（平成14）年から導入されていた学校評議員制度と密接に関連しており、学校評議員とは別に学校関係者評価委員を加えている学校もあるが、すべての学校評議員が学校関係者評価委員を兼任してきた。

　そこであらかじめ学校評議員制度について概観しておく。矢掛町立小・中学校評議員設置要綱（2002年2月1日告示、同年4月1日から適用）によれば、学校評議員は「学校運営に保護者や地域住民の参画を求め、意見交換を行う場を設けて、地域全体からの学校及び校長への支援体制を作るため」設置されている（第1条）。したがって学校評議員は校長の求めに応じ「学校の運営方針や教育活動の実施、学校と地域社会の連携の進め方など、学校運営に関して意見を述べ助言する」役割を担っている（第2条）。

　学校関係者評価委員については「矢掛町学校関係者評価委員設置要綱」が2008（平成20）年3月31日に定められ、文部科学省の委託研究の成果を踏まえて2010（平成22）年3月に改訂された。学校関係者評価委員を置く目的は同要綱の第2条で「自己評価の客観性を高めるとともに、教職員と地域住民・保護者が学校運営の現状と課題について共通理解を持ち協力することにより、教育活動その他学校運営の改善が適切に行われるようにすること」と述べられている。

学校評議員と学校関係者評価委員の関係をどう捉えるかについては、様々な議論があり得る。しかし、学校の改善を主目的とする本町の学校評価では、地域住民が学校のよき支援者として、ともに学校改善を進める立場に立つことを重視している。したがって、「地域全体からの学校及び校長への支援体制を作るため」に設置される学校評議員と「教職員と地域住民・保護者が学校運営の現状と課題について共通理解を持ち協力することにより、教育活動その他学校運営の改善が適切に行われるようにすること」を目的とする学校関係者評価委員の役割について、あえて差異を設けない方針に立っていると考えられる。

　次に学校評議員・学校関係者評価委員の構成の具体を見ておく。学校評議員の選任に関しては、①保護者、②地域の有識者、地域の関係機関、施設の代表、青少年団体の代表等、③その他校長が必要とする者のうちから、8名以内を校長が推薦し、教育委員会が委嘱することとなっている（矢掛町立小・中学校評議員設置要綱第3条）。また、学校関係者評価委員は校園長の推薦に基づき、教育委員会が委嘱する。その際、校園長は学校評議員、PTA役員（保護者）、地域住民等又は大学の研究者、その他学識経験者の中から、7名以内の学校関係者評価委員（うち1名は専門評価委員）の推薦を行うことになっている（矢掛町学校関係者評価委員設置要綱第4条2項）。

　2010年度の各学校の委員構成の現状を見てみると、①については、PTA会長、②については、児童委員・民生委員、公民館長、保育園長、スポーツ少年団指導者、③については学識経験者（大学教員、高校長）が選ばれている場合が多く、中学校については、商工会関係者やスクールサポーターも含まれている。特徴的なのは、とくに小学校において子どもを見守るという立場から地域の児童の実状に詳しい人々が選任されており、学校関係者評価委員会の中で子どもの姿が話題として取り上げられる機会が多いことである。

　先に述べたように、学校の支援者という位置づけも意図されている学校評議員の設置目的と学校関係者評価委員の役割の整合性を図り、地域との一体性を確保する仕組みにしてある点は小規模自治体の特徴を活かした試みであると言えよう。

　また、学校評議員・学校関係者評価委員の中には学識経験者として教育学とくに教育経営学を専攻する大学教員が含まれていることも大きな特徴と言

える。この背景には町としての学校評価システムの構築が研究的な視点を持って進められ、そこに大学教員が研究者の立場で関わりを持ったという事情がある。このことによって「自己評価の客観性を高める」という学校関係者評価委員設置要綱の要請に大きく貢献しているとも言える。

本町の学校関係者評価は町全体のシステムとして情報交換を行いながら、システムの一環として学校関係者評価を位置づけたことで、概ね定着してきていると言える。また、各学校では、地元の充て職をメンバーとして加えることによって、評価委員としての継続性が確保され、年を追うごとに評価者の力量が高まっている様子がうかがえる。また、学校関係者評価委員に当該校の前任校長を加えている例もあり、学校経営の継続性という点からも興味深い取組が行われている。

(5) 評価報告書と評価の公表

2006（平成18）年度の評価研究委員会では自己評価と学校関係者評価に関する評価報告書の書式も策定された。開発された書式は「学校評価　自己（外部）評価書」と題されており、自己評価書と学校関係者評価書が一体化された。この評価書の最も大きな特徴はできるだけ1枚の紙媒体に収めるという点にある。

この形式は、学校の教育計画や重点目標とそれらの成果の判定が体系的・構造的に示され、学校の目標・取組・評価・改善の方向性が一目瞭然となるように設計されている。すなわち、学校評価はわかりやすく、かつ、改善に活かせる有用なものであるべきだという考えを反映したものであり、文書作成の作業負担を軽減すること、簡潔でわかりやすい評価書にすることという二つの重要な意図が込められている。

この評価書の形式は見直しが繰り返されてきており、2010（平成22）年度からは専門評価の書式（後述、図9-3）と一体化させた形式（章末191頁参照）を採っており、自己評価及び学校関係者評価の書式は以下のようになっている。

まず1段目に各校のミッションが示され、併せて職員数・学級数等の基本情報と学校関係者評価委員の氏名が示されている。

2段目には一覧表形式の自己評価欄が置かれており、書面の最も大きな部

分を占める。各行には教育活動の領域が示され、領域ごとに2〜3程度の評価対象項目が置かれている。列方向には、左より右に向かって、Plan-Do-See のプロセスを意識した、中期目標−単年度目標−具体的計画−達成基準−自己評価−評価（評定）の記入欄が配されている。各々が適宜、時機にあった学校関係者評価委員会において説明され、質疑や協議の対象となる。

　3段目には、「分析・改善方策」の欄が置かれ、自己評価の総括を通じてとくに重要な課題に対する改善方策が箇条書きで示されている。

　4段目には「学校関係者評価」の欄が設けられ学校関係者評価委員による意見が記入される。この欄の記入は概ね12月中に各学校で開かれる学校関係者評価委員会で行われる。この委員会では3段目の「分析・改善方策」が記入された評価書をもとに自己評価結果が説明される。重点目標等の説明を行う第1回目の学校関係者評価委員会との一貫性を保ち、達成状況についての説明に重点を置くことを基本に据え、年度を通じて効率的かつ効果的に評価活動を行うための工夫がなされている。評価書の形式に多少の変更が加えられてはいるが、このような「説明−評価」に関わる一貫した仕組みについては学校評価システム構築の取組当初から企図されていたものである。

　なお、評価結果の説明および公表については、2006年度は研究初年度という事情を勘案して各校の判断に任せられたが、2007（平成19）年度以降はすべての学校が学校評価書をホームページ上で公開している。

3　第三者評価[7]

　本町は、自己評価および学校関係者評価に加えて、2008〜10（平成20〜22）年度は第三者評価システムの開発に取り組んだ。2008年度「都道府県市区町村が主体となる学校の第三者評価に関する調査研究」、2009年度「第三者評価ガイドラインの策定に向けた実地検証（地方実施型）」、2010年度「学校評価・情報提供の充実・改善等に向けた取組」の研究委託を受け、第三者評価システムに関する開発的研究を行うなかで第三者評価（試行）を実施した。

　三つの委託研究では「町を主体とする」という点に主眼を置きつつ第三者評価のあり方を検証するという目的が設定された。そのため「本町における

第三者評価にはどのようなものがふさわしいか」という基本的な問いかけをもってこの研究はスタートし、自己評価および学校関係者評価と同じく、学校改善に資すること、とりわけ支援策へとつなげることが第一義的な目的とされた。このような理念に基づく研究と事業の推進のために、評価委員会と評価研究委員会が置かれた。研究委託は単年度ごとのものであったが、基本的な研究組織は3年間にわたって踏襲されたため、実質的には3年間継続した研究が進められた。ただし、2008・2009年度はチーム派遣型の第三者評価であったのに対し、2010年度は「第三者評価の視点を入れた学校関係者評価のあり方について研究」（事業計画書：H22.4.12）をねらいとしたことから、過去2年度に比べると変則的な形が取られた。

　2008年度事業計画案によると、矢掛町第三者評価委員会は、「各学校が行う学校運営や教育活動について評価し、学校に対してその取組を評価したり、具体的な改善策を示したりすることにより、<u>学校を支援する</u>」ことを目的としている（下線は筆者）。2006～2007（平成18～19）年度の学校評価システム構築事業における基本理念を引き継いで、学校の改善につながる評価システムをつくることを重視し、学校評価に基づく行政側の支援を推進することが目論まれていたことがわかる。以下では2009年度の取組を中心に記述することとする。

(1) 第三者評価の実施体制

　評価委員会は第三者評価の実施メンバーによって構成され、その際に専門性を担保するとともに、地域ぐるみの学校評価であるという点にも力点が置かれた。2009（平成21）年度は大学教員6名、地域在住者4名が選任された。地域在住者は、町の教育事情に精通しているものという視点から、学校関係者評価委員、スクールサポーター、および元中学校校長が選ばれた。委員に委嘱された大学教員は教育経営学、教育行政学、教育心理学を専門とする者で、専門性と客観性を確保することが意図された。また、地域在住の有識者は町の教育事情に精通しているという視点から選任された。評価の専門性と客観性という第三者評価の基本的な性格を重視しながらも、地域の実情に即した第三者評価システムを模索しようとする工夫を読み取ることができる。なお、2009年度は文部科学省が実施した第三者評価の評価者研修に7名が

参加し、第三者評価の基本理念と実践的なワークショップの研修を受け、評価力量の向上に努めた。同研修会に参加しなかった委員に対しても、学校評価委員としての留意事項等について町としての研修会が実施された。

評価委員会の委員長には大学教員（准教授）が任命された。評価研究委員会は評価委員会の10名に加え、各校の校長、教育行政関係者（指導主事）を地域在住者に加え20名で構成され、大学教員（教授）が任命された。地域在住者から選任される委員は異動等のための入れ替わりがあったが、大学教員6名は継続した。

評価の実施に際しては、第三者評価委員会の委員の中から評価チームが組まれ、各校の訪問調査に当たった。その際の評価チームの構成に注目すると、大学教員3、地域の有識者2という構成が基本であった。ただし、学校関係者評価委員およびスクールサポーターは自身の関係する学校の評価委員とならないこととした。2008（平成20）年度は大学教員2、地域の有識者2という構成であったが、評価活動の能率の向上と評価における多様な視点の確保という点から担当委員を増員した。また、各チームでは大学教員のうち1名がチームリーダーとなり、評価活動を統括した。

評価研究委員会は、第三者評価の課題の析出と方法の改善を主たる目的とし、2009年度には4回開催された。自己評価や学校関係者評価と同じく、第三者評価を研究として位置づけながら、試行に基づいて改善を目指すという方略を取ったことで、「学校改善に資する評価」という共通理解を図りながら評価を実施することとなった。ここでも、学校を活性化することとできるだけ負担を軽減して実質的な効果を高めることが基本方針として据えられた。

(2) 第三者評価報告書の様式

本町の第三者評価の特徴が最もよく表れているのが評価報告書の様式である。評価報告書は評価研究委員会において検討され策定された。2009（平成21）年度に用いられた様式は**図9-3**に示す通りであり、B4版またはA3版用紙に1枚に横書きで作成された。

1～6の項目と「学校の総合的な状況」がすべての学校で共通する評価項目であり、それに加えて各校でとくに評価対象に加えたい項目を設定できる

矢掛町立○○○学校　第三者評価　評価報告書

評価委員	

評価日：　　月　　日（　）

評価項目	観点	学校の現状（成果・課題等）	改善の方向性
1．自己評価の状況	①取組体制 ②方法の開発・共有 ③実践・実施 ④成果と課題 ⑤※自由設定（以下同様）		
2．コミュニケーション力の向上	①取組体制 ②方法の開発・共有 ③実践・実施 ④成果と課題 ⑤		
3．不登校児童生徒の解消	①取組体制 ②方法の開発・共有 ③実践・実施 ④成果と課題 ⑤		
4．学習不振児童生徒の解消	①取組体制 ②方法の開発・共有 ③実践・実施 ④成果と課題 ⑤		
5．学校の組織運営	①取組体制 ②方法の開発・共有 ③実践・実施 ④成果と課題 ⑤		
6．学校と保護者・地域社会等との連携協力	①取組体制 ②方法の開発・共有 ③実践・実施 ④成果と課題 ⑤		
7．※自由設定	①取組体制 ②方法の開発・共有 ③実践・実施 ④成果と課題 ⑤		
8．学校の総合的な状況			

図 9-3　第三者評価書様式（2009（平成 21）年度）

こととされた。

共通項目は次のような意図に基づく。「自己評価の状況」は各校の自己評価および学校関係者評価の状況を対象にするもので、第三者評価が専門家によるメタ評価であることを意図して2009年度に新たに設定されたものである。「コミュニケーション力の向上」「不登校児童生徒の解消」「学習不振児

童生徒の解消」の3項目は町の教育重点施策を反映したものである。「学校の組織運営」は学校運営の改善と学校の活性化に関わる項目として設定された。「学校と保護者・地域社会等との連携協力」は町の特性を活かし、地域に開かれた学校づくりを重視する町の重点施策を反映したものである。これらの5項目は前年度から踏襲された。「学校の総合的な状況」は2009年度に新設されたものであり、各項目に細分化された視点以外から見た学校の特徴や特記すべき課題を指摘することや、総体としての学校像を捉えることが意図された。

なお、図9-3の「自由設定」は、とくに力点を置いている教育活動など、評価を受けたい項目があれば、各校が独自に1～2項目を設定できることとされた。

各々の項目に対しては「学校の現状」の欄に評価コメントが箇条書きで記され、優れていると判断された内容には○、改善が望まれると判断された内容には△が文頭に付された。「改善の方向性」には必要があれば助言や示唆が記述された。なお、各々の評価項目には「観点」が示され基本的な観察上の要点が示されているが、記述に際しては必ずしもすべての観点を網羅しなくてもよいこととされた。

この評価基準および評価書様式の作成に際しては、評価研究委員会での検討が2度にわたって行われた。2008（平成20）年度の研究当初に策定された評価報告書（第1版）では、文部科学省が作成した「第三者評価試行フォーマット」（2006（平成18）年9月）を参考に、町の教育行政の重点施策に基づく焦点的な評価項目と、網羅的な評価指標が設定されていた。例えば「各教科等の指導状況」という評価項目に対して「①説明、板書、発問など各教員の授業方法は適切か」「②視聴覚教材や教育機器などの教材・教具の活用は適切か」など10の評価指標を置き、3段階による評定を行い、改善策を記述する形式をとっていた。評価報告書全体で見ると7の評価項目を設定し、各項目に対して2～10であるため、「○○は適切か」という評価指標に準じれば44のチェックリストを持つ。しかしこの形式は、短時間の評価日程で行うには収集すべき情報量が多すぎるために現実的ではないと判断され、むしろ、評価指標は参照のための指標として、評価項目に対するコメントを重視し、評価報告書も重要な点をよりわかりやすく伝達する形式をとること

なった。

　2008年度はこの報告書形式を4校を終えた時点で改訂し、より簡素なものに変更した。それが2009年度の原型となった。なお、この2008年度の改訂版と2009年度版との違いは、先に述べた「自己評価の状況」「学校の総合的な状況」の二つの評価項目の他に、①「評価指標」が「観点」（**図9-3**第2列）に変更された、②A「他校のモデルになる」B「良好である」C「課題がある」の3段階による評価（評定）を削除した、③「改善の方向性」の記述欄を加えた、という3点である。

　先に示したように評価指標は適否のチェックリストとしては便利であるが、個々の指標自体の相対的重要度は必ずしも明確でなく、微細な観察に基づく、いくつかの指標と組み合わせてはじめて意味を持つ。限られた時間の中で評価を行うという制約があり、詳細な分析は現実的に難しいため、概括的な意味で"観点"という語が用いられた。

　評定については様々な考え方があり得るが、本町の第三者評価の最重要点は判定を下すことではなく、学校の現状を専門的、客観的な視点から評価することで改善を図ることである。各校はその評価についての説明を受けて、自校の強み弱みを知り、改善の一助とすべきであるという考え方のほうが重視された。また、3段階表記の評定によって一喜一憂が引き起こされるのであれば、むしろ好ましいことではないという意見もあった。

　「改善の方向性」が設けられたのも同様な理由による。課題がある場合には建設的な取組を示唆するほうがより有用性が高く実利的であろうと考えられたためである。評価を記号で表記することで平準化して一般化することよりも、記述によってその学校の実態を描写し個性と特徴を捉えることに重点を置いた評価が意図されたのである。

　付言しておくと、このような効果がもたらされるためには評価報告書に基づくコミュニケーションが不可欠であり、また、評価報告書作成のためのコミュニケーションも不可欠である。そのようなコミュニケーションが可能であったことも本町の第三者評価の特徴である。

(3)　第三者評価の実施方法

　第三者評価の実施は、事前、実施当日、事後の3段階からなる。

評価当日の事前1週間前までに、実施計画に基づき各校担当評価委員に事前資料が配付された。前年度および当年度の学校評価書（自己評価と学校関係者評価）、学校要覧、評価当日の時間割及び時程表が主たるものであり、その他学校の活動を示す資料が配布される場合もあった。各評価委員には、学校の概要を理解し、特徴や着眼すべき点を明らかにし、当日訪問において必要な追加情報を確認することが求められた。

　評価当日の活動は1日の日程で朝8時開始夕方5時を目途に終了する。大まかには、児童の登校観察から始まり、評価委員間での打ち合わせ、管理職との打ち合わせの後、午前は2時間の授業観察、教職員へのヒアリング、給食時の児童生徒との懇談、清掃活動観察、午後は保護者へのヒアリング、教職員へのヒアリングなどによって情報収集を行う。評価委員は2グループに分かれ、午後はヒアリングとして並行して報告書作成を行った。

校時	時間帯	評価委員	
登校	～ 8:05	登校観察・打ち合わせ	
	8:05 ～ 8:10	紹介	
児童朝会	8:15 ～ 8:25	朝会観察	
朝の会	8:30 ～ 8:40	教室巡回	
1	8:40 ～ 9:25	授業観察	
2	9:35 ～ 10:20	授業観察	
休み時間	10:20 ～ 10:45	保健室観察	
3	10:45 ～ 11:30	校長との面談（A、C、G）	教務主任・生徒指導主事との面談（F、H）
4	11:40 ～ 12:25	教頭との面談（C、F）	保護者（PTA会長、PTA副会長）との面談（A、G、H）
給食	12:25 ～ 13:10	給食（児童との対話）	
休み時間	13:10 ～ 13:30	報告書作成(C、Fが入力作業)	
掃除	13:35 ～ 13:50	〃	掃除観察
5	14:00 ～ 14:45	〃	授業観察
6	14:55 ～ 15:40	〃	研究主任との面談（C、G、H）
帰りの会	15:40 ～ 15:55	〃	
下校	16:00	〃	下校観察
○○タイム	16:15 ～ 16:45	〃	職会議観察
	16:45 ～ 17:00	校長・教頭面談	

図 9-4　第三者評価の実施日程例

（表中のアルファベットは評価委員を示す）

報告書は当日に完成させることを原則としたが、間に合わない場合、チームリーダーが持ち帰り、他の委員と連絡を取りながら取りまとめた。完成した報告書は教育委員会事務局に提出され、後日、評価結果報告として各校に手交された。

　評価報告書の手交は評価後1ヶ月以内に評価チームのリーダーが同校を訪問して行われた。当初は、管理職に対してだけ説明を行いながら手交するという形式をとったが、2008（平成20）年度の後半の対象校からは、全教職員に対しても報告書を配布し、説明を行うという形式も取られるようになった。このような方式を取ることで、評価委員から直接全教職員が評価書の説明を受けることで、教育実践がどのように判断されているのかを知り、評価の妥当性を判断することもできた。

　なお、文部科学省が行った第三者評価の試行事業では評価実施のために3日が充てられた。それに比べれば1日という時間は短い。しかし、評価を受ける学校の負担、評価委員の負担、実施事務の負担とその成果とのコスト比を考えれば必ずしも1日という日程が無意味な短さであるとは言えない。むしろ、諸コストを低減しつつ、その制約条件のもとで最大の効果をあげる第三者評価を実施するという当初からのねらいに沿った実施形態であったと言えよう。

(4)　専門評価への試み──第三者評価システムの定着への取組

　2010（平成22）年度は、第三者評価の専門性を活かしながら持続可能な学校評価を行うための試行が行われた。2008・2009（平成20・21）年度はチーム型の第三者評価を実施してきたが、費用の負担をどうするかという課題があった。2010年度も研究委託により運営費用が充てられたが、できるだけ低予算でまた人的な負荷も高まりすぎないようにということを勘案しながらも、持続可能な仕組みをつくるための試行が行われた。

　研究委員会等での議論を経て、2010年度は二つの型での第三者評価が行われた。一つは、学校関係者評価委員を務めている大学教員が学校関係者評価とは別の専門的な視点から学校評価を行うというものである。もう一つは、従来のチーム型の規模を縮減し大学教員と地域の専門家（元教員）と2人1組で行うというものである。

これは、2010年7月20日出された「文部科学省ガイドライン〔平成22年改訂〕」に示された第三者評価の実施例に見られる、(ア)学校関係者評価と第三者評価の両方の性格を持ち合わせる専門委員型と(ウ)専門家を中心とする評価チーム型と一致するものであり、以下、便宜上ア型、ウ型と表記する。

　ア型については、先に述べたように矢掛町では学校関係者評価委員設置要綱において、大学教員等も委嘱の対象として明記されており、2006（平成18）年以来半数の学校で学校関係者評価委員を務めていたため、新たに4校で大学教員に学校関係者評価委員を委嘱した。第三者という用語に違和感が生じるため、暫定的に専門評価という名称への変更がなされている。ウ型についても、2009年度までの方式と大きな違いはないためとくに混乱は生じなかった。

　2010年度を含めて、5年にわたって行われてきた学校評価の委託研究の研究成果として、町教育委員会はこれまでの「矢掛指針」の意図を踏まえながら、信頼性を担保し、継続性を確保するための学校評価に関する新たな指針として「学校評価やかげバージョン」を策定した。また、先に述べたように、学校関係者評価委員のなかに専門評価委員を位置づけることが学校関係者評価委員設置要綱において明記された。

　また第三者評価を2年間継続して実施したことで、実施間隔についても適正な間隔があるのではないかということも検討すべき課題として明らかになった。そこで、「学校と教育委員会が必要と判断した場合は、専門評価委員でチームを組み、第三者評価を実施するものとする」ことも同要綱第3条に追加された。

　なお、本町ではこの一連の研究による成果を踏まえて、学校関係者評価を含めて地域の教育力をさらに活かせる学校運営を進めるために、2011（平成23）年度から学校運営協議会制度を導入した。

4 分析と考察
　　——学校評価システムが有効に機能するための条件・要件

(1) 本町における取組の特色

　冒頭に述べたように、本町の学校評価の要点は以下の3点から捉えられると考えられる。
　第一は、町が主体となることによって地域に根差した学校づくりの意図が、学校評価システムづくりに生かされたという点である。第二に、評価システムの構築が町教育委員会、学校及び研究者等による研究開発という形式を基盤として行われたことである。そして第三に低負荷高効果のシステムづくりが意図されたということである。その背景には、町の学校にとって有用な効果をもたらす学校評価システムを構築したいと考える教育長のリーダーシップがあったことを再度強調しておきたい。
　第一の地域に根差した学校づくりを意図した学校評価システムとは、学校評価に地域性を活かすことを心がけた点として捉えられる。元来、本町の7小学校はいずれも地域との関係が良好であり、地域と関わりを作る種々の活動が工夫されてきた。しかし学校のことが保護者や地域の人々によく理解されているか、あるいは、学校が地域の特性や思いを十分に理解しているかと言えば、必ずしも全肯定できない現状があった。そのような中で、学校評価を通じて学校と地域をつなぐ絆を強化することが意図され、結果として学校評価を通じて学校を応援しようとする機運が醸成された。その際に、学校関係者評価をどう活かすかという点についても、研究推進委員会での議論が有用であったことは明らかであろうし、第三者評価においても地域在住者を選任することで、町全体の教育の活性化が企図されていたと言えよう。とくに学校を評価するという経験は、学校をよりよく知り、学校や教育に対する責務を感じるという経験を生み出すことにつながる可能性が高い。
　第二の点、評価システムの構築が研究開発という形式をとったことが、比較的多くの実践者（学校関係者、教育行政関係者）と研究者を研究と実践に参画させてきた。その意義は次の3点から指摘できる。

一つは2006（平成18）年度の研究開始当初から、教育経営学を専攻する複数の研究者が研究推進の支援と助言を行ってきたということである。学校評価の本質的な意義を学校改善に見いだしたいという教育長の実践的な意向のみならず、現実の学校経営を研究対象として理論的な蓄積を図ってきた複数の研究者の実践への関わりが、学校評価を単なる上意下達の制度としてではなく、意味ある制度の構築への原動力になったと考えられる[10]。

　このことは、評価システムが理念レベルから構築され、共有されるという効果ももたらした。実践者と研究者が立場や関心は必ずしも同一ではなかったかもしれないが、よりよい学校づくりを目指すという基本的な理念を共有していくことが、本町の学校評価システムを構築するにあたっての大前提になっていたと考えられる。

　二つは、学校評価システムの構築に当たって、教育委員会事務局と各校の管理職の積極的で意欲的なコミットメントがなされたという点である。そもそも教育委員会事務局の意欲と各校の管理職の理解と積極的な関与がなければ、各校での自律的な学校評価体制づくりや各校に対する第三者評価の実施は不可能だった。各学校で学校評価が実質的に役に立つと感じられるかどうかは、評価の内実が学校の現実に即したものであるかどうかで問われる。各学校で行われる学校評価が学校の現実に即したものになるかどうかは、学校評価システムの設計にかかっている。本町の場合には、研究開発というスタイルを採ったことで、各校の現場の実状に基づいたシステムづくりができたと言える。

　三つは、町内8校すべてがシステムづくりに参画し、各校の学校評価の実践を行ったということである。町内の全校が問題点やノウハウを出し合いながら共通理解を深めるとともに、各校の教育の独自性を活かしながら評価実践を推進する仕組みが探求された。また、研究推進校を設定して一般校へ拡大する開発普及型と異なり、各校において生起する課題や現場の知を共有しながら、問題解決を図ったことも町内8校が個性を活かしながら歩調を揃えて実践推進することにつながったと考えられる。

　第三のローコスト・ハイパフォーマンスを目指す評価とは、学校評価は学校にとって有用なものでなければならないという考え方を象徴的に捉えたものである。とくに本町の評価研究委員会においては、学校が「評価のための

評価」に振り回されてしまっては本末転倒になるという意見が学校現場のみならず研究開発の過程においても繰り返し強調され、基本的な合意として、学校評価システムの基本コンセプトになった。ハイパフォーマンスという点に関して言えば、各学校が教育目標を明確にし、組織的な取組を効果的に行えるようになったという感想を多くの管理職が持っており、また、学校評価の営みを率先してきた教育長自身も「学校評価が予想外の成果をあげている」という認識に立っている。[11]

学校の教職員の負担感は成果と相殺されるためか、アンケート結果を見る限り負担を強く感じているという傾向は表れておらず、その点では低負荷というねらいは達成していると言える。なお、第三者評価に係る必要経費は、2009（平成21）年度の実績では、チーム型で行う場合には1校あたり1回4万円程度の費用がかかる計算となり、その大部分は人件費と交通費が占めるものであった。[12]

(2) 総 括

以上、本町の学校評価システム構築は、本町の独自の文脈において構築されたということができる。町の実状やリーダーシップのあり方、研究者の関わり方などについてはどこでも普遍的に適用できる条件ではないかもしれない。しかし一方で、学校評価システムを構築するための共通要件として以下のような示唆が得られると考えられる。

①評価目的あるいは評価理念に関する合意。本町の場合は、学校関係者評価はもちろん、第三者評価においても、「学校をよりよくするため」という基本方針が明確であった。この点への強い合意があったため、学校が評価委員に対して、また評価委員が学校に対して、猜疑心や敵対心を抱くことがない状態で評価活動を行えたと考えられる。

②評価目的の妥当性。本町の場合、エンパワーメントを学校評価の目的に据えたと考えられる。「学校の応援団」「元気が出る学校評価」という合い言葉が常套句のように用いられ、評価が学校の長所を見つけ、学校の教育力を高めることを目指していた。本町のような小規模の自治体の場合、競争意識をあおることによって各学校に改善努力を期待することは、学校の持つ資源の点からも限界があると考えられる。

③負荷の小さい実施体制。自己評価、関係者評価、そして第三者評価のいずれにおいてもできるだけ「省エネ」でという方針が一貫していた。例えば、学校評価書は、自己評価、学校関係者評価を含め、A3用紙1枚で作成することを原則としている。現実的な負担は皆無ではなかったと思われるが、できるだけ負担をかけないで、できるだけ大きな効果を生み出すことが目指された。そのために、評価活動でも焦点を絞り、有用性を高めることが目指された。

④有用性を重視した評価。評価のための評価に陥らないようにすることが再三強調され、そのため自己評価においては、各校の教育目標の重点項目に沿った評価項目および評価基準が設定され、日常の教育実践の重点化と結びついていった。しかも、この重点項目は各校ではプロジェクト活動として設定され、その主導者としてミドルリーダーが活躍することになる。第三者評価においても、全方位的・網羅的評価は避け、学校の重点目標を評価対象に据えた数領域と限定し、それぞれに対する観点も、取組体制、方法の開発・共有、実践・実施、成果と課題の4点に絞られた。また、教育委員会は評価結果に基づき、可能な支援を行ったこともさらに重要である。2008（平成20）年度の第三者評価において指摘された事項に対して、教育委員会が協力的な対応を見せたことで、評価が実質的に役立つという認識も強まった。

⑤評価を特別視することなく、日常的なルーティンの中に組み込むこと。本町の場合、評価の持つ評定機能の性格は薄まったと考えられるが、（上記①、②）、そのために評価が改善のツールであり、それをどう使いこなすかのほうがより重要な課題だと考える向きが強くなってきた。例えば、評価の有用性を高めるために活動するミドルリーダーが重点項目の達成度を捉えるために、随時進捗状況に目配りをし、結果として教職員一人ひとりが自覚を持って仕事に取り組む状況が生まれた。さらに、教育委員会自体も学校改善を学校評価だけに期待するのではなく、研究指定校の受託など様々な手法を通じて学校を改善し、しかもより質の高い学校づくりを追求してきたという背景も見逃せない。

⑥小規模自治体の独自性を活かすこと。冒頭に述べたように、本町の規模の場合、教育委員会が全8校の学校の概況を把握し各校に直接的な働きかけを行うことは、比較的困難度は低い。教育長にも「学校評価がなくても、学

校の様子はある程度わかり、大まかな課題も把握できる」という認識はある[13]。しかし、それでもなお、学校評価を行うことで「学校（校長・教職員）がソトのことを意識する」契機になり、それが学校によりよい効果をもたらすものだと考えられている。

　自治体規模が大きくなると、市場的な競争性の仕組みづくりを学校評価に期待するという意味合いが含まれてくるかもしれない。しかし、本町では一律の基準による比較や競争を目論むためではなく、各校に啓発的・啓蒙的な働きかけを行い、自省的な改善をもたらすための仕組みとして学校評価システムが構築されてきている。それは小規模であることの利点を生かした取組の成果であり、他の同規模自治体にとっても学校評価の意義を考え、学校評価を進捗させるための参考モデルになると思われる。

　謝辞
　本稿作成に当たり、各種の情報や資料の収集等に関しまして、当時の矢掛町教育委員会教育長　武　泰稔氏、同指導主幹　岡野浩美氏をはじめ、多くの関係者の方々の協力を頂きました。この場をかりて厚くお礼申し上げます。

〈注〉
(1) 2006・2007（平成18・19）年度「義務教育の質の保証に資する学校評価システム構築事業研究」、2008（平成20）年度「都道府県・市区町村が主体となる学校の第三者評価に関する調査研究」、2009（平成21）年度「第三者評価ガイドラインの策定に向けた実地検証（地方実施型）」、2010（平成22）年度「学校評価・情報提供の充実・改善等に向けた取組」
(2) 矢掛町教育委員会「義務教育の質の保証に資する学校評価システム構築事業研究報告（中間まとめ）」2007（平成19）年3月による。
(3) 筆者の矢掛町教育長に対するインタビューによる（2009年1月7日実施）。
(4) 文部科学省ガイドラインの改訂に併せて、外部評価および外部評価委員会は学校関係者評価および学校関係者評価委員会と改称しているが、図等の資料では当時の表記で示してある。
(5) 矢掛町第三者評価研究委員会・第三者評価委員会　編（2009年）参照。
(6) 矢掛町学校評価システム構築事業運営委員会・同評価委員会（編）2008年に報告された各校の取組事例での報告による。
(7) 以下、本節における第三者評価は試行として実施されているが、とくに強調する場合を除いて「試行」という表記を省く。
(8) 文部科学省ガイドライン〔平成22年改訂〕（29頁）では、第三者評価の具体的な実施体制について、次のような例が示されている。
　(ｱ)学校関係者評価の評価者の中に、学校運営に関する外部の専門家を加え、学校関係者評価と第三者評価の両方の性格を併せ持つ評価を行う
　(ｲ)例えば中学校区単位などの、一定の地域内の複数の学校が協力して、互いの学校の教職員を

第三者評価の評価者として評価を行う
　　㈹学校運営に関する外部の専門家を中心とする評価チームを編成し、評価を行う
⑼　学校評価やかげバージョン（リーフレット）は http://www.town.yakage.lg.jp/kyouiku/leaflet.pdf より入手可能である。（2012 年 6 月 30 日現在）。
⑽　岡山県内には短期大学を含めて 27 の大学があり、そのこと自体も有利な条件であったと言える。
⑾　武　泰稔、「はじめに」『学校力を培う学校評価』、三省堂、2011 年。
⑿　2009（平成 21）年の決算報告に基づき学校評価を行った月の月額支出より 1 校あたりに要した費用を概算した。
⒀　筆者の矢掛町教育長に対するインタビューによる（2009 年 1 月 7 日実施）

〈参考文献〉
Guba, E. and Licoln, Y. *Fourth Generation Evaluation*. CA: Sage. 1989.
木岡一明『学校評価の「問題」を読み解く』教育出版、2004 年。
文部科学省『学校評価ガイドライン〔平成 22 年改訂〕』、2010 年。
Patton, M. Q. *Utilization-Focused Evaluation*. (4th ed.) CA: Sage. 2008.
パットン、マイケル・クイン　大森彌監修・山本泰・長尾眞文（訳）『実用重視の事業評価入門』清水弘文堂書房、2001 年。（原著：1997）
Stufflebeam, D. L., Shinkfield, A. J. (Eds.) *Evaluation Theory, Models and Applications*. CA: Jossey-Bass. 2007.
諏訪英広、福本昌之、小山悦司、佐々木弘記、岡野浩美「学校評価システムの構築に関する事例研究──組織マネジメントの視点から」日本教育経営学会第 49 回大会発表資料、2009 年。
諏訪英広、福本昌之、小山悦司、岡野浩美、高瀬淳「学校改善を促す第三者評価システムの開発プロセスと実践──矢掛町における取組事例」日本教育経営学会紀要、第 53 号、pp.102-112、2011 年。
The Joint Committee on Standards for Educational Communication. (1994) *The Program Evaluation Standards. 2nd Ed.* CA: Sage.
Weick, K. E. *The Social Psychology of Organizing (2nd. Ed.)* New York: McGraw-Hill. 1979.
矢掛町教育委員会「平成 18 年度　義務教育の質の保証に資する学校評価システム構築事業研究報告（中間まとめ）」、2007 年。http://www.town.yakage.lg.jp/kyouiku/18houkoku.pdf（2012 年 6 月 30 日最終確認）。
矢掛町学校評価システム構築事業運営委員会・同評価研究委員会編「『学校力』を培う学校評価──矢掛町のチャレンジ」、2008 年。
矢掛町第三者評価研究委員会・第三者評価委員会編「学校運営の改善を図る矢掛町の第三者評価の試み」、2009 年。
矢掛町第三者評価研究委員会・第三者評価委員会編「『学校力』を培う学校評価──矢掛町の第三者評価」、2010 年。
矢掛町評価研究委員会・評価委員会編「『学校力』を培う学校評価──矢掛町の第三者評価・専門評価」、2011 年。

岡山県矢掛町学校評価書書式（平成22年度）

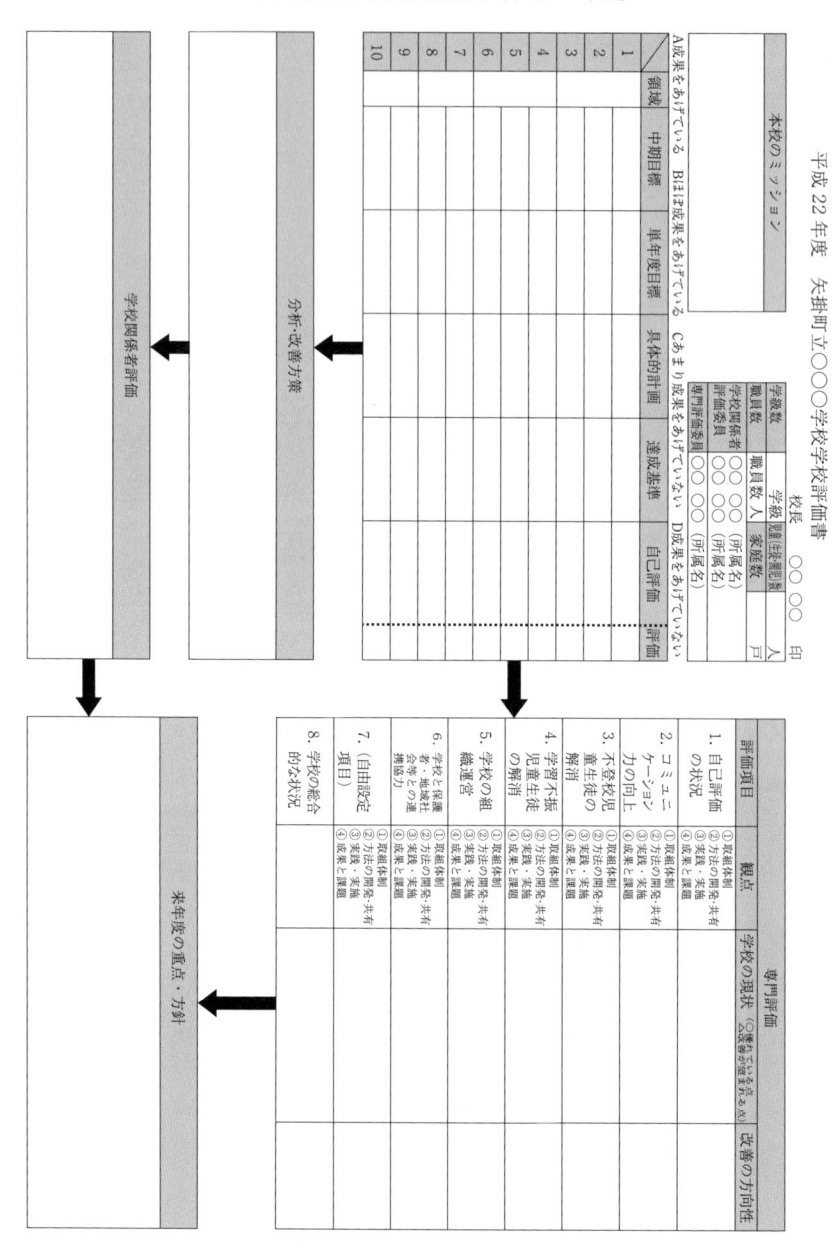

平成22年度　矢掛町立〇〇〇〇学校学校評価書

校長　〇〇　〇〇　印

学級数	職員数（任期別）	家庭数
	職員数　人	戸

本校のミッション

学校関係者	〇〇（所属名）
職員関係者	〇〇（所属名）
評価委員	〇〇（所属名）
専門評価委員	〇〇（所属名）

領域	中期目標	単年度目標	具体的計画	達成基準	自己評価
1					
2					
3					
4					
5					
6					
7					
8					
9					
10					

A:成果をあげている　B:ほぼ成果をあげている　C:あまり成果をあげていない　D:成果をあげていない

↓　分析・改善方策

↓　学校関係者評価

評価項目	観点	学校の現状（〇できている点、△改善を要する点）	専門評価 改善の方向性
1. 自己評価の枠組	①取組体制 ②方法の開発・共有 ③実践・実施 ④成果と課題		
2. コミュニケーション力の向上	①取組体制 ②方法の開発・共有 ③実践・実施 ④成果と課題		
3. 不登校児童生徒の解消	①取組体制 ②方法の開発・共有 ③実践・実施 ④成果と課題		
4. 学習不振児童生徒の解消	①取組体制 ②方法の開発・共有 ③実践・実施 ④成果と課題		
5. 学校の組織運営	①取組体制 ②方法の開発・共有 ③実践・実施 ④成果と課題		
6. 学校と保護者・地域社会等との連携協力	①取組体制 ②方法の開発・共有 ③実践・実施 ④成果と課題		
7. （自由設定項目）			
8. 学校の総合的な状況			

↓　来年度の重点・方針

第10章 集団ヒアリング型第三者評価を活用した学校評価システム
——品川区

木岡一明

はじめに

　品川区教育委員会は、2000（平成12）年度から「学校選択制」を導入し、学校に対して保護者・住民から「選ばれる側」という位置づけを与えた。これに伴い、教育委員会の重点施策を「特色ある学校づくり」に定めた。それは、人々から選ばれるだけの「特色」づくりの推進と、その「特色」「成果」を基盤とした学校の確立を求めたからである。そして、学校の打ち出す「特色」、学校が拠って立つ「成果」の妥当性を検証・強化する仕組みとして、「学校評価システム」の確立を進めてきた。

　品川区の「学校評価システム」確立の動きは、国に先駆けており、今日の文部科学省版「学校評価ガイドライン」が描くシステムとは、用語法の点や組み立てにおいても異なる点が少なくない。以下では、品川区の用語法に沿いつつ、文部科学省版「学校評価ガイドライン」との対比を念頭において、そのあり方を見ていく。

　なお、品川区版「学校評価システム」は、学校の「外部評価」（教育専門家を評価委員に含む「学校関係者評価」類似の仕組み）を導入した第一期（2002〜05（平成14〜17）年度）、学校単位の外部評価（校区外部評価）に加え、専門外部評価（各評価対象校から対象者を集めての集団ヒアリング型第三者評価）を導入するなどのシステム改変を行った第二期（2006〜11（平成18〜23）年度）、そして、専門外部評価方法のあり方を修正（評価対象校を評価委員が訪問して対象者を集めて行うヒアリング型第三者評価）した第三期（2012（平成24）年度〜）に分けうる。第一期では学校と地域との協働関係が高まったものの、経営論的視点に立った小中一貫教育の確立など専門的な掘り下げには

いまだ課題を残していた。第二期では、そうした事態の改善は進んだものの、校区外部評価と専門外部評価との関連づけ、各学校における自己評価と内部評価との関連づけなどに課題を残していた。

本章では、品川区版「学校評価システム」の概要を整理した上で、その特質と課題を、実際の「専門外部評価」でのヒアリング結果を通じて明らかにしていこう。

1 品川区版「学校評価システム」の概要

第一期において各学校に置かれた外部評価委員会は、主に校区内の居住者から選出された人々で構成されたがゆえに、地域協働を推進する上で効果を発揮した。また、委員長の多くは教育の専門家であったゆえに、委員会での意見調整もおおむね円滑に進められた。

品川区が「外部評価」の導入を図って3年目の2004（平成16）年度において、外部評価者に実際に選任された人々の内訳をみると、1校平均5.8名であり、学識経験者は16％（58名）、PTA関係者が38％（130名）、地域関係者は46％（164名）であった。さらに学識経験者についてみると、大学教員が36名（内、元学校管理職4名）、国立の研究職員が10名、区教委管轄外の元学校管理職（現大学教員を除く）が8名、その他（弁護士・クリニック院長・研究所常任理事・元文部省専門官）が4名となっていた。他方、地域関係者についてみると、町会関係者が53名、民生委員等が30名、地域施設関係者が24名、同窓会関係者が8名、学校支援ボランティア等その他が49名となっていた。こうした外部評価者構成は、教育経験よりも当該学校との関わりが重視されたものであった。それは、品川区の学校評価が、学校選択制と連動した顧客主義的指向が強いものであったからである。

しかし、実際には、要件の規定や選任の内訳からもうかがえるように、すでにその学校を選択したPTA関係者、選択時期を過ぎてもはや「選択する側」にいない地域関係者を中心にして構成されていた。このような構成は、「新しい学校評価」のねらいにおいて示されていたNPMの機能よりも、実は地域協働な学校づくりに機能する潜在力を有したものであった。しかも、いくら委員長が教育の専門家であっても、学校経営等の専門的な事項に

踏み込んだ評価や提言をなしたり、授業や学級経営をはじめとした様々な教育領域に踏み込んだりするには限界があった。そのため、より専門性の高い外部評価を行える仕組みについて部会を設けて検討を重ねた結果、2006（平成18）年度から、毎年度8月から翌年度7月を1単位年度とし、その単位年度内において、これまでの各学校の外部評価を「校区外部評価」として継続する一方、新たに専門家による第三者評価を「専門外部評価」として実施することになった。そこで、具体的なシステムを構成するための議論を重ねていった。

　第一に、どの専門領域を対象とするかが問題となった。品川区における教育改革の基本デザインである「プラン21」の考え方からして、当然に外せないのは学校経営と教育課程（カリキュラム）であった。さらに、近年の学校事故や不審者問題、不正経理などが多発している情況を勘案して、教育法務、学校財務の領域に重点化することになった。それに伴って、専門家の確保がさらなる問題となった。そこで、これまで品川区の教育改革に検討委員や外部評価委員長として関わり品川区の実態について理解のある学識経験者の中から、各分野の専門家に依頼することになったものの、学校財務については適任者が得られなかったため、品川区で財務や監査などに関わってこられた方の中から選任することになった。

　第二に、区立小・中学校すべてを対象とするには様々な制約があった。「専門外部評価」委員の日程調整や時間の確保が困難を伴うことは明白であったし、謝金等の費用面でも無理があった。そこで、毎年、数校ずつを対象とすることで単年度の負担軽減を図ろうとしたが、長い評価周期では評価の効果が薄れるために、対象校を絞るにも限界があった。

　そのために、第三に、評価方法上の問題が派生した。文部科学省が第三者評価試行において採用した評価チームによる訪問方式では、日程の関係から対象としうる学校数が限られすぎてしまうからである。そこで、ヒアリングの席上での各校の取組説明を互いに聴くことによって、対象校間の情報交流が促進されるメリットや力量のある者の発言が他の対象者への刺激になりうることも斟酌し、対象校から提出された書類に沿った集団面接によるヒアリング法を採用することとした。その上で、面接回数は、各校の取組の経緯が把握できるよう時を隔てて年間4回、行うことにした。また各回のヒアリン

グ対象者は、校内のコミュニケーション活性化を促すとともに主幹教諭・主任教諭のミドルリーダーがその中心的な役割を担うよう、そして評価者からすると異なる立場からの実態把握を企図して、第1回（8月実施予定）は校長、第2回（10月実施予定）は主幹（未配置校は主任）教諭、第3回（4月実施予定）は副校長、最終回（6月実施予定）は再び校長とした。

　こうした運営システムとは異なる次元で問題となったのは、「専門外部評価」結果の扱いであった。もちろん、教育長への報告にとどまらず各校に示されるが、その重みづけをいかにするかが問題であった。つまり、「専門外部評価」委員会に、評価結果に基づく是正勧告権を持たせるかどうかが論点であった。結局、そこまでの権限を持たせるのは、評価方法上からも妥当性に問題が残り委員の責任も過重となると判断し、改善提言にとどめた。

　その「専門外部評価」は、2009（平成21）年8月〜2010（平成22）年7月で全校一巡した。それに伴って、校区外部評価の評価表に修正が加えられたが、この段階ではシステム全体の変更はなされなかった。そこで、以下、そのシステムの概要をまとめよう。

　これまでの「学校評価システム」との相違は、『品川区の学校評価の手引き　平成22年8月版』に、「新しい学校評価システムの特徴」と題して、次の6点にわたってまとめられていた。すなわち、①上述した「専門外部評価委員会」の発足、②評価期間を8月から翌年の7月までとする変更、③「校区外部評価に関する協議会」の2部制（前半部に校長の学校経営方針がどのような方策で実施されているかを、副校長や主幹教諭が報告。後半部に評価結果の報告と協議）、④内部評価項目と外部評価項目の同一化、⑤学校評価説明会、「校区外部評価に関する協議会」への全教職員参加、⑥「校区外部評価」委員への近隣小中学校管理職の参加、がその内容である。

　これまでのシステムにおいては、学校評価がマネジメント・サイクルにうまくリンクできていないことが検討部会で問題となった。その原因を探るに、第一に、評価結果が予算や人事に反映されていないこと、第二に、外部評価について校内での共通理解が不十分であること、そのために第三に、外部評価のための内部評価にとどまり、各学校が別途、独自に実施している校内評価と外部評価・内部評価の関連づけが弱いこと、第四に、小中一貫教育と外部評価との繋がりが弱いこと、第五に、外部評価項目が抽象的でしかも

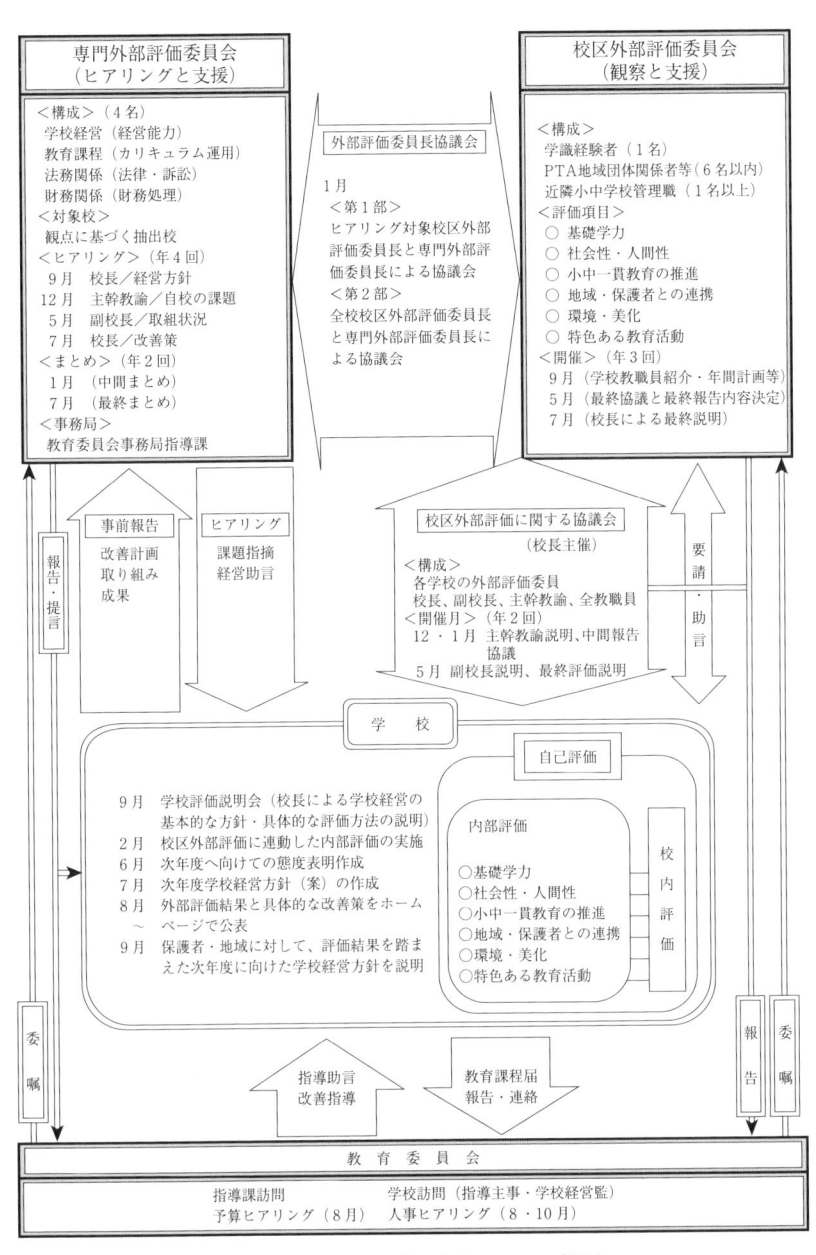

```
┌─────────────────────────┐         ┌─────────────────────────┐
│ 専門外部評価委員会      │         │ 校区外部評価委員会      │
│ （ヒアリングと支援）    │         │ （観察と支援）          │
├─────────────────────────┤         ├─────────────────────────┤
│ <構成>（4名）           │ 外部評価│ <構成>                  │
│ 学校経営（経営能力）    │ 委員長  │ 学識経験者（1名）       │
│ 教育課程（カリキュラム運営）│ 協議会 │ PTA地域団体関係者等（6名以内）│
│ 法務関係（法律・訴訟）  │         │ 近隣小中学校管理職（1名以上）│
│ 財務関係（財務処理）    │ 1月     │ <評価項目>              │
│ <対象校>                │ <第1部> │ ○ 基礎学力              │
│ 観点に基づく抽出校      │ ヒアリング対象校外部│ ○ 社会性・人間性        │
│ <ヒアリング>（年4回）   │ 評価委員長と専門外部│ ○ 小中一貫教育の推進    │
│  9月 校長／経営方針     │ 評価委員長による協議会│ ○ 地域・保護者との連携  │
│ 12月 主幹教諭／自校の課題│ <第2部> │ ○ 環境・美化            │
│  5月 副校長／取組状況   │ 全校区外部評価委員長│ ○ 特色ある教育活動      │
│  7月 校長／改善策       │ と専門外部評価委員長│ <開催>（年3回）         │
│ <まとめ>（年2回）       │ による協議会│  9月（学校教職員紹介・年間計画等）│
│  1月 （中間まとめ）     │         │  5月（最終協議と最終報告内容決定）│
│  7月 （最終まとめ）     │         │  7月（校長による最終説明）│
│ <事務局>                │         │                         │
│ 教育委員会事務局指導課  │         │                         │
└─────────────────────────┘         └─────────────────────────┘
```

図10-1 品川区学校評価システムの概要

内部評価項目との対応関係が曖昧であることが浮かび上がった。

　そこで、予算・人事ヒアリングの時期を勘案して年間の評価サイクルを見直し、校長の学校経営態度表明、学校経営方針や教育課程届の提出時期、校内評価の時期などとのリンクを強化することにした（上記②の変更）。さらに、校内での学校評価理解の浸透を図り外部評価への教職員の関わりを強めるために上記④⑤の変更を、その推進力となる副校長や主幹教諭・主任教諭のマネジメント力向上を企図して上記③の変更を、その上で、小中一貫教育とのリンクを強化し外部評価の充実を図るために、項目の見直しや委員の追加（上記④⑥の改正）を行った。

　前ページの図10-1にあるように、「専門外部評価」と「校区外部評価」を二軸にした外部評価が、学校の自己評価を取り囲む形で組み立てられている。「校区外部評価」は学校の内部評価と直結しており、上述の学校評価表に沿って実施された内部評価結果をもとに、学校側の説明や観察を通じて「校区外部評価」委員が評価することになっている。

　他方、「専門外部評価」は、「校区外部評価」や学校の内部評価、自己評価の結果も含め、上述したように、各学校の取組を学校経営、教育課程、教育法務、学校財務についての専門家が、事前に提出された資料と対象校の管理職、主幹（主任）教諭へのヒアリング結果をもとに評価するものである。さらに、「校区外部評価」委員と当該校の教職員とを繋ぐために、各校の校長が主催する「校区外部評価に関する協議会」が年間2回、「専門外部評価」のヒアリング時期に対応して開催される。また、「校区外部評価」と「専門外部評価」を繋ぐために、「外部評価委員長協議会」が「校区外部評価」の中間評価がなされる時期に合わせて開催される。「外部評価委員長協議会」は、2部構成になっており、第1部はヒアリング対象校の委員長を対象に、第2部はすべての学校の委員長を対象に開催される。

2　学校評価システムの到達点

　制度改革は、目に見える変化が早い。しかし、その制度理念が浸透しマネジメントが機能していくには時間がかかる。品川区は、早くから学校選択制度を改革ツールにし、小中一貫教育の確立を掲げて制度改革を推進してき

た。学校評価はそうした制度改革をマネジメント改革に落とし込んで、制度理念の浸透を推し進めることにねらいがあった。

　この間、筆者を委員長とする「専門外部評価」委員会としては、そうした課題の克服に資するよう、各学校の自律的な営みの根幹をなす、目標の系統化とカリキュラム・マネジメントの確立、コンプライアンスやコストに対する鋭敏な対応、複雑な学校の日常に対処しうるミドルリーダーの育成などに重点を置いてヒアリングと助言や要請、そして評価に取り組んできた。それによって、たとえばステップアップ学習等の仕組みが作られ、見かけでは体系的な９年間の教育課程が示されてきた。また、危機管理マニュアルや私費会計事務処理ガイドも整えられ、一定の整備が果たされてきた。

　しかし、これだけの取組を通じて「専門外部評価」による改善提言を重ねてきたのに、第２期末期においていまだ十分に「学校評価システム」が機能しているといいきれない状況にあった。第２期の最後の「専門外部評価報告書」において、筆者が記した「学校経営」についての「総括的評価」では、「各学校へのヒアリングから浮かび上がってくる一般的な姿は、学年や教科がまだバラバラであり、授業研究についても頻度はあがったものの９年間を見通すという視点が不明確であったり、各教科と市民科との連動性が示されていなかったりといった状況である。だから、毎年、繰り返し、目標の系統化の必要性を説き、各校の課題をどのように把握し、中期的にどのように取り組んでいこうとするのかを問い続けてきた」と書き起こした。さらに、「他区からの転任者や新任者には戸惑いがなおあるものの、多くのヒアリング対象者は、比較的、慣れてきている様子がうかがえる。しかし、その『慣れ』は場合によっては緊張感の欠如をうかがわせ、前回の専門外部評価報告書さえも読み返した痕跡がみえない学校も少なくない。当日のヒアリングでも、応答に適切さを欠く例も多く、その場をしのぐ姿勢さえも見え隠れする」として、「結局、今回も、昨年度とまったく同じ事項を、問題として提起しなければならない状況にある。このことは、専門外部評価の限界を示唆している」とした。そして、「専門外部評価の廃止が妥当である。このままでは、ただ形式的に学校評価を行っているに過ぎず、抜本的に学校評価システムを再構築することが不可欠である」と結論づけた。

　では、これまでの取組によって、品川区版「学校評価システム」は、どこ

まで到達したのであろうか。以下では、第2期末期（2009～10（平成21～22）年度期）での学校経営に関する評価ヒアリング等を通して浮かび上がってきた、品川区版「学校評価システム」の到達点を整理していこう。

(1) 評価サイクル

「専門外部評価」の導入に伴って、上述したように、学校評価のサイクルを従来の4月から3月という教育サイクルとずらして8月から7月というサイクルに変更した。そのねらいは、前年度の取組に対する十分な点検と新年度の状況についての精緻な分析を加える時間の確保にあった。そもそも教育活動は間断なく連続して展開されているものであり、いつから始めても、その連続的な視点を持って臨めば、学校の動きは評価しうる。これまでの学校評価が形骸化してきたのは、評価に耐える目標、計画の不備、評価を根拠づけるデータの不備によるところが大きい。じっくりと学校の実態を分析し、その分析に基づく目標と計画の策定を行い、なおかつ全教職員がその計画化段階に深く関わることを可能とするのは、異動や入学による不安定さが落ち着き、かつ協議時間が十分に確保できる長期休業期間をおいて他にない。

このサイクルについて、新任校長や他区からの転任校長からは好評であった。たとえば、あるベテラン校長は、「学年配置・校務分掌等について8月までに反省して、次年度に向けての方針・人事が見えてくる」と述べ、別の新任校長は「6月からこうやりたいと思い、形にし始めたのは7月だった。副校長・先輩の校長に相談した。職員との対話の中で、主幹・主任教諭を頼りにして意見を求めた。出せる情報はできるだけ出して、共同経営者と位置づけている」と述べていた。このように、計画時期を長く確保することによって、戦略的に学校経営を考える校長も出てきていたのである。

また、「今年度校長になった者にとって4、5月はバタバタしている。1学期にじっくり練り、私なりの経営方針が出せるということは有難かった」と述べる校長がいるように、新任校長からしても適応しやすいシステムであったことがうかがえた。一方、ある新任校長は、「副校長時代は、専門外部評価のマネジメント・サイクルに納得していなかった。校長になってからは非常に戦略が立てやすいサイクルだと認識した。現状がわからない1学期については昨年の方針で進め、2学期以降については、私の経営方針で進めてい

くと教諭に言った」と述べていたように、校長として方針策定を経験しないとその有効性が実感できなかったといえる。

　ただし、そのことが学校経営の成熟に直結したわけではない。ある校長は「様々なデータは夏ぐらいにまとまるので、それを基に経営方針を立てるには絶好のサイクルだと思っている。ただ、教諭が理解しているかは別でどのように理解させていくかが課題である」と述べていたが、それは、そうしたデータを根拠に職員は教育活動を構想していないことを示唆している。そのことは「単発的なものが多く日常化していない。教師の中に9年間という意識が薄い。個々の教師は頑張っているが、組織的な対応ができていない。（だから重点事項に）経営方針の共通理解と共通実践をあげた。個々の教師がそれぞれの判断で動くのではなくて、経営方針の考えに基づいて動いていく。バラバラな実践を行うのでなくて学力・生活指導等についても組織として共通の動きをしていくことを指導している」と述べた校長がいることからもうかがえる。

　あるベテラン校長が「過去から現在をみて何が必要かを考えるあり方から先を見て今を考えるようになってきた」と述べていたように、単年度の思考ではなく、中期目標のもとで年次計画を打ち立て、その実施過程に沿って短期計画とその実施、評価を重ねていくならば、始期が問題なのではなく、各期の連続性こそが重要だと理解されよう。

　確かに、これまでのヒアリングでも、評価サイクルについて、なお4月開始を求めるベテラン校長がいた。ベテラン校長からすると、4月期の変動を乗り越える力量があり、8月を待つのは時間が惜しいということであった。しかし、ともあれ、第2期末期には、この評価サイクルは定着していくようにうかがわれた。ところが、第3期からは、また4月〜3月の周期に戻ってしまった。上述した戦略的な思考が区全体的なものにまで浸透していなかったのである。

(2)　評価指標とシート活用

　ある学校は、「落ち着いた態度で授業を受けることができている」という観点に対して、「平均値以上の成績」という指標の設定をしていた。しかし、これでは観点に対する指標となっていない。別の学校は、計画した活動

の90％以上を確実に実施できるようになると書かれていて、取組指標に終わっていて、90％以上の取組が達成できたら、子どもたちにどんな力が付いたのかという成果指標はあがっていなかった。この成果指標の設定は確かに難しい。子どもたちがどれだけ成長したのか、何を見て判断するのかは、今後も、実際の結果と対照させながら、取組の進展によって、何がどう変化していくのかの追跡をしていく必要がある。しかし、そうした研究的な視点が見られず、満足度や周知度、実行度を把握することに置き換えて、むしろアンケート主義に陥ってしまっているように見受けられる。

一方、「専門外部評価」でのヒアリングに際して、校長だけでなく副校長や主幹・主任教諭に対しても、取組の重点を記載し、それをどう具体化していくのかを書き込む「ビジョン展開シート」（**図10-2**）の提出を求めてきた。

ところが、これまで多くの副校長、主幹・主任教諭は校長の書いたシートをほぼそのままの形で提出してきていた。そのため、この年度では、強く自分の立場で、学校経営方針を受けて何に重点を置いて取り組むのかについて書くよう求めた。

このことについて、ある主幹教諭が「自分で書けたところと、まったく書

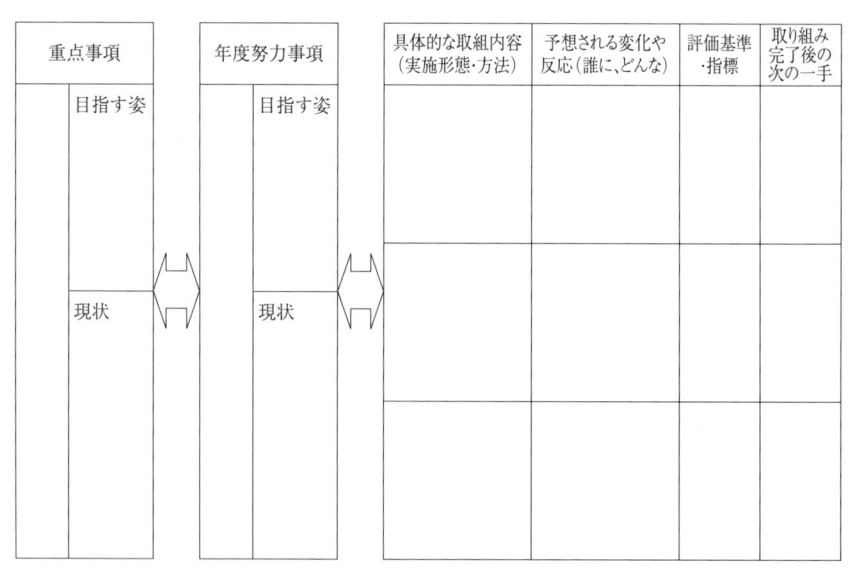

図10-2　ビジョン展開シート

けなかったところがあった。書けたところは、校長のビジョンに対して自分としての施策がうまくもてているところだと判断している。書けなかったところは、まだまだ足りないところ、もしくは管理職が中心となってグイグイと行く部分へ追いついていないところだと思う。自分がやっていること、やれていないこと、これからやらなければならないことが明らかになった」と述べていたように、一定の理解が浸透し、自己反省の契機になっていることがうかがえた。

ある主任教諭は「今年度から教務主任になり、今までとは役割が違うのだと改めて感じた。主任教諭として今の立場で書くように、校長、副校長から指導を受けて書いたが、まだまだやるべきことがたくさんあると思った」と述べており、別の主任教諭も「今年度、教務主任という立場に初めてなり、今まで学級や学年を超えて全体を見たことがほとんどなかったので、初めて全体を見て書くことができたことが自分にとっての成果である」と述べていたように、学校全体を見渡す見取り図として機能していたことがうかがえる。またある主幹教諭が「これを書くことにより、自分のなかで業務が整理されてきている」と述べていたように、自己の所掌範囲を確認するものとしても機能していることもうかがえた。

このように、評価基準や評価指標の設定には多くの問題を残しながらも、「ビジョン展開シート」がしだいに取組の重点化や系統化を推進するツールとして機能していたことがうかがえた。

(3) 専門外部評価

先述したように、「専門外部評価」は全校を一巡した。したがって、この年度に対象となった各校には、前回の「専門外部評価報告書」があった。また、各学校や多くのヒアリング対象者は、すでに「専門外部評価」ヒアリングでも種々の指摘やアドバイスを受けた経験があった。では、その報告書やアドバイスはいかに活用されていたのか。

異動のため2年連続対象校となった学校の校長は「昨年度の指摘をとおして、個人情報の管理や、マニュアル作りなど、日々徹底を図るよう指導している。教材は一括で口座引き落としになっているので、通帳・印鑑の保管場所を変える準備に入っている。2学期途中から名義変更を行う。明朗な会計

の管理を行っていく。」と述べており、指摘への改善指向がうかがえた。また ある校長は「報告書で指摘された課題を一つ一つチェックを入れていき、学校経営のアウトラインの作成に生かした」と述べており、報告書活用の様子がうかがえた。

ところが、主幹・主任教諭となると、「資料はもらったのだが、しっかりとは読めていない」「読まなければいけないと思いつつ、読んでいない」「校長から読むように指導も受けている。しかし、ちゃんと読めていない」などと述べた者が大半であり、ほとんど活用されていなかった状況が浮かび上がった。

また、「専門外部評価」対象校の「校区外部評価」委員長を対象とした「外部評価委員長協議会」でも、「専門外部評価」ヒアリングの内容について「校区外部評価に関する協議会」で特段の報告がなかったというケースが多かった。

以上の点からすると、「専門外部評価」は、校長の認識変容には効果が認められるが、主幹・主任教諭レベルまで届いていなかったといわねばならない。

3　学校評価システムが当面している問題

これまでの「専門外部評価」を通じて、「校区外部評価」による保護者や地域での学校理解が深まり地域協働が進んだものの、①目標設定が甘く抽象的で重点化が図られていない、②達成目標と連動させた戦略計画、行動計画が創られていない、③内部評価がただ職員の回答を集めただけの集計となっており組織的評価になりえていない、④「校区外部評価」委員への情報提供がなお弱い、といった課題が明らかになっていた。さらに、第２期最後の評価報告書には、筆者は、次の８点を指摘した。
1. 評価報告書は、その後に参照されるほど価値を認知されていない。
2. 評価サイクルの定着よりも「けじめ」が優先されている。
3. 目標の系統性の有する意味が理解されていない。
4. ９年間を見通したカリキュラムとその成果検証がない、言い換えれば小中一貫教育が交流事業や合同研修の実施に矮小化されている。

5. ビジョン展開シートにおいて目標の達成度を測る根拠データが欠如している。
 6. 私費会計の処理が、依然、触法状況を脱していない。
 7. 取組が進んだのは、苦情対応などの危機管理の側面であり、それもマニュアルや記録簿の整備という、見かけ上、即座に不備が判明する部分であり、その運用においてはなお学校によって不備がみられる。
 8. こうした問題が明白であるにもかかわらず、教育委員会事務局は、提出された資料の不備や問題点についての事前の改善を求めるわけでもなく、特別な指導をしている痕跡もない。

そこで、その根底にある問題について、組織的な評価への指向と「校区外部評価」の活用という点から考察していくことにする。

(1) 組織的評価への指向の強化

教職員の「校区外部評価」委員との関わりは、協議会への出席や説明役を担うなどのことを通じて強まっている傾向がうかがえた。しかし、指導上のトラブルが発生している学校や保護者からの苦情対応が頻回に起きている学校もあったことから、教職員が組織的に自らを反省・評価することの意味や意義を浸透しきれていない状況も見られた。

この点と深く関わるのが、目標の系統性の弱さである。学校全体の目標が、個々の教職員の具体的活動や学級経営にまで一貫するものとなっておらず、教職員個々の取組や指導が全体目標のどの部分を担っているのかが不分明であった。だから、主幹・主任教諭に求めた「ビジョン展開シート」やその説明が、ともすると自己を主語にせず、校長と同様、学校を主語にしたものに終始するケースも少なくなかったのである。立場や経営次元が異なれば、全体のビジョン実現に向けて、自己の担う役割や取組は異なり、評価の視点や指標も具体のレベルが違ってくる。そのことの理解の欠如は、自己を主語にして語らないケースを生み出したのであり、組織的評価の弱さを物語る一例であった。

(2) 「校区外部評価」の活用の深化

「校区外部評価」については、多くの学校が対応に苦慮している状況がう

かがえた。総論的には、ある校長が述べていたように「厳しい目と応援の両方」を期待するとはいえ、実際は、多くの校長が述べていたように、普段の授業を観る機会に乏しく、評価に慣れておらず、学校や授業を観る目も十分でない委員は、評価が甘くなりがちで、応援団化しやすい傾向にあった。それだけに、ある校長が述べたように「評価を進めていく中で評価者を育てていく」ことが必要であった。また、別の校長が述べていたように、「校長の、評価を見る、診断する力が必要になってくるであろうし、話し合いの中で、外部評価委員の言葉とか、そこに書かれたことを読み取る力が必要である」といえる。

校長が必要とする情報を集めるのが自らの役割と述べていた副校長や地域にアピールすることや地域の声を集めることが自らの役割とする副校長がいたが、こうした「校区外部評価」委員が何を言わんとしているのかの情報把握に目を向けていくことや、「校区外部評価」と関わって地域の声に耳を傾ける姿勢が重要である。

なお、「校区外部評価」が甘くなりがちになる要因として、「外部評価委員長協議会」でもたびたび指摘されてきた、評価結果の公表問題がある。自らの厳しい評価によって学校選択にマイナスの影響を与えることを避けようとする意識が働くことが、甘い評価の原因の一つになっていると考えられる。さらに、厳しい評価を受けた、評価の趣旨を理解できていない教職員からの嫌悪や拒絶反応を被りたくないという心理も働いていたといえる。

(3) 小 括

以上の実態に即して今後の改善課題をまとめるならば、各学校の努力事項として、①目標の系統性、達成可能性を確保し、重点化された設定を行うこと、②そのことは学校経営レベルにとどまらず、学年・学級経営のレベルまで一貫させること、③そのためには、目標設定過程における教職員の参画、学校内部評価過程における教職員の組織的な関わりを促し、目標や評価基準の共有度を高めること、④小中一貫教育システムを活用して、学力分析、職能開発やミドルリーダー育成に関する他校の取組について情報収集に努め、参考となる取組の導入を図ること、があげられる。

他方、教育委員会の支援事項としては、①各校の教育方針等について共通

のフォーマットを作成すること、②マネジメント・サイクルが機能するよう、研修を企画するとともに、予算ヒアリングや人事ヒアリングの機会を活用して、目標設定→計画策定→取組→評価の過程をモニタリングできる仕組みを開発すること、③ミドルリーダーの育成を目途とした研修体系の確立と、主幹不在校の解消に向けた人事配置の工夫を行うこと、④校長会と共同して初任校長に対する指導を強化すること、⑤学校事務職員が学校経営スタッフとして機能できるよう学校経営における位置づけを図ること、などがあげられる。

なお、学校評価システムの構築という点からすれば、さらに「専門外部評価」と「校区外部評価」との関連づけを強化していくことが重要である。しかし、先述したように、「専門外部評価」委員長と「校区外部評価」委員長との協議が、日程調整がつかないために不調である。この点を克服するには、個別対応を含め、「校区外部評価」委員長と「専門外部評価」委員が懇談する機会を確保していくことが求められる。「専門外部評価」の折に、可能な範囲で「校区外部評価」委員長が臨席することも検討の価値があると考えられる。

4 「学校評価システム」が有効に機能するための条件

(1) データ分析に基づく戦略的計画の構築

第一の問題は、マネジメント・サイクルの確立である。先述したように、「専門外部評価」システム導入によって大きく変わったことは、マネジメント・サイクルを、従来の4月〜3月から9月〜7月にし、年度を跨いだ点である。このことにより、データ収集と分析を精緻に行う時間を確保し、その分析に基づいた次年度の計画を人事ヒアリング、予算ヒアリングにも活かすことをねらいにしてきた。

しかし、結局、このサイクルが区全体としては定着しなかった。その背景要因としては、教育委員会への種々の届出文書(特に教育課程届)が4月を起点としていることがあげられる。しかし、それ以上に、年度当初に校長としての方針を示して教職員を方向づけたいとの信念の強さが災いしていると

言わねばならない。

　ここには、入学してきた児童生徒や異動してきた教職員の特質や実態に応じた学校経営を推進するというマネジメント観ではなく、自らの経営方針を全面に押し出す経験主義的なマネジメント観が強く表れている。教育サイクルからいえば、確かに4月に始まり3月に終わる。しかし、感覚的にはいざ知らず、データ分析に基づく根拠が確かな教育成果の把握と今後の計画策定は、3月に終結しないのは明白である。3月中の実践を捨象することなく、成果と手だての因果関係まで明らかにする分析は、短時日で果たせるものではなく、しかも4月に加わった新たな学校内外要因（入学や異動、地域変動など）を顧慮できないからである。

　それでも一定の成果をあげている学校が確かにある。それは、校長の優れたマネジメント能力に拠るところが大きい。しかし、それだけにマネジメント能力が劣る校長に替われば学校経営は大きく負に変動する。すべての学校が安定した学校経営を展開するようにしていくには、勘や経験などの属人的な要因ではなく、データ分析に基づいて戦略を構築していく安定したシステムの確立が不可欠である。この点の理解を図っていくには、戦略構築システムに沿って各校が動けるように、「専門外部評価」において、提出資料の様式を整え、年間を通じて、その提出時期をスケジュール化することが必要であると考えられた。そこで、評価周期が元に戻った第3期では、その様式の整備と円滑な提出のスケジュール化を進めることになった。

(2) 主幹（主任）教諭の活用と育成

　主幹（主任）教諭が作成する「ビジョン展開シート」が、校長の作成したものと同じものになってしまうのは、自らの役割や立場を主幹（主任）教諭自身が明確にできておらず、実務を行う教員の目線になって考えていないことを意味している。

　そのことを反映して、主幹教諭に対する管理職の評価が多様だった。きわめて優れたという評価やその逆もあった。その背景には、主幹教諭という職務規定上の位置づけが曖昧であるということがある。都や区の規則には、主幹教諭が一体何をする職であるかということが明確に位置づけられておらず、その権限と責任について明記されていない。そのため、実態の中で位置

づけざるを得ないのが現状である。そういった中で、主幹教諭に任用される教員と力を備えていても主幹教諭にならない教職員との関係づくりも、実際の学校経営においては問われる。

　いかにミドルリーダーとしてそれぞれの持つ役割とその役割を果たすための責任、権限が意図的に配備されているかが重要である。ただ力がないというだけではなく、求める力が何で、その力を発揮させる上でどういう責任と権限を与えているのかが問われる。どのように委任、責任の明確化を図っているのかが問題である。

　ただし、この間の品川区の教育改革を通じて、50歳代の教員あるいは4年目までの若手教員の質向上を指摘する校長は少なくなかった。また、教員が校長の方針に耳を傾けるようになった、他区と比べて教員が肯定的に管理職からの指示を受けているとか、会議等でも校長の経営方針に戻って考えるようになったという校長の証言や、授業観察をして指導することを教員が煙たがらないとか、教員は、いつも遅くまで残っている、保護者や地域の方に対する教員の態度が良くなった、という指摘からうかがえるように、教職員総体の育成はしだいに効果を示してきていると捉えられる。

　他方、校長の中には、ステップアップ学習に費やす時間が増えたことにより自己の教科研究にかける時間が減り一斉授業の質が落ちているのではないかという懸念を示す者や、待ちの姿勢の教員が多いと指摘する者もいる。改めて、校長の人材育成方針が問われるところである。

(3) 学校経営方針の浸透と組織化

　「専門外部評価」のための提出資料に「学年・学級目標」を入れたねらいは、校長が示した経営方針が学年経営、そして学級経営に浸透するように工夫されたか否かを見るためであるが、多くの学校の資料は、例年、子どもの目標だけが記されているのみであった。ここにも、マネジメント観が学級や授業を貫くものになっていない一面をみることができる。

　学校評価がうまく機能しない大きな要因は、目標が抽象的で目標を達成するための手段が見えないことにある。抽象的な目標だと、データをもとにすることなく、評価自体が印象評価になってしまい、根拠なく感想を述べることで終わってしまう。しかも、お互いに実態に対して分析的な視点によって

考察をし、その考察に基づいてそれぞれの見解をつき合わせながら建設的な方策を出していくといった議論過程が構成できない。アンケートをとって集計結果することだけで、組織的な評価を行っているとしてしまう。

　こうしたことを乗り越えていくためには、いかに目標系統性を確保するかが問われるところである。すなわち、学校経営目標を、いかに学年経営目標に落とし込んでいくか、さらに学年経営目標が学級経営目標とどう連動していくか、といった教授学習過程上の問題があり、組織運営上は、校務分掌組織にどう落とし込んでいくのか、そして分掌を担う個々にどう落とし込んでいくのかという問題がある。しかし、多くの学校は、こうした問題について十分な配慮や工夫がなされていない。

　教育内容面からいえば、小中一貫教育を謳い、市民科を創設していながら、その内容や方法が確立しておらず、カリキュラム・マネジメントという視点でみたら、実質が伴っていない。

　ただし、多くの校長は、他区と比べてパソコン等のシステムがかなり進んだことやステップアップ学習、教科担任制等のしかけが奏功して、学力が伸びたと捉えている。さらに、かつては授業中、寝ている子や、ふざけている子がいたが、最近ではまじめに授業を受けている生徒が多く、小中連携が進んでいることの表れと捉える校長もいた。こうした成果をより確かにするためには、手立てとそれに伴う変化を関連づけて捉える考え方の浸透を期待したい。

(4) 自己評価を基軸にした「学校評価システム」の構築

　そもそも、「学校評価システム」を導入しようとした当初、他に先例がなかったため、品川区が先駆的な発信をしてきた。しかし、その間に、学校教育法改正などを経て、全国では、学校の自己評価と学校関係者評価を組み合わせ、様々な学校評価が行われてきた。現在、品川区がとっている内部評価と外部評価を対照させながら進める方法は、全国的にみた場合、改めて学校の自己評価をいかに確立し、そこに学校関係者評価や第三者評価を嚙み合わせていくかを巡って、さらなる工夫が必要となってきている。この点に関わって、「外部評価は学校のことがわからない方が評価することもあるので内部評価のシステムを作っていくことが大切だ」と述べた校長がいた。

ここには、「内部評価」という発想から脱していない品川版「学校評価システム」の悪しき影響が見られるが、言わんとする方向は妥当である。ただし、「内部評価」ではなく学校の自己評価と捉える必要がある。この自己評価とは、文部科学省版「学校評価ガイドライン」に示されている「自己評価」であり、学校の組織的な評価の言い換えである。品川の「内部評価」はチェックリスト集計主義的であり、評価者はバラバラの基準で個別に評価しているので組織的ではない。
　一方で「外部評価」をどのように考えていくかも問題となる。むしろ、「学校関係者評価」と捉えるべき時期が来ている。学校に関わる地域関係者から否定的な評価を受けているのは、学校の実態の見せ方にも問題があるのかもしれない。
　こうした観点に立って、第3期では、各学校の実態に迫るため、「専門外部評価」では、学校訪問方式を採用することにした。これによって、地域の様子や児童・生徒の様子も直接に見る機会を得ることも可能となる。そうすれば、より具体的な助言や提言もできるかもしれないと考えたのである。

5　品川区教育委員会への「専門外部評価」の反響

　品川区版「学校評価システム」の対する上記の分析や考察に対して、若月秀夫教育長は、これまでも自らの忸怩たる思いを筆者に述べていた。それらが2011（平成23）年2月1日に開催された校長連絡会において、品川区教育委員会名での「品川区小中一貫教育・第Ⅳステージへの飛翔」と題された若月秀夫教育長の講話にまとめられた。
　その講話には、2011年度から2013（平成25）年度を教育改革の第Ⅳステージと位置づけるとの決意と、「我々は義務教育九年間の現状を改善・克服すべく、小中一貫教育の実践に全力を注ぎ五年が経過しようとしているが、一度ここで立ち止まり、校区外部評価委員会や専門外部評価委員会などで指摘されたいくつかの改善点も視野に収めつつ、新たなる目標に向かって努力することが必要である」との考えが示された。
　そして、「学力向上に関しては、成果の出ている学校と出ていない学校の固定化傾向が見られ、専門外部評価委員会の指摘にもあるように、行き詰ま

りを打破できず苦しんでいる学校や危機意識を持てず現状に甘んじている学校も少なからずある」といった現状把握が述べられ、「小中一貫教育に限らず、およそ学校における教育活動は目標、計画（方法も含む）、実践、評価、改善を常に連動させ続けなければならない。とりわけ九年間を見通した小中一貫教育にあっては、その効果を検証し教育活動を改善するために必須のことである。ところが、こうした意図をもって小中一貫教育課程のマネジメント・サイクルを展開してきた痕跡はほとんど見あたらない。その根底には相変わらず『児童生徒への指導』と『教育課程のマネジメント』が別物である、といった思考停止状態が続いていると指摘せざるを得ない。特に中学校において、自校の課題が『小中一貫教育の目標達成』よりも『生活指導』に傾斜していく根深い原因や背景は厳しく追及されなければならない。小中一貫教育課程の展開に当たって、現場からの率直な声の中に、『やらされ、それではやりました的な受け止め』『当たり前化して厳密な検証が疎か』『カリキュラムが紙キュラム化』などがあった。ひと言でいうなら、小中一貫教育に対する『慣れによる手抜き』が常態化している」といった厳しい指摘が続き、「こうした『慣れによる手抜き』への指導や対処は、教員個々人への注意喚起や叱咤のみでは不十分であり埒があかない。先の『生活指導』に関していうなら、生活指導をカリキュラム・マネジメントの中で明確に位置付け、学校として『なすべきこと・できること』を教育課程の重点改善目標に掲げ、『ビジョン展開シート』などを活用したマネジメント・サイクルを着実に展開していく以外に道はない」との、「専門外部評価報告書」に沿った見通しが提起されたのである。

　その上で、①小中学校の校長が作成する学校経営方針は、「ビジョン展開シート」をもとに構想・記述することとし、その際、分離型一貫校にあっては一体型一貫校と同様、学校経営方針及び教育課程届を一本化すること、②学校経営方針、学年経営方針、学級経営方針、教科経営方針は「実践による検証」が必要であり、常に流動的なものとして捉えなければならないとし、年度途中に学校経営方針を見直し、新しい事態に向き合えるようなものに作り変え、実施すること、③分離型一貫校の校区外部評価委員会はその構成員を共通とすること、などを原則とすることが提起された。

　そして、2011年度から、従来からの分離型小中連携グループを維持しな

がらも、連携グループ内の小中学校に若干の手を加え（一体型一貫校の中学校は連携型を、他の中学校は分離型と連携型を兼ねる）、数校をパイロット校として指定することになった。それに伴い、「専門外部評価」も、このパイロット校を対象に行うことになったのである。

しかし、まだ第3期は動き始めたばかりである。その取組については、自らの関わりへの反省も含め、また稿を改めて検討することにしたい。

＊

品川区教育委員会は、2012（平成24）年9月末に起きた区立学校生の自殺事件への対処に傾注することを理由に、10月中旬に予定されていた当該年度第3回目の「専門外部評価」ヒアリングの実施を見送った。

本章で詳細に見てきたように、コンプライアンスの確保を重要な評価観点に定めて学校評価システムを構築してきた品川区においてさえ、いじめを苦にして尊い命を自ら絶つという痛ましいことを未然に防げなかった事実に対し、システム構築の一端を担ってきたわたし自身、慚愧に堪えない。本章校正時点（同年11月中旬）でなお、「専門外部評価」委員には本件について何らの報告もないためマスコミ報道程度の情報しか持ち合わせておらず、内容に立ち入った分析・考察ができないこともとても残念である。

ただし、当該校が「専門外部評価」の対象校となったのが2007（平成19）－08（平成20）年度であったことはわかり、当時の評価報告書を読み返したが、そこには評価対象校全体に対して「いじめや嫌がらせに対する苦情の割合が多い学校では、学校経営方針等の中に、具体的な対応方針が示される必要があろう」との指摘の上で、当該校には「苦情対応事例の中に、学校事故のファイルにけがについての記載がないものがみられた」ことと「指導や説明の趣旨が伝わらない事例が目立つので、対応方針について検討が求められる」こと、さらには学校が示す基本方向について「大規模校であることが阻害要因となっていると理解されるが、必ずしも学校全体にその方向性が浸透できているとは言えないことが、学年・学級経営から伺える」との指摘はなしていた。本件についての調査報告書が手に入れば、そこでの分析を手がかりにして、今回の事件を防げなかった原因が評価システム上の不備にあるのか、不備があるならばどうシステム改善しうるのかを追究していきたい。

本章をまとめるに当たり、多くの示唆を与えていただいた「専門外部評

価」委員の方々に感謝申し上げたい。さらに、品川区教育委員会指導課の歴代担当者の方々にたいへんお世話になったことを申し添えたい。

〈参考文献〉

木岡一明（2003）『新しい学校評価と組織マネジメント――共・創・考・開を指向する学校経営』第一法規。

木岡一明（2004）『学校評価の「問題」を読み解く――学校の潜在力の解発』教育出版。

黒崎　勲（2004）『新しいタイプの公立学校――コミュニティ・スクール立案過程と選択による学校改革』同時代社。

品川区教育委員会（2005）『品川区小中一貫教育要領』講談社。

品川区立小中一貫校日野学園（2007）『小中一貫の学校づくり』教育出版。

若月秀夫（2008）『学校大改革品川の挑戦――学校選択制・小中一貫教育などをどう実現したか』学事出版。

若月秀夫、吉村潔、藤森克彦（2008）『品川区の「教育改革」何がどう変わったか――教育委員会はここまでできる』明治図書出版。

黒崎　勲（2009）『教育学としての教育行政＝制度研究』同時代社。

小川正人編品川区教育政策研究会（2009）『検証教育改革――品川区の学校選択制・学校評価・学力定着度調査・小中一貫教育・市民科』教育出版。

佐貫　浩（2010）『品川の学校で何が起こっているのか――学校選択制・小中一貫校・教育改革フロンティアの実像』花伝社。

『品川区学校評価手引き　平成22年8月版』より

V　校区外部評価の実施方法

実施方法

1　目的について

　品川区立学校は、以下のことを目的として、校区外部評価を導入した学校評価を実施します。
(1)　特色ある学校づくりをより一層推進し、学校の活性化を図る。
(2)　校長の学校経営方針に基づき、教育活動や教員の質の向上を図る。
(3)　教育活動の成果を重視して、学校改善を図る。
(4)　学校、保護者、地域社会が一体となって学校づくりを進める。

2　組織について

(1)　校区外部評価委員会の委員は、以下を参考に、学校の規模や実態に応じて8名以内を、校長が候補者として挙げ、教育委員会と相談の上、教育委員会が委嘱します。
　①　学識経験者（1名）
　②　当該学校のPTA関係者（役員に限らない。旧も含む。）
　③　地域団体関係者（町会、商店会、区行政職員、学校ボランティアなど）
　④　上記の他、校長が必要と考える候補者
　⑤　近隣の区立学校等の管理職（校長又は副校長）
(2)　委員会に委員長を置き、これに学識経験者を充てます。
(3)　候補者を推薦するに当たっては、次の点に留意します。
　①　政治的・宗教的に特定の立場にある者を候補者として挙げることはできない。
　②　学識経験者については、学校と相談の上、事務局で選出する。
　③　学識経験者は、原則として大学関係者（教授、准教授、講師）とする。
　※この場合、学識経験者の居住地は地域に限定しません。
　④　企業の幹部職員等は、学識経験者とはしない。
　⑤　委員は、複数校を兼ねることができる。
　⑥　委員の氏名は原則として公表する。

3　評価活動について

(1)　委員は、学校評価表（別紙）に基づいて評価活動を行います。
(2)　委員が、評価活動を開始するに当たって、校長は評価項目についての基本的な考え方と評価の具体的な観点を評価表に明記し、委員に説明します。
(3)　「独自の特色ある教育活動」については、各学校で必要な内容を検討し、独自に設問を設けます。
(4)　委員が、評価項目に関して児童・生徒へのアンケート等を実施することはできません。ただし、校区外部委員会として校長の了解のものにアンケート等をとることはできます。

4　会議について

(1)　各学校の委員は、次の会議に参加し、報告・説明・協議を行います。

会議・説明会名	招集	実施月	学校側参加者				備　考
			校長	副校長	主幹主任	教員	
学校評価説明会	校長	9月	○	○	○	○	・校長が、翌年7月までの学校経営の基本的な考えを示し、評価方法の説明をする。
校区外部評価委員会	委員長	9月					・各学校が開催する「学校評価説明会」に引き続いて同日開催（翌年7月までの予定等について話し合う）
		5月					・各学校が開催する「校区外部評価に関する協議会」の前に開催（内部評価結果を受けての協議を行い、委員会総意としての評価を確定する）
		7月	○				・学校の次年度に向けての改善策等が定まった段階で開催（翌年7月までの学校経営方針、教育課程等の説明を校長が行う）
校区外部評価に関する協議会	校長	12月～1月	○	○	○	○	・2部制で行い、1部は主幹教諭からの学校経営方針を受けた取り組み経過説明、2部は委員からの中間報告及び全体での中間協議
		5月	○	○	○	○	・2部制で行い、1部は副校長からの取り組み状況報告、2部は委員からの確定した評価結果の説明

(2) 上記の会議の他、学識経験者を除く委員は、教育委員会が開催する委嘱式に参加します。
(3) 上記の会議の他、学識経験者を除く委員には、事務局が主催する校区外部評価研修会を設けます。
(4) 校区外部評価委員会について
　① 校区外部評価に関する協議を行います。
　② 校区外部評価委員会の運営に関する事務は、副校長（※学校内に置いた事務局）が行います。
　③ 委員会は校区外部評価結果についてまとめ、委員長は教育委員会へ所定の用紙で報告します。
(5) 学校評価説明会、校区外部評価委員会及び校区外部評価に関する協議会は、原則として一般には公開しません。

5　会議の報告について

校長は、「校区外部評価に関する協議会」については会議録を作成し、会議終了後、速やかに開催状況を教育委員会に報告します。なお、学校評価説明会、校区外部評価委員会については、報告する必要はありません。

6　外部評価委員への情報提供について

各学校は、個人情報を除き、評価上必要とされる情報を主体的に委員に提供します。

7　校区外部評価結果の活用について

(1) 校区外部評価結果に基づき、校長は今後の学校の対応について、8月中旬までに所定の用紙で態度表明します。
(2) 校区外部評価結果の内容を受けて学校は改めて自己評価し、それらの分析結果を基に、校内の運営（企画）委員会等で具体的な改善策を検討します。
(3) 校区外部評価結果に関する学校の判断や改善策等については、校長が7月の校区外部評価委員会で学校経営方針案とあわせて委員に説明します。
(4) 保護者等に対しては、9月に校区外部評価結果（報告書の内容）を示し、翌年7月までの学校経営方針との関係を説明します。
(5) 校区外部評価結果、内部評価結果、それらの分析結果、翌年7月までの具体的な改善策等については、各学校のホームページ等で8月下旬～9月上旬に公開します。
(6) 改善策等については、学校経営方針とともに、翌期間の評価表に反映させます。
(7) 各学校の校区外部評価結果の報告書は、公開することができます。

8　その他

各学校は、この実施方法にない事項については、教育委員会と協議します。

年間計画表

月	時期	内容	外部評価に関する会議等
8月		○教育委員会が校区外部評価委員を決定、委嘱し、説明会を実施する。	○校区外部評価委員委嘱式、研修会（教育委員会主催）
9月		○各学校が校区外部評価委員に、学校経営の基本的な考えや校区外部評価の評価項目等、評価方法について説明する。	○学校評価説明会（学校主催） ●第1回校区外部評価委員会 ＊学校評価説明会と同日開催 ＊校区外部評価活動開始
12月～1月		○各学校が開催する「校区外部評価に関する協議会（第1回）」で、中間報告及び協議を行う。	○第1回外部評価に関する協議会（2部制で行い、1部は主幹教諭からの学校経営方針を受けた取り組みの経過説明、2部は委員からの中間報告及び全体での中間協議）

2月～3月		○各学校が内部評価を実施（個人） ○各学校が内部評価の結果を外部評価委員に報告（報告方法は任意）	
4月 5月		○各学校が開催する「校区外部評価に関する協議会（第2回）」で、最終報告書を提出するとともに、校区外部評価委員会総意としての評価結果を学校に説明する。	●第2回校区外部評価委員会（外部評価結果の協議・決定） ○第2回校区外部評価に関する協議会（2部制で行い、1部は副校長からの取り組み状況報告、2部は委員からの確定した評価結果の説明）
6月		○校区外部評価結果を受け、各学校が翌期間に向けての「態度表明」をする。	
7月	上旬	○校長が校区外部評価委員に翌期間の経営方針や改善策等を具体的に説明する。	●第3回校区外部評価委員会
	下旬	○各学校が翌期間の校区外部評価委員を教育委員会に報告する。	
翌期間 8月	上旬	○教育委員会が各学校の校区外部評価委員を決定	
	下旬	○前期間の評価と改善策とその結果を、学校の「態度表明」としてHPにて公表	○校区外部評価委員委嘱式（教育委員会主催）
9月		○各学校が評価結果及びそれを受けた翌年7月までの経営方針や具体策等を公表し、保護者や地域へ説明する。 ○各学校が校区外部評価委員に、評価項目や観点等の評価方法について説明	○学校評価説明会（学校主催） ●第1回校区外部評価委員会 ＊学校評価説明会と同日開催 ＊校区外部評価活動開始

Ⅵ 専門外部評価の実施方法

実施方法

1 目的について

品川区立小学校および中学校は、以下のことを目的として、専門外部評価を導入した学校評価を実施します。

(1) 特色ある学校づくりをより一層推進し、学校の活性化を図る。
(2) 組織体制の確立を支援する。
(3) 小中一貫教育のカリキュラムの充実を図る。
(4) 学校の危機管理体制を強化する。
(5) 学校予算の効率的な執行を促進する。
(6) 各学校に対する教育委員会の適正な指導助言や改善指導を促進する。

2　組織について

(1) 専門外部評価委員会の委員は4名とし、教育委員会が委嘱します。
　① 学校経営の専門的な視点から、学校を評価できる者
　② 教育課程の専門的な視点から、学校を評価できる者
　③ 法律の専門的な視点から、学校を評価できる者
　④ 財務の専門的な視点から、学校を評価できる者
(2) 委員長は指導課長の具申を受けて、教育委員会が委嘱します。
(3) 事務局は教育委員会事務局指導課とします。
(4) 委員の指名は、公表します。

3　評価活動について

(1) 教育委員会はヒアリング対象校を指導課長の具申のもとに決定します。
(2) 委員は、各校からのヒアリングに基づいて評価活動を行います。
(3) 委員は、各専門分野に基づいた視点から評価し、委員会としての評価結果をまとめます。
(4) 委員が、評価を行うに当たって、校長、副校長、主幹教諭（主任）は調査項目（別紙）について具体的な考え方や取り組み等を記入し、委員に説明します。
(5) 各学校で説明に必要な資料は説明者側で用意します。
(6) 補助的な情報収集のため、事務局によるアンケートを行う場合もあります。

4　専門外部評価委員会の開催について

(1) 委員長が主催します。
(2) 次の対象者に対してヒアリングを行います。

対象者	実施月	備　考
校　　長	9月 7月（翌年）	・翌年7月までの経営方針を前期間の外部評価結果を踏まえて具体的に報告
主幹（主任）	12月	・改善策とその取組状況を主幹教諭・主任としての関わりから具体的に報告
副校長	5月（翌年）	・副校長は組織としての取組状況を具体的に報告

(3) 専門外部評価委員会委員長は、学校評価を円滑に進めるため、次の時期に外部評価委員長協議会を開き、協議を行います。
　［12月〜1月］
　　専門外部評価委員長がヒアリング対象校の校区外部評価委員長（学識経験者）へヒアリング結果を報告し協議します。

［7月］
　〈第1部〉　専門外部評価委員長がヒアリング対象校の校区外部評価委員長（学識経験者）へヒアリング結果を報告し協議します。
　〈第2部〉　専門外部評価委員長が全校の校区外部評価委員長（学識経験者）へ一年間を振り返っての報告をするとともに、成果と課題に関して協議します。
(4)　専門外部評価委員会での内容は、公開しません。

5　会議の報告について

　専門外部評価委員会委員長は、対象校に関する「専門外部評価の報告書」を作成し、教育委員会に報告・提言します。

6　専門外部評価委員への情報提供について

　各学校は、個人情報を除き、評価上必要とされる情報を委員に提供します。

7　専門外部評価結果の活用について

(1)　専門外部評価委員とのヒアリングに基づき、校長は指摘された内容等について、各学校の校区外部評価委員に報告します。
(2)　専門外部評価委員からの指摘事項については、全教職員に報告するとともに関係組織に指示し、具体的な改善策を検討します。
(3)　専門外部評価委員からの指摘事項について、学校は改善・取組状況を、次回の専門外部評価委員会にて説明します。
(4)　専門外部評価並びに校区外部評価結果を踏まえ、翌年（8月）に外部評価結果（報告書の内容）を示し、学校経営方針とともに説明します。

8　その他

　専門外部評価委員会は、この実施方法にない事項については、教育委員会と協議します。

専門外部評価におけるヒアリング計画

実施月		9月	12月	5月	7月
対象		校長	主幹教諭（主任）	副校長	校長
事前提出		説明内容			
		・プロジェクト・マネジメントシート（ビジョン展開シート） ・学校経営方針 ・外部評価結果 ・外部評価結果を受けた態度表明 ・学校選択の結果分析 ・プラン21予算計画 ・危機対応マニュアル ・その他	・プロジェクト・マネジメントシート（具体的取り組みシート） ・授業観察の結果 ・その他	・プロジェクト・マネジメントシート（中間まとめを受けての具体的取り組みシート） ・校区外部評価・態度表明（中間まとめ） ・学校事故、保護者とのトラブル内容等 ・学校施設稼働率 ・決算報告書 ・その他	・プロジェクト・マネジメントシート（1年間のまとめ） ・成果と課題に基づく次年度学校経営方針 ・学校の教育目標、学年目標・学級目標の関連性がわかるもの ・学力定着度調査結果・態度表明 ・その他
主なヒアリング内容		・8月〜翌年7月までの教育計画	・校長の示したビジョンが実際にどう進められているか ・授業評価の実施方法	・校長ビジョンがどう展開されたか ・主幹教諭の進める授業評価の状況 ・副校長としての今後のビジョン	・この1年間、当初立てたビジョンがどう展開され、今後どうしようとしているか
ヒアリングにおける観点	学校経営	組織体制の確立を支援する（リーダーシップ・組織マネジメント）			
		・本年度の経営理念 ・外部評価結果の分析 ・経営方針の説明 ・組織の機能 ・人的活用計画	・自己の役割 ・全体計画 ・会議内容と方法 ・情報の流れ ・組織の活性化 ・報告 ・連絡方法	◎校区外部評価の結果 ・指導の重点 ・意思決定 ・人材育成プラン ※人事考課制度活用 ※主幹教諭の活用	◎経営上の成果と課題 ・外部評価結果の分析 ・経営成果 ・次年度の経営

教育課程	小中一貫教育のカリキュラムの充実を図る（カリキュラムマネジメント）					
	・教育目標と指導の重点 ・学力向上の計画 ※学力の把握 ・年間指導計画	・児童生徒の実態課題 ・校内研究 ・教育課程の管理体制 ・授業評価 ※指導力の向上 ※授業改善	◎校区外部評価の結果 ・学力向上計画の現状と課題 ・授業時数の状況	◎教育活動の成果と課題 ・教育目標と指導の重点 ・学力向上の計画 ※学力の把握 ・年間指導計画
法務	学校の危機管理体制を強化する（リーガルマインド）					
	・教員の資質 ※4管理2監督 ・組合との交渉 ・保護者とのトラブル ・危機管理体制 ・学校事故	・情報開示の体制 ・危機管理マニュアル ・教員間のトラブル	・成績処理の方法 ・保護者とのトラブル ・服務に関する研修 ・学校事故の件数と内容	・教員の資質 ※4管理2監督 ・組合との交渉 ・危機管理体制 ・成績の管理
財務	学校予算の効率的な執行を促進する（コスト感覚）					
	・学校予算の使用分類 ・予算執行の流れ ・備品・消耗品の管理体制	・学校事務との連携 ・学校事務の経営参画	・予算管理 ・予算執行率 ・予算執行の確認体制 ・予算の計画案	・予算計画と執行結果 ・備品・消耗品の管理体制

第11章 学校準拠型第三者評価を活用した学校評価システム
——広島市

藤井佐知子

はじめに

　広島市では、2003（平成 15）年度から全市立学校・幼稚園において学校評価の取組を開始し、「広島市学校評価システム検討会議」最終報告書（2004（平成 16）年 2 月）の提言に従って、各学校による自己評価の自立的・継続的実施とその信頼性・客観性を高めるための外部評価（学校関係者評価）の定着に努めてきた。この基盤の上に、2006（平成 18）年に「広島市学校評価システム第三者評価検討会議」を設置して専門家による第三者評価の導入について検討を開始し、2007（平成 19）年度の試行実施を経て 2008（平成 20）年度より第三者評価を行っている。

　このように早い段階から全市で自己評価、外部評価（学校関係者評価）を実施し、実効性の高い学校評価をめざして着実な進展をみせるとともに、第三者評価も早くから準備を進めて制度化するなど、全国的にみても先行した動きをみせている。本章では、特に精力的な議論の末に制度化を実現した第三者評価の制度化プロセスを検討し、その特色を明らかにしてみたい。

1　広島市学校評価システムの概要

(1)　学校の主体性を強調する自己評価

　現在の広島市の学校評価システムの枠組みを作った「広島市学校評価システム検討会議（以下「システム検討会議」という）」最終報告書は、学校評価の目的を①教育の質の向上、②経営責任の明確化、③「まちぐるみ」による

教育の推進・充実の３点とし、次のようなシステム全体の理念を示した。
- 学校評価システムは、各学校の教職員による自己評価活動をとおして、学校経営や教育活動について主体的かつ継続的に改善を図る仕組み
- 各学校は、目指す学校像に基づき経営目標を設定し、その目標達成に向けた具体的方策を策定（計画）して取り組み（実践）を行い、その達成状況を自身で確認（評価）
- 評価の客観性を高めるため、学校が主体的に地域等からの外部評価（学校関係者評価）を実施
- 評価結果に基づいて学校経営の改善を図り、中期経営目標等や評価結果・改善策を公表
- 教育委員会は、必要に応じて専門家による第三者評価を実施

図 11-1 は、学校評価システムの全体像であるが、ここからも明らかなように、中心は学校の自己評価とされ、学校の自主性・自律性を最優先し、徹底した改善志向の学校評価をシステム化しようとしている点が注目される。

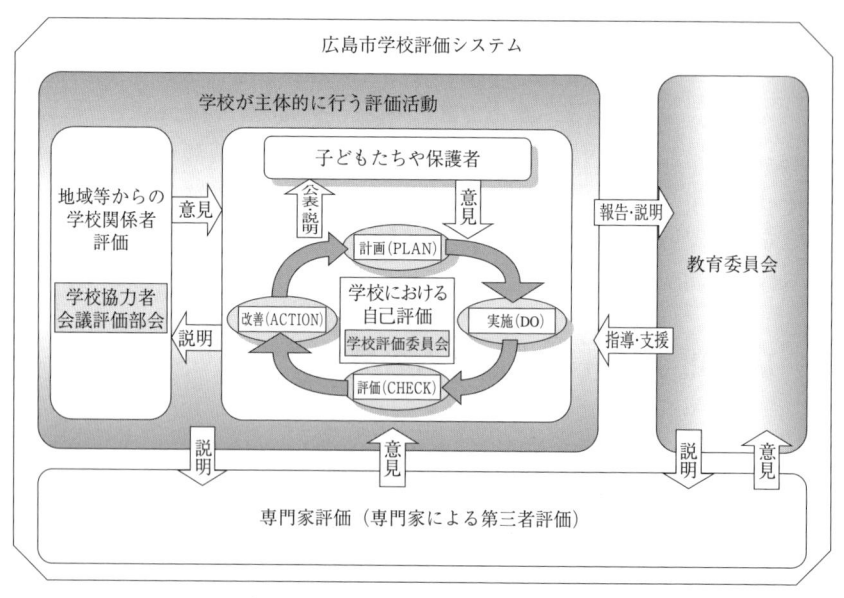

図 11-1　広島市学校評価システムの全体像

表 11-1　広島市立学校園の学校経営計画の項目（概略）

領域	中期経営目標	短期経営目標	具体的方策	評価指標・評価基準	
				努力指標	成果指標
				1	1
				2	2
				3	3
				4	4

1. 学校教育目標
2. 目指す学校像（ビジョン）

内容的にも全市レベルで充実度は高い。その要因として、P-D-C-Aサイクルに学校評価が明確に位置づいていることが挙げられる。

広島市の学校経営計画は、「学校教育目標」「目指す学校像（ビジョン）」「中期経営目標」「短期経営目標」「具体的方策」により構成されており、このうち最初の四つまでを校園長が定め、「具体的方策」を校内の学校評価委員会が教職員の意見を参考に、評価基準・評価指標の検討を加えて設定することとしている。このように計画（P）の段階できちんとした評価計画が組み込まれており、学校経営システムの一環に学校評価が位置づけられているのである。加えて、評価指標・評価基準の欄に、努力指標と成果指標を書き込む欄が設けられているのも注目点である。具体的で実効性ある自己評価をめざしていることの現れといえよう（**表11-1**）。

(2) 制度充実に向けた指導者研修

しかし、2006（平成18）年度に行った小中学校15校の学校評価担当者対象のグループインタビューからは、次の様な問題点が共通して出された。
・学校改善に十分に結びついていない
・自己評価をアンケートに頼りすぎている
・アンケート実施のための負担が大きい
・自己評価における評価項目、評価基準の設定や評価の活用に専門的な指導・助言が不足
・外部評価（学校関係者評価）委員に学校教育や評価に関する専門性を求

めることが困難
・外部評価(学校関係者評価)委員が日常の教育活動を見ることは難しいため、すべてについて十分な評価をすることは困難

以上から広島市教育委員会が導き出した課題は次の4点である。
①学校評価の目的等の周知を徹底することが必要
②教職員・外部評価(学校関係者評価)者に研修の実施が必要
③指導主事に学校評価に関する高い専門性が必要
④専門的な立場からの評価の導入が必要

①に関しては、教育委員会から学校への直接的伝達に加え、2007(平成19)年度からブロック別学校評価公開研究会を実施して、実践協力校の実践研究の成果発表を行い、これを学校評価の周知、外部評価(学校関係者評価)者の評価能力育成の場と位置づけることとした。

広島市に特徴的なのは、③への対応策としての、指導主事対象の研修への着手である。県では、すでに2000(平成12)年度から学校管理者・教員を対象とする学校評価に関する入門研修を実施し、2003(平成15)年度からは学校評価の実施を担当する教職員に一定の専門性を付与することを目的とする4日間の研修講座を開始していた(学校評価連携推進講座)。広島市も市独自に研修事業に取り組むこととし、2007年3月に指導主事を対象とした「広島市学校評価指導者研修講座」を3日間実施した。講師には、本市の学校評価システム構築をリードしてきた長尾眞文氏(広島大学教育開発国際協力研究センター教授、当時)と企画課指導主事があたった。指導主事の学校評価に関する力量向上への着眼は、学校評価システムを各学校へ普及させていく過程において、指導主事・管理主事が学校に対して十分な指導・支援を成し得ていない、という反省から生まれたものである。

実は広島市では学校評価全般について検討を行ってきたのは教育委員会学校教育部内の企画課であり(2002(平成14)年設置)、検討会議の運営やシステム構築に向けた検討は企画課が、学校に対して自己評価の実施に係る指導を行うのは指導第一課が行う、といういわば分業体制が出来上がっていた[1]。しかし、両者がそれぞれの業務を行う中で、学校評価システムの理念を活かした指導助言・支援を学校に対して行うことは実際上は困難であり、ここか

ら指導主事の力量向上がクローズアップされてきた。すなわち、学校に直接指導助言を行う指導主事が、企画課が獲得・蓄積した専門性やノウハウを身に付け、専門性を向上させていくことが、学校評価を真に意義のあるものにする近道であると認識されたのである。

そこで日本評価学会が主催する学校評価コンソーシアム形成会議に東京都教育委員会とともに参加し、指導主事等を対象とした学校評価に関する専門的な研修プログラムの開発とテキストの編纂に携わった。このプログラムに沿って市の指導者研修講座を実施し、同会議で作られたテキスト[2]を使用した。なお、本講座は日本評価学会から講座認証を受けており、かなり専門的な内容で演習を多く取り入れるなど、受講者は相当高い理論と実践力を身に付けることが期待できる。評価者である教員だけでなく、その指導にあたる指導主事の力量向上までも視野に入れた取組は注目されよう[3]。

以上のように、制度的には先進性を有する自己評価であるが、導入当初は、自分たちで評価項目・指標を作ることや、自己評価を義務化されること自体への学校側の抵抗が相当大きかったという。学校のこうした消極性を前に、教育委員会はとにかく制度の定着を図ろうと真摯な取組を進めてきた。しかしながら学校評価の意義が学校側に正しく理解されることが少なく、改善に結びつかないこと、また教員の負担が大きいことが各方面から指摘されるようになり、自己評価の実施方法について大胆な見直しを行うことになった。

2　学校評価の見直し——目標・評価の重点化

学校評価の大幅な見直しは、2009（平成21）年度に、学校経営計画の見直しという形で行われた。これまでの学校経営計画では学校経営目標の数が多くなりがちで、そのため、学校経営目標や具体的方策等について、

- ・教職員の意識統一が困難である
- ・具体的方策や評価指標・評価基準の検討に多くの時間が必要で検討が十分に行えない
- ・学校経営目標達成のための取組に十分に時間が取れない
- ・アンケートの集計などの作業や評価、改善に向けた検討に時間がかかる

といった状況が見られた。そこで、学校経営計画や自己評価を明確に重点化することによって、重点目標に関する教職員の共通理解をより一層図り、限られた人や時間を集中的に活用して、学校経営や教育活動の充実・改善を確実に進められるように見直しを行った（「学校評価の充実・改善に向けての見直しポイント」学校教育部企画課、2009年4月6日）。

　具体的には、当該年度に特に重点を置く短期経営目標を三つ程度に絞り込むものとし（P）、評価は、重点目標に対する成果の評価に重点化し（C）、評価結果等の分析、改善に向けた取組を重視するようにした（A）。学校評価報告書の様式も、重点目標に関する報告を中心とするよう変更し、新たに教育委員会への支援希望を項目として追加した。企画課は、これらの改善点について学校にわかりやすく丁寧に説明するために「Q&A」を作成し、またよくみられる拙い事例を取り上げて具体的な改善例をあげて説明するとともに、参考となる学校評価報告書の事例を教育委員会の内部ネットに公開し、広島市の教員が誰でも閲覧できるシステムを整えた[4]。

　この取組は文部科学省でも先進的事例として注目され、中央教育審議会の学校運営の改善の在り方等に関する調査研究協力者会議内に設置された学校評価の在り方に関するワーキンググループの報告「地域とともにある学校づくりと実効性の高い学校評価の推進について（報告）」（2012年3月12日）の中で、実効性の高い学校評価の参考事例として紹介されている（次頁、取組事例①）。

　いずれも教育委員会の強いリーダーシップによって学校評価の有効性を高めるための条件整備が積極的に進められており、着実なステップアップを確認することができる。

3　学校改善をめざす第三者評価制度の構築

　広島市が専門家による第三者評価導入に積極的であったのは、「システム検討会議」最終報告書が「教育委員会は、必要に応じて専門家による第三者評価を実施」と提言したからである。これを受け、2006（平成18）年6月に「広島市学校評価システム第三者評価検討会議」を設置し、以後精力的に検討を進め、同年度中に6回の会議を行い、翌2007（平成19）年3月には「中

間まとめ」が取りまとめられた。これをふまえ、2007年度に試行実施が行われ、2008（平成20）年度からの本格実施となった。なおこの取組は、2006、2007年度の文部科学省「義務教育の質の保証に資する学校評価システム構築事業」の委託研究として行われている。[5]

【取組事例①】

事例① 目標を重点化・具体化し、成果を児童生徒が変容した姿で表現（広島市）
学校経営計画において、学校の現状と課題を分析した上で、目標は具体的で明確なものとなるよう重点化・具体化し、成果を意識させるために児童・生徒（あるいは教員）が変容した姿として具体的に示すこととし、それを評価報告書に反映するよう学校評価の様式を見直した。これにより改善点や次年度の取組の方向性が明確になり、評価結果を踏まえた改善活動を充実させている。

学校評価の在り方に関するワーキンググループ「地域とともにある学校づくりと実効性の高い学校評価の推進について（報告）」p.13

(1) オーダーメードの第三者評価

「システム検討会議」最終報告書は、第三者評価について次のように提言していた。

> 「学校が主体的かつ継続的に教育活動や学校経営の改善を図っていくためには、自己評価活動を学校評価の中心として充実させることが大切……各学校が主体的に行う評価活動だけでなく、各学校の学校経営の在り方や教育委員会の支援の在り方も含めて、専門的な立場から客観的に判断することが必要である。そのため、別途、第三者評価機関を設けて評価を行うことが望まれる」。

そして、「こうした評価活動を効果的、効率的に機能させるためには、システム（学校評価システム）として学校経営の中に位置づけることが重要であり、こうした活動を支援する教育委員会の推進体制も充実させる必要がある」と述べ、図11-1のような構想が出来上がった。

このように、広島市の第三者評価は、学校評価システム構想の段階からシステムの一要素として位置づいており、早々に図11-2のような評価組織が

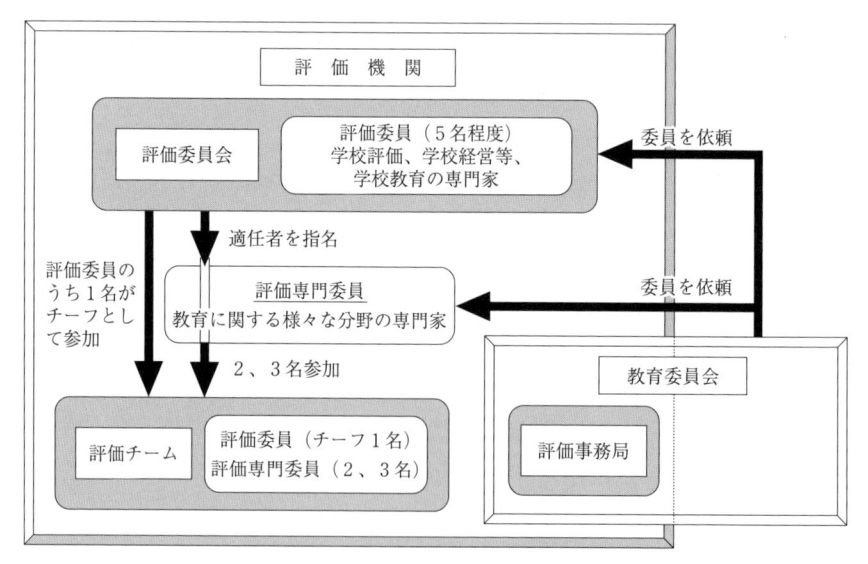

図11-2　第三者評価機関の組織構成図

構想・設置された。

　評価機関は、評価委員会と評価チームから成り、大学教授等で構成される評価委員会が適宜評価専門委員を指名してチームを作って学校評価を行う形とした。専門委員は退職校長等が中心である。学校教育の専門家と実務家（退職校長）の混成方式は国の第三者評価試行事業でも採られていた方式である。

　広島市の第三者評価の最大の特徴は、学校改善を主たる目標に置き、国が一定薦めていた監査的・診断的なそれとははっきりと一線を画している点にある。このことは、次のような実施方法に表れている。第一に、評価対象校は第三者評価を希望する学校ならびに教育委員会が必要に応じて選定した対象候補校の中から評価委員会が決定する仕組みにしている点、第二に、評価目的と評価項目は、対象校の状況に応じて評価委員会が対象校からの意見聴取を十分に行った上で決定し、共通項目を設定しない、としている点、第三に、評価は文書および口頭で行い、評定はつけない、としている点である。

　全校を共通の指標で判定したり、横並びで他校と比較するような監査的なものではなく、あくまでも学校改善に向けて専門的・客観的立場から評価をし、アドバイスを行うのが第三者評価の役割だとする捉え方は、検討会議において当初から共通認識とされ、その後も随所でそのことが確認されていった。それは、「システム検討会議」が「専門家による第三者評価は……前年度の自己評価及び外部評価等の資料に基づいて、客観的かつ専門的立場から分析し、各学校に対して学校経営や教育活動の改善についての意見提言を行う」と提言していたのを受けてのことである。そのため、第三者評価の日程には、①事務局の事前訪問、②評価目的設定のための訪問（評価委員）が本訪問の前に組み込まれている。

　検討会議において最も時間を割いた案件は、第三者評価を実施する学校の選定方法であった。広島市には約240校の市立学校があり、これを何年かに一回のローテーションですべての学校を回るという考えも披露され、賛否両論が出たが、財政的制約から無理だろうとの判断がなされ、対象校を絞って行うことになった。しかし、その際の選定基準をどうするかについては多様な意見が出され、多くの時間をかけて議論を行っている。教育委員会が必要と判断した学校を対象候補校とする場合、その必要性の判断は何をもって行

うのか。これについては大きく二つの考え方が示された。

　一つは、学校が自己評価・外部評価だけでは十分改善できないので客観的にみてもらってコンサルタント的に診断してもらい、アドバイスを受けたい場合、あるいは学校の特色を押し出していきたい時、これに専門的アドバイスをもらいたい、というような場合である。どちらも学校が手を挙げて第三者評価を希望するやり方であり（＝学校要請に基づく評価）、検討会議ではこれを「かゆいところに手が届く」評価と称し、コンサルティング的機能という性格付けを行っている。

　もう一つは、客観的にみて課題を抱えている学校、もしくは改善が必要な学校に入る仕方であり、こちらは教育委員会ないしは評価委員会が対象校を選定・決定する。指導主事が行う通常の指導助言よりももっと踏み込んだ専門的評価、改善指導を行うことを狙う。

　議論の過程では、どちらか一方に絞るという考えも出されたが、希望校だけに限定すると義務教育の質の保証という使命が果たせないこと、また、やはり学校が自主的に評価を受けたいというところは優先的にやるべきだ、等の意見が出され、結局この両者を盛り込むこととした。広島市の学校評価は学校の自律性を相当重視しているが、第三者評価に関しては、それだけに任せず、必要性の高いところには積極的に入っていくという考え方が議論を尽くした末に明確になっていった。それは、すべての学校の「教育の質の向上」を学校評価の究極の目的としているからにほかならない。だからこそ、評価の目的や項目は最初から枠を持ち込むのではなく、学校の状況に即してオーダーメードする、という方法が採用されたのである。いわゆる学校準拠型の第三者評価である。こうして、「必要性の高い学校」（学校要請と教委選定の双方を含む）を対象に行うことを決定した。

(2)　教育委員会への意見・提言

　広島市の第三者評価のもう一つの大きな特徴として、教育委員会の役割が明確に定められている点を挙げることができる。すでに「システム検討会議」は、〈専門家による第三者評価〉の(イ)評価内容として、

　「第三者評価機関は、前年度の自己評価及び外部評価等の資料に基づい

て、客観的かつ専門的立場から分析し、各学校に対して学校経営や教育活動の改善についての意見提言を行うとともに、<u>教育委員会に対しても、各学校への支援の在り方について、意見提言を行う</u>」

と定めていた。検討会議はこれをそのまま受けて最終報告書において、〈専門家による第三者評価の役割〉を次のように述べている。

　○各学校が主体的に行う評価活動（自己評価・外部評価）及び教育委員会の支援について評価し、学校及び<u>教育委員会に対して、その改善に向けた意見・提言を行う</u>ことにより、適切な学校の取組や<u>教育委員会の支援を促進</u>

　ここから、実際に訪問調査を行う評価チームが作成する報告書案には、①自己評価・外部評価の実施状況、②学校経営や教育活動の改善に向けた評価対象校に対しての意見・提言、に加えて③評価対象校への支援について、教育委員会に対しての意見・提言が記述されることとなっている。教育委員会はこれを受けて、報告書の公表にあたって、評価対象校への支援について評価委員会の意見・提言を踏まえた検討結果を併せて公表することとなった。教育委員会が学校への支援を行うに際しての専門的見解の提示が第三者評価の役割として正式に位置づいているのである。

　さらに報告書案作成の過程で評価チームは、評価対象校に対する財政的・人的支援が必要と判断する場合、その旨を速やかに評価委員会に報告し、評価委員会は次年度に財政的・人的支援が行えるよう教育委員会に中間報告することとなっている（**図11-3** の⑭、⑮）。この役割は、市の教育政策への専門的提言ともいうべきものであり、注目される。教育委員会としては、学校への助言・支援について専門的な根拠を得ることで助言・支援活動をスムーズに行うことができるようになり、予算措置が伴うものに関しては、第三者評価機関からの指摘事項ということで、予算獲得のプライオリティが高まるという効果が期待できよう。また、第三者評価は一回評価したら終わりではなく、着実に改善がなされるまで支援し続ける必要がある、との考えから、教育委員会は評価報告書の内容を踏まえ、3年間を目途に学校が策定した改

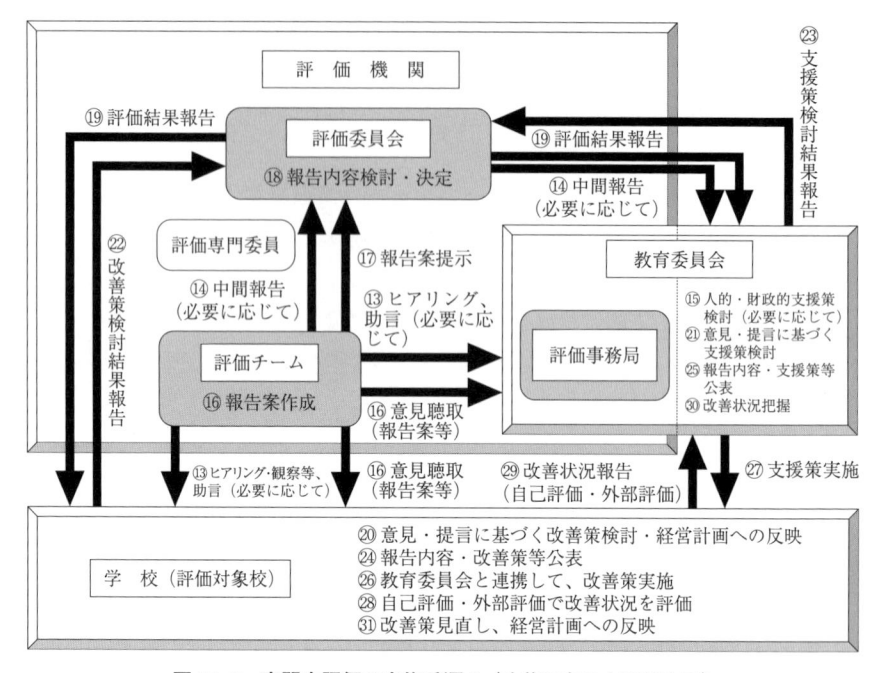

図 11-3　専門家評価の実施手順 2（改善に向けた取組まで）

善計画に沿って重点的に支援することになっている（**図11-3**の⑳以降の流れ）。
　一例として、2009（平成 21）年度と 2011（平成 23）年度の専門家評価（市ではこの呼称を用いている）報告書から、教育委員会への意見・提言の部分を抜粋してみよう。かなり細かく丁寧に記述されているのがわかる（**表 11-2**）。

表 11-2　評価報告書の抜粋

平成 21 年度広島市専門家評価報告（A 小学校）[6]より
Ⅳ　評価報告
1　評価・分析結果の概要（略）
2　意見・提言
　(1)　A 小学校に対して（略）
　(2)　教育委員会に対して
①学校が落ち着いてきたとはいえ、校内の生徒指導体制によって、その状態が保たれている。引き続き、生徒指導主事が加配されるよう県に働き掛けていただきたい。また、本校の人材育成を支援する中核となる複数の人材の配置をお願いしたい。
②教育委員会が新しい教育施策を導入する場合に、限られた期間に周知を図ろうとするため、多忙な学校現場では理念より形式が重んじられる傾向がある。予防的生徒指導の全市展開にあたっては、当該校の実情と摺り合わせることが必要である。また、ひろしま型カリキュラムなど他の取組みを含めて当該校でどう優先順位（重み付け）をつけるか、その考え方や観点を示し、当該校の主体性を認める必要がある。そのことは、教師の自立・力量、ひいては学校の教育力につながるからである。
　学校評価も改善活動も、学校の主体性が伴っていなければ意味がない。教育委員会が評価活動や改善活動の研修や提示を行う場合は、学校や管理職員、教職員の主体性に訴求するように行う必要がある。

平成 23 年度広島市専門家評価報告（B 中学校）[7]より抜粋
(2)　教育委員会に対して
発信力・連携力を高めるための支援
①来年度、本校の取組やその成果等について、外部に向けて発信（発表）する機会や場を設定する（外部に実践を発表することで、教員間の連携を強めるとともに、教員（特に担当者）としての力量を向上させることにつながるため）。
②生徒の成長が分かる発信（通知表・懇談会・学校説明会・学校協力者会議等）にするために、学校評価等についての研修会を支援する。③④は保護者の協力・参加促進について（略）
研修の支援
①指導主事を派遣し、校内研修（学校経営目標と学校評価、学習指導等）での本校の教職員の課題を踏まえた指導・助言を行う。
②校長、教頭の求めに応じ、学校経営マネジメントについての研修の機会を設ける。
③教育センター等の研修会や県内外の先進校視察等への教員の参加を強く促し、成果をレポートで還元するような指導を行う（予算措置を含む）。
④学校からの求めに応じ、学校評価の基礎を教職員が学ぶ機会（研修会）を設定する。その際に専門家を講師として招聘するための費用を支弁する。
⑤教職員図書費を確保する。
⑥校内授業研究の活性化に向け、指導主事を可能な限り派遣し、指導・助言を行う。
人事・予算上の配慮
①学校評価や授業研究（校内研修）を推進していく教員の配置が望まれる。
②部活動の活性化に向け、部活動指導にも熱意をもった教員の配置が望まれる。（以下略）

表11-3 教育委員会と評価機関の役割分担

役割	分担
・教職員・外部評価者に対する学校評価の手法・活用についての研修を行う ・「学校経営計画」、「評価結果」の分析・考察等を行い、学校評価のポイントを明らかにする ・学校から提出された「学校経営計画」、「評価結果」の分析・考察を行い、指導・助言や人的・財政的な支援を行う ・特別な事情のある学校に対して学校評価に関する指導・助言等の支援を行う ・評価機関による意見・提言に基づいて、学校への効果的な支援（財政的・人的支援を含む）を推進する	教育委員会
・自己評価・外部評価（学校関係者評価）の実施状況等について、専門的見地からより客観的に評価する ・学校に対しては、学校経営や教育活動の改善について、また、教育委員会に対しては、学校への支援について、それぞれ、意見・提言を行う	評価機関

(3) 教育委員会と第三者評価の機能分担

　第三者評価の役割・機能を詰めていくにあたって、教育委員会が通常業務として行っている学校への指導助言とどこがどのように違うのか、を明確にしておく必要があるという認識が事務局と委員の間で共通に生まれ、最終的に**表11-3**のように整理された（最終報告書「2-(3)教育委員会と評価機関の役割分担」）。

　このように、第三者評価の在り方を協議するなかで教育委員会の果たすべき役割がクローズアップされ、再確認されたことは大きな成果だったといえよう。委員会では、第三者評価の意見・提言を踏まえた教育委員会の指導助言や支援が積極的になされ、人・物・金の優先配置が後押しされる事例が増えてくれば、多くの学校が第三者評価の有用性を理解し、手を挙げるようになるだろう、という見通しも現場の委員の発言を契機に共有されていった。

　評価実施後の支援の実質化まで見越して教育委員会と第三者評価機関との役割・権限関係を明確にし、明文化している点に広島市第三者評価の先見性を見出すことができる。

(4) 試行実施から見えてきた課題

　試行実施するにあたって検討会議は、評価機関の役割を担う試行部会を設

け、小学校2校、中学校2校を評価対象校に指定した。そして各学校の状況に応じて評価の目的や評価項目を決定し、退職校長を含む評価チーム（各校2～3名）を編成して2007（平成19）年9～11月の間に学校への訪問調査等を行い、学校側と報告書案に基づく協議を行って報告書を作成した。

　試行実施結果を踏まえた検討課題が第4回検討会議（2008（平成20）年2月）で示されているが、その一つは、評価対象候補選定と評価対象校決定の基準の作成に関してであった。試行実施前の中間まとめでは、評価対象校の決定は①すべての学校を対象として専門家評価の必要性について検討し評価対象候補校を選定、②専門家評価を希望する学校については候補校に選定、③評価委員会は、評価事務局が選定した評価対象候補校ごとに……資料を基に、評価対象校を決定、という手順を取っていた。しかし、「教育委員会が選定した学校を評価対象校とする際、学校の理解と協力を得ることが難しかった」「評価対象候補校決定の基準を明確に定めることは困難であった」という課題が出てきたために、最終報告書では対象校決定までの手順を大幅に修正することとした。修正点は以下の通りである。

　　○評価事務局教育委員会は、すべての専門家評価を希望する学校を対象として……様々な情報を基に専門家評価の必要性について検討し、候補校を決定（→自ら希望する学校を基本とする）
　　○（新規）教育委員会は、希望する学校の外、必要に応じて専門家評価の実施により学校経営や教育活動の改善が進むと思われる学校を候補校に選定（→基準の明確化）
　　○評価委員会は、評価事務局が選定した候補校の選定理由及び自己評価書等の資料を基に、専門家の立場から専門家評価の必要性を判断して専門家評価を実施する学校を決定（→納得性の担保）
　　○（新規）評価委員会は、対象校決定にあたり、教育委員会から意見聴取するとともに、必要に応じて候補校から意見聴取（→事前協議の充実による評価内容の焦点化）
　　　　　　　　　　　　　　　　＊（　）内は筆者による

　こうして、すべての学校を第三者評価の候補校とすることをやめ、希望制

を基本とし、これに教育委員会が対象校を加えて実施する方式にしたのである。この大幅変更は、学校側が第三者評価に対して相当大きい抵抗感を持っていることが試行を通して明らかになったことによる。評価対象校になると校長は、要改善校（＝駄目な学校）のレッテルを貼られたと受け止めてしまうこと、また逆に専門家の手を借りて学校改善に取り組もうという気概を持つ校長は少ない、ということがわかったのである。実際、希望を募ったところ、手を挙げる学校は少なく、全般的に第三者評価の趣旨がまだまだ現場には理解されていないことが課題として浮上する結果となった。実際、評価実施校（広島市単独）は下記のように少ない。

　2007（平成19）年度　小学校2校　中学校2校
　2008（平成20）年度　小学校1校　中学校2校
　2009（平成21）年度　小学校2校　中学校2校
　2010（平成22）年度　中学校1校
　2011（平成23）年度　小学校1校　中学校1校
　2012（平成24）年度　小学校1校　中学校2校

　中間まとめの段階では、全校を対象としてその中から「必要性の高い学校」（学校要請と教委選定の双方を含む）に第三者評価を行うこととしていたが、最終報告書ではこの枠組みを活かしながらも、学校が納得の行く形で対象校の決定を行うように改められた。ここには、全校対象としないケースの対象校選定の困難性が示されている。多くの学校が第三者評価のメリットを理解し積極的に活用するところまで持っていくにはまだ時間がかかること、そして成功モデルの普及など行政側の新たな努力も必要となる、ということが以上の過程から読み取ることができよう。

4　専門家評価（第三者評価）の成果
　——教育委員会の支援と学校改善

　では、実際に専門家評価を受けた学校は、評価をどのように受け止め、またそれにより教育活動や学校運営がどのように改善されているのだろうか。

これについて、2008（平成20）年度に専門家評価を受けた観音中学校の事例から探ってみたい。
　観音中学校の専門家評価の目的は、学力向上に向けて同中が実施している「学び合い」を軸とする取組（小中連携も含む）を評価し、その改善の仕方について提言することであった。評価チームは、計5回の打ち合わせ・会議と3回の学校訪問調査を行って、同中の取組を一定評価した上で、さらなる前進を遂げるために、「教え合い」「学び合い」の概念の明確化、主要教科における系統的な実践の計画、実践を下支えする教職員の研修といった一連の活動を、全校的な取組（「観音中学び合い3年計画」）として十分な時間をかけて実施する必要があると提言した。また教育委員会に対しては、当該中学校の計画の進捗を身近にフォローし、学校側との協議に基づき必要に応じて弾力的な支援を提供するやり方が望ましいとし、フォローの際には、ある程度専門性を有する指導主事を担当者として配すること、学校側に対する内容的な助言や研修の実施を通して側面支援する外部専門家を派遣すること、計画の進捗に特に有用と考えられる「学び合い」の先進事例視察の機会の優先的提供、が重要だと提言した。
　先に述べたように、専門家評価を受けた後、学校は3年間の中期改善計画を策定し、教育委員会は、それに即した支援を行うことになっているのであるが、観音中の場合は、**表11-4**の内容・スケジュールで改善に向けた取組と支援が行われていった（2年目の段階で企画課が作成・公表した資料）。これを見ると、教育委員会の支援内容が、学校の改善計画に即したものになっており、生徒指導主事の加配（継続）及び外部講師派遣と先進校視察のための予算措置という人的・財的支援がなされていることがわかる。学校は、中期改善計画と単年度ごとの短期計画を、教育委員会は学校の改善状況に対応した支援計画を策定するのであるが、その際、学校は毎年主体的に学校評価を行って成果と課題を把握し、教育委員会はそのプロセスと結果をみて自らの支援策の成果と課題を集約する、というP-D-C-Aサイクルが意識され実践されていることがみて取れる。担当の指導主事は3年間定期的に学校訪問を行って状況を把握し、適宜指導・助言を行うなど、学校と教育委員会が一心同体となってシステマティックな改善活動が展開されているといえよう。
　では、学校側は専門家評価をどのように受け止めているのであろうか。観

表 11-4 専門家評価における意見・提言を踏まえた学校の取組及び教育委員会の支援について[12]

【観音中学校】

	学校の取組	教育委員会の支援
実施年度 (平成20年度)	[主な意見・提言] □「教え合い」「学び合い」を軸とする学力向上に向けた全校的な取組を「観音中学び合い3年計画」として実施する。 □小中連携活動を見直し、授業部会の活動の推進を図る。 □学校協力者会議で、「観音中学び合い3年計画」の推進を重点検討事項として、具体的対応を図る。	[主な意見・提言] □「観音中学び合い3年計画」を実施できるように、学校との協議に基づき、積極的な支援を行う。 □重点教科や集団づくり等に専門性を有する外部講師や指導主事を派遣する。 □先進事例視察や中間成果公開の機会を優先的に提供する。
1年目 (平成21年度) 【実績】	○学校経営重点計画(改善計画)策定 ・「めざす学校(スクールバスモデル*)」「めざす授業(生徒のかかわり合いのある授業)」の共通認識 ・基礎的・基本的な学力の向上 ・地域の方々の学校理解の促進 ○校内研修会の実施 ・外部講師招へい ○先進校の視察 ＊大阪大学の志水教授等が示している「気持ちのそろった教師集団」「戦略的で柔軟な学校運営」など、8つの要素で高い総合力を持つ学校のモデル ＜成果＞ ・「めざす学校」「めざす授業」の共通認識 ・基礎的・基本的な学力の向上 ＜課題＞ ・「めざす授業」の実現に向けた授業改善 ○学校評価の結果等を踏まえた次年度の改善策検討 ・「めざす授業」の実現に向けた授業研究・研修	○広島県小・中学校不登校対策実践指定校(生徒指導主事の加配) ○重点目標についての評価活動(計画・実践・評価・改善)に係る予算を措置及び指導主事の指導・助言 (外部講師派遣、先進校視察等)
2年目 (平成22年度) 【実績】	○学校経営重点計画(改善計画)策定 ・「生徒同士の係わり合いのある授業」の実践 (教科及び道徳・学活指導の中で必ず生徒同士を係わらせる活動を仕組む授業実践) ○校内研修会の実施 ・外部講師招へい ○先進校の視察 ＜成果＞ ・80％以上の教員が、生徒の話し合いの場を積極的に設定 ＜課題＞ ・全教員による積極的な取組 ○学校評価の結果等を踏まえた次年度の改善策検討 ・「めざす授業」の実現に向けた授業研究・研修	○広島県小・中学校不登校対策実践指定校(生徒指導主事の加配) ○重点目標についての評価活動(計画・実践・評価・改善)に係る予算を措置及び指導主事の指導・助言 (外部講師派遣等)
3年目 (平成23年度) 【予定】	○学校経営重点計画(改善計画)策定 ・「生徒同士の係わり合いのある授業」の実践 (教科及び道徳・学活指導の中で必ず生徒同士を係わらせる活動を仕組む授業実践) ・学校生活の4つの基礎基本の定着を図る (あいさつ、話を聞く、時間を守る、責任を果たす) ○校内研修会の実施等 ・外部講師招へい(大学教員等) ○学校評価の結果等を踏まえた次年度の改善策検討	○重点目標についての評価活動(計画・実践・評価・改善)に係る予算を措置及び指導主事の指導・助言 (外部講師派遣等) ○支援策の実施状況及び成果と課題の総括 ○学校評価の結果等を踏まえた今後の対応検討

音中の現校長（当時教頭）ならびに現教頭（当時学年主任）は、教育委員会の人的・財的支援が大変ありがたかったと述べている[11]。1年目に招聘した志水宏吉大阪大学大学院教授の講演は、自分たちがやろうとしていることが間違っておらず、この方向で進めていけばいい、と納得することができた貴重な機会だったという。自校の実践を後押ししてもらった感があり、その後の実践に自信を持って取り組めた、と当時を振り返って述べている。その後も、学校改善に成功した先進校の視察（各年度1校、2009（平成21）年度：2名、2010（平成22年）度：1名、2011（平成23）年度：2名）や外部講師招聘（各年度3回ずつ）を重ね、その結果、教職員が一丸となって「学び合い」の授業実践に意欲的に取り組むようになったという。その成果として、県が実施する「基礎・基本」定着状況調査の成績が毎年着実に上昇し、そのことが教職員のやる気をさらに増すという好循環が生まれていったようだ。

　同じく2008年度に専門家評価を受けた天満小学校も、国語科の授業改善を中心にした改善計画に対して、教育委員会から学力重点校の指定による予算措置、並びに人的・財的支援（外部講師派遣、先進校視察）を受け、学校改善が行われていった[13]。そして同校も県の「基礎・基本」定着状況調査の成績が飛躍的に向上している。天満小の現校長は、専門家評価の評価報告書をバイブルと思っており何度も読み返しているという。専門家の意見や提言は的確であり、全面的な信頼を寄せることができるため、自分の学校運営の指針となるありがたい存在である、と述べていた[14]。

　以上から、専門家評価を受けた二つの学校は、着実に学校改善を成し遂げていることがわかるが、それは、教育委員会の人的・財的支援と学校への積極的な指導・助言があってのことだ、ということは見逃せない。第三者評価の効果発現に果たす教育委員会の役割は相当大きい、ということを明記しておきたい。

5　第三者評価の制度化にかかわる課題

　広島市の第三者評価は、学校の自主性・自律性を高めるための自己評価を主軸に据えながら、学校に対しては学校経営や教育活動の改善について、また教育委員会に対しては学校への支援について、それぞれ意見・提言を行う

ことを通して、学校を確実に改善の方向に持っていくための制度として設計されている。これは、学校評価を実効性あるシステムにしたいという制度設計者（検討委員会及び教育委員会企画課）の強い意志の現れである。

　しかしながら、広島方式はすべての学校が第三者評価を受けられるわけではない、という限界がある。評価を受けた学校は、評価委員会と教育委員会の双方から専門的な指導や助言、具体的な改善措置を受けることができ、さらには人事・予算上の配慮を得られる可能性が高くなる。しかし、それ以外の学校は基本的に自助努力に委ねられるままである。また、学校自身が積極的に第三者評価を受けることを望んでいるケースは少ないことが明らかになり、結果的には少数精鋭で進捗している状況である。

　以上のことは、第三者評価の制度化にかかわる重要な視点を提供してくれる。それは、第三者評価の効果や有用性と絡めて対象校の数や頻度を決定する、という手続きの重要性である。イギリスやニュージーランドのように中央の政策として第三者評価機関を設置して全国レベルでこれを展開することが現時点で想定し得ないとなると、各自治体が制度設計をするにあたって、どこ／何に焦点を絞って実施するか、という点がポイントとなる。その場合、自己評価が十分に学校内に定着せず、学校改善のサイクルとして機能していない学校、あるいは初期条件が不利な環境に置かれ、それゆえに自己点検・改善活動が十分行えない学校に対しては、まずは教育委員会の本来の指導助言機能が発揮されるべき、と考えるのが筋であろう。

　この点広島市では、第三者評価システムの設計の過程で教育委員会と評価機関の役割分担の明確化の必要性を認識し、**表11-3**のように整理した。ここにあるように、教育委員会は、「学校から提出された「学校経営計画」、「評価結果」の分析・考察を行い、指導・助言や人的・財政的な支援を行う」「特別な事情のある学校に対して学校評価に関する指導・助言等の支援を行う」ことを役割とすることが改めて明記され、これまでには意識されてこなかった教育委員会の学校への指導助言機能の再設定がなされているのである。

　要するに、第三者評価は、学校のレディネス（受け入れ準備態勢）を見極め、時間軸を想定しながら制度設計する必要があり、その過程において教育委員会の指導助言機能の強化充実が不可欠である、ということがいえる。

　その上で我々が注目すべきは、第三者評価機関が一定の権限を持って教育

委員会に意見を述べ提言を行う、とした広島の方式である。教育委員会はこれを自らの設置管理行政に対する評価という捉え方をすることにより、学校支援への取組が今以上に真剣かつ質の高いものとなることが期待される。また、第三者評価機関からの意見・提言である、ということが間接的ではあるが予算獲得への道を開く可能性も広がってこよう。

　学校の主体性・自律性を核としながら同時に教育水準保証をも達成するという難題に対しては、広島市は、対象校選定を学校要請を基本とするという決着をみせた。第9章で扱った矢掛町のような小さい自治体ではローテーションで何年かに一度回るようにするという仕組みが可能であり、対象校選定にあたっての逡巡はなくて済む。しかし、学校数の多い自治体では全校方式を採れないとするなら、どのような基準や優先順位で対象校を決めるかというのが制度の性格を決定付ける重要なポイントとなる。広島市の方式はその一つのモデルとなるだろう。

付記
　本稿の執筆にあたっては、筆者が2008（平成20）年2月15日に広島市教育委員会学校教育部企画課（当時）の三浦敏幸、中堀恵両指導主事に対して行った聞き取り調査を参考にした（同日、第4回学校評価システム第三者評価検討会議を傍聴）。さらにお二人に加えて、寺川勇一主事（指導第一課）にも、2012（平成24）年5～7月に多くの資料・情報提供をいただいた。三氏に深く感謝申し上げる。また当市教育委員会のHPに掲載されている学校評価関係の報告書、会議議事録を執筆の際に参照した。

〈注〉
(1)　企画課は2008年度に学校評価の充実・改善に向け、「学校評価（自己評価・学校関係者評価）の見直し」を実施し、同年、「学校評価」に係るすべての業務（指導・助言等含む）が企画課に移されたが、2012年度の教育委員会組織改正により企画課は廃止され、指導第一課が中心となって学校評価の定着・推進を図る体制に改変された。
(2)　『学校評価指導者研修テキスト　2007年度』（日本評価学会、東京都教育庁、広島市教育委員会）。
(3)　その他、上記の課題②に対する方策として、教職員対象の学校評価専門研修（夏期休業中3日間）が行われている。
(4)　合わせて、学校関係者評価の第一の目的を「学校に信頼を寄せていただくこと」に変更した。それまでは「自己評価の客観性や信頼性を担保すること」が目的の一つ目に挙げられていたが、保護者や地域住民が教育活動の十分な観察をすることが難しいと判断したことによる。
(5)　委託研究の研究テーマは「地域等からの外部評価（学校協力者会議評価部会）による外部評価の信頼性・客観性を高めるとともに、設置者の学校に対する支援について意見提言を行う専

門家による外部評価（第三者評価）の検討を行う」であった。
(6) 2010年第5回　広島市教育委員会議（2010年4月19日）配布資料
(7) 2012年第7回　広島市教育委員会議（2012年4月18日）配布資料
(8) もう一つの論点は、評価報告書の公表についてである。試行は報告書を公表する前提で実施したが、委員の中に公表する必要はない、という意見が出されたことを受け、最終報告書では、「評価対象校は、自らの判断で報告書を公表」し、「教育委員会は、報告書を公表するが、公表することにより、その後の学校運営に支障をきたすと教育委員会が判断する内容については非公表」とすることに変更した。
(9) 以下の記述は「平成20年度広島市専門家評価　評価報告（観音中学校）」（2009年第4回広島市教育委員会議（2009年3月26日）配布資料）を参考にした。
(10) 評価委員（チーフ、大学教授）と評価専門委員2名（大学教授、元公立小校長）の計3名。
(11) 2011年7月13日に筆者が行った聴き取り調査に基づく。インタビューに応じていただいた中山昭彦校長ならびに村井芳弘教頭に深く感謝申し上げる。
(12) 2011年度第8回広島市教育委員会儀（2011年6月15日）配布資料。
(13) 先進校視察にかかわる旅費支弁（2009年度：2校2名、2010年度：2校2名、2011年度：2校4名）ならびに、外部講師招聘（2009年度と2011年度は各3回、2010年度は他の事業費から支出）にかかわる謝金・旅費支弁。この他、文部科学省主催の協議会等への参加にかかわる旅費支弁も受けた（2009、2010年度）。
(14) 2011年7月13日に筆者が行った聴き取り調査に基づく。インタビューに応じていただいた和田克彦校長に深く感謝申し上げる。

第12章 各自治体における学校評価システムの比較分析

加藤崇英

はじめに

　本章では、本書において取り上げられた国内の事例である、品川区、福岡県、横浜市、胎内市及び西海市、矢掛町、京都市のそれぞれを比較することで今日の学校評価システムにおける自治体としての取組の到達点について確認し、検討したい。これらを比較検討する軸としては、「学校側における自己評価、連携協力における改善面」と「教育委員会側におけるシステム、支援体制の構築における改善面」とし、それぞれの特質を「促進要因」を含めた「成果」と、「阻害要因」を含めた「課題」としてそれぞれ抽出し、比較検討していきたい。また、比較にあたっては、便宜的に比較表を作成したので参照いただきたい（章末250頁）。

　なお、検討の前に、これらの自治体について、そもそもの自治体の規模あるいはこれまでの学校評価システムの進展してきた度合いなどについて、本章筆者の考えとして以下、簡単に前置きを述べたい。

　本書において取り上げられてきたなかでいえば、品川区は本書において検証してきた内容だけでなく、それ以前の先行研究においてもかなり取り上げられてきており、その意味では、本書における他の事例よりも先進性や成熟度合いについては高いと指摘できよう。また横浜市や京都市は、政令指定都市としての規模、首長の影響度など、自治体として特色ある取組を試みる潜在的な能力が高いということも指摘できる。一方、福岡県は多くの都道府県レベルにおいて共通した成果と課題としてのモデルを示し、また胎内市や西海市、矢掛町といった自治体は、地方における学校評価システムのモデルを考えていくうえでそれぞれ有効といえよう。

　つまり、各事例は学校評価の取組に関する経験の違いだけでなく、自治体

が基盤として持っている規模や条件といったものも異なっている。だが、一方でそのような条件から説明される側面もあれば、他方でそういった条件を学校評価実施のうえでの環境とし、なおかつ当事者（学校の教職員、教育委員会関係者、研究者等）の努力や創意工夫がもたらした、学校評価の取組にとって必要とされる機能的要件をそれぞれ特質として指摘しうるし、そこには「促進要因」と「阻害要因」が指摘できるといえるのである。

1 学校側における自己評価、連携協力における改善面

　品川区の特質は、全国にもよく知られるように外部評価（2002（平成14）年）を導入することにより、外部の専門的な知見によって学校の活性化をもたらすことをねらいとしてきたといえる。この外部評価は、地域協働の推進に資することをねらいとした「校区外部評価」と、学校経営、教育課程、教育法務、教育財務のそれぞれの専門性の向上に資することをねらいとした「専門外部評価」の二つの外部評価を機能させている。これによって、管理職及び主幹・主任等の教員が、外部ヒアリング等を通して校内におけるコミュニケーションを活性化させるかたちで取り込み、自己評価を向上させていくことをねらいとしている点に特徴がある。成果・促進要因として、管理職の責任や自覚の高さ、校内コミュニケーションの活性化、主幹制の活用などが指摘できるが、これらは外部評価を機能させた学校評価システムのひとつの到達点を示しているともいえよう。

　横浜市の事例も、学校と外部との関わりを強化する点では品川区とも共通する側面が見られるが、そのあり方は、より支援的・援助的な性格を有している点に特徴があり、この点については品川区との違いを指摘できる。また、品川区の取組と比較すれば横浜市の取組の歴史が浅いこともあるが、「学校版マニフェスト」の改善を通して、学校と行政の共通理解を進めてきたことが挙げられる。例えば校内の自己評価における「マニフェスト」「学校評価活動」「経営計画」の三本立てとしての共通理解である。

　こういった共通理解を進める取組は、自治体が学校評価システムを進展させるために重視しなくてはいけない側面である。多くの自治体にとってそういったモデルづくりは最初の課題といってもよい。岡山県矢掛町は、町とし

ての規模を意識し、町の教育重点目標と学校教育目標を整合させ、「矢掛指針」による学校評価体制の構築を進めることができた。

　また、手引きやガイドといったかたちで何らかのモデルを示しても、そのモデルに基づいた実質的な取組及び支援に課題がある場合がある。そういった課題を進める手立てのひとつには、福岡県八女市による『学校評価書』（共通項目と独自項目の設定）や新潟県胎内市による三段階学校シート（市全体、中学校区、各学校）など、評価項目に直接に具体的な共通性を持たせたうえで学校評価のあり方全体のモデルの共通理解へと進展させる方法が指摘できる。他方、こういった共通シートの取組が先行していく場合、その取組自体はたしかに明確ではあるが、それゆえに評価項目やシート構造が学校の実態や取組と親和的かどうかが課題となる。また当初は使いやすかったものが、学校の課題や視点の変化によってそうではなくなることがある。それゆえに学校自体がそういった点に留意して取組を進めることができるか、あるいはこういった自己評価における課題について外部から支援の体制があるかどうかが重要となってくるといえる。

　前述した品川区や横浜市は、そういった外部からの関わりや支援的な部分と併せて進めているがゆえに、学校評価システムの進展に関して効果も大きいが、同時に学校への大小様々な影響も大きい。またそもそもそういった与える効果の影響の大きさは、行政側がそういったねらいを持って取り組んでいる側面も強いといえる。

　さらに、学校が自己評価を進めるうえで連携協力に改善を進めてきているものとして、学校関係者評価の取組が挙げられる。本書における事例のなかでも、福岡県八女市や岡山県矢掛町の事例がある。また、京都市による「京都方式」の取組は、学校運営協議会としてのあり方とも関わって、ひとつのかたちを提起しているといえるが、これは学校評価システムの側面だけでなく、学校経営や学校ガバナンスそのもののあり方の課題として検討が必要な側面も大きいといえる。つまり、「開かれた学校」の推進とともに、学校関係者評価の取組自体に対する学校現場の理解は進んでいるといえるし、上記の事例のように成果も出てきている。他方で、すでに指摘したように品川区のように外部からの関わりについて、地域協働を進める関わりと、専門性に関与する関わりと、それぞれ明確な区別を持って取り組んでいる事例もあ

る。おそらくここにはシステムの進展度合いという側面と、地域との関係のあり方の違いという側面と両面があると思われる。いかなる地域関係としての評価の関わりを前提として、自己評価のあり方が考えられるのか。こういった自己評価そのものの内実に立ち返った事例研究は今後も課題と思われる。

なお、そういった地域との関係について、外部からの支援も含めていえば、そもそも人的資源に乏しい地域があるが、そういった地域の取組として参考となるのが、西海市の「地区学校評価委員会」による取組であったといえる。

2 教育委員会側におけるシステム、支援体制の構築における改善面

教育委員会側におけるシステム的な課題や支援体制の構築における改善面は、学校の自己評価と別の問題というわけではなく、一体として関係しているものであるので、すでに前節において、教育委員会側の取組としての成果及び課題について、いくつか触れてきたといえる。特に、品川区や横浜市の取組は、それぞれ外部評価とヒアリング、学校版マニフェストと支援・援助として、アプローチの違いはあるものの、行政が学校評価システムにコストをかけて取り組んでいる点では共通といえる。ただし、共通の課題はそういった財源面もさることながら、人的な課題が指摘できる。それは指導主事の力量を向上させることや、人事異動によるパワーダウンを避けるという課題である。

ただし、上記の品川区や横浜市という自治体の条件は、たしかに関係者は努力されているだろうが、他の自治体の条件と比較すれば、やや独自の施策が打ちやすい環境にあることもあろう。他方矢掛町が町を挙げて「第三者評価」に取り組んだこと、あるいは西海市のように人的資源の少ないなかでも「地区学校評価委員会」を打ち出したこと、これらは大きすぎない規模の自治体が主体性を持った場合の「動きやすさ」や実現の高さを示していたとも指摘できる。

他方、行政との関係構築を軸に学校の自己評価のあり方を変えるという課題は、都道府県と市町村との関係を前提とした場合に、システム構築の課題

がはっきりしてきたことが指摘できる。とりわけ、第三者評価のあり方は今後も検証すべき課題といえる。すなわち、市町村教委と学校の設置者管理の関係と、都道府県教委と県費負担教職員の任命権としての関係が重なるなかでは、人事管理や学校管理・運営面において様々な課題が指摘されてきた。この点と係わっていえば、福岡県における「第三者評価実地検証委員会」の取組では、現場から「改善策の助言や示唆」について取組に対する期待も高く、また、一定の支持や理解も得ていることが明らかとなった。他の機関による調査研究報告（「第三者評価の実践結果を踏まえた評価手法等の効果検証に係る調査研究」（有限責任監査法人トーマツ、2010（平成22）年3月））などにおいても、第三者評価のシステムの役割そのものに対する評価は高い。

　しかし、上記、福岡県の事例についても、慎重論もあるとされた面もある。ここには、学校と教育委員会の管理関係と指導助言の関係のあり方、都道府県と学校を管理する市町村との関係など、教育行政システムの特質と、加えて、地域性や自治体間の有する様々な特性が絡み合っている現状を指摘できる。つまり、これらのことからは、第三者評価システムのあり方ひとつをとっても、ひとつのモデルでは固定化して考えることができないことが示唆されていると思われる。

3　まとめにかえて

　本章では、事例の比較と概観を行ってきた。まとめにかえて、以下、三点を述べたい。

　第一に、実施実態の多様性についてである。それぞれの自治体の規模や、都道府県・市町村関係のあり方の違いが自治体での取組に影響するといえるが、「開かれた学校」としての地域との関係を進めるという意味での学校評価のあり方と、より学校の専門性や学校改善に焦点化していくための学校評価のあり方について、アプローチの仕方（いかなるプロセスによって進めていくか）やターゲットの絞り方（何を対象として変容させることで、改善を進めていくか）がはっきりしてきているという点である。われわれの見方そのものが多様な側面にわたって検証している点も関係しているといえるが、学校評価システムの構築の仕方そのものの多様性は今後も進んでいくであろうし、

検証の視点を明確化していく必要があるといえる。

　第二に、新たな課題である第三者評価が今後、どのように展開する必要があるかである。これについては文部科学省による試行実施を中心としてこの間進められてきたが、ガイドラインに規定され、実施義務はないものの、今後、自治体がいかなる動きを見せるかは着目していかなくてはならないであろう。ただし、本書の執筆者メンバーは、むしろイングランドやニュージーランドにおける学校評価（第三者評価）に対する共通理解を持って研究に取り組んできていることもあり、よって課題意識は明確である。つまり、そういった意味での日本で可能と考えられる第三者評価があり、またそういったモデルの提示については知見を蓄積してきたといえる。本書においても第三者評価に関する多くの指摘や提言を行っているが、今後、いかなる検証の方法があり、日本のどういった自治体の、どういった学校に、いかなる第三者評価が必要か、という意味でのモデルについてのいっそうの精緻化がわれわれの課題であるといえる。

　第三に、基本に立ち返るようであるが、学校評価システムの進展で「学校は変わったのか」という点である。また、取り上げている先進地域や、委嘱事業・研究事業として行われている地域における事例と、そうではない地域との差も大きくなっている。つまり、それら地域における学校の差である。依然として学校評価システムの整備が必要であることには変わりはないが、改めて教育の内実であり、学校内部の変容との関連を明らかにしていくことが重要といえる。

各自治体における学校評価システム上の改善に関する比較——成果と課題

	主として学校側における自己評価、連携協力における改善面	主として教育委員会側におけるシステム、支援体制の構築における改善面
品川区	成果：ヒアリング（対象者：管理職・主幹・主任、年4回の経過観察）による学校経営と専門外部評価の機能的な接続。専門的視点（法務、経理、カリキュラム、マネジメント）の明確化。 課題：学校評価サイクルと教育行政サイクル。主幹（主任）教諭の力量差、役割の明確化と資質向上。	成果：専門外部評価（全校3年ローテ、集団ヒアリングなど）システムの構築。 課題：学校評価サイクルと教育行政サイクル。評価担当者・指導主事の人事異動が頻繁。
福岡県	成果：『学校評価書』（共通項目と独自項目の設定）による評価課題の焦点化及び「学校関係者評価」体制の構築（八女市委嘱研究）。 課題：地域との関係性の構築。	成果：「第三者評価実地検証委員会」体制の構築（福岡県委嘱研究）。 課題：県教委・事務所・設置者配置指導主事の三層による指導助言機能の系統化、県及び市の関係性。
横浜市	成果：学校版マニフェストと学校評価の乖離解消、「評価の実効性・効率性・公開性」による「中期学校経営方針」としての新学校評価システム（計画と評価の一体化）。 課題：経営方針の重点化。	成果：学校教育事務所による学校訪問（「評価と支援の一体化」）体制の構築。 課題：指導主事の資質向上。
胎内市	成果：三段階の学校評価シート（A［市全体］、B［中学校区］、C［各学校］）の活用。 課題：シート構造の全体像と、現場の課題・実態とのいっそうの一致。	成果：B［中学校区］シートによる共通理解と行動連携の促進。 課題：A［市全体］シートの項目数や内容の最適化。
矢掛町	成果：町教育委員会主導による学校評価の導入による、(1)町の教育重点目標と学校教育目標の整合性、(2)「矢掛指針」に即した学校評価体制の構築。 課題：学校関係者評価委員の研修。	成果：(1)第三者評価結果に基づく人的、物的支援の明確化、(2)共通評価項目による実施と、評価項目の最適化。 課題：(1)専門評価において大学教員がかかわる際のコストの維持、人的な評価体制の継続性、(2)教育長が交代した後の継続性。
西海市	成果：「地区学校評価委員会」による人的資源及び評価に関する認識や情報の共有化。 課題：委員（教頭）の多忙化と負担増。	成果：「事業運営委員会」及び「地区学校評価委員会」の体制構築。 課題：キーパーソンの異動と引継。委員の研修。

京都市	成果:「京都方式」学校運営協議会による学校関係者評価の実施。学校評価部会の設置とそのはたらき（項目作成等）。 課題:保護者・地域住民アンケートの位置づけ。学校運営協議会の本来的な機能への影響。	成果:学校評価支援システムの整備、アンケート作成・集計ソフトの利用。

第13章 学校評価活用事例：学校評価を機軸とした組織開発プロセス
——高浜市

南部初世・杉浦美南・小出禎子

はじめに

　一般に、「組織開発」は「組織文化の計画的変革」ととらえられ、論者によって様々な定義づけがなされている。たとえば、占部都美編『経営学事典』（中央経済社、1980 年）では、「技術や市場などの組織環境の複雑性と不確実性が増すにつれて、従来の機械的組織から伸縮的な有機的組織に組織の変革を行うことが必要になっている。そのような要請に応じて、伸縮的な組織構造、開放的で支持的な組織風土、相互信頼の態度、民主的なリーダーシップ・スタイルなど、組織の構造と過程を総合して、有機的組織に変更しようとする組織戦略ないし教育訓練戦略を組織開発（OD）という」と規定されている。

　教育領域においては、1960 年代半ば以降アメリカを中心に研究が展開され、そうした理論は河野和清[1]、阿久津浩[2]らによって先駆的に我が国に紹介されてきた。しかしながら、その後アメリカにおいて研究方法が多様化し、オープンシステム論やコンティンジェンシー論等が組織開発論に適用されるのに伴い、論点が拡散し、「組織開発」というタームに固有の意義が見出しにくくなったため、我が国ではそれ以上深められることはなかった。

　こうした「組織開発」というタームが、近年再び学校改革実践との関わりで多く用いられるようになってきている。これには、「組織マネジメント研修」が政策上位置づけられたことも関わっている。「マネジメント研修カリキュラム等開発会議」が作成した研修テキストにおいては、「組織開発」の定義は示されていないが、「組織マネジメント」の考え方（組織が、その目的に向かって持っている各種資源を開発・活用し、適切な活動を行う）を学校や教

育行政機関に導入し、「環境適応（ビジョンの実現）」に向けて「危機感、問題／問題状況、対策の共有」を行っていくプロセス(3)を指しているものととらえられる。そしてそこでは、唯一最善の正解はなく「置かれた状況の中で、『一般解』ではなく『特殊解』を探索」することがポイントとして示されている。(4)

「マネジメント研修カリキュラム等開発会議」協力者でもあった木岡一明は、「①共同（コラボレーション）の推進、②創造（クリエーション）の促進、③考究（リフレクション）する組織づくり、④外に開く（オープンマインド）学校づくりの展開」を「学校組織開発」と呼び、「学校評価を組織開発のツール」ととらえている。(5) こうした木岡の研究を佐古秀一は、「特定の学術的な理論を応用する（学校にあてはめる）ことによって学校の組織変革を行うことを志向するのではなく、それぞれの学校の個別性、具体的な状況に配慮しながら、学校自らが、つまり学校教育に関与する主体自身が、組織の構造、過程、文化を変革する試みとそれをサポートする試みを総合して、学校組織開発と呼ぶようになりつつある(6)」と分析する。そして佐古自身は、「組織開発」を「学校における教育意思形成を促す協働的プロセスを可能にするための、学校における相互作用、組織構造等を含めた『包括的な組織変革に関する方法論(7)』」と定義し、「学校組織開発研究」については、「あるべき学校の姿への接近を、それぞれの学校において可能にするシステム、プロセス、手順ないし方法のあり方＝変革方法論（変革方略）に関する知識」を産出する研究とする。(8)

本研究は、これらの「組織開発」研究と多くの共通点を有するものであり、ドイツにおける「学校開発（Schulentwicklung）」論を基盤とし、それを日本における学校や教育行政機関に対する助言活動に活かしつつ、また、その活動において得られた実践的知見を理論に還元することをめざしてきたこれまでの実践研究プロセスを明らかにするものである。

ドイツにおいては、1980年代に「組織開発」論が公共分野にも広がり、教育領域においては、ダリーン（Dalin, P.）(9)とともにロルフ（Rolff, H.-G.）やブーヘン（Buchen, H.）らが組織開発論の知見を教育領域へ援用する「学校開発」論を構築してきた。その理論は、「制度的学校開発プログラム（ISP＝Institutionelles Schulentwicklungs‐Programm）」としてまとめられ、ブレーメ

ン州やノルトライン・ヴェストファーレン州等の教育政策にも大きなインパクトを与えることとなった。その基本的な考え方は、教育行政機関と学校のあり方を根本から変更するものであり、前者は「コントロール・監督官庁から、サービス・支援組織へ」、後者は組織開発プロセスを専門的に計画し変更することを学習する組織へと変わることが求められていた。そうした「学校開発の革新的道具」[10]として「学校プログラム（Schulprogramm）」が導入され、個々の学校が「学校プログラム」を形成し、それを実施・評価することによって「自律的な学校」を実現するというものであった。

　本研究は、こうしたドイツにおける「学校開発」論を日本にそのまま適用するものではないが、学校評価によって学校の現実を表すデータを収集・分析し、生徒、父母、地域住民の意見も汲みつつ改善の方向性を考え提示し、それを実施していくというC→A→P→D→C→Aというマネジメント・サイクルを創り出す、学校評価を機軸とした組織開発プロセスを研究対象としている。具体的には、愛知県高浜市を事例としてとりあげ、2002（平成14）年度から開始された学校評価検討委員会の取組により、2008（平成20）年に、マネジメント・サイクルが機能し始めた段階にある学校と、すでにシステムが整えられ、学校における教育活動の全体計画＝「教育課程」の検討を行うことによって実質的に学校教育の「質」を高めていく段階にある学校を対象として、そこに至るまでのプロセスの分析を行い、その促進要因と阻害要因について考察する。[11]

1　分析事例の概要

(1)　高浜市におけるまちづくりと教育改革[12]

　高浜市は、人口44,314人（2008（平成20）年4月1日現在）、面積13.00km²、瓦製造や自動車関連の機械器具製造を主要産業とする愛知県三河平野南西部に位置する小さなまちである。トヨタ関連企業が多数立地し、財政的に恵まれている地域の中で、相対的に税収の少ない自治体であるが、人口は増加しており、小学校は5校（児童数2,982）[13]、中学校は2校（生徒数1,383）[14]存在する。

① まちづくり

　高浜市のまちづくりの特徴として、①基盤としての福祉政策と「住民参加」の装置、②効率的行政経営、③地域づくりがあげられる。

　福祉のまちづくりは、1989（平成元）年初当選以来5期目となる森貞述市長によって主導されてきた政策であり、そこではとりわけ人材育成に力点が置かれ、市民参加型福祉の担い手が育成されてきた。「福祉先進地」として、福祉政策の対象を高齢者にとどめず、障害児者や子どもを含める形で、高浜市住民投票条例（2000（平成12）年12月制定、2002（平成14）年6月改正）の制定、「168人（ひろば）委員会」（2001（平成13）年7月設置）と高浜市地域福祉計画（2003（平成15）年3月制定）、「たかはま子ども市民憲章」制定（2003年11月）といった政策を展開してきた。

　また、行政のスリム化と構造改革推進にも取り組み、具体的には、株式会社「高浜市総合サービス」（市が全額出資、1995（平成7）年設立）への外部委託、構造改革推進検討委員会報告書「持続可能な自立した基礎自治体」（2005（平成17）年）作成、行政組織改革（2006（平成18）年4月）が行われてきた。

　さらに、高齢者、障害者、子どもを含む「共生・支えあいの地域づくり」をめざし、「地域自治区」ではなく、コミュニティ型のNPOを各地域でつくる方式での「地域内分権」が志向されてきた。2005年4月に港小学校区の地域団体を包括的にまとめるコミュニティ組織「高浜南部まちづくり協議会」が活動を開始したのを皮切りに、他の4小学校区においても、順次まちづくり協議会が立ち上げられた。

② 教育改革

　積極的な福祉行政を展開してきた市長も、「教育の問題には首を突っ込んではいけないとタブー視」してきた。しかし、教育をめぐる状況が深刻化する中で、まちの子どものことはまちで考える必要があるととらえ、小学校新設問題を契機として、学校への支援を全市をあげて実施する機運が高まってきたことから、教育改革に着手することとなった。新設のA小学校校長人事をめぐって、市長・教育長と教育委員との対立が表面化し、教育委員が総辞職したため、2002（平成14）年度から新たな教育委員会体制で改革を実施

していく。

　まず、教育行政組織改革に着手し、2002年度には、①幼稚園・保育園をはじめとする子育て支援に関する部門を市長部局として一元化し、②社会教育部門を教育委員会担当事務から市長部局担当事務に移管、③教育委員会は義務教育のみを担当することとなった。さらに2006（平成18）年度には、市長部局に「地域協働部」（市民との協働をより一層推進するための基幹組織）と「こども未来部」（従来の生涯学習部まなび課所管の業務のうち、子どもに関する事務事業を移行し、次世代育成支援に関する総合的な事業展開を推進）を設置し、教育委員会事務局の管理課と学校教育課を「学校経営グループ」として統合した。

　また、新設のＡ小学校校長に公募制を採り入れ、名古屋市を除く県内の市町村教育委員会を通じて、校長有資格者の中から候補を公募し、面接を行った。こうして選ばれたＡ小学校の校長は、その後、高浜市の学校改革における先導的役割担っていくこととなる。

(2)　高浜市学校評価検討委員会における取り組み

①　学校評価システムの立ち上げ

　2002（平成14）年3月に小学校設置基準・中学校設置基準が制定され、市教委は学校評価検討委員会設置に向けて準備を開始する。その際、市長自ら木岡一明氏を訪問し、検討委員会への協力を依頼したが、その意図は、新設小学校を軸に学校を開き、地域や家庭との連携を今まで以上に促進する新しい教育を展開していくために、学校評価検討委員会において教職員の意識を高め、具体的な評価方法を研究したいというものであった。そして、7月には小・中7校の校長、教頭、教務主任、校務主任の代表から成る学校評価検討委員会（委員長：Ａ小学校長）が設置され、木岡氏と南部がアドバイザーとして関与することとなった。

　教育長は、この学校評価事業において、7校共通のベースにそれぞれの学校の特色を生かす評価方法を採り入れ、評価結果を市民に公表して学校の課題・悩み、改善への取組を知ってもらい、学校への理解や支援をより得ることを期待しており、検討委員会では、まず学校評価の基本構想「新しい学校評価を創る」の作成を手がけ、並行して2003（平成15）年度実施に向けた

教員自己点検項目の検討を実施した。2002年度の委員会構成は、校長1名（委員長）、教頭3名、教務主任2名、校務主任2名、教育委員会学校教育課長1名であり、検討委員会における活動は以下の通りである。

年月日	担当	内容
2002年10月11日	木岡氏・南部	基調講話「これからの学校評価を考える——共・創・考・開をめざす学校経営への展望」（木岡氏）、意見交換
2002年12月10日	南部	高浜市学校評価基本構想の検討
2002年12月25日	木岡氏	全体研修会「新しい学校評価を創る——高浜市学校評価基本構想をもとに」
2003年3月11日	南部	「学校評価の取り組みについて」検討

② 特色ある学校づくりとの関係づけと組織マネジメント研修の開始

　こうした活動と並行して、2002（平成14）年秋からは学校の特色づくりの取組も開始された。各校には、12月20日までに「特色ある学校づくり実施計画書」の提出を求め、2003（平成15）年1月に校長と担当教諭によるプレゼンテーションを実施し、特別経費計180万円を支給する学校3校を選出した。その際、校長会は平均的な予算配分を求めたが、競争原理を取り入れることで学校の活性化を図ることを意図していた市は、これを認めなかった。

　2003年度には、各校で年間計画表を作成して準備の整った学校から試行することとなったが、管理職も含め、旧態依然とした学校経営に対する教職員の意識と学校評価に対する否定的感情が存在していたため、意図したようには進まなかった。そのため、学校づくりのあり方に焦点を当て、7月に管理職等研修会「これからの学校と組織マネジメント」を実施し、学校評価についての啓発パンフレットを作成することとなった。2003年度委員会構成は、校長1名（委員長）、教頭2名、教務主任2名、校務主任2名、教育委員会学校教育課長1名であり、検討委員会における活動は、以下の通りである。

2003 年 7 月 24 〜 25 日	木岡氏	管理職等研修会
2003 年 10 月 21 日	南部	学校側から出された疑問点を「学校評価にかかる問題・課題について」としてまとめ、あらかじめ南部に送付。これに答えつつ、各校の取組について助言。保護者啓発パンフレットの検討
2004 年 2 月 3 日	南部	再度学校側から出された疑問点を「学校評価に係る課題・問題」としてまとめ、あらかじめ南部に送付。これに答えるとともに、学校評価の公表に係る課題について助言

③ 学校ごとの助言活動

　2004（平成16）年度以降、学校による進度の差が顕著になってきたため、各校の学校評価の試行結果・課題報告に対し、個別の助言活動を行っている。

2004 年 8 月	木岡氏	主任対象の組織マネジメント研修
2004 年 10 月 14 日	南部	各校の自己点検（1学期）結果、結果公表、今後の取組について助言。その際、学校には、①自己点検票の工夫、②更新案、③保護者による学校評価（アンケート）について提示を求める。学校評価検討委員会資料には、「＊提案『16年度内に全学校で実施できないか。』」と明記
2005 年 3 月 10 日	南部	教育長の要請により、学校評価検討委員に代わり校長が出席し、2005年度の学校評価について校長の考えと取組内容（校内学校評価検討委員会の在り方、教職員の自己点検の生かし方）を提示。それに対する助言に加え、保護者アンケートの実施結果と更新策について助言

　前年度に引き続き、校長1名（委員長）、教頭・教務主任・校務主任各2名、学校教育課長1名で委員会を構成していたが、2005（平成17）年3月10日の会議がターニングポイントとなり、これ以後、管理職のみで委員会が構成されることとなる。[15]

2005 年 7 月 5 日	南部	各校の取組（2005年度の取り組み、更新内容）について助言
2005 年 8 月	木岡氏	一般教職員（1/3）対象の組織マネジメント研修
2006 年 3 月 14 日	南部	各校の後期の取組（学校評価の結果、更新策）について助言

④ 第三者評価ガイドラインの検討準備

　さらに、2006（平成18）年度には、国レベルでの政策を視野に入れつつ、

第三者評価ガイドラインの検討準備に入る。

2006年8月	木岡氏	一般教職員（1/3）対象の組織マネジメント研修
2006年10月24日	南部	高浜市幼稚園・保育園における第三者評価の実際について「こども未来部こども育成グループ」より説明、文科省が進める方向性と高浜市の目指す方向性について協議。2006年度各校における学校評価の取組（今年度改善した点、外部評価の実際）について助言
2007年3月27日	南部	外部（第三者）評価について、文科省が進める方向性を確認し、高浜市の目指す方向性を協議。各校に対し、外部（第三者）評価の実際と問題点、今後の課題について助言。学校評価検討委員会事務局において「平成19年度からの外部（第三者）評価（案）」を準備

⑤ チームによる学校訪問助言活動

　2007（平成19）年度からは、木岡チーム（担当3校）、南部チーム（担当4校）に分かれ、各学校を訪問して進度を確認し、課題を学校とともに分析する活動を開始した。[16]

2007年7月2日	南部、小出、杉浦、ムルニ	C中学校・D小学校訪問助言活動
2007年8月	木岡氏	一般教職員（1/3）対象の組織マネジメント研修
2007年10月4日	南部、小出、杉浦、ムルニ	A小学校・B小学校訪問助言活動
2007年10月11日	南部、小出、杉浦、ムルニ	C中学校・D小学校訪問助言活動
2007年10月23日	南部	学校評価検討委員会において、各校に助言
2008年2月26日	南部、小出	A小学校・B小学校訪問助言活動
2008年3月26日	南部	学校評価検討委員会において、各校に助言

(3) 事例校の概要[17]

　以上、事例校の位置する愛知県高浜市におけるまちづくり政策と教育改革動向及びそこで展開されてきた学校評価事業の概要について述べてきた。本章の分析対象である、すでにマネジメント・サイクルのシステムが整えられたA小学校と、マネジメント・サイクルが機能し始めた段階にあるB小学校及びC中学校の概要は、以下の通りである。

	教育目標	経営方針	学校規模	教職員構成
A小学校	心豊かで進んで行動できる子どもを育てる ○明るく ○たくましく ○よく学ぶ	ア 「友だちと助け合う子」、「授業に集中して取り組む子」、「行事に進んで取り組む子」をめざした学校経営をする。イ 協調性があり、めざす子どもを育てるために各自の能力を十分発揮しようとする教員集団をつくる。	20学級、児童数654	校長、教頭、教諭21名、養護教諭、講師、事務主査、栄養主査、県非常勤講師2名、市非常勤講師6名
B小学校	心身ともに健やかで、たくましく生きる力をもつ子どもを育成する。○思いやりの心をもつ子 ○健康なからだをもつ子 ○進んで学ぶ子	心和み安心できる学校づくりに努める。心和み落ちついて過ごすことができることで、安心して学び生活できる様々な諸活動を進め 児童…心和み安心して行くことができる学校 保護者…心和み安心して行かせられる学校 地域…心和み安心して見守ることのできる学校 を目指す。	22学級、児童数640	校長、教頭、事務長、教諭23名、養護教諭、主査、講師3名、非常勤講師9名
C中学校	「自己を高めよう」をめざし、知、徳、体の調和のとれた人間性豊かな生徒を育てる。みらいを考える生徒、なにごとも感謝する生徒、みずからを鍛える生徒―自己を高める人―「ありがとう」と言える人	生徒の行動目標「気づき、考え、行動する生徒」を目指すために、ア やる気のある生徒の育成を図る（基礎的・基本的事項の習得と自己教育力の高揚） イ 思いやりのある生徒の育成を図る（豊かな心を育む体験活動と人権意識の高揚） ウ きまりを守る生徒の育成を図る（基本的生活習慣の確立と道徳的実践力の高揚）	15学級、生徒数532	校長、教頭、教諭23名、養護教諭、主査、主任、講師3名、非常勤講師4名、スクールヘルパー

分析素材は、2002～2007（平成14～19）年度高浜市学校評価検討委員会事前及び当日配布資料（教育委員会作成レジュメ、各校作成資料）、2002～2007年度高浜市学校評価検討委員会音声データ、2006～2007年度A小学校訪問時収集資料及び音声データ、2007年度B小学校訪問時収集資料及び音声データ、2007年度C中学校訪問時収集資料及び音声データである。

（南部初世）

2 学校組織開発プロセスの分析（その1）
——マネジメント・サイクルのシステムが整えられた段階にある学校の事例

(1) 開校までのあゆみ

　A小学校は、地域の人口増加を受けて、2002（平成14）年に新設された学校である。開校にあたって、市教委は2001（平成13）年4月に新設校開設準備室を設置し、市教委職員による準備検討委員会を開いて児童の学びや生活について検討してきた。同年9月の市議会からの質問を受けて、10月には「変革期の内容を十分把握した上で作り上げられた学校ビジョン」である「A小学校開校構想の具体（答申）」が打ち出された。その後、公募により校長が決定し、2002年4月に開校を迎えた。

(2) 開校してからの学校評価への取組

　A小学校では、開校当初から教員の自己点検を実施している。初年度は、学級担任を対象に7月、12月、3月の3回実施し、重点努力目標、自己の校務分掌、自己研修、基礎・基本の定着、心の教育等についての44項目をA～Dで評定した。Dと評定した項目については、改善案を記して提出することを求めた。7月の結果では、教員が不十分と判断した項目として「自己研修」「開かれた学校づくり」等があげられ、その更新策として、2学期から授業研究が推進され、特別非常勤講師配置事業が開始された。

　初年度の10月には、第1回学校評議員会が開催され、7月に実施した自己点検の結果について協議された。3月の第2回学校評議員会では、今年度の学校経営と次年度の「学校づくり構想」に対して意見が聴取された。初代校長は、この時期に学校評議員会を開催した理由として、評議員がA小の取組を具体的に理解できる時期になったこと、教員の自己点検結果の概要について報告の場を設定したかったことをあげる。当時、学校評議員会に「学校関係者評価」の意味合いはなく、あくまでも情報提供と意見交換の場であった。

2003（平成15）年3月には、「A小　2年目構想」が作成された。「A小　2年目構想」は、「A小開校構想の具体（答申）」をもとにつくられた学校経営の基礎資料で、2年目以降「〇年目構想」として、前年度の「構想」をもとに、毎年3月までに作成されている。[18]

　開校2年目以降も、教職員の自己点検を年3回実施し、その項目は、「A小　〇年目構想」を基盤としている。学校経営の基礎資料である「構想」を評価項目の基盤とすることで、学校経営の評価を定期的に行うことができるという。また結果は、更新案とともに保護者に報告しており、その際、学校経営の理念や本年度の重点努力目標等も添えて提示し、保護者への意識づけを図るなど、公表の方法を工夫している。また、2年目からは、担任用のほかに、養護教諭用などの点検票を作成している。

　開校2年目の2003年7月には、保護者アンケート（14項目）を実施している。項目は、学校の教育活動に関すること（「子どもは学校へ行くことを楽しみにしている」、「教職員はPTA活動や地域の行事に参加している」等10項目）と、家庭にお願いしたいこと（「学校からの連絡やたよりは必ず見ている」等4項目）で、それぞれA～Dで評価するものであった。結果は9月に学年ごとに表とグラフで表示したものを保護者に返している。

　同年9月には、担任が学級の実態を知るための基礎資料として、児童アンケート（40項目）を実施した。これは、基本的生活習慣、規範意識、自分の居場所、授業、話す、聞く、読む、書く、関わり等についてのアンケートである。

　また、開校3年目の2004（平成16）年4月には、「学校便覧」（A小の取組に関するリーフレット）が作成された。[19] これには、教育目標、経営方針、重点努力目標と、そのために何をするかが記載され、その他、教職員名簿や日課表等、基本的な項目についての情報を提示している。保護者に配布して、A小の取組を周知しようとしたものであった。

　同年7月には、「教育活動に関するアンケート」（14項目）が実施された。これは、前年度の保護者アンケートを変更したものであり、教職員にも、自己点検とは別に、同項目のアンケートを実施した。さらに、児童アンケートにも同項目（4項目）を設け、三者の比較が行われた。結果は、集約して教職員、PTA役員会、学校評議員会の場で検討し、その後保護者に配布され

た。同項目を比較することで、児童・保護者と教職員の意識の差を認識することができるようになった。

開校4年目の2005（平成17）年5月からは、グループミーティングが実施されている。これは、学年集団3、4名と4役（校長、教頭、教務主任、校務主任）の7～8名で行うミーティングで、教職員の主体的な目標設定について、「学校便覧」「学級経営案」を資料として意見交換を行う場である。グループミーティングでは、はじめに校長が本年度の重点を説明し、担任が学級経営案をもとに学級の実態、学習集団づくりの手立てについて説明し、その後意見交換の時間を設けている。学校教育目標を達成するための教職員のコミュニケーションを通して学校の組織力を高め、重点努力目標を具体化するために、校長をはじめ各職員が自らの役割を自覚して行動することがめざされている。また、グループミーティングは学年主任のリーダーシップを発揮する機会にもなっているという。これは、校長・教頭が全教職員をみていくには限界があるため、学年主任が学年を指揮して若い教員を育てるという学校づくりの試みだという。

2006（平成18）年3月には、学校評議員会で、校長が学校経営案の重点努力目標、細項目の達成状況を自己評価として提示し、それを受けて協議が行われた。これにより学校評議員会は、学校関係者評価として機能することとなった。評価者（評議員）は8人で、17項目を一人2～3項目割り振り評価する。全員が全項目評価するのではなく、それぞれの得意な分野について評価を行う形式をとっている。

開校5年目となる2006年には、中期ビジョン（3年間）が作成された。中期ビジョンは、2008（平成20）年度に達成したい「めざす姿」と比較し、対策を練る形でつくられている。「教職員は異動もあり、毎年、顔ぶれは少しずつ異なるが、子どもは6年間をその学校で過ごす。したがって、子どもたちが1年間では培いにくい力を、6年間、あるいは3年間の成長を願って『A小がめざす姿』を打ち出し、指導・支援していく」ことが、中期ビジョン作成にあたっての、現校長の思いであるという。

(3) 現在のA小[20]における学校づくりのサイクル

A小学校では、保護者アンケートや自己点検を行う夏を「学校づくり構

想」のスタートとしている。7月に行われた保護者アンケートや自己点検の結果は、8月に処理され、保護者の意見については類別して更新策が示される。9月には、アンケートの結果を保護者・学校評議員へ報告する。そして冬には、次年度の学校づくりに関する教職員の意見が集約され、構想が作成される。4月には、作成された「構想」を基礎資料として学校経営案が作成され、保護者向けに「Ａ小学校の取組」が作成・配布され、学年・学級経営案が各学年主任・学級担任によって作成される。つまり、Ａ小学校では、評価（＝Check）を行うことが学校づくりのスタートとなり、そのうえで作られる「学校づくり構想」（＝Plan）が次の評価に向けての土台となっている。

① 学校評価への取り組み

　Ａ小学校では、学校評価の基本的考え方として、「変化する環境の中で、学校の使命、存在意義を常に問う」、「目標や指導あっての評価である。評価することだけが目的ではない」、「評価可能なものを評価し、更新策をつくる」という三つをあげている。それに対して具体的に、ⅰ）「学校便覧」で本年度の活動の重点を知らせる、ⅱ）学校ビジョンを実現する組織（学年部会のまとまり）をつくる、ⅲ）学校評議員に校長の自己評価を報告し、学校評議員・第三者評価者から評価をもらう、ⅳ）内外の声を集約し、次年度に活かす、という四つの取組を行っている。

　1）自己評価――教職員の自己点検

　Ａ小学校では、教職員の自己点検は7月、12月、3月の年3回行われ、自己点検票は、職務内容に合わせて、一般教員用、校長・教頭用、教務主任・校務主任用、養護教諭用、事務職員用が存在する。一般教員用の自己点検結果については、グラフと結果の考察が配布されるが、それ以外の職種については、人数が少なく平均化できないため、校長から個人的にコメントをつけて返却される。

　自己点検結果は、分析や情報を加えて保護者等に情報公開する他、学校評議員会や外部評価機関へ提示し、学校経営についての意見を得るための資料として活かされている。つまり、結果はただ単に、結果を外部に公表してアカウンタビリティを果たすというだけではなく、結果に対して学校の考える

更新策を示したり、改善に導くための意見を外部から取り入れるための「手段」として活用されている。また、自己評価が全体的に低いと判断される項目については、教職員のやる気や能力の問題ではなく、教職員が「取り組みづらい」と感じているものと判断し、管理職にとっての改善ポイントととらえられている。さらに、結果をフィードバックし、教職員が自分の評価と全体の評価を比較することで、自らの評価尺度を構築したり、意識を向上させるものとしても活用されている。

2) 学校関係者評価――保護者の声を取り入れる仕組み

A小学校では、学校関係者評価として、保護者に「教育活動に関するアンケート」を実施し、教職員・保護者・児童の共通項目についてはグラフで比較する形で提示している。これによって、考え方や意識の違いが明らかになり、相互理解につながっているという。また、自由記述欄については、内容を分類し、更新案と一緒にして配布することで、単にアンケートを行うだけでなく、「アンケートから保護者の意見を取り入れ、改善している」姿勢を示している。また、自由記述欄の保護者からの意見の語尾を「です・ます」調にし、やわらかい表現に改めてから配布している。これにより、保護者にアンケートでの自由記述欄の書き方の参考としてもらい、その後のアンケート等でも建設的な意見を保護者から得ることにつながっているという。また、アンケートの項目に「家庭にお願いしたいこと」を入れることにより、保護者に、子どもと接する機会について改めて考えなおすきっかけとしてもらうことを望んでいる。

A小学校では、保護者アンケート以外にも、学年通信・学級通信に設けられた返信欄を用いて双方向的なコミュニケーションの場を設けている。また、ホームページ（ブログ）を利用して情報発信を行っている。これについて、一般教員は、「アンケート」以外の学級通信やブログは「学校評価の一環」としてはとらえていない。しかし、保護者に対して情報を発信し、様々な意見を受けて改善につなげていくという点では、学校評価の大切な要素となると現校長は述べている。

3) 学校関係者評価――学校評議員会

A小の学校評議員会は、元PTA会長（座長）、PTA会長、町内会長、商店主、非常勤講師、保護者代表、医師、愛知教育大学准教授の計8名で構成

されている。10月の学校評議員会では、7月に実施された自己点検や「教育活動に関するアンケート」の結果と個々の更新策について検討され、3月に学校評議員が行う重点努力目標の達成度の評価項目についての割り振りが行われている。3月の学校評議員会では、評議員による学校評価が実施されるとともに、学校から提示される次年度構想についての意見交換が行われる。

　学校評議員によって行われる学校評価は、校長が行う13項目の重点努力目標達成状況の自己評価（A～D）と、学校評議員が同項目を一人数項目ずつ選択して行う評価を照らし合わせて行われる。評価結果は全体で議論し、改善項目等が示される。A小学校では、3月には次年度の「学校づくり構想」が完成しており、1年間の反省と次年度の学校経営方針の説明を同時に行うことができるため、学校評議員会による学校関係者評価が、学校づくりのPDCAサイクルに組み込まれ、活用されている。

② 「学校づくり構想」

　A小学校で開校以来毎年作成されている「学校づくり構想」は、第一に、「学校経営案作成のための基礎資料」として位置づけられている。「構想」は、毎年1月に全教職員が当該年度の内容を学年ごとに加除修正をし、教頭が集約して次年度の構想に取り入れるという形で作成されている。作成に当たっては、教員個々人や学年で、やりたいことを書いて教頭に提出し、教頭がまとめる。したがって、「構想」は、「教員一人ひとりの学校づくりにかける思いや夢を集約するもの」といえる。さらにそのメリットについて、初代校長は、教員はそれまで自己点検によって自身の課題や児童の良い点・足りない点を把握しているため、優れた提案をすることが可能となっており、数の多少はあるものの、「提案を通じて学校経営へ参画する意識を高めることができる」と述べている。その一方で、「構想」は「こういうことがやれそう」という案であり、具体的に何をいつまでに行うのかを示したものではないため、2007（平成19）年度は、「A小学校づくりマニフェスト」として、重点項目を置くことで、メリハリのある教育活動を行っている。

　「学校づくり構想」は、第二に、「学年・学級経営案のための基礎資料」として位置づけられている。各学年主任・学級担任は、「構想」と学校経営案・重点努力目標等を目の前の子どもと照らし合わせ、6月頃までに学年・

学級経営案を作成する。各学年主任・学級担任は、学年・学級経営案を作成していく過程で、頭の中に、めざす学級像・子ども像ができあがっていくという。つまり、「こういうことがやれそう」という案であった「構想」が、学年・学級へとより具体化し、目の前の子どもに合った現実的な「計画」へと変わっていくといえる。また、A小学校では、「構想」を基盤として、教職員の自己点検や「教育活動に関するアンケート」の項目が定められているため、自己点検やアンケートの結果は「構想」に示された取組の結果となり、そこで明らかになった反省点は、翌年度の「構想」とそれをもとにした取組に反映される。そして、「構想」をもとに作成されている各学年・学級経営案についても、自己点検やアンケートによって振り返りの対象となり、翌年度への反省へとつながっていく。

(4) 考えられる促進要因

A小学校で、このようにマネジメント・サイクルが整えられてきた要因として、次の二つがあげられる。

第一は、新設校である点である。A小学校では、前例がない分、新しい取組に着手しやすいことが強みになっているといえる。また、県の人事異動方針の中には、「新設校の人事については特に優秀な人材を充てること」という内容の一文があり、「魅力ある授業をする先生」「有言実行型の先生」「病気に負けない心身の強い先生」などの観点から23人の教員が選ばれている[21]。これも、新設校であるがゆえの強みとしてとらえられよう。

第二は、管理職の学校評価に対する意識が高い点である。A小学校の管理職は、アンケートや評価は改善のための手段ととらえ、その結果ではなく、そこから問題点・課題を明らかにして改善していくことに意識が向いている。つまり、評価が次の計画へと結びつくような学校づくりのサイクルを確立してきたといえる。また、そのようにしてつくりあげてきた学校づくりのための仕組み自体も、グループミーティングや学校評議員会の活用等、新たな意見の創出の場を設けるなど、常に改良を加えていることも、マネジメント・サイクルのシステムが整えられてきた要因の一つとしてあげられるだろう。

（杉浦美南）

3 学校組織開発プロセスの分析（その2）
―― マネジメント・サイクルが機能し始めた段階にある学校の事例

(1) 学校評価検討委員会のインパクトによる組織開発プロセス

　B小学校とC中学校について、「学校評価検討委員会」及び「学校訪問」の場で、各学校の委員から報告された学校評価活動に関する学校の取組と意見・質問等、それに対するアドバイザーからの主な助言を年度ごとに示す。なお、学校の取組は、新たに始められたものや修正・改善されたものについて記載した。

① 事例1 ―― B小学校
1) 2003（平成15）年度

　　i) 2003年10月21日「学校評価検討委員会」

学校の取組	・教員「自己点検」を実施。「重点努力目標」等9項目、全23評価内容についてA〜Dで判定。D判定の項目について、問題点と改善策を記述。自由記述欄「要望・意見」「効果のあがった内容」を設定。結果はそれぞれA〜Dを単純集計。
委員からの意見・質問等	・1学期末に「自己点検」を実施することで、教職員が日頃どんなことを意識し指導してきたか見えてきた。 ・子どもの変容を把握するためには、アンケートをどのようにしたらよいのか。
アドバイザーからの助言	・数値化が重要なのではなく、データを基に議論し、よい実践を拡げ、問題があるものは更新することが大切。個々の教員だけでなく、学校組織全体としての「更新」が必要。学校の組織力は個人の力量の総和ではなく、それ以上を生み出すものであるべきで、そのために「組織として」学校が取り組んでいくことが必要。 ・子どもの変容を把握するために、子どもと教職員による評価が必要。子どもの実態分析は教職員間で異なることもあり、共通認識が重要。

　　ii) 2004年2月3日「学校評価検討委員会」

学校の取組	・新たに保護者向け「教育活動のアンケート」を実施。8項目をA～Dで判定する他、自由記述欄「これからの学校教育に望むもの」を設定。結果は、項目ごとに集計。 ・新たに子どもアンケート「児童の生活・学習に関する調査」を6月と1月に実施。「生活に関すること」8項目、「学習に関すること」8項目で構成。
委員からの意見・質問等	・1学期、2学期ともD判定の教員には、管理職から努力の必要を提示。 ・結果公表は、校長からPTA総務委員会等への説明とHP掲載。
アドバイザーからの助言	・学校で評価を実施し、データを収集したという意味はあったが、現段階では一人ひとりの自己点検・評価にとどまり、学校としての評価に至らず。たとえば、両学期ともD判定をつけた教員に対し、4役で話を聞き、フォローすることが必要。学年集団等での話し合いも有効。

2）2004（平成16）年度

ⅰ）2004年10月14日「学校評価検討委員会」

学校の取組	・「自己点検」結果の表示を工夫。 ・重点を学校として考察し、それぞれの更新案を提示。
委員からの意見・質問等	・学校評価を学級経営案の1学期の反省と連動させたい。 ・教職員の自己評価を学級経営から学校経営に繋げるよう改善することが必要。データ分析の過程で学級経営、学校目標との連結を図る。
アドバイザーからの助言	・重点化した評価を行う等、様々なやり方があるので、評価項目等は複数の目で確認することが大切。 ・アンケートの自由記述は重要なデータであり、きちんと整理することが必要。学校の姿を抉り出す作業が学校評価。

ⅱ）2005年3月10日「学校評価検討委員会」

学校の取組	・保護者アンケートの結果及びそれに対する分析、今後の取組等をまとめ、保護者と教職員に公表。 ・自由記述欄を整理し、4役会で検討して更新案を作成、保護者に公表。
アドバイザーからの助言	・行事日程の変更等、保護者からの要望を取り入れて変更したことを目に見える形で示すことは重要。保護者配布資料の用語は平易に。 ・授業の中身、教員への要望の中に保護者から厳しい意見あり。時間をかけて学校内で話し合い、保護者の意見を「解釈する」ことが必要。

3）2005（平成17）年度

ⅰ）2005年7月5日「学校評価検討委員会」

学校の取組	・学校評価検討委員会への提出資料「学校評価に係る年間計画表」に教育目標、経営方針、重点努力目標を記載。 ・教職員「自己点検」と保護者「教育活動のアンケート」の評価結果を公表。

アドバイザーからの助言	・教職員「自己点検」の内容変更。学級経営を学年・学級経営とし、学校の重点目標と関連づけた内容へ。「学校全体を見通してどうなのか」や「後期、次年度に向けての更新策」の記述欄を追加。 ・「年間計画表」において、管理職と教員がそれぞれが何をすべきかを明示。経営方針、重点目標と点検項目との関係を明確化。学校評価は「学校経営」の評価であり、管理職の経営手腕を浮き彫りにするツール。 ・保護者アンケートは、項目にタイトルをつける等、分かり易くする工夫が必要。保護者の意見は、常識的で有益なものが多い。学校との関わりを求める保護者が多く、学校にとって貴重であり、どう活かすかが重要。学校から保護者への情報提供が不十分。

ⅱ）2006 年 3 月 14 日「学校評価検討委員会」

学校の取組	・事務職員、学校栄養職員、養護教諭等にも新たに「自己点検」を実施。 ・保護者アンケート結果を教職員に提示。更新策として、緊急情報を HP に掲載、下校時の見回りを老人会等地域に協力依頼。自由記述欄で、保護者からの積極的な評価も見られた。
委員からの意見・質問等	・「自己点検」で前・後期とも C 判定の教員に対し、校長が面談したが、目に見える成果はなし。A 判定の教員数は増加。 ・保護者アンケートから、少人数授業への積極的評価とクラスの傾向が読み取れた。 ・子どもの意識調査と教員の認識とのズレが明確化。
アドバイザーからの助言	・自己点検結果は、数字にこだわるのではなく、問題点を的確に把握することが重要。 ・保護者アンケートから成果が読み取れる。保護者の中には対立する意見もあり、学校としてどう対処するかの検討が必要。すぐ着手できる課題と時間をかけて検討すべき課題を整理することが必要。

4) 2006（平成 18）年度

ⅰ）2006 年 10 月 24 日「学校評価検討委員会」

学校の取組	・「自己点検」項目において「教育目標」を「経営方針」に集約。
委員からの意見・質問等	・校長が個々の教員の状況を把握した上で、個々の教員に弱点の克服方法について問う。
アドバイザーからの助言	・学校としての改革の方向性が不明確。一人ひとりの更新策は、個人の思いに留まり、具体的に何をするかが考えられていない。学校として「気づき」を仕掛け、方向づけていく。

ⅱ）2007 年 3 月 27 日「学校評価検討委員会」

学校の取組	・保護者配布資料に、学校の教育計画における更新策の位置づけがわかる「教育活動構想図」を掲載。アンケート結果を昨年度と比較できるようグラフ化。 ・学校評議員会で外部評価を実施、意見聴取。
委員からの意見・質問等	・子ども、保護者へのアンケートの結果を含め、次年度方針を検討。
アドバイザーからの助言	・保護者配布資料が改善された。学校が行事の曜日割り振り努力をしていることを保護者にアピールし、HPにも記載して、市の動きも含めて情報発信する。保護者に公表する内容と、学校でのデータとしての記録を分ける。 ・助言のために、学校での協議過程データの保存と閲覧を希望。

5) 2007（平成19）年度[23]

ⅰ) 2007年10月4日「第1回学校訪問」

学校から学校経営の概要とこれまでの学校評価の取組について説明があり、学校の様子や授業を参観した後、アドバイザーから助言があった。

学校の取組	・「自己点検」項目の見直し。 ・重点努力目標の一つである道徳授業について保護者アンケートを実施。
アドバイザーからの助言	・子どもは落ち着き、一斉授業が成立しているが、現状に満足せず、常に「批判的友人関係」を築く中で改善していくことが重要。授業方法の研究が深まっておらず、教員同士が授業を見あうことが必要。 ・相対的に子どもの基礎基本が弱く、どのような力がついているのかを検証する必要あり。そのための手だてを学校内で考える。 ・学校の状況が徐々に改善され、学校評価において保護者からの辛辣な意見は見られなくなってきたが、次のステージに向けて、多様な意見の読み取りが必要。 ・児童アンケートの読み取りも含め、実態把握が重要。それを教員がどう受け止めたのかを聞く。学年ごとに短いディスカッションの場を設け、そこに4役が入る。 ・見えてきた成果を保護者にも伝え、学校の取組姿勢を提示。

ⅱ) 2007年10月23日「学校評価検討委員会」

直前に学校訪問があり、新たな学校としての取組の報告はなかったが、学校訪問について委員からの感想とアドバイザーからの助言があった。

委員からの意見・質問等	・学校訪問では、実際に学校を見て助言が行われるので有益である。
アドバイザーからの助言	・授業の工夫が足りず、旧来型の一斉授業が多い。児童が落ち着いているため成立しているが、食いつくような授業が必要。教員の力量に差があり、良い授業の観察・研究等の取組が必要。市レベルで授業力量向上の取組ができないか。

ⅲ) 2008 年 2 月 26 日「第 2 回学校訪問」

　学校から学校経営と学校評価の取組について説明があり、授業参観後、アドバイザーから助言が行われた。

学校の取組	・評価結果の分析と今後の更新策のまとめを報告。
アドバイザーからの助言	・道徳教育は、道徳の授業だけで成果を上げるのは困難であり、子どもにその実践力をつけるためにはもう一ステップ必要。 ・授業でのドリル実施の比率が高く、知識の定着には有効であるが、自分で課題を設定して探求していく力をつけるための工夫が必要。子ども同士の学びあいの要素が不可欠。 ・HP 更新頻度の学年差を保護者が指摘しているが、教職員がこの取組の意義を十分把握できず、改善されない。HP 情報への保護者ニーズを理解することが必要。 ・学校評価結果について、グラフ化して提示してはいるが、「情報発信」はしていない。お便りや HP を上手く活用することが必要。 ・保護者アンケートの自由記述欄を内容で分類。それを 4 役で読み解き、教職員に投げかけて、学校の課題を整理。

ⅳ) 2008 年 3 月 26 日「学校評価検討委員会」

　アドバイザーから、これまでの学校評価活動と、学校訪問で参観した授業に対する助言が行われた。

アドバイザーからの助言	・学校評価の方法、システムについては整いつつある。次年度はチームとしての 4 役の活動を期待。 ・「自己点検」における C 判定が増えており、一人で抱え込んでいるようにも見受けられ、学校として検討することが必要。 ・ドリル形式の指導には限界があり、教員の授業力量向上が急務。 ・保護者配布資料の学校評価結果では、成果と課題をコンパクトに分かり易く提示。「教育活動構成図」に次年度の重点を掲載することは意義深いが、内容が難しく、工夫が必要。

② **事例 2 —— C 中学校**

1) 2003（平成 15）年度

　ⅰ) 2003 年 10 月 21 日「学校評価検討委員会」

学校の取組	・教員「自己点検」を実施。「特色ある学校づくり」23 項目、「学習指導」11 項目を A～D で判定。各項目について課題、対応、評価を記述。

委員からの意見・質問等	・改革により多忙化する中で、自己点検・自己評価の実施、結果のまとめ、評価結果の理解、手立ての有効性の検討と更新策案の作成という一連の作業を行うには時間がかなりかかる。
アドバイザーからの助言	・成果が見えれば意義を見い出し得る。市内の全学校が足並みそろえて一斉に行うのは困難。中学校は課題が多いため、突破口を見つけて動き出したい。
	・今は、学校における無駄を思い切って見直す時期。学校運営の在り方自体が過渡期。学校において何が必要ないのか、よくないのかを探り出すことも学校評価。自分達の活動の見直しであり、学校という組織の振り返り。単に仕事が増えるのではないことを学校評価検討委員会の委員が学校できちんと説明することが必要。

ⅱ）2004年2月3日「学校評価検討委員会」

学校の取組	・教員「学校評価アンケート」と生徒「学校生活自己点検」を新たに実施。結果を職員会議に提示して更新策を協議。教員には「課題、対応、評価」の自由記述欄を、生徒には学校への要望の自由記述欄を設定。
	・項目ごとに集計し、教員の結果はグラフ表示。自由記述の原文提示。評価結果はお便りに掲載。その内容は、教員と生徒のアンケート結果の集計、教員自己評価の分析のまとめ、次年度の重点目標、生徒の学校に対する意見・要望。返信欄を設け、学校評価の実施と公表に関する保護者の意見を募集。
アドバイザーからの助言等	・自己点検によって個人の評価・反省を抽出し、それを持ち寄って協議し、組織として学校の在り方を考えるという一連のプロセスが学校評価。自己評価からスタートするが、客観性を高めるため、ピア・レビューという方法もあり。
	・中学校における生徒指導上の大変さはどこも同様。評価項目について協議することが重要で、上から設定するとやらされているという意識に。自分の授業で手一杯で、学校評価のような学校経営的なことには関心がないとのことであるが、そのこと自体が問題であり、その意識を変えるための学校評価でもある。

2）2004（平成16）年度[24]

ⅰ）2004年10月14日「学校評価検討委員会」

学校の取組	・教員「学校評価アンケート」と生徒「学校生活自己評価」の項目を精選・変更。「学校・学習」5項目、「心の教育」5項目、生徒の自由記述「こんなC中になったらよい」、教員の自由記述「さらにC中学校がよくなるための課題・対応策」を設定。
	・新たに保護者に対する「生徒の学校生活アンケート」を実施。教員及び生徒のアンケート項目に対応させ、自由記述欄には「こんなC中になったらよい」を設定。

	・項目ごとに教員・生徒・父母について集計し、自由記述もそれぞれ原文で表示。自由記述内容を分類して考察し、教頭を中心にまとめて職員会議に提示。その際、「よりよいC中にするために」の重点事項を示し、確認。生徒と保護者の生の声と、評価結果を今後に活かすよう考察したまとめを教職員に配布。保護者へは、評価結果に対する学校の考えを示したものを配布。
委員からの意見・質問等	・アンケート結果から、三者の意識の違いや共通の願いが表出。
アドバイザーからの助言	・アンケート結果の分析過程で、学校にとって重要な課題が顕在化。教頭だけでなく、複数で考察することが必要。 ・自由記述「こんなC中になったらよい」の活用が重要。こうすれば子ども達が応えてくれるという視点からの記述は、教員のやる気を促す。保護者の厳しい意見もあるが、学校が真摯にそれを受け止めたということが大切。ただし、情報公開の面では若干課題が残る。 ・自由記述には真摯な意見が見られ、学校にとって貴重なデータ。真剣に子どもや学校のことを考えている地域。このデータを利用して、親に要望を伝えることも可能であり、家庭との連携が重要。

ⅱ）2005年3月10日「学校評価検討委員会」

学校の取組	・第1回の評価結果から改善が必要な2項目と2学期の重点3項目に絞り、教員と生徒にアンケートを実施。生徒自由記述欄「C中生徒の長所と短所」、教員自由記述欄「短所の対応策や伸ばしたいこと」を設定。 ・保護者に第2回学校評価の結果をお便りで公表するとともに、評価結果に対する意見と「子どもにどんな大人に成長してほしいか」について返信欄を設けて募集。 ・新たに教員に「学校運営の問題点・改善策等について」アンケートを実施。年度の反省（自己評価等）として実施し、「学校経営」「教務関係」等20項目について自由に記述。結果は、項目別に意見を原文に近い形で表示。 ・新たに1年間の学校評価の取組の流れを示す冊子を作成。 ・学校評議員制度の発展形としての「C中トーク」を実施。地域にエンパワーメントを取り入れ、人間関係の構築を見据えた学校経営や学校評価を考えたいとする校長の考えにより開始。生徒、保護者、教職員、地域の人々に呼びかけ、「子ども達は何がしたいの？何ができるの？」というテーマで議論。
アドバイザーからの助言	・学校評価に対する意見の中に、自信がついた、やってよかったという声が出てきたのは重要。保護者による評価を教職員が真摯に受け止めていることが示された。個人として、学校として何ができるのかを模索する積極的な姿勢が提示された。 ・一人ひとりの教員と学校が元気になるための自らの評価であることを認識し、さらなるステップへ。

3) 2005（平成17）年度
ⅰ）2005年7月5日「学校評価検討委員会」

学校の取組	・保護者へ「C中トーク」の案内を配布。
委員からの意見・質問等	・「C中トーク」は多様な意見を聴取できる貴重な機会であるが、参加者が少ない。教員と保護者の思いにズレはあまりないことを確認。 ・「どんな大人に成長してほしいか」を尋ねた昨年度に引き続き、「C中で一番身につけたいこと」について問うことを予定。
アドバイザーからの助言	・基本的な方針はそのままでよい。 ・2月実施の保護者アンケートの学校としての受け止めを保護者へフィードバック。 ・「C中トーク」は面白い試みであり、参加率低迷の原因分析が必要。 ・良いところを伸ばしていく発想や成果を教職員に目に見える形で提示することが重要。それによって、学校の現状を客観的に分析するプロセスに外部の人にも関わってもらうという意識が高まり、そのためのルートも改善され、実質的な評価が可能となる。

ⅱ）2005年12月16日「学校評価検討委員会」（アドバイザーは同席せず）

委員からの意見・質問等	・子ども一人ひとりに適した指導を目指し、不登校対策に力を入れたことにより、教室に入れなかった生徒の何人かが教室復帰を果たした。

ⅲ）2006年3月14日「学校評価検討委員会」

学校の取組	・三者のアンケートにおいて、自由記述「C中学校のここが好き、ここが嫌い」を設定。
委員からの意見・質問等	・生徒活動の活発化により学校を活性化させるという方針はよい。子ども達がイベント的な活動ではなく、日常に活かせることを仕組んでいくことが必要。 ・前向きに捉えて学校の取組を提示したため、保護者からの否定的な意見は減少。 ・道徳指導の重視という保護者からの意見に対し、核となる教員が教材を集めるなど努力しており、若い教員の成長を実感。 ・呼びかけをしているものの「C中トーク」の参加者は一部に限られ、積極的な会にはなっていないが、貴重な意見も出てきている。
アドバイザーからの助言	・「C中トーク」は、改善して継続してほしい。 ・子どもの生の声やプラス面を積極的に出し、マイナス面を教員が読み解くという捉え方が鍵であり、改革手法として、生徒を中心に据え、そこから学校を動かそうとする点がユニーク。 ・学力も大切であるが、必要な社会性を身につけることや人間性の側面に力点をおくことを保護者も学校に期待。学校は道徳教育を重視しており、この点で保護者の願いと合致し、学校改革の柱となっている。 ・教職員集団、リーダー育成に今後も努力。

4) 2006（平成18）年度
　ⅰ）2006年10月24日「学校評価検討委員会」

学校の取組	・三者のアンケートにおいて、自由記述「中学時代に身につけさせたいこと」を設定。
委員からの意見・質問等	・「C中トーク」の参加者が少ないため、HPに「C中トーク」の様子や予告を掲載し、プリントで案内することを検討。

　ⅱ）2007年3月27日「学校評価検討委員会」

学校の取組	・三者のアンケートにおいて、自由記述「C中のここが好き、ここが嫌い」を設定、結果を昨年度と比較できる形でグラフ化。
委員からの意見・質問等	・教職員の「学校運営の問題点・改善策等」については、職員会議で話し合ったがまとまらず。
アドバイザーからの助言	・生徒による主観的な授業理解度と、客観的な授業理解度は別。生徒に授業満足度を問うことも重要であるが、具体的にどこまで理解しており、何が理解できていないのかを調査することが必要。 ・「学校運営の問題点・改善策」についてのまとめは、4役を中心に分析し、再度教職員に返すという段階を踏まえることが重要。4役がどう読み取り、何をしようとしているのかを提示し、共通理解を図る。

5) 2007（平成19）年度
　ⅰ）2007年5月15日「学校評価検討委員会」（アドバイザーは同席せず）

学校の取組	・三者のアンケート名称を「学校生活自己評価アンケート」と統一。
委員からの意見・質問等	・昨年の流れを基盤とし、若い教員の自覚を促す自己評価に改善したい。 ・「C中トーク」を活用しつつ、各校のよいところを採り入れたい。

　ⅱ）2007年7月2日「第1回学校訪問」
　初回の学校訪問であり、学校の状況について説明を受けることと授業参観に時間を費やした。そのため、学校評価に関する助言は特に行われなかった。

学校の取組	・「学校生活自己評価アンケート」において、自由記述「中学時代に身につけさせたいこと、身につけたいこと」を設定。

　ⅲ）2007年10月11日「第2回学校訪問」
　学校から取組に関する説明があり、それに対しアドバイザーから助言がなされた。

学校の取組	・「学校生活自己評価アンケート」結果を三者及び学年別に比較できる形でグラフ化。 ・新たに教員「自己点検」を実施。これは、A小学校の取組を参考にしたもので、校長・教頭・教務主任・校務主任、教員、養護教諭、事務職員、栄養職員を対象に、それぞれに対応した評価観点についてA〜Dで判定、結果がD判定の項目については、改善点を記述。
アドバイザーからの助言	・アンケート結果を全教職員が考察し、記述することは、意識喚起と現状・課題の共有に重要。しかし、繰り返し行うことは逆効果であり、アンケート実施者による結果考察を教職員に提示し、それについて協議することが有効。 ・ミドルリーダーの助力を得て、次の世代へ繋ぐ取組を実施し、学校経営の視点を持つ人材の育成が重要。管理職が指示をして教職員が取り組むより、問いを投げかけ、教職員が取組を考え、実施することが重要。その際、グループミーティングの活用が可能。 ・管理職の組み合わせがよく、行動が迅速であることがプラスに作用している反面、管理職が先を見越して動いてしまい、課題を他の教職員が認識しにくい現実も存在。不足している点の存在や、それを管理職が補ったことを教職員に伝えることが必要。

ⅳ）2008年3月26日「学校評価検討委員会」

学校の取組	・アンケート項目を17から11に精選、第2回「学校生活自己評価アンケート」において、自由記述「中学時代に一番身についたこと」「身につけたいこと」を設定。 ・第1回学校生活アンケート結果について学年会でグループミーティングを実施。
アドバイザーからの助言	・グループミーティングにおいて、一人ひとりの教員の意見を把握するため、4役を一人加えるとよい。 ・「身についたこと、身につけたいこと」のまとめはよく整理されており、これをもとにグループミーティングを行うことは有効。 ・貴重な改善点のデータを次のプランに繋げるよう活用。

（2） 組織開発によって改善がもたらされた点

　B小学校、C中学校の事例から、組織開発によって改善がもたらされた点として、評価方法の変化、マネジメント・サイクル創出への糸口、情報ツールの活用による学校と親とをつなぐルートの創出があげられる。

① 評価方法の変化（学校評価の充実）

　以下の5点において評価方法の変化が見られ、学校評価が充実してきた。

1点目は、学校評価主体の拡がりである。教員の「自己点検」が、B小学校の場合は事務職員、養護教諭、学校栄養職員という学級担任以外に実施されるようになり、C中学校の場合は校長・教頭、教務主任・校務主任、養護教諭、事務職員、栄養職員と学校全体に実施されることになった。さらに、保護者や児童・生徒アンケートの実施、特にB小学校では学校評議員による「外部評価」が追加された。

　2点目は、評価方法の工夫である。生徒、教員、親を比較するために同じ項目を設定し、三者の認識の違いを探ろうとしたことや、教員に「学校運営に対する意見・要望」を聞くアンケートを実施することで教員にも学校経営に関わるよう配慮されてきた。また、C中学校で行われた生徒・教員・親・地域の人々による学校評議員制度の発展形としての「C中トーク」の実施は、地域をも含めた学校評価を実施するための工夫となった。

　3点目は、評価項目の見直しである。学校の重点目標と関連づけた項目に変更され、「後期、次年度に向けての更新策」の記述欄が追加されたことにより、CAPDCAのサイクルに結びつくような取組となった。その他、B小学校では、評価領域が学級経営から学年・学級経営へと変更され、「学校全体を見通してどうなのか」という記述欄が追加されたことで、個々の学級の取組から学年、学校全体へと視点が拡がった。

　4点目は、アンケートの分析方法であり、特徴がわかりやすいように表示が工夫された。単純集計から割合や指数が使われ、グラフ化もされた。また、自由記述欄の意見を起こし、領域、学年、男女等に分類する工夫もあった。さらにC中学校では、三者別単年度表示から年度による変化がわかるようにグラフ化された。

　5点目は、評価手法に関してであり、それぞれの学校が工夫を重ねてきていた。B小学校の場合、改善するために何の資料が必要か検討し、アンケートを実施するようになった。C中学校の場合は、よりアドバイスが受けやすいように学校評価検討委員会に提出する資料が改善された。具体的には、1年間の学校評価活動について、計画から実施、更新策、親への公表等一連の流れや取組がわかるものとなった。また、保護者に配布するお便りに評価結果に対するアンケート用紙を添付し、より保護者から意見を出してもらうことも工夫された。さらに、評価結果から次回の評価項目を決定するように改

善された。

② マネジメント・サイクル創出への糸口

　マネジメント・サイクルの創出を促す糸口として次の二つが考えられ、それは第一に、管理職・4役の意識の変化である。B小学校、C中学校とも学校評価による学校組織開発の意義について理解の浸透がみられた。さらに、B小学校では課題のとらえ方が学校の行事から授業へと視点がかわったことが、C中学校では実態調査や要求を聞くために、子ども、教員、親に意見や要望を聞く意識が出てきたことがあげられる。第二は、親の意識の変化である。当初は否定的な意見が多かったが、学校を肯定的に見る意見が多くなり、また、学校をよくするための建設的提案などもなされるようになった。

③ 情報ツールの活用による学校と親とをつなぐルートの創出

　B小学校、C中学校ともに、学校だより、学級だよりなどのお便りに加え、HPの活用が増加した。こうした情報ツールを用いて、親にアンケート結果のフィードバックを行ったり、更新策（改善のための取組）や変更点を提示したりするようになった。特に、B小学校では更新策が学校の教育活動の中でどのように位置づけられているかを提示し、C中学校ではアンケート結果から更新策まで迅速な公表をするよう改善された。これにより、学校と親とをつなぐルートが創出されたといえる。

(3) 考えられる促進要因・阻害要因

　このようにB小学校、C中学校は、CAPDCAというマネジメント・サイクルが、確立されたとまではいえないが、機能し始めた段階にある学校である。両校の事例から考えられる組織開発を促進する要因と阻害する要因について考察する。

① 促進要因

　学校組織外部に存在する組織開発を促進する要因として、3点あげられる。一つは、学校評価検討委員会と教育委員会及学校に対して、評価による学校組織開発を促す外部変革促進者（アドバイザー）である。二つ目は、

評価による学校組織開発の中核となる学校内部の人物（学校のファシリテーター：内部変革促進者）を育成する場としての学校評価検討委員会である。三つ目は、評価による学校組織開発を支援する教育委員会である。この三つが機能し、連携しあって組織開発が促進されている。

　学校組織内部に存在する促進要因としては、評価を進める上で核となる人物（内部変革促進者）の存在とアンケートによる声を真摯に受け止める学校の意識があげられる。

② 阻害要因

　一方、阻害要因としては以下の５点が考えられる。まず１点目は、学校が学校評価の意義を理解するのに時間がかかることである。２点目は、B小学校の場合、学校の特徴として子どもが比較的落ち着いており、学力も平均的であるため、学校に問題状況が認識されにくいことである。３点目は、C中学校の場合、中学校としての課題の緊急性もあり、管理職が先に動くことの影響もあると考えられ、特に学校全体として問題状況を認識しにくいことである。４点目は、アンケートを実施しているものの、管理職からの働きかけが、学校全体の問題として更新案を作成する段階に至っていないことであり、これは、B小学校、C中学校ともにみられた。特に、今回の分析では、アンケートから子どもや親の意見を更新策や経営方針に活かすことは見られたが、教職員の意見をどのように学校経営に活かしているのかは見えなかった。最後の５点目は、管理職には確実に評価を機軸とした学校組織開発のマネジメント・サイクルが浸透してきたが、一般の教職員にまではまだ十分及んでいないことである。

（小出禎子）

まとめにかえて

　最後に、これまで分析してきた三つの事例から導かれる学校組織開発を進めていくための知見を、以下の二つの側面から試論的に提示したい。

　第一に、学校評価検討委員会の展開過程についてである。既述のように、2005（平成17）年３月10日開催の会議では、全校長に出席を要請し、校長の考えと取組内容の提示を求めたが、これがその後の学校評価活動の大きな

転機となり、これ以降、学校評価検討委員会の構成員は、「校長、教頭、教務主任、校務主任」から、「校長、教頭」へと変更される。このことは、組織開発のツールとしてマネジメント・サイクルに組み込まれた学校評価が、まさに「学校経営」の評価であることをも示している。またこれを境に、会議運営においても、事前に学校に提出を求める資料について、ポイントを明記するようになっており、これは、教育委員会から発せられる学校評価の質の改善についてのメッセージでもあった。

さらに、次第に学校間相互の学びが促進されていった点も特筆に値する。学校評価検討委員会の場において各校の取組を交流し、相互に疑問点を提示しコメントし合い、また助言を受けることによって、管理職でもある委員は、多くのケースと具体的ノウハウを学び、それを各学校に持ち帰って実践することが可能となっていた。既述のように、A小学校が牽引役となって学校評価事業が進められていったが、A小学校に限らず、先に進んでいる学校のアイデアを他校が活用していくこととなり、良い意味での「競争」が生まれてきた。これには人事異動の影響もあり、ある学校で経験を積んだ教員が異動し、自分の持っているノウハウを別の学校に持ち込むことによって、徐々にではあるが、学校評価を基軸とした学校組織開発が展開されてきた。

第二は、マネジメント・サイクルのシステムが整えられた段階にあるA小学校の事例とマネジメント・サイクルが機能し始めた段階にあるB小学校及びC中学校の事例の差を生みだしている要因についてである。その一つは、取組開始時の学校における学校評価に関する認識の違いではないだろうか。既述のように、A小学校以外は、学校評価の基本的な考え方を学ぶところからスタートしている。A小学校の初代校長は、学校評価検討委員会の初代委員長でもあり、事業開始前から学校評価に関する研究会へ積極的に参加するとともに、関連文献の学習を行っており、さらに事業開始後は、自らもその実践事例を文献に紹介しており、自らの実践を客観化する機会を得たことでさらに学校評価への認識を深めることが可能となっていた。

また、A小学校では学校組織開発の中核となるファシリテーターの次世代への継承に成功していたことも着目すべき点であろう。具体的にいえば、2004～2006（平成16～18）年度学校評価検討委員を務めていたA小学校第

２代教頭が、2007（平成19）年度に第２代校長となって学校評価活動を積極的に推進するとともに、2007年度から学校評価検討委員を務めているＡ小学校第３代教頭は、教育委員会事務局を経験する中で学校評価についての学びを深めてきた。こうした次世代への継承は、学校組織開発における一つの重要な要素となっているのではないだろうか。

（南部初世）

〈注〉
(1) 河野和清「教育における組織開発（Organization Development: OD）――その理論的枠組みを求めて」（『日本教育経営学会紀要』第21号、1979年）。
(2) 阿久津浩「学校における組織開発の意義と特質――アメリカの先例に学びながら」（『日本教育経営学会紀要』第28号、1986年）、阿久津浩「アメリカにおける学校の組織変革の視点と方法――学校の組織開発（Organizational Development）モデルを中心に」（『筑波大学教育学系論集』12(1)、1987年）等。
(3) マネジメント研修カリキュラム等開発会議「学校組織マネジメント研修――これからの校長・教頭等のために」（2004年3月）2-1頁。
(4) 同上、2-15頁。
(5) 木岡一明「学校組織開発のための新しい学校評価を創る――共・創・考・開を指向する組織マネジメントの展開」（『学校運営』2004年1月号）6頁。
(6) 佐古秀一「学校組織開発」（篠原清昭編著『スクールマネジメント――新しい学校経営の方法と実践』、ミネルヴァ書房、2006年）163頁。
(7) 佐古秀一・中川桂子「教育課題の生成と共有を支援する学校組織開発プログラムの構築とその効果に関する研究――小規模小学校を対象として」（『日本教育経営学会紀要』第47号、第一法規、2005年）110頁。
(8) 佐古、前掲「学校組織開発」163頁。
(9) ダリーンの組織開発プログラムについては、河口陽子「学校の組織文化変革のストラテジーと学校改善」（岡東壽隆・福本昌之編著『学校組織文化とリーダーシップ』多賀出版、2000年）で紹介されている。
(10) Schirp, H.: Das Schulprogramm als Innovationsinstrument von Schulentwicklung. In: Risse, E. (Hrsg.): *Schulprogramm - Entwicklung und Evaluation*, Luchterhand, 1998, S.5.
(11) 本稿は、小出禎子・杉浦美南・南部初世「学校評価を機軸とした組織開発プロセスの研究――愛知県高浜市の事例分析」（日本教育経営学会第48回大会、名城大学、2008年6月8日）に加筆修正したものであり、2002～2007年度の事例分析であることをお断りしておく。
(12) 詳細は、南部初世「地域経営における教育委員会の位置づけ――愛知県高浜市を事例として」（日本教育行政学会『日本教育行政学会年報』第32号、2006年10月、42-60頁）参照のこと。
(13) 2007年度財政力指数は、高浜市1.14738、知立市1.17120、安城市1.51922、刈谷市1.65226、碧南市1.68491であり、碧海５市の中で最も低い。
(14) 児童・生徒数は、2008年4月7日現在。
(15) 2005年度は、校長2名（1名は委員長）、教頭5名と教育委員会学校教育課長（2006年度以降、学校経営グループ主幹）1名。
(16) ここでは、南部チームの活動のみ記載した。
(17) 各校の「2007年度学校経営案」による。

⒅　「構想」については、後掲「⑶現在のA小における学校づくりのサイクル　②「学校づくり構想」参照。
⒆　初代教頭が転出し、第2代教頭が着任。
⒇　2007年4月に、県内交流人事で来ていた初代校長が元の市に戻り、第2代教頭が第2代校長に昇任。B小学校教務主任が第3代教頭に着任。
㉑　A小初代教頭「発刊によせて」(『A小づくり3年──どのように学校づくりをしてきたか』、2004年3月)。
㉒　B小学校教頭が校長に昇任、他小学校から教頭が転任。
㉓　他小学校教頭がB小学校長として着任。
㉔　他小学校長がC中学校長として着任。
㉕　C中学校教頭が教育委員会事務局に転出、新教頭着任。

Ⅲ

諸外国における学校評価システムの展開過程

第14章 第三者評価結果にもとづいた学校評価システム
——イングランド

髙妻紳二郎

はじめに

　イングランド(1)においては、わが国とは教育行政・学校経営事情を異にしながらも、学校改善や学校支援への試みが継続的に取り組まれており、それらの事例は学校評価が有効に機能するにあたっての促進要因や阻害要因を検討する好個の素材として位置づけられる。イングランドにおいては1988年教育改革法制定以降も継続的に教育改革が進行し、これまで蓄積されてきた教育の価値観の捉えなおしと新たなパラダイムへの転換、すなわち国家レベルでの行政サービス部門を従来以上に分権化・分散化した単位の活動にすべく調整する、いわゆるニュー・パブリック・マネジメント（NPM）の手法が導入されるなど、市場分野であるか否かにかかわりなく市場原理が導入され、結果が重視される傾向が続いてきた。そしてその文脈の中で法制化をフォローする形で学校評価も展開されてきた。この動向は保守党政権から「第三の道」を標榜した労働党政権への移行においても同様に看取されたものであり、教育水準の質とその保証を図る際に第三者による学校評価をひとつの装置として機能させようとするものであった。ただし今般の再度の政権交代により、保守党と自民党の連立政権はサッチャー以来のより強い「小さな政府」を指向した取組指針を示しているために、これまでの学校評価システムが従来の機能を保持しつつ新たな役割機能を追加するのか、あるいはNPMの手法をいったん見直したうえで政府の強い主導のもとで再編されるのか、留意しておく必要がある。したがって本章では従来のシステムを総括する意味で、学校評価が有効に機能するための要因とは何なのか、何が阻害要因としてあげられるのかを念頭に論述する。前もって述べれば、イングランドの

学校評価システムに共通して見られる特徴は、第一にあくまで自己評価がベースになっていること、第二に学校改善を個々の学校が達成できるような、第三者評価も含めた多様な支援が展開されていることである。本章ではイングランドを対象にして学校評価が有効に機能するための要因を検討することとする。

1　170年を超える視学制度の伝統

　イングランドにおいては、学校の自己評価を基盤として、第三者機関による学校査察（school inspection）がおおむね受け入れられている実態がある。その背景には、1839年に創設されて以来、170年を超える伝統を持つ視学制度の歴史的な影響があることはいうまでもない。周知のように、今日の教育行政は1988年教育改革法によって抜本的な変革を遂げたが、学校査察制度も大きな転換を経験した。現行制度は1992年に創設された教育水準局（Office for Standards in Education, Children's Services and Skills：Ofsted）の主導のもとで、それまでの勅任視学官（Her Majesty's Inspector：HMI）の仕組みをいったん解体したうえで登録視学官（registered inspectors：RgI）制度を導入し、Ofstedと契約を結んだ機関（contractor）によって実施される学校査察を基本としている。今日では新規に視学官養成プログラムが導入され、一部には学校管理職評価などの役割が加わっているなどの動向もみられる。

　はじめにイングランドにおける学校評価制度の歴史的展開をスケッチしておこう。19世紀に視学制度が発足する以前には、各宗派に置かれた学校を査察するための派遣理事（agent）と呼ばれる専門職が設置されており、かれらは数名から成るチームを編成し、当該宗派立学校の諸状況を観察すること及び報告書を作成することを主眼としつつ、個人的接触を通して教育組織効率の向上に貢献した。かれらの職務は実質的に後年のHMIのそれと類似したものであって事実上の先駆であるということができる。そして、周知のように、1839年に初めて国の基幹制度のひとつとしての視学制度が創設された。当初は国庫補助金の使途監督という極めて限定的な役割であったわけだが、その後には、個別の学校訪問を通しての全般的状況の把握と教師個人への指導と奨励にあたることに徐々に重点が移されていった。

このように、イングランドにおける学校査察は当初、補助金監督行政の一環として発現したが、漸次、その性格を非権力的な個人的識見に基づく指導助言機能を重視する機能へと移行させていった。視学組織の観点からみれば、学校査察の徹底を図るためにHMIの補佐として視学官補（assistant inspector）職の導入や独立学校担当のHMIが新たに任命されるなど、目的別かつ系統的な査察へと発展していった史実がある。19世紀末には視学制度・組織の再編が推進され、教師向けの短期講習の開催や教育院が刊行する「教師のための指針（suggestion for teachers）」の作成過程へ加わるようになった。

　20世紀に入ると集中査察（full inspection）と呼ばれる、Ofsted発足当時において主要な査察方法として採用された組織的かつ包括的な査察方法が開発された。これは視学官が数名から成るチームを編成し、数年の間隔を置き、数日にわたる学校訪問を実施するルーティーンである。こうした実践は、それぞれの担当者の専門領域を考慮した査察項目の設定や、査察最終日における懇談及び査察報告書のフィードバックを重視することなど、近年の学校査察の過程においても採用されている手法であり、HMIの職務領域の拡大とともに、イングランドにおける評価風土の形成に大きな役割を果たしてきたのである。

　イングランド視学制度の一方の特色である地方視学制度に関しては、1870年代以降に大都市を中心に設置され始めた学務委員会直属の委員会視学（board inspector）を皮切りに、1902年の地方教育当局（LEA）の設置以降、HMIとは別系統の学校査察を通して個々の学校の不備な点を把握し、例えば図書や教具の整備など、学習環境の改善に関して一定の役割を果たした歴史がある。このように、地方視学に課せられた基本的役割は、個々の学校への訪問者（visitor）兼報告者（reporter）として、さらには他校における実践の成功例の提示や学校関係者との定期的会合の開催を担当する場合もあるなど、事務的かつ条件整備的な側面から指導助言的職務が重視されるといった地方視学が担う職務の拡大がみられたのである。そして教職及び地方視学職の職種間異動も比較的スムーズに行われ、現場経験と行政経験の相互蓄積が可能であるといった制度的配慮がみられ、地域内の大学や関係教育機関との連携も図られている事例もみられるようになった。

戦後、HMIには国レベルにおける教育政策に関する意思決定への参加が徐々に見受けられ、綿密な査察業務の遂行に裏付けられた政策立案のための指導助言提供が政府から要請されてきた。HMIによる学校査察報告書は学校改善に向けて学校や教師に役立つ資料としてよりもむしろ、政策立案過程において政府に役立つ資料としての性格を帯びてきた。その後、政策決定への参加と指導助言の重要性の増大という変革・拡張、1960年代以降のカリキュラム改革への積極的関与を経て、HMIの独立性に関する論争が盛んに行われるようになり、サッチャー保守党政権による大規模な組織的改編につながっていくのである。

2　教育水準局（Ofsted）による第三者評価の改編

　イングランドの学校評価制度という場合、上述のように1839年に設置され今日まで170年を超える伝統を持つ視学官（HMI）の制度が柱となっている。当初は学校への補助金の使途を監督するために創設されたものが、次第に教育的指導助言機能を具備しながら、実際の学校訪問を通してイングランド教育のより良い実践の普及に大きな役割を果たすようになってきた。以来、時代の変遷の波に洗われ、その性格は変容しながらも、現在もなお同国の教育制度の望ましい伝統のひとつとして継承されている。そのため、これまでもわが国の学校評価を考える際に頻繁に言及されてきており、モデルのひとつとして捉えられることが多い。現在のシステムは1992年に創設された教育水準局（Office for Standards in Education）に置かれる視学官が1996年学校査察法、及び2005・2006年教育法に基づいて活動することを基本としている。かれらは中央省庁[3]から独立し、教育水準の向上のために、一定期間（3～4年程度）毎にすべての学校を一定の基準に基づいて評価する任務にあたるほか、教育政策の浸透状況を調査したり各地の良い教育実践を広めたりする役割を持った専門職として位置づけられている。

　今日の学校評価はおおむね①視学官チームによる学校自己評価報告書等に関する予備調査、②実際の学校訪問、③査察報告書の作成（Performance and Assessment report：以下、頭文字をとった通称PANDAレポートと表記する）と関係機関への送付、④学校による改善計画（action plan, school improvement plan）の作成といったプロセスで実施される。現在の学校査察は短期かつ焦点化（short and sharp）されており、視学官チームの滞在は2日間のみである。査察を指揮するのは主任インスペクターであり、チーム構成員として2～3名の登録インスペクターが実際の仕事にあたる。学校の自己評価結果の活用を通しての学校改善に力点を置く現在の仕組みは2005年9月から導入されたものであるが、これはそれまでの学校査察が学校に対してプレッシャーを与え、学校評価を経験した学校の多くが、視学官による学校査察を、「厳しく（harsh）疲労困憊させる（exhausted）もの」といったイメージで捉えてきたことの反省に基づくものである。

　そこで査察に伴うストレスやコストのロスの軽減を目標として不意打ちモデル（no notice model）（学校訪問日が直前にしか知らされないこと：筆者注）を導入したことは査察手法としては画期的であり、その成果も8割の校長がストレスと官僚的な意味が薄れたと感じている結果が得られたことにもあらわれている。具体的には2005年学校年度から少人数のチームによる短期の査察方法が導入された。およそ48時間前に査察連絡が学校に入るという、まさに学校にとっては不意打ちではあるが、学校の生の姿（snapshot）を観察されることにより、当事者である学校にも満足感が生まれる等の副次的な効果もみられる。さらに、事前打ち合わせの文書（Pre Inspection Briefing: PIB）がメール添付で作成される。時間の有効的活用やストレスの軽減という観点からみれば学校、視学官チーム双方ともにその効果を認め、ほぼこのスタイルは定着しているといえる。このようにおおむね新しい査察方式は普及し、最新の査察報告書においても教育水準局が進めてきた学校評価制度が順調に推移している内容が盛り込まれている。ただし、優れた学校と課題を抱えている学校との格差が顕著になり、今後、学校査察の主眼がどのレベルに置かれるのかが注目される。つまりこれまでのようにすべての学校を査察の対象とするのか、あるいは査察対象校を精選するプロセスが新たに加わるのかということである。

　この点に関して、査察報告書で課題が多く改善が強く求められる学校はさらに短い間隔で査察を受けなければならず、一方で、優秀とみなされた学校は2回目の査察は簡略化されるかあるいは省略される措置も講じられる。例えば、直近の学校査察で「3. 十分（satisfactory）」の評価だった学校は少な

くとも3年に1度の学校評価を受けることになっている。「2. 良い（good）」の評価を受けた学校はおおむね5年に1度の学校評価を受けることになる。2011年教育法により2012年1月から、「1. すばらしい（outstanding）」の評価を受けた学校は定期的な学校査察を免除されている。ただし、簡便な評価は受けなければならない。これを当座評価（interim assessment）と呼んでいる。

3　PANDAレポートを基にした学校の改善計画

　前節で示した査察プロセスの③にあたる視学チームが作成するPANDAレポートの詳細については公表されていないが、学校によってはウェブサイトで概略を公開することもある。PANDAレポートはどのような内容であるのか、そして査察報告書からどのように変更されているのか、実際の改善計画にどのように反映されているのかについての事例をみてみよう。

　通常、PANDAレポートは本文が30～40ページにわたる大部なものであり、資料編としてほぼ同じページ数が各教科の達成度や全国水準との比較表に割かれる。冒頭に、同報告の趣旨が次の様に記述されている。

> 「PANDAレポートは学校の自己評価を助け、教育水準の向上のために学校に送付されている。当該学校が他の学校と比較してどれだけ効果的な（effective）学校であるのかを学校と担当視学官が理解することを助けるひとつのツールである」。

引き続いて同レポートの配布先が記載され、内容の概略説明、資料の説明がなされる。以下の構成は次の通りである。

1. PANDAレポートを利用するにあたっての留意事項
2. 内容の照会先
3. 学校の基本情報
4. 査察に基づく判断
5. 達成度の概要

6. 査察報告のための達成度の詳細
7. 各セクション（キー・ステージ3）の平均点と比較
8. その他の情報（出席率など）
9. 語句説明

　このうち、当該学校の状況を端的に表しているものが「4. 査察に基づく判断（Inspection Judgement）」である。これは1ページにコンパクトにまとめられ、評価結果は、「非常に良い（very good）」、「良い（good）」、「改善の余地あり（some improvement required）」、「抜本的な改善が必要（substantial improvement required）」の4段階によって示される。
　例えば2006年度に新しいシステムの適用を受けての学校査察を経験した公立小学校の場合、学力向上の伸びが芳しくないとの指摘を受け、大要、以下のような改善計画を策定し、優先順位を付けたうえで具体的な実行に取り組んだ[6]。その優先課題は次の通りである。
1. 効果を上げるための授業方法を検討し、学習目標（learning target）を設定するとともに評価結果の活用の仕方を開発すること。
2. 「話すこと」と「聞くこと」を促進する授業内容を検討し、その結果として「書くこと」の水準を上げること。
3. 子どもたちが知的活動と自律した学習活動にいそしむこと。
4. 学習コミュニティとして学校が発展すること。

そしてそれぞれの課題について改善目標（improving target, development target）を掲げ、その目標を達成するためにどのような行動計画（action）が取られるべきかが明記される。その際、中心となって取り組む教員が決められ、いつまでに、どのような方策（resources）をとるのか、そしてそれらの取組をだれがモニターするのかが示される。最終的に改善目標が達成されたか否かの基準（success criteria）もあわせて記載される。上記3. について一例（十数ページに及ぶもののうちの一部）を示そう（**表14-1**）。
　PANDAレポートでやや評価が低いと指摘された子どもの学習姿勢について、このような改善計画を策定し、重層的な取組が見通しをもって示され、その自己評価結果が明確な基準に照らして共有されるという展開がみられるのである。小学校のみならず、中等学校においても前回の査察結果と比較し

表14-1　課題3. 子どもたちが知的活動と自律した学習活動にいそしむこと

改善目標	行動計画	責任者	方　策	点検者	評価規準
学習スタイルと方法についてすべての職員が意識を共有するために十分な時間を確保すること	時間割を工夫し、学年・クラスを横断的に話し合う時間帯を毎学期確保する。	＊実際には教員のイニシャルが記載される。	毎学期3回のスタッフミーティングを行い個別児童について話し合う。	SMT（senior management team）のメンバー	すべての子どもたちについて適切な学力達成目標基準を設定することができたか。

　た改善の方向性が、当該学校の学校改善プランとして策定されている。小学校と同様に、単に活動の目標を定めるだけではなく、主に担当するスタッフ（Staff Involved）、実施と評価の責任者（responsibility for action and review）、具体的方策（resources）、予想される結果（outcomes）、評価の時期（review）等が明記される。これらの計画はそれぞれの学校が独自に定めるものとなっているが、課題によっては毎年報告しなければならないものや、翌年1月までにというように、一定の期限を設定して取り組まれるものも分類されたうえで明確に示されている。

4　学校への支援

(1)　地方当局（Local Authority: LA）の関与

　さて、このような学校単独での学校改善の取組と道標の明示はおのずと限界をはらんでいる。もちろん財政支援やサポートスタッフの雇用等については、当該LAによる関与の在り方がそれらの方向性を規定することになり、学校側はLAによる有形無形の支援を求めることになる。

　本章の事例としてあげたコベントリー市当局（教育委員会）は、直近では2004年に2度目のOfstedによる2週間にわたる査察を受け、「高い希望を持ち、開かれたコミュニケーション関係を保ち、学校との強い連携が構築されている」と高い評価を受けているLAである。LA区内の学校は小学校が85校、中学校が19校、特殊学校が10校である。

　学校査察基準は全国統一であるので、Ofstedによる評価は4段階（1：優、

2：良、3：可、4：不可）で行われている。例えば、視学官から4の評価を受けたものの改善が比較的容易であるという評価を受ければ、LA は当該学校に対して「改善通達」という対応をとる。「改善通達」措置の学校は、1年間の猶予が与えられ、その間に向上が図られ、1年後に再び査察を受ける。また、過半数の項目で4評価がつけられ、深刻な問題を抱えていると判断された場合は、「特別措置」が適用される。この措置は、学期ごとに改善に向けての取組が課せられ、2年間で必要な水準までの改善が求められる。コベントリー LA も学校改善パートナー（School Improvement Partners：後述）を活用しつつ集中的に支援している。2年を経て求められる向上ができなかった場合は、学校は閉校するように求められる。一方で優秀な成績を収めている学校については、査察時間を短縮し、半日もしくは1日にするという取組もみられる。もっとも閉校にいたった学校は全国でも1%未満であり、コベントリーにはみられない。このようにコベントリーでは、現行の査察方法（期間短縮、スリム化）になって以来、特別措置および改善措置の勧告を受けた学校がない数少ない LA といえる。Ofsted の評価では、学校と LA の連携が強いという高い評価を受けており、生徒の人格形成、健全育成という部門での成績も良好である。この評価は以下に示すように、学校が生徒に提供するサポート、ケア、ガイダンス等の質の高さに由来すると思料される。

一般に LA は、Ofsted の査察に対し学校がどのように準備し、どのように対応したらよいのかというトレーニング（ロールプレイングも含む）や教育の職能成長に向けてのサポートを行っている。これらを主導することを含め、域内の学校それぞれの改善への指導助言は次の職があたっている。School Improvement Adviser（学校改善アドバイザー）、Strategic Leader of School Improvement（学校改善戦略立案リーダー）、Chief Adviser for Primary School（初等教育主任アドバイザー）。

Ofsted から学校査察の通知が来た場合、学校改善アドバイザーにすぐに連絡が入り、校長と共に視学官を受け入れる準備が始まる。同アドバイザーは、査察期間中も常にサポートを行い、最終的に口頭でフィードバックを受けるミーティングの場にも同席するなど、極めて手厚いフォローにあたり、学校側も全幅の信頼を寄せている。すなわち学校改善パートナーとは異なり、計画的訪問形式を採用せず、必要なとき必要な時間をかけて学校経営や

教育指導に関する助言にあたるという日常的なパートナーシップを構築しているといえる。これはコベントリー特有の、特筆すべき実践であるといえよう。

(2) 学校改善パートナー（SIPs）の役割

　学校改善パートナー（School Improvement Partners: SIPs）は2006年教育法により、すべてのLAに設置が義務付けられた職であって、学校の自己評価活動の取組や、自己評価結果、あるいはOfstedによる学校査察を受けての学校改善計画の策定、学校改善に向けての優先順位の明確化等について、自らの教職経験や学校査察経験に基づいて、専門的な助言を提供する役割を担っている。かれらの基本的な性格は「批判的専門家かつ友人」であり、「サポートとチャレンジ」をその職務遂行の中心に据えている。SIPsに登用されるには全員が全国スクールリーダーシップカレッジ（National College for School Leadership: NCSL）の認証を受けなければならない。例えば、コベントリー市の位置するウォリックシャーでは、小学校は2007年9月、特別支援学校は2008年9月から導入された。制度設計当時では、全国で2010年3月を目途として認証SIPsの目標数を小学校400名、中等学校150名、特別支援学校50名と設定されている。

　かかるSIPsについてはすでにわが国でもいくつかの言及がみられる。例えば植田は学校査察システムを支える仕組みとして導入された職とし、「地方当局と契約し、当該地域内の学校に派遣され、学校の管理職に対して専門的な立場から学校改善支援を提供すると共にその内容を地方当局に報告する活動を行う。このような人物が学校と地方当局の間に介在することによって、よりニーズに対応した専門的で個別的な支援を直接的かつ効果的に提供できる。このことは、学校にとってだけでなく、地方当局にとっても効果的な取組である。すなわち、専門家による報告や助言を受けることにより、学校の状況を適切に把握し、必要な改善支援を行うことが出来るからである[7]」というように整理している。水森は2007年のSIPsに関する規程（*A New Relationships with Schools*）（第3版）を参照しつつ、かれらに求められる資質として、学校管理職経験や教育行政実務経験のほかにデータを分析する能力、コミュニケーション能力、的確な判断を下す能力が必要とされることを示している[8]。導入されてまだ日は浅いけれども、従前のHMIや登録インス

ペクターによる評価結果を受けての学校改善へのアプローチの方法として、SIPs は今日のイングランドにおけるひとつの到達点でもあり、学校改善に資する第三者的アプローチの発展形であると整理できよう。なお、現在では政権交代後、SIPs のスムーズな導入に歯止めがかかり、アカデミーの増加に象徴されるように LA と学校の関係性が変容しつつある過程にあるともいえ、この点については継続的な分析が必要となる。

5 政権交代の影響

　周知のように、イングランドの教育は改革の渦中にある。2010 年 5 月の政権交代後初めて具体的な形になった教育政策の基本方針が、2010 年 11 月 24 日に白書（White Paper）『教えることの重要性（*The Importance of Teaching*）』として刊行された。同白書には従来の教育政策を抜本的に改める提言が随所にみられる。

　本章の内容に照らしていえば、学校評価システムそのものの見直しにも近い将来に着手される見通しにある。16 歳から 18 歳への義務教育年限の延長とあいまって、教育条件の整備に巨額の予算を投じた前政権から新政権に移ってから教育予算の大幅削減政策（ほぼ 3 割のカット）がとられるために、Ofsted を主体とした第三者評価も、その内容に修正が加えられることも予想される。同白書によれば Ofsted による学校査察の目的も原点回帰を図り、インスペクターが教室に長時間滞在するように指針を改訂し、今後の学校査察を「教授と学習（teaching and learning）」に焦点づけようとする意図も看取される。さらには児童生徒の学習規律の確立等も査察時の重要項目にあげる方針も示されており、これからの法改正が注目される。上記のように SIPs の設置もいったん小休止しているが、いっぽうで学校査察効果を維持・向上させるために、評価者のトレーニングを補う工夫として、学校間連携を推進しようといった手探りの努力もなされている。

おわりに

　イングランドでは先述の通り、1992 年から Ofsted による政府から独立し

た第三者による学校評価が展開され、ほぼ20年が経過した。もっともイングランド特有の視学制度には前述の通り170年を超える歴史がみられるが、最近の20年のなかで数次に及ぶ法改正を重ねるとともに、現実に採用される学校評価手法も大きく変容してきた。査察間隔、査察チームの規模、査察内容等における大きな変化を、20年という短期間のうちに経験してきたのである。イングランドに関する論述の最後に、2005年9月から導入された新しい学校査察がそれまでのシステム下における学校査察と比較しておおむね好評であることを受け、何が阻害要因だったのか、そして有効に機能した要因についてまとめて若干の言及を試みたい。

　新旧システムの比較的観点に立てば、第一に指摘される点は、6年に1回の査察に変えて、3年に1回の査察を義務付けたことがあげられる。これは保護者が当該学校に関する現実に即した、できるだけ新しい（up-to-date）報告書を読むことを可能にするためであった。第二に、学校査察実施は直前（2日前）にしか知らされないという変化である。これは、学校側に長期にわたる無用な緊張と準備を強いることなく、ありのままの学校の姿をみるためである。したがって、少人数のチームによる短期の鋭い査察（short and sharp inspection）方法を採用し、スナップショットと形容される学校査察を導入することとなった。査察の実施には通常2日間を設定し、学校のすべてをみることはせず学校の中枢システム（central nervous system）をみることを目的とする。すなわち網羅的評価を脱して、重点的な評価への質的転換であった。第三に、学校評価プロセスそのものの信頼性を醸成し高めることを目的として、評価者（インスペクター）はまず学校の自己評価報告書を見ることから始める。最新のPANDAレポートに含まれる自己評価票（SEF）を参照することを基本とし、2日間の日程においては児童生徒とのコンタクトの機会をふんだんに設けるとともに保護者、理事会との面会を実施する。これは学校関係者の意見を幅広く収集することをねらいとするものである。あわせて、評価段階も7段階から4段階へと整理された。すなわち査察を終えた時点での評価を、とても良い（outstanding）、良い（good）、十分（satisfactory）、不十分（inadequate）の4段階に分けた試みである。できるだけ速やかに報告書が渡されるが同時に査察チームから児童生徒への手紙が同封される。親近感を持たせること以上に、児童生徒を奨励する内容となって

いる。次回の査察に期待を持たせ、児童生徒にも緊張感をなくす試みでもある。

　以上を要するに、イングランドにおける2006年以降の新しい査察制度はおおむね順調な滑り出しを見せているといえよう。査察に伴うストレスやコストのロスが軽減されて視学官からのフィードバックも好評である。上述のように、不意打ちモデル（no notice model）を導入したことによる成果である。今後の方向性として、例えば1名の視学官が丸1日自己評価報告書を分析するために学校に滞在したり、保護者への継続的な情報提供と、すでに高い評価を受けている学校をさらに高めるための改善を加えていく指針もみられる。低い評価にある学校へのLAを巻き込んだ支援にとどまらず、評価が高く他校をリードする学校の効果的活用の可能性も検討されるなど、政権交代後も引き続いて多様な取組の芽が看取される段階にある。

〈注〉
(1)　本論では検討対象をより厳密化する意図により連合王国の中でもイングランドに限定しているため、一般的に用いられる「イギリス」や「英国」ではなく「イングランド」と表記する。
(2)　詳細については、拙著『イギリスの視学制度に関する研究』多賀出版、2007年、第Ⅰ部を参照されたい。
(3)　教育を担当する中央省は2011年9月現在、教育省：Department for Education（DfE）である。最近では内閣が変わる際に改組されているが、労働党ブラウン政権では子ども・学校・家庭省：Department for Children, Schools and Families（DfCSF）、労働党ブレア政権時は教育技能省：Department for Education and Skills（DfES）及び教育雇用省：Department for Education and Employment（DfEE）、保守党メージャー政権では教育省：Department for Education（DfE）、それ以前は教育科学省：Department for Education and Science（DES）であった。したがって現在では1990年代初期の保守党政権時代の名称に戻ったわけである。
(4)　PIBとは学校が備えている直近の自己評価報告書（School Self-Evaluation Form）と、前回の学校評価報告書に記載されている統計資料（在籍者数等）に基づいたA4版2ページの文書である。ここには生徒の成績が上がったのはどのような工夫をしたことによるのか、特別なニーズを必要とする生徒にはどのような配慮をしたのか等々の具体的項目が記され、学校訪問当日には基本的にこのPIBで提示された項目にしたがって協議の場が持たれるのである。
(5)　The 2009/10 Annual Report, Ofsted, (between September 2009 and August 2010)
(6)　コベントリー市内にある1950年創立のコミュニティスクールである。就学前のナースリースクールに通学する3〜4歳から義務教育前半の5〜11歳の児童が通う（全児童数568名）。
(7)　植田みどり「地方教育行政の支援的役割と学校改善——イギリスにおけるSchool Improvement Partnerを中心に」第44回日本教育行政学会大会（於：広島大学）発表資料・要旨集録、2009年10月。
(8)　水森ゆりか「学校評価の評価結果を活用した学校改善に関する考察——イギリスの取り組みを中心に」『日英教育研究フォーラム』第13号、日英教育学会、2009年。

第15章 評価と支援のネットワークによる学校評価システム
――ニュージーランド

福本みちよ

はじめに

　ニュージーランドでは、1980年代後半にNPM理論を基盤とする教育改革が断行され、改革の柱となった「1989年教育法」により学校理事会（Board of Trustees: BOT）を核とする自律的学校経営がすべての公立学校に導入された。そして、これと表裏一体の形で独立型の専門評価機関である教育機関評価局（Education Review Office: ERO）が設置され、EROによる第三者評価が制度化された。

　第1回の第三者評価は1990年に実施されたが、導入当初のEROによる第三者評価は、BOTの学校経営機能に対する監査的色彩が強く、また学校においても学校評価観が醸成されていなかったこともあり、学校側からの反発は強かった。加えて、コンプライアンス重視型の第三者評価の効果に対する学校側からの信頼を得ることは難しく、1990年代後半にはEROに対して政府からも抜本的改革が求められた。こうした状況を経て、2000年代に入りEROの大改革が行われ、これによりニュージーランドの学校評価観自体が大きく変容した。それは第一に、コンプライアンス重視型の第三者評価を基軸とした学校評価から、学校による自己評価を基軸としつつ、自己評価の効果力向上と活性化をねらいとする第三者評価を両輪とした学校の自己改善力育成重視型の学校評価への転換であり、第二に自己評価と第三者評価の関連性の強化だけでなく、教育省地方教育事務所をコーディネーター役とした評価機関と学校支援機関のネットワーク化を図ることにより、学校評価結果にもとづく的確な支援を学校に提供することを可能とする「学校改善支援システム」への転換であった。

第三者評価が中心にあるととらえられがちなニュージーランドの学校評価であるが、「計画－評価－報告」の流れが定着している自己評価と、それを基軸にした自己改善力育成重視型の第三者評価、さらにこうした評価を通して見えてきた学校の課題を支援に結び付けて学校改善を図ろうとする学校支援という三つの側面により、学校評価システムが構成されているのである。本章では、評価と支援が連動することにより学校の自己改善力の醸成を指向するニュージーランドの学校評価システムについて、その展開過程を概観した上で、こうしたシステムが有効に機能する要因について検討を試みる。

1　「1989年教育法」以前の視学制度

　ニュージーランドの教育制度は、「1989年教育法」制定により大きく変革する。学校評価に関しても、19世紀後半から行われていた視学官による学校査察から独立型専門評価機関による第三者評価へと大きく変容する。

(1)　視学官の配置

　イギリスの植民地となったニュージーランドは、1852年に独自の政府を樹立し、翌1853年に中央政府と全土を六つの州に分割した州政府が設置された。このうち主要な五つの州政府（オークランド、ウェリントン、ネルソン、カンタベリー、オタゴ）が、1871年までに州教育委員会（board of education）を設置し、州教育委員会は学校の設置や補助金の配分、学区の設定、各地域に設置された委員会（local committee）の委員の指名などに関する権限を有した。さらに、州教育委員会には視学官（inspector）が配置され、各学校の教員やカリキュラムの管理にあたった。視学制度は、1989年教育法制定により廃止されるまで継続されることとなる。
　ところが、1876年の州政府廃止により州教育委員会も廃止され、教育行政制度は「教育省（中央段階）－教育委員会（地方段階）－地域の委員会（学校段階）」という形に再編された。視学官は教育省により雇用されたが、初等教育段階と中等教育段階では別個の形態が形成された。初等教育担当視学官（Primary school inspector）は各教育委員会に配属され、チームを編成して学校査察にあたった。地区上級視学官（District Senior Inspector）が、上

級視学官（Senior Inspector）の支援を得ながら各チームを指揮した。地区上級視学官は、教育省中央事務所学校教育局長の監督下におかれた。一方、中等教育担当視学官（Secondary school inspector）は教育省地方事務所に配属され、1950年代からの中等教育の急激な質的拡大以前は一つの全国チームとして全国の学校視察に回った。

　初等教育担当視学官は教育委員会に、また中等教育視学官は教育省地方事務所にそれぞれ所属していたが、各視学官は教育省中央事務所と全国の各学校との間の主要な専門的パイプ役を果たし、実際には教育省地方事務所を通すよりもむしろ直接教育省中央事務所との実質的繋がりが強かった。さらに、すべての学校には連絡視学官（liaison inspector）が配置され、その役割はスクールリーダーに対して教師の専門的力量形成や学校開発に関する継続的助言を行うことにあり、当初設定された初等教育担当・中等教育担当視学官が有した教員の等級付け機能が時代の流れとともに減少していったなかで、連絡視学官の役割は逆に高まっていった。

　初等教育担当視学官と中等教育担当視学官では、視学官になる道筋も異なった。初等教育担当視学官は、校長職から指名された。彼らは多方面での知識技能を有していることが求められたが、特定のカリキュラム領域に際だっていた。中等教育担当視学官は、主任クラスや上級職クラスから指名されることが多かった。彼らは往々にして教科の専門家であったが、助言機能を果たすために多面的な知識技能が求められた。ちなみに、中等教育担当視学官は校長の地位よりも上にあった。[1]

(2) 視学官の機能

　「生徒の査察」（inspection of children）として始まったニュージーランドの視学制度は、後に「教師の評定」（assessing teachers）のモデルとなり、少なくとも1970年代以降は「専門的指導助言」（professional advisory service）とその機能は変容していった。そして、視学制度廃止直前の1988年に教育省ウェリントン地方事務所が作成した『視学官ハンドブック』では、視学制度のねらいは①アカウンタビリティ（Accountability）、②専門的リーダーシップ（Professional Leadership）、③コンサルテーション（Consultation）、④専門的支援（Professional Support）、⑤コーディネーション（Co-ordination）、⑥イ

ノベーション（Innovation）の六つにあるとされている[2]。

　学校査察については、すべての初等学校が年に最低２回は視学官の訪問を受けた。その結果は、「視学官報告書」としてまとめられた。学校訪問は、おおよそ４日程度行われた。一方、中等学校における学校査察には二つのタイプがあった。一つは、毎年中等教育担当視学官チームが助言のために実施する形態のものと、もう一つは通常おおよそ５年ごとに報告書作成のために査察する形態のものであった。

　この学校査察によって、学校評議会向けの学校に関する提案や賞賛を含めた報告書が作成された。また、教師の専門的力量形成やカリキュラムを含めた学校経営について、初等学校の校長は学校計画書を作成しなければならず、その計画書は地区上級視学官による承認が必要であった。一方、中等学校の校長は、学校の活動計画書を作成し学校評議会に対して報告する役割を担っており、その際視学官が助言したり提案したりした。

　このように、初等・中等教育段階では視学官の役割や、視学官と学校との連携において違いがあった。この点について、1974年の「ノードメイヤー報告」では、初等教育と中等教育で別個の視学制度が形成されていることの弊害を指摘し、学校ガバナンスの再編よりもむしろ専門的な面での初等・中等教育間の連携が必要であると主張している[3]。それゆえ、配置が異なる初等教育・中等教育の視学官をいずれも教育委員会に配置することを提言している。さらに、実際の視学制度が「個々の教員の資質能力」やそれが「クラスルームで活動する子どもたちに与える教育的インパクト」に焦点を当てているのに対し、「ノードメイヤー報告」では学校を構成する教育活動の複合体としての学校全体をとらえ、それに対して評価（evaluate）し、改善に向けた提言を行っていくことが求められる視学官の責務ととらえた[4]。こうした「ノードメイヤー報告」の提言が、「1989年教育法」制定後の学校評価システム再編の根底にあることは想像に難くない。

2　「1989年教育法」による自律的学校経営の導入と第三者評価の義務化

　1984年に成立したロンギ（Lange, D.）率いる第４次労働党内閣は、ダグラ

ス（Douglas, R.）蔵相を筆頭に政府経費の大幅削減を最大のねらいとする「ロジャーノミクス」と呼ばれる抜本的な構造改革を断行した。政府経費の大幅削減を最大のねらいとするこの改革では、行政・経済・社会福祉・医療・教育の各分野にわたり、一貫して市場原理の導入・規制緩和・民営化が図られ、NPMにもとづく政府部門の大規模な組織改革が行われた。一連の行政改革の手法は、1987年に第2期ロンギ労働党政権により着手された学校のガバナンス改革においても貫かれ（教育大臣はロンギ首相が兼任）、市場原理・競争原理にもとづく教育活動の効率化と質の向上を図るための抜本的改革が実行された。

具体的には、中央教育行政段階においては教育省の改組並びに事業のエージェンシー化による権限の縮小、地方教育行政段階においては教育委員会制度の廃止と学校段階への大幅な権限委譲、学校の教育活動への地域参加の拡大、投資に見合った成果の確保、等が提言された。このうち、学校段階への権限委譲の受け皿として、かつ学校の教育活動への地域参加の核として各学校に学校理事会（BOT）が設置され、さらに責任の明確化の観点から規制・監査業務を担う第三者機関として教育機関評価局（ERO）が設置された。この改革により、各学校のBOTが教育行政機関の末端組織（執行機関）としてのアカウンタビリティを負うことにより、一般行政組織と同様に「第三者」による評価を受ける義務を負うという図式が成り立つことになる。これが、EROによる第三者評価として制度化されたのである。

3 EROによる第三者評価の機能変容

これ以降現在に至るまで、EROによる第三者評価は定着し続けるわけだが、この間、第三者評価の機能が2度にわたって変容している。1度目は、第三者評価機関の創設検討段階と実際の設置段階での変容、2度目は1997年の政権交代を契機とした変容である。これらは、監査的機能から効果的な自己評価の助長機能への移行とみることができる。

「1989年教育法」により、保護者や地域住民の学校経営への参画方策として、各学校にBOTが設置された。同時に、「各教育機関の活動に対する公的な評価は、それを主たる目的として特別に設置された機関によって行われ

るのが最良の策である[5]」との信念のもと、第三者評価機関として ERO が創設された。第三者評価機関の創設を提起した教育行政調査委員会は、第三者評価機関創設のねらいを「BOT の学校経営主体としての機能を評価し、投資として配分される学校運営費の運用の効果を監査すること」とし、その会計監査的機能を重視した。しかし、1990 年 7 月からの第三者評価本格実施時には、「各教育機関が使用する政府補助金に対する責任、およびチャーターに記載された教育目標との合致を確保すること」と、第三者評価のねらいが「会計監査」ではなく「教育の質の向上への寄与」へと移行した。

　次に第三者評価が大きな転換期を迎えたのは、1996 年 12 月の連立政権樹立により、第三者評価の在り方の見直しが政府の重要課題の一つとされたことによる。その際の鍵概念は、「自律的経営・自己評価・自己改善」（Self-management, Self-review, Self-improvement）であり、以降、学校の自己改善力の育成と専門機関による第三者評価のより効果的な活用を展開すべく、①自己評価と第三者評価の関連性の強化、②第三者評価とそれに対するフォローアップ機能の連動の強化、等を主軸とした ERO 改革が展開された。これにより、自己評価を前提とした第三者評価がシステム化され、結果として自己評価自体も活性化されていった。

　そして 2009 年より、ERO は学校側から希望があれば第三者評価実施後にその学校において評価結果をふまえた学校改善の推進についてワークショップを開催している。さらには、校長やシニアスタッフ向けの自己評価研修も始めている。具体的には、各地の校長会が受講希望者のとりまとめ、会場の手配等を行い、そこで ERO が無料で研修講座を開催するという形態である。まさに、従来のコンプライアンス重視型から学校の自己改善力育成重視型へと、ERO による第三者評価の主眼が移行してきたのである。

4　ERO による第三者評価システム

(1)　ERO の機能

　ERO は、改革前の旧教育省が有していた監査業務を担う専門機関として、「1989 年教育法」により設置された第三者評価機関である。新教育省か

ら独立した機関であり、教育機関評価局担当大臣に対して直接責任を負う。教育機関評価局担当大臣と教育機関評価局長官との間で結ばれる契約にもとづき、教育機関の評価を通じて教育の質の改善に寄与することを目的としている。

　EROの主要な機能は、①ホームスクーリング、就学前教育機関、初等・中等学校を対象とした第三者評価の実施および評価報告書の作成、②全国的な教育問題に関する調査研究および報告書の作成、③教育機関評価局担当大臣に対する政策提言である。各教育機関の評価報告書は、教育機関と同時に教育機関評価局担当大臣宛にも送付され、教育省は問題を抱える学校や地域に対する支援施策の立案・実施にその評価報告書を活用している。

(2)　第三者評価の基本的考え方

　評価の主たる観点は、①学校の教育活動が法律、「全国教育指針」、及びチャーター(6)に合致しているか、②BOTによる効果的な学校経営が行われているか、③生徒に対して効果的な教育活動を提供しているか、に置かれ、とくに②と③が重視される。また、学校の自己評価能力の向上を支援しつつ、学校による自己評価結果を基盤として第三者評価を実施するアプローチを重視している。自己評価を重視した第三者評価の基本原理として、EROは次の7点をあげている(7)。

1) 第三者評価の重点は、学校との協議にもとづき焦点化する。
2) 生徒の学習達成度に関する情報の質と実際についての共通認識を確立する。
3) 第三者評価の評価指標は、広く行き渡り理解される。
4) 評価にあたっては、評価プロセス、学校とEROとの連携の在り方、評価の運営についての理解と同意を確立する。
5) 評価プロセスは、支援と教育改善の観点からステイクホルダーにより見届けられる。
6) 第三者評価は、学校自身による自己評価、自己改善、変革可能な範囲へのアプローチの質に焦点をあてる。
7) 評価チームは、学校とその地域の現状を把握する。

この原理では、評価者（ERO）と被評価者（学校）、さらには学校を取り巻く地域との共通認識と理解の確立の上に、はじめて第三者評価が成立するととらえている。さらに前回の評価報告書の勧告に対していかに改善が加えられたかという、課題に対する学校の具体的な取り組みが最も重要なポイントとなっている。自己評価の結果を前提とした第三者評価であること、各学校の経年的変化に注目し評価を実施しているところに、EROによる第三者評価の特徴がある。

（3） 第三者評価の手順

EROによる第三者評価は、1990年のERO創設当初からこれまでほぼ3年に1度のサイクルで実施されてきたが、2009年3月より第三者評価の重点化が図られ、**表15-1**のような4段階の評価サイクルが導入された。これは、EROの歴史の中でも大きな変革である。この新評価サイクルでは、危機的状況にある学校を重点的に繰り返し評価することで自律性を高める手助けをし、逆に高い自己評価能力を有し学校自身でPDCAサイクルを円滑に運用することができると判断される学校については、第三者評価の必要性を最小限におさえようとしている。これは、2002年に新評価方式（Education

表15-1　4段階の評価サイクル

カテゴリー1	4〜5年サイクル	学校の自己評価能力が高く、過去2回のEROによる評価でも大きな問題が指摘されていない。学校は、EROによる評価と自己評価の関係性を明瞭に説明することができる。Planning & Reporting frameworkにのっとった自己評価サイクルが確立されている。
カテゴリー2	3年サイクル	大多数の学校はこのカテゴリーに該当。具体的な危険性がとくにみられない場合、3年後に次の評価を実施。
カテゴリー3	2年サイクル	若干の懸念があるが、継続的な改善計画書が作成されており、改善に着手されている。また、EROが勧告した内容の改善状況を判断するのには、やや時間をおく必要があると判断される。
カテゴリー4	1年サイクル	深刻な問題が発見された場合に該当。評価結果をもとにEROが教育省に対し学校介入を推薦する場合は、12ヶ月以内に次の評価を実施。

（筆者作成）

Review）を導入した当時からEROが掲げてきた、「自己評価能力の育成に資する第三者評価の在り方」の一つの成果であるとみることができる。

また、各カテゴリーにおいて実施される第三者評価の大まかな手順は、**表15-2**のとおりである。

2002年のEducation Review導入により改善された点は、第一に手順①にあるように、各学校の評価プロセスを管理するコーディネーターが設置されたことである。これは、学校とEROを結び付ける連絡調整的役割を果たすものである。通知の際、EROは学校に対してコーディネーターの氏名を伝え、あわせて評価プロセスについての解説書、及び「自己評価チェックリスト」を送付する。また、学校訪問調査にあたっては事前にa）解説書を読んでおくこと、b）評価の要素となる学校の優先事項に関して、自己評価結果のどれが最もその達成状況を表しているか議論しておくこと、c）EROから送付される「自己評価チェックリスト」を完成させておくこと、d）訪問調査に先立ってEROが読んでおく必要がある資料を収集し送付すること（手順③に該当）、e）訪問調査時にEROが目を通す必要があると思われる資料を収集しておくこと、f）手順②について決定しておくこと、を通知する。

表15-2　EROによる第三者評価の手順

①第三者評価の日程が決定すると、学校に具体的スケジュールが通知される。あわせて、訪問調査と評価後の学校改善に向けた支援に関わるコーディネーター（review coordinator）の氏名が学校に通知される。
②各学校のBOTは、一連の評価活動に加わるか否かを選択する。
③学校は、評価活動に必要な資料（とくに自己評価結果）を事前にEROに送付するよう依頼される。
④実際の評価活動を実施する前に、評価活動の過程の詳細についてコーディネーターとBOTが協議する。
⑤調査チームが学校を訪問し、より詳しい情報の収集にあたる。期間は、数日〜1週間程度。
⑥訪問調査終了後、調査チームからBOTに対し調査の過程が報告される。
⑦訪問調査終了から20日以内に報告書の草案が作成され、BOTに送付される。事実誤認があれば、15日以内にEROに報告する。
⑧修正済みの最終報告書がBOTに送付される。
⑨最終報告書がBOTに送付された2週間後に、この報告書はEROのホームページを通じて公開される。
⑩重大な問題が指摘された場合、6ヶ月後に再調査を行う。改善がみられない場合はBOTの解雇もありうる。

（筆者作成）

表 15-3　第三者評価に使用する主な資料

〈事前に送付する資料〉	〈訪問時に使用する主な資料〉
財務報告書／最新のチャーター／最新の年次報告書／生徒の学習達成に関する学校計画（評価、評定、カリキュラムなど）／教員の資格、責務、職務を明記した教員リスト／各登録教員のリスト（登録番号、階級、登録有効期限を明記）／非常勤教員のリスト（資格の有効期限を明記）／学校予算の詳細／コースに関する情報、機構、必須条件／クラスの時間割／学校地図	事前に送付されていない生徒の学習達成度に関する評価、評定資料／保護者への報告書を含めた生徒の記録／生徒の学習成果に関する集積記録／校長および教職員評価に関する情報／教職員の職能発達プログラム／最新のERO評価報告書以降の学校理事会会議録／生徒の退学、休学、留年、除籍の記録／出席簿／学校および学校理事会のニュースレター／学校計画／教員・理事・学科・学期の概観／教員ハンドブック／学校経営マニュアル／最新の学校案内書／学校マネジメントシステムやカリキュラム実施に関する計画書

（Education Review Office, *Initial Documentation* をもとに作成）

ここでいう d）と e）に該当する資料とは、**表 15-3** のとおりである。

　なお、上記の資料について学校への通知文には、「これらの資料は学校で実際に使用されている資料でなければならず、「自己評価チェックリスト」は別として、今回の第三者評価のために特別に用意されたものであってはならない」と書かれている。つまり、評価のためにあえて用意された資料は、実際の学校の状況を示す資料としては不適切であるという考え方がここにあり、EROだけでなく教育省による政策や研究レベルを含め、エビデンス（evidence）を重視する姿勢が一貫していることが伺える。

　第二に、手順②にあるように学校はEROの評価過程に学校（BOT）代表を1名加えることができるようになった。英語では"Friend of the School"と名付けられているが、これは、学校がEROに一方的に評価されるのではなく学校に対する理解を深めた上でEROが評価を実施できるように、代表者が評価チームに加わりながら随時学校の見解や意見をEROに伝える役割をもつものである。ある意味"敵状視察"のような雰囲気もあるが、この権利を行使する学校は非常に少ないようである。[8]

　第三に、手順④にあるように、「評価のねらい」でも述べたEROと学校との共通認識を確立するために、事前に学校とERO（コーディネーター）が評価プロセスについて協議することにしている。

5 学校による自己評価
――「学校開発＝自己評価＝戦略的計画の立案」

　一方、自己評価の義務化については、全国学校経営指針（National Administration Guidelines: NAGs）に規定されている。NAGsの第2項では、BOTおよび校長・教職員に対して、①カリキュラム編成や教育活動、教職員の職能開発を通じて、学校が効果的な教育活動を展開するための戦略計画の作成、②生徒の学習達成度についての状況分析を含め、①についての達成度（もしくは目標と達成の不一致度）についての継続的な評価の実施、③生徒の学習達成度についての本人および保護者への報告と、生徒集団全体の学習達成度についての地域への報告、の3点を求めている。

　これらを実際に運用していくために、2003年より「学校計画の立案と報告に関する枠組み」（Planning & Reporting framework: PRF、図15-1）が導入されている。PRFは、計画段階（①チャーターの作成義務、②戦略計画の作成義務、③長期学校経営計画の立案義務）－評価段階（①戦略計画に対する自己評価の実施義務、②生徒の学習到達度についての評価、③年1回のチャーターの評価・更新義務）－報告段階（①生徒の学習到達度についての評価結果の保護者等への報告義務、②学校財務報告書及び更新されたチャーターの教育省への提出義務）から構成される。PRFのねらいは、第一に各学校におけるPDCAサイクルの徹底にあり、「学校計画の立案－目標の焦点化－教育活動の展開－目標の達成度評価及び結果の分析－次年度の教育計画の立案－国・保護者への報告」を一連の流れとして、すべての学校において展開することを求めている。第二に、PDCAサイクルは生徒の成績データをもとに行い、生徒の学習達成度向上のために学校予算の配分及び教職員の役割分担の決定を確実に行うことを徹底させることにある。教育省が自己評価の基本的なとらえ方として、「学校開発＝自己評価＝戦略的計画の立案」と明示していることからもわかるように、自己評価を学校改善・学校開発のツールとして明確に位置付け、それがスムーズに展開されるようにPRFというフレームを規定しているのである。

　加えて、PRFではPDCAサイクルにおけるエビデンスの重視を徹底して

```
┌─────────────────────┐  ┌─────────────────────┐  ┌─────────────────────┐
│    計画（Plan）      │  │    評価（Check）     │  │    報告（Report）    │
│ 1）チャーターの作成義 │  │ 1）「戦略計画」に対する│  │ 1）生徒の学習到達度に │
│   務（1989 年教育法 61│  │   自己評価の実施義務 │  │   ついての評価結果の │
│   条）               │  │   （NAGs 2 項）      │  │   保護者等への報告義 │
│ 2）「戦略計画」の作成義│  │ 2）生徒の学習到達度に│  │   務（NAGs 2 項）    │
│   務（NAGs 2 項）    │  │   ついての評価（NAGs │  │ 2）学校財務報告書及び │
│ 3）長期学校経営計画の │  │   2 項）             │  │   更新されたチャーター│
│   立案義務（1989 年教│  │ 3）年1 回のチャーター │  │   の教育省への提出義 │
│   育法 61 条）       │  │   の評価・更新義務   │  │   務（1989 年教育法 87│
│                     │  │   （1989 年教育法 61 条）│  │   条）              │
└─────────────────────┘  └─────────────────────┘  └─────────────────────┘
```

図 15-1　Planning & Reporting framework の概要

求めている。ここでいうエビデンスとは、①生徒の学術的・社会的成果と行動・態度の因果関係の分析結果、②成績評価、教員による観察、生徒の作成物のサンプル、生徒・家族・拡大家族（whanau）の声、等をもとに集められた生徒の学習達成の進捗状況に関するデータと情報、③学校外での生徒に関する情報、及び生徒の社会活動に関する情報を組み合わせたものとされている。

6　学校に対する支援

　「1989 年教育法」の制定を契機に BOT を核とする自律的学校経営が導入され、そのアカウンタビリティの確保の観点から「学校計画の立案と報告に関する枠組み」（PRF）を活用した学校による自己評価の徹底と、ERO による第三者評価の制度化が図られてきた。そして、さらにそれらを融合させるアクターとして学校に対する支援機能の整備が展開されてきた。

　学校に対する支援は、①自己評価力を高めるための研修プログラムの提供（研修機能）、②個々の学校経営の状況に応じたコンサルテーション（コンサルテーション機能）、③危機的状況にある学校に対する教育省による法的介入（学校介入）、の 3 段階に大別される（**図 15-2**）。支援提供者には、大学、支援機関、個人コンサルタントなどがあり、教育省がコントラクト（契約）方式でその財政支援を行っている。全国的に多様な支援提供者が存在している

```
                                              学校介入
                                          ◄------------►
                    支援機関による研修プログラム・コンサルテーション活動
                    ◄--------------------------------------►
                        教育省による各種プログラム
                        ◄------------------------►
                BOT／校長向け専門研修
                ◄--------------------►
  インフォーマルな助言
  ◄--------------►

  危機度低 ◄---------------------------------------------------► 危機度高
```

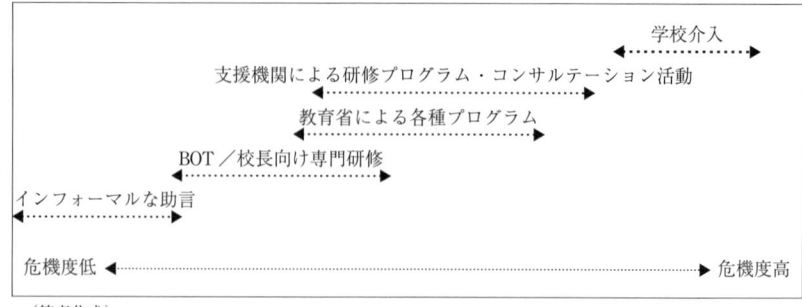

（筆者作成）

図 15-2　学校改善支援の内容

表 15-4　学校介入の 6 段階（「1989 年教育法」第 7A 章 78 条にもとづく）

【第 1 段階：情報提供】
　教育省事務次官は、BOT に対してより詳細な<u>情報の提供</u>を要求する。(78J 条)
【第 2 段階：専門的支援の享受】
　教育省事務次官は、BOT に対して<u>専門家による支援</u>を受けることを義務づける。(78K 条)
【第 3 段階：行動計画の策定・実施】
　教育省事務次官は、BOT に対して特定の問題に対応するための<u>行動計画の策定および実施</u>を要求する。(78L 条)
【第 4 段階：法定管理者の指名】
　教育大臣は一時的に BOT の権限をはずし、教育省事務次官に対して<u>法定管理者</u>（Limited statutory manager: LSM）を指名するよう指示する。(78M 項)
【第 5 段階：法定監督者の指名①】
　教育大臣は <u>BOT を解散</u>させ、教育省事務次官に対して BOT に代わって<u>法定監督者</u>（Commissioner）を指名するよう指示する。BOT が有するすべての権限は法定監督者に移行する。(78N 条 1-2 項)
【第 6 段階：法定監督者の指名②】
　この他、次のような事項に該当する場合、教育省事務次官は <u>BOT を解散</u>させ、BOT に代わる<u>法定監督者</u>を指名する。(78N 条 3 項)
　1）3 ヶ月に渡って BOT が会議を開催しない場合
　2）常に BOT に欠員がある場合
　3）BOT 選挙の結果、保護者代表委員が 3 名に満たない場合
　4）BOT 選挙が法律に従って行われない場合
　5）BOT 選挙によって委員が充当されない場合

（筆者作成）

ため、学校（BOT）が日常的に発生する学校経営上の問題やカリキュラム上の課題などの解決の糸口を、専門的な助言によって見出すことは難しいことではない。また、支援の多くが無料で提供されていることも、学校にとって支援が身近なものとなっている要因であるといえる。

　ここでいう上記③の学校介入は、2001年の「1989年教育法」改正により教育法に規定された。教育法78条では、**表15-4**のように学校介入を六つの段階に区分している。危機的状況が軽度の場合は、学校（BOT）の自律性を重要視し、助言や研修といった自己改善力の育成を促進するような介入を行う。しかし、そうした支援でも問題が解決されず、危機的状況が継続する場合には、それ以上学校（BOT）の自助努力に期待するのではなく、教育省による直接的管理の色彩を強めていく。この学校介入については、「ERO－教育省－支援機関」の連携プレー（評価と支援のネットワーク化）により支援が展開される場合が多い。

7　ニュージーランドの学校評価システムにみられる学校評価が有効に機能するための要因

　ニュージーランドの学校評価システムは、おおよそ2000年を境にコンプライアンス重視型から自己評価を重視した自己改善力育成重視型へと変容してきた。こうした学校評価システムの導入による効果と、その効果を最適化していくための支援システムの特質としては、①教育省による自己評価観（「学校開発＝自己評価＝戦略的計画の立案」）の明示、②エビデンス重視の自己評価システム設計（PRFの導入）、③第三者評価の重点化方式、④段階別の学校に対する支援システムと評価と支援のネットワーク化、の4点を指摘することができる。

　これらの特質から、ニュージーランドの学校評価システムは、コンプライアンス重視型の学校評価から自己改善力育成重視型の学校評価へ、さらには評価活動によって学校の抱える問題点を明らかにし、それに対する支援を提供することに主眼を置く「学校改善支援システム」へと転化しているといえよう。

〈注〉
(1) Rae, K. (2007). *The New Zealand School Inspectorate pre-1989*. p1.
(2) Department of Education Central Regional Office (1988). *Inspectors Handbook*.
(3) Education Development Conference (1974). *Organisation and Administration of Education*, Wellington, pp52-53.
(4) Education Development Conference (1974). *op.sit.* p127.
(5) Taskforce to Review Education Administration (1987). *Administering for Excellence*, Government Printer, p60.
(6) チャーターとは学校の教育活動、人事、財政、財産管理、施設設備、マオリ文化に関する教育活動等に関する方針・目標を示したものであり、BOTの活動の基盤となるものである。BOTが保護者や地域との協議の上作成し、教育省の認可を受けることになっている。①学校教育全般、②長期計画、③単年度計画の3領域から構成される。
(7) Education Review Office (2011). *Framework for School Reviews*, p2.
(8) 筆者が、EROオークランド地方事務所の上級評価官バイレー氏（Bailey, D.）に対して行ったインタビュー調査による。
(9) Ministry of Education (2008). *National Assessment Regional Seminars Presentation*.

第16章 自律的学校改善を支える学校評価システム
―― フランス・スコットランド

藤井佐知子

　本章では、90年代以降学校評価の制度化に取り組み始めたフランスと、フランスが今日モデルとしているスコットランドを扱う。スコットランドはイギリスの中でもイングランド等と異なりNPM理論を採用せず、視学官が学校査察を行うという伝統的方式を今日まで続けているが、近年〈エクセレンスへの旅 Journey to Excellence〉という掛け声の下に教育の質向上に積極的に取り組んでおり、その過程で学校のイニシャティブに基づいて学校改善を進め、それへの専門的支援として視学官の役割を位置づけるという方針で学校評価制度の定着を進めている。同じく視学制度が公教育において重要な役割を果たしているフランスでは、なかなか定着しない学校評価の活性化に向けた議論が今なお継続中であり、そこにおいてスコットランドの学校評価政策が注目されている。
　日本と同様に学校評価制度の定着に苦慮しているフランスが、どのような点をスコットランドから学び、自国に適用しようとしているのかという関心から両国の制度を考察していきたい。

1　学校評価制度の類型化
　　　―― NPM理論との親和性の観点から

　まず両国の位置づけを明らかにするために、ヨーロッパ諸国における学校評価制度の類型化を試みてみたい。Eurydice（ヨーロッパ教育情報ネットワーク、欧州委員会（EC）の一組織）は学校評価制度の国際比較を行っているが（結章399頁参照）、その根拠となる政策理念については言及されていない。しかし各国の特徴はNPM理論への親和性という観点からみると、ある程度

の説明が可能となる。

　NPMのタイプは大きく次の二つに分けられる[1]。一つは、先進国「英国・ニュージーランド型」であり、市場メカニズムの適用範囲を可能な限り広げて民間部門の経営手法を最大限採用し、トップダウン的な経営改革により分権化と権限委譲を進め、厳格な「業績／成果によるマネジメント」＝パフォーマンス評価を行うタイプである。もう一つは、後発国「北欧型」であり、市場メカニズムの適用範囲を限定的とし、民営化手法の導入には慎重で、むしろ内部組織運営の改革を通じて、より長期的な観点から効率性やサービスの向上の実現を図ろうとする。また業績評価ではなく組織的なTQM（総合品質管理）によって質の向上をめざす点に特徴があり、このタイプは、公的部門の規範や価値が今日なお強い支持を受け、「公平性」「公共性」への信頼が厚い国にあてはまる。ドイツ、フランスはここに分類される。

　この分類を学校評価システムに援用してみると、イングランドとニュージーランドの学校評価は、行政統制的な外部評価制度の導入（＝サンクション機能を有する）、第三者機関との契約による学校評価の外部（民間）委託、学校選択の指標的機能、競争原理の徹底という点において、まさしく「英国・ニュージーランド型」NPMの特徴を具現している。一方北欧諸国、フランス、ドイツの学校評価は、各学校の自己評価を促して自律的学校運営を促進することに重点が置かれ、行政統制的な外部評価は明確には制度化されていないという点において「北欧型」に合致する。北欧諸国はいずれも全国統一的な評価システムを持たず、すべて自治体に委ねており（スウェーデンは一部例外がある）、フィンランドでも90年代以降の急速な地方分権と権限移譲によって視学制度や第三者評価制度を廃止し、自己評価中心で今日まできている[2]。

　以上の分類からすると、スコットランドの学校評価は「英国・ニュージーランド型」より「北欧型」に近い。独立を長く主張してきたスコットランドは、英米法ではなく大陸法を採用しており、労働党が強く、民営化や市場原理には否定的であるなど、その政治理念はイングランド・ウェールズとはかなり異なっている。教育領域をみても、98年の全国学力テストの廃止、学校選択の非制度化、教員人事権は学校理事会でなく地方当局にあることなどイングランドとは対照的な制度を有している。注目されるのは、連合王国と

して共通に有していた勅任視学官（HMI）の仕組みをイングランド・ウェールズは解体して Ofsted（教育水準局）を創設したのに対し、スコットランドは旧来の制度を保持したということである。NPM 理論に沿って HMI をいわば民営化したイングランド・ウェールズとは距離を置き、独自路線を敷いているスコットランドの立場は明瞭であろう。

　フランスがスコットランドを範として学校評価制度を定着・発展させていこうとしている最大の理由はここにある。反市場主義という共通のベースを持ちながら学校の主体性と視学の役割を重視して大規模な教育・学校改善の国家プロジェクトを推し進めようとする在り様が、モデルとして最適だと認識されたのである。

2　フランスの学校評価の歩みと現段階

(1)　視学制度の伝統

　フランスの学校評価は 1990 年代になって急速に制度化が進められた。それ以前は学校評価が大きな話題となることもなく政策上も関心を持たれてこなかった。その最大の理由は、この国の伝統的な視学制度（inspection）の存在の大きさにある。今日この視学制度の充実が学校評価推進にあたって重要政策テーマになっているので、最初にその概要を示しておく。

　国レベルの中央視学には、国民教育総視学局（Inspection générale de l'Education Nationale）と国民教育行政総視学局（Inspection générale de l'Administration de l'Education Nationale）の 2 種類がある。前者は 1802 年に創設されて以来、伝統的に教育関係事項ならびに教員の指導監督を任務としていたが、「新教育基本法」（1989 年）により、教育システム全般の評価が筆頭任務となった。そして現在、国民教育総視学局の任務は、次の三つとされている。

　ⅰ）実施されている教育の種類、内容、教育課程、方法、手段・手続きの評価
　ⅱ）教職員、管理職、視学官の監督及び採用・養成・評価
　ⅲ）教育政策に関する意見・提言を国民教育省に対して提出する

これらを遂行するために恒常的に①教育活動、政策、サービス、学校の継続的追跡調査（学校訪問による）と、②大学区（＝国民教育省の出先機関）評価が、約160人の総視学官によって任務遂行されている（14の常設グループと専門グループに分かれて実施）。

　もう一つの国民教育行政総視学局は1965年に創設された。その任務は、ⅰ）教育行政職員、学校を含む教育関連機関の行財政領域の統制と視察、ⅱ）教育システムの効率性の評価、ⅲ）行政機関と施設長への助言（教育システムの運営と構造に関する研究・考察）であり、国民教育総視学局の任務を補強する役割を担っている。これらの任務遂行において総視学官は各地の学校を訪問するが、それは個々の学校への指導助言や改善を目的としたものではなく、いわゆる機関評価ではない。

　また地方には大学区視学局（Inspections académiques）が置かれており、そこに所属する大学区視学官（IA-IPR）が中等教育学校の教職員の管理と評価及び研修を担当している（初等学校は国民教育県視学官 IEN が担当）。

　こうした歴史的伝統を持つ視学制度は公教育の質的な統制に大きな役割を果たしてきた。フランスで学校評価があまり関心を持たれなかったのは、視学官の視察による教員評価が実施され、総視学官が定期的に学校視察を行うという中央集権的教育行政制度が貫徹されているため、学校は十分にコントロールされているとみなされていたからだ、といわれている（国民教育総視学局報告書、2005年）。

(2) 学校の自律性確立と学校自己評価の制度化

　公教育の国家による一元的管理統制の伝統が強く、それゆえに学校経営やアカウンタビリティの発想が根付きにくい風土には、このシステムはそれなりに機能していたともいえる。しかし、1980年代前半の地方分権化改革によって新しい教育行政様式への転換が要請され、〈権威的管理行動から現場の当事者による決定と実践へ〉という行政スタイルの変更とそれに伴う学校自治（autonomie）の確立が教育界の重要テーマに位置づくことになり、ここに自己評価の制度化が開始する。

① 「学校教育計画」に組み込まれた評価

　1989年に成立した「新教育基本法」は第18条で「学校教育計画」（projet d'établissement）策定を全学校に義務づけた。[5] 学校教育計画とは、国が定めた教育目標・教育課程を、生徒の多様性や地域の特性に応じて独自に実現していくための教育活動計画のことを指す。これにより、学校が教育の質的向上という今日的任務を達成しうる自律的責任組織に変貌することが期待されることになった。

　学校教育計画は、現状診断→基本方針の決定→アクションプログラムの策定→実践→評価というP-D-C-Aのマネジメントサイクルを採ることとなっており、ここに自己評価が位置づけられた。同時に大学区当局は国の教育目標や諸規則に反していないか、学習指導要領を逸脱していないか、差別的扱いを受けた生徒はいなかったか等の観点から点検を行う。

　このように学校教育計画の中に自己評価が組み込まれるという仕組みが作られたのであるが、長らく中央統制型の学校管理体制を敷いていた学校が自律的経営体に変貌し、かつ成果をあげていくというのは容易なことではなく、現場の理解も得られず停滞ぶりが明らかになっていった。多くの学校で学校教育計画は単なる行政文書と化し、自己評価を行って授業や組織の改善に継続的に取り組んでいくという理想はほとんど実現されなかったのである。

② **自己評価の活性化をねらう行政支援策**

　国民教育省は、各学校が自己評価に取り組みやすくするための手立てとして、1994年に「中等教育パイロット指標」（IPES）を開発した。これは、統一的指標に基づいて学校が自己点検評価を行い、それを外部に対して説明するためのツールであり、生徒、教育活動、学業成果、運営、文化的・社会的・経済的環境、の五領域51項目の指標から成る。しかし、項目が多く煩雑であるため現場では不評で十分活用されず、加えてIPESの「付加価値」という考え方が生徒の社会階層を重視しすぎて、各学校がどれだけ生徒の学力を伸ばしたかを測定するものでなく、その結果改善に生かされないという点も批判を受けていた。この時点ではまだ、個別学校が成果向上を果たす、ということに対する圧力は強くなかったのである。さらに第二弾の行政支援として2002年より新しい評価制度が導入された。これは、校長が「学校診

断書」を大学区当局に提出し、大学区当局との協議で「ミッション」が指示され、各学校は「ミッション」達成をめざして教育活動を行い、3～4年後にその成果について当局から評価を受けるというものである。Eurydice 調査（結章399頁参照）ではこれがフランスの外部評価制度として紹介されているが、フランス国内ではこれは学校評価ではなく校長評価として位置づけられている。第三者評価に関しては、視学官制度が部分的にその役割を担っており、今のところ新しい議論は起こっていない。

(3) 成果主義の下での自律的学校改善への展望

　総じてフランスでは学校評価は未発達であるといえる。これはフランス国家の成果主義文化の希薄さ、中央集権国家の伝統から生じており、評価行為に対する教員の抵抗は相当強い。ところが、2001年8月に成立した「予算組織法」（LOLF）によって全行政分野が業績達成度評価型の政策評価を受けることとなり、公共経営が従来の〈規範とルールによる管理〉から〈目標と成果による管理〉への完全移行が図られることとなったのを契機に教育界にも成果主義と目標管理の手法が正式に導入されることになった。2005年成立の「学校基本計画法（フィヨン法）」は、〈すべての子どもに基礎学力を保障する〉という政策目標達成のために学校をその推進主体として前面に打ち出し、学校の責任と自律性を改めて重視して個別学校ごとの成果向上をめざして、「目標契約」や各種「実験」を積極的に学校が実施し、目標管理によって成果向上を具体的に目に見える形で示していくことが求められるようになった。

　ここで注目すべきは、学習指導面に焦点づける形で「学校教育計画」が再定義されている点である。すなわち、学校教育計画の学習指導に関わる部分に関しては、新設の学習指導会議（conseil pédagogique、幼稚園・小学校は学習指導チーム）の提案に基づいて採択することが新たに定められたのである。そして2006年の通達では、同会議／チームが省察、学校の診断、評価、提言を主導的に行うことが規定され、教師を学校運営の表舞台に登場させ、学校の自律的運営と改善の担い手とする体制が築かれた。このベースには、従来の伝統的な教授活動の在り方に限界を見、その転換を狙うという思惑がある。フランスでは古くから教師の教授上の自由が確固たるものとして

存在しており、そのために教育実践の内容・方法や成果についての検証ないしは改善を行う慣行がなく、このことが学校自治と教師の教育の自治とを分断させてきたといわれてきた。その結果、学校自治推進の中核である学校教育計画を教授活動を軸に展開させることができず、教師もまたこれに関心を示さないという悪循環が生じていたのである。さらにまた、こうした慣行からは、教授活動の結果に学校として責任を持つことはかなり困難なことであった。成果主義の導入は、教師一人ひとりの教育活動が自己完結し結果の良し悪しを問われない、という伝統的スタイルからの脱皮を促し、学校総体としての教育成果を客観的な指標によって示し、不断の改善を図り、更なる質的向上を図っていくことを各学校に求めることになった。形骸化した学校教育計画を教師の専門性と協働性に依拠して立て直そうとの確固たる方針をここから読み取ることができる。近年の教員政策でも集団での仕事（travail collectif）の推進が特に強調され、これまでほとんど見られなかった「学校の効果（l'effet d'établissement）」が公的に期待されるようになっている（『教師の職務の発展に向けた緑書』2008 年[12]）。

　学校自己評価は、この中で新たな進展を遂げることが期待されるが、学校の主体性にのみ依存することについては前々から疑義が唱えられていた。例えば2004 年に出された国民教育総視学・国民教育行政総視学報告書『フランスにおけるコレージュとリセの評価（2004 年度）——批判的評価と展望』[13]は、学校評価は教職員や地域住民などの当事者が主人公となり、教職員が自らの実践を振り返ることを奨励して教育の質改善の媒介物となるようにしていくことが重要であると指摘しつつ、同時に外部評価との相互補完性が重要だとし、ヨーロッパ委員会が推奨している「支援付自己評価」（auto-évaluation accompagnées）が理想的であるとしている。支援とは、この場合地方視学官によるものであり、特に大学区レベルにおいて視学官が、評価の責任者である校長の養成と教員の意識付けを担当し、自己評価の質向上のための積極的な働きをすることが課題だとしている。

　また国民教育総視学局の 2007 年次報告書は、LOLFによる成果主義の浸透と「共通基礎知識技能[14]」の時代を迎えて学校評価はますます重要になっていると述べ、その在り方について概略次のように述べている[15]。今こそ共通の書式に基づいた「統制された」自己評価（auto-évaluation〈contrôlée〉）が必

要であるが、評価文化がいまだに定着せず、とりわけ生徒の学業成績や落第率などを一元的に評価されることを嫌う学校で普及させるのは難しい。そこで今や共通の至上命令となった学校評価を進めるには、学校内部のダイナミズムに望みを託して、ヨーロッパ委員会が推奨する「支援付自己評価」を進めていくしかない。それは、総視学局が評価プロセスの制御のために十分な統計資料を供与し、地方の視学官が支援と質的な統制を行うものである。そして、すべての学校が提出する年次活動報告（教授学習活動面を含む）が、共通の評価指標の策定を後押ししていく。この評価の「文化革命」は、統計装置の改革につながる方法論の開発とともに、関係者（地方の視学官、管理職、教員）の養成に努力を傾けることなくしては実現しないであろう。

以上から、フランスは、教員の専門的自律性と協働性を軸に教育の質的改善を図っていく際のツールとして自己評価を活性化していく方針を固めており、そこにおいて中央・地方の視学による専門的な「支援」が必要不可欠だと捉えていることがわかる。実は地方視学の役割を教員評価から学校評価にシフトすべきだとの見解は公式にも出されており、長年の慣行がどのように変革されるのかに注目が集まっている。

そしてこれまでの経験から学校任せでは評価が定着しないことから、共通の枠組みや指標の必要性を認識しているが、それが上から押し付けられたものであると教員の反発が強く受け入れられないので、各学校での実践の蓄積からそれらを編み出していこうとしている姿勢は特筆されよう。今後の動向が注目されるが、国民教育省は近年、スコットランドの学校評価に注目して制度開発を行おうとする動きをみせている。それは、フランスがめざす方向性をいち早く制度化し実行に移しているからである。以下、その具体的姿を見ていきたい。

3　スコットランドの学校評価システム

(1)　学校自己評価の制度とツール

スコットランドの学校自己評価は**表 16-1**のような歴史をたどっている。[16]
教育監査局による監査報告書の公表が 1983 年から始まり、次第に学校の

表 16-1　学校自己評価の歴史

1983 年～	教育監査局（HMIE）による各学校の監査報告書公表（コア監査）
1985 年～	〈学校の効果をモニターする〉（monitoring school effectiveness）考えが登場
1990 年～	「質指標（quality indicator）」開発、校長の現職教育の開発と充実 ☆教育監査局が学校自己評価を強調＝非常に大きな影響力
1992 年～	「自己評価による改善」という基本原則　監査時に「質指標」利用
1996 年	支援ツール；"*How Good is Our School?*"（HGIOS）刊行（学校用手引き）
2000 年	「スコットランド法」において自己評価の重要性及び改善の研究を強調
2002 年	HGIOS 改訂（2006 年再改訂）

効果についての関心を深め、1990 年代には自己評価の重要性への着目がなされ、同時にその際のツールとして「質指標（quality indicator）」が開発されている。これは、自己評価が円滑に行われるために行政側が用意した支援ツールであるが、ポイントは、すべての学校が自らの教育活動改善のために主体的に取り組めるためのツールとして位置づけられている点である。つまり、図 16-1 のように、最終目標は QISS（学校における質主導）、すなわち各学校が自らの手で教育活動の質向上を果たしていくことに置かれているので

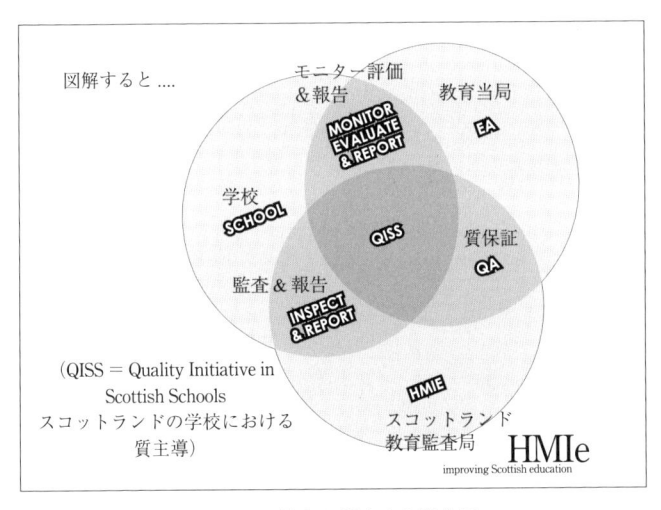

図 16-1　教育の質向上の概念図

出典）Isobel S. McGregor　講演資料、2007 年。注(16)参照。

ある。

　スコットランドの学校評価観は次のように整理できる。まず、教育の質を向上させる最も効果的な方法は、各学校が自校の向上に責任を持つことだと考えられており、行政当局が伝統的に行ってきた監査に加えて、新たに学校自らの力で質向上に向かう筋道を作ろうとしている。第二に、生徒や保護者、地域、社会は自分たちの学校の教育の水準を知る権利があるとの考えから、それを知るための指標（quality indicator）が編み出され、手引きとしてまとめた冊子 "*How Good is our School?*" が刊行され再版を重ねている。第三に、エビデンス重視の立場を採り、評価の際には「データ」、「人々の意見」、「直接観察」の3観点から質を多角的に評価することに重きを置いている（triangulation：三角測量術と呼ばれている）。エビデンス確保の手段としては、客観的データの分析（試験の成績、在校生数、退学者等）、ステークホルダーからの意見聴取（インタビュー、グループディスカッション、アンケート等）、各種資料の分析（生徒の課業、家庭への連絡、教師への相談活動、会議資料等）、教育と学習の観察、の4点を挙げている。そして、学校、自治体、監査局が下記のように各々相応の責任を持ち、連携するシステムがめざされている。

三者連携 ｛
学　校：自己評価し、業務の質を報告する責任を持つ
自治体：学校をサポートし、学校自らが改善する意欲を掻き立てる責任を持つ
監査局：公平でオープンな監査により学校の強み弱みを見つけて課題点の勧告を行い、それにより学校が改善に向かうよう援助する責任を持つ
｝

　では具体的に学校はどのように自己評価を行い、質向上につなげているのであろうか。全学校共通の手引きである "*How Good is our School?*"（2006年版）の構成と活用法から探ってみよう（**図 16-2**）。手引きは計29の指標を9領域に分けて「質枠組み」として提示している。各指標にはテーマ（着眼点）が1～5ずつ挙げられている。

　最下段の言葉が示すように、この指標一式は、各学校が自校の現状（強み

成功とアチーブメント		学校における課業と生活		ビジョンとリーダーシップ
我々はどんな成果を達成したか	学校コミュニティの要求にどこまで応えられたか	提供している教育はどれくらい良いものか	マネジメントはどれくらいうまくいっているか	リーダーシップはどれくらい発揮されているか
1 鍵となるパフォーマンスの成果 1-1 パフォーマンス面での改善 1-2 法令義務の履行	2 学習者、父母、家族への影響 2-1 学習者の経験 2-2 父母、家族の参画 3 教職員への影響 3-1 学校の生活と課業における教職員の関わり 4 コミュニティへの影響 4-1 地元コミュニティとの共同の事業・活動 4-2 広域コミュニティとの共同の事業・活動	5 教育の提供 5-1 カリキュラム 5-2 効果的学習のための教授 5-3 学習ニーズへの対応 5-4 学習のアセスメント 5-5 アチーブメントの促進と期待 5-6 公正と公平 5-7 学習者・父母とのパートナーシップ 5-8 ケア、福祉、心身の発達 5-9 自己評価による改善	6 政策策定と計画 6-1 政策のレビューと策定 6-2 政策と計画への参加 6-3 改善計画 7 教職員のマネジメントと支援 7-1 教職員の配置、採用、定着 7-2 教職員の配置とチームワーク 7-3 教職員の職能発達とレビュー 8 パートナーシップと資源 8-1 コミュニティ、教育機関、法人、雇主とのパートナーシップ 8-2 財政のマネジメント 8-3 学習資源・空間のマネジメント 8-4 マネジメント情報	9 リーダーシップ 9-1 ビジョン、価値、目的 9-2 リーダーシップと指揮 9-3 教職員の職能開発とパートナーシップ 9-4 改善と挑戦に関するリーダーシップ

⟵ 我々の学校の質はどの程度か？：改善能力はどのくらいあるか？ ⟶

図16-2　質枠組み（quality framework）

と弱み）を把握し、問題を発見してアクションに向けてプランを立て実行し検証するためのツールである。各指標は6段階（6：優れている　5：非常に良い　4：良い　3：普通　2：弱い　1：不十分）で評定することになっているが、そのこと自体が目的なのではなく、何をすべきかを見つけるための判断材料とされている。そしてその判断が的確なものとなり、めざすべき方向性や理想の姿がクリアーになるために、各指標にレベル5とレベル2の具体的姿が例示されている。例として「指標5-2　効果的学習のための教授」をみ

第16章　自律的学校改善を支える学校評価システム　｜　325

表 16-2 「指標 5-2　効果的学習のための教授」

テーマ
・学習風土と教授アプローチ
・教師と生徒の相互関係（学習者の関わりを含む）
・対話の明快さと目標の明確さ
・教授の過程における判断

レベル5（非常に良い）の具体例

＊我々は価値の共有化を図りながら、内容豊かで的確に配置された教授学習アプローチを採用して刺激的な学習風土を作り上げている。また生徒の経験は彼らの要求にマッチし彼らのモチベーションと関心を維持している。我々は生徒の好奇心と創造力・批判力を高めている。クラス及び家庭内の学習と諸活動はよく計画されており、個人あるいは協同で動けるような有能な貢献者として生徒を問題解決に関わらせている。教授学習の過程でICTを最大限かつ効果的に活用している。

＊我々は授業の目標を生徒と共有している。生徒はより良くなり成功を遂げるためには何をすべきか知っている。我々の説明と指導は、過去の学習と実生活経験に基づいて構成されていてわかりやすい。我々は、生徒が自分の学習と他人との関係に責任を持つ機会を提供している。生徒は様々な経験を楽しみ、学習者としてのスキルを進歩させている。彼らは学習に従事し自分自身を学習者として認識している。我々は学習を促進するために効果的にフィードバックを利用している。

＊我々の教授活動は十分に生徒を巻き込み、彼らが意見を表明し質問をすることを奨励している。我々は生徒の興味を刺激し自ら考え自信を持てるようになるために上手な質問を投げかけディスカッションを行っている。我々は生徒の応答に基礎を置き、奨励し、尊重している。

＊我々は授業中、個々人のニーズに合った指導を行い、的確な支援と挑戦を与えることができるよう適切な判断をし、迅速に応対している。

レベル2（弱い）の具体例

＊自校の学習風土は学習を奨励しているが、生徒が批判的・創造的に思考することへの刺激や励ましが欠けている。我々のアプローチは常に十分配置され学習者のニーズにマッチしているわけではない。我々は多様な教授学習アプローチを十分に活用できていない。また生徒を個人あるいは協同でうまく動ける活動的な貢献者に成長させる機会をほとんど与えていない。ICTの活用は十分でない。家庭学習を与えているが十分に準備されてなく、クラス内の課業と必ずしもリンクしていない。

＊授業の目標を生徒と共有し、成功するには何をすべきかを説明することは様々に行われているがクラス、グループ、個人との相互作用は生徒への支援や刺激になっていない。答える前に考える時間を十分に与えていない。生徒が学習や他人との関係に責任を持つ機会をもっと提供すべきである。

＊我々の生徒との対話は教師主導であり、生徒の意見を、生徒が意見を述べたり質問することを奨励するように効果的には活用していない。十分に生徒を巻き込めていない。

＊我々は生徒の理解の弱点を常に効果的に説明できているわけではない。個々の生徒は我々と関わったり学習の質や進歩に向けて次に進むべきステップについてフィードバックを受ける機会は少ない。

てみよう（**表 16-2**）。

　以上のように、具体例はすべて教師の視点で描かれている。他の指標もすべて同じ書き方である。「自分たちのやっていることはどの程度のものか」という観点から学校を多角的に観察し、何ができており何ができていないか、また何が足りないのかがはっきりとわかるように工夫されている。「学校自己評価は官僚的あるいは機械的なプロセスではない。それは学校が自分自身をよく知り、生徒にとってベストの方法を確認するための省察的で専門的なプロセスである。だからこそそれは理性的な革新をもたらすのである」（手引き p.4）との説明は、教師自身の振り返りに評価の原点があるという考え方をよく現している。

　学校の自己評価結果は 2000 年より公開する義務が課せられているが、形式は自由であり、名称も"Standards and Quality Report"となっているなど、学校が導き出した「質」の公開が求められており、指標ごとの評定の開示は特に求められていない。エビデンスが重要視され、種々の客観的データを添付することが求められているが、大切なのはそれをいかに分析し、解釈し、自校の改善プランにつなげているかということであり、各学校が自校の「質」がいかなるものかを自在に描いて公表することでアカウンタビリティを果たそうとしているのである。

(2) 自己評価と外部評価のリンクによる質向上

　しかし、学校や教師の判断だけに委ねることの危険性も同時に強調されている。つまり、せっかく良い振り返りや自己認識ができたとしても改善のためのプランや目標設定が適切でなかったり、見こみ違いや偏見、判断の甘さなど学校だけでは十分な質向上は果たせない、とみなされている。ここから、自己評価と外部評価のリンクという独特の発想が生まれている。すなわち、「自己評価が効果を持つためには外部評価によって支えられ確認されなければならない」と考えられており、具体的には教育監察局（HMIE）による監査（inspection）が重要な役割を担っているのである。ここで簡単に監査システムについて触れておく。

　スコットランドの学校監査は「コア監査」と呼ばれ、在籍年限サイクル（初等学校＝7年、中等学校＝6年）ごとに実施される。監査メンバーは、

HMIE より 4 〜 5 人と準監査官及び一般メンバーから構成される。学校は 3 週間前に通知を受け、1 週目はチームのうち 2 名が学校に 2 日訪問し、2 週目には全監査メンバーが訪問する。終盤に主要評価を学校長及び教育当局代表に送付し、報告書を作成し議論を経て公表の運びとなる。

　監査ではステークホルダーの意見が重視されており、特に教員組合と継続的にコミュニケーションが図られている。同時に外部機関に独立調査を委託し、保護者、生徒、教師、サポートスタッフ、学校長、教育当局の意見が収集・分析され、報告書執筆の参考にする。監査報告は、学校の「質のプロフィール」(quality profile) として学校宛てに提供される。ここには 29 の「質指標」ごとのプロセスと改善に対して HMIE が評価したレベルと独立調査から抽出したステークホルダーの意見の概略が盛り込まれる。

　自己評価と外部評価（監査）の関係を整理すると、1992 年より両者がともに「質指標」を用いるようになり、2008 年からは監査の出発点を自己評価とすることとなった。監査官は、学校が自己評価で用いたエビデンスを用いること、監査の観点は①「学校は自分をわかっているか」②「学校は改善のために何をすべきか知っているか」③「学校はその能力を持っているか」を発見することであることが確認された。また、監査の範囲と内容は学校の状況によって決定し、上記の観点が十分達成されている学校には監査自体が簡素化される。またコア監査後のフォローアップは学校の現在の業績 (performance) と将来に向けた改善力に比例することとなっており、自己評価を起点とし、それを補完する外部評価という両者のリンクによって学校の質向上がめざされているのである。

(3) 学校評価の基盤かつ目標である教師の専門性向上

　こうしたスコットランドの学校評価システムをイングランド、ニュージーランドのそれと比較すると次のような共通点が見出せる。
・標準化された評価基準の設定
・評価結果の公開（自己評価、外部評価とも）
・エビデンスの重視
・質改善への焦点化
　では、スコットランドの独自性はどこにあるだろうか。他国と比べて顕著

なのは、まず教育の質の向上という大きな目標の手段として学校評価を位置づけ、質向上に向かう主体として学校を位置づけている点であろう。学校における「質主導（Quality initiative）」という表現にそのことは現れている。現場の力と努力に期待しつつ、自己評価を行う過程で教育力や組織力が育っていくと考えられており、常に現場の専門的力量を起点とし、教職員の省察と向上意欲を引き出すことで質向上をめざすというやり方はスコットランド流といってもよいであろう。

　次に、外部（第三者）評価にサンクション機能を負わすことなく、監査は自己評価に基づきこれを専門的に指導・支援するという立場を徹底している点であろう。監査報告書のタイトルが"quality profile"であることからもわかるように、各学校が主体的に質向上を遂げていくプロセスを専門的に指導・支援していく、という内部・外部評価の有機的連携は大きな特徴である。

　さらに、生徒、保護者たちの「自分たちの学校の質はどの程度か」を知る権利を強調している点が挙げられる。イングランドやニュージーランドでは、ステークホルダーは学校を選ぶ主体でもあり、彼らにとって学校が公開する情報は学校選択という私的行為にとって大きな意味を持つ。しかし、学校選択制を敷いていないスコットランドでは、学校の質を知ることの意味合いは別の面にある。「質指標は学校、監査官、教育当局、自治体、保護者、地域の〈共通の言語〉である」といわれるように、ステークホルダーは意見表明や参画を通して学校の質向上を支える一主体であり、エビデンス確保の重要な一角として位置づけられているのである。

　フランスでは、Isobel女史が講演（2010年7月）で指摘したように、学校自己評価が自己診断に終始し、学校改善にまで導くことができていないケースが多い。史はこのことについて、「エビデンス（生徒と保護者の観点を含む）の蓄積に基づき、かつアクションプランに確実に結びつく、方法論を持った縛りのあるプロセスが重要だ」と述べている。スコットランドの「質指標」はその具現である。しかし、それは強制されたものではなく、あくまでも利用者が利用法を決定できるツールとして位置づけられていることが重要であろう。自由に任せるのではなく、自律性に依拠した共通基準・指標の設定がなされているのである。加えて、"*How Good is our School?*"は教職員同士の話し合いのための手引きとなっている点も見逃せない。この冊子は一貫し

て「大学らしい文化（collegiate culture）」に重きを置いており、「教職員が生徒のために描くビジョンと学校の質の現状把握を共有して専門的な議論と省察を行う」ことができるように作られているのである。

　フランスがいま現在取り組もうとしている学校自己評価の枠組み作りと視学官の役割の再定義は、スコットランドから学ぶべき点が多い。それは同じ課題を抱える我が国にとっても同様である。教職員自らが学校や授業の質向上に同僚とともに向かっていける環境整備の一つとして学校評価を捉えてみるのも難局を打開する一つの方法かもしれない。

〈注〉
(1) 大住荘四郎『ニュー・パブリック・マネジメント』日本評論社、1999 年、pp1-3、pp56-60、藤井佐知子「フランスにおける教育への NPM 理論適用の現況」『教育行財政におけるニュー・パブリック・マネジメントの理論と実践に関する比較研究』（平成 13－15 年度文部科学省科研費基盤研究(B)中間報告書）、2003 年、77-81 頁。
(2) 日本学術会議・東京大学学校教育高度化センター共催シンポジウム（2010 年 3 月 5 日）「学校教育の質をどのように評価するか」における渡邊あや氏（熊本大学）の発表資料「フィンランドの学校評価」を参照。
(3) 「評価は教育システムのすべて――生徒、学生、学校、教職員、外部サービス、中央教育行政――に適用される。評価は、学校や教員に競争をもたらすものではなく、国の教育目標の実施状況を検証し、それを受ける人々に教育目標を適応させ、恒常的な調整を行って教育システムの改善に寄与するものである」（同法付属報告書第 5 編）。
(4) 初等学校教員は国民教育県視学官が行い、中等学校教員については、校長が第一次評価者となり（勤務態度評価：40 点満点）、大学区視学官は第二次評価者となり学校視察を行って教育指導力評価を行う（60 点満点）。毎年実施されることになっているが、実際には 3～5 年に一度しか実施されず、昇進・昇給の反映の不明瞭さなど問題点が多い。
(5) 各学校の学校教育計画は、教育共同体（当該学校の教育に係る総ての者がその運営に参加するという共同行為の概念）によって策定される。実際には校長と教職員（教授活動に係る部分）が原案を作成し、学校の最高意思決定機関である管理委員会（conseil d'administration、初等学校は学校委員会）で審議・決定し、大学区事務局に提出して認可を受ける。管理委員会は、①学校管理者・設置者・有識者代表、②教職員代表、③生徒及び父母代表、の各々が 3 分の 1 ずつ委員を出す比例代表制をとっている。1985 年以来、学校の最高議決機関（自治主体）になった。
(6) 詳細は拙稿「フランスの自律的学校経営と校長職モデルの変貌」『教育行財政におけるニュー・パブリック・マネジメントの理論と実践に関する比較研究』、平成 13-15 年度文部科学省科学研究費補助金基盤研究(B)研究成果報告書、2004 年、119-128 頁を参照。
(7) フランスでは学校や教師を生徒の学業成績の結果によって管理することに対しては教員や保護者の間で大きな抵抗がある。父母の間でも生徒のパフォーマンス向上における学校の貢献に対しては懐疑的であり、それよりも個々の教師に注目する傾向が強い。
(8) 詳細は拙稿「フランスにおける新政策評価制度下の教育行政――学校の自律性拡大による成果向上」、『フランスの複雑化する教育病理現象の分析と実効性ある対策プログラムに関する調

査研究』（平成 16-18 年度科学研究費補助金基盤研究(B)研究成果報告書）、2007 年、105-119 頁。

⑼　「目標契約」（contrat d'objectif）は LOLF が導入した仕組みで、国が定めたプログラムの目標達成に向けて当局と事業単位（UO）が契約を締結して、その契約に業績指標と経費分析を盛り込むもの。学校基本計画法は、学校と大学区当局の間で締結する目標契約の決定を中等学校に置かれる管理委員会の新しい権限とした。「実験」は、大学区当局の事前許可を得て、教科教育、学際的活動、学習指導組織、関係者との協力等に関して 5 年以内に学校が自律的に教育成果向上をめざして行う開発実践研究のこと。

⑽　校長が主宰し、学年・教科主任と生徒指導主事が構成メンバーとなり、教員間のコミュニケーションを深め学校の教授学習活動の全体調整を行うこととされた。

⑾　Eric LOUIS, "La LOLF: culture du résultat, implications pédagogiques, globalisation, contractualisation", *Education &Devenir*, novembre 2005.

⑿　*Livre vert sur l'évolution du métier d'enseignement*, fev.2008.

⒀　*L'évaluation des collèges et des lycées en France: bilan critique et perspectives en 2004*, IGEN-IGAENR, juillet 2004.

⒁　学校基本計画法（2005 年）は、小・中学校の指導内容のうち児童・生徒全員に共通に保障すべき内容を「共通基礎知識技能（socle commun）」として定め、その習得を認証するものとして DNB（前期中等教育修了国家免状）を位置づけた。今日、全員が DNB を取得することが教育界全体の最重要目標になっている。

⒂　*Rapport annuel des Inspections générales 2007*. IGEN-IGAENR, La Documentaiton française, 2008, pp.68-69.

⒃　HMIE（教育監査局）名誉監査官である Isobel S. McGregor 女史が 2010 年 7 月に ESEN（国民教育幹部養成大学校）で行った講演「スコットランドにおける学校自己評価の実態」の提示資料を参照。なお同氏は 2007 年に東京で「スコットランドの学校監査──教育の質の向上について」と題して講演を行っており（ブリティッシュカウンシル主催）、その際の提示資料も参考にした。

第17章 振り返りを促す外部評価に力点を置いた学校評価システム
——ドイツ、バーデン‐ヴュルテンベルク州

榊原禎宏

はじめに

　ドイツにおいても学校評価への取組と議論は盛んであり、学校による自己評価（Selbstevaluation）にとどまらず、学校の外部からの評価（Fremdevaluation／äußere Evaluation）が導入されるに至っている。もっとも、ドイツでは、連邦基本法（憲法）に州の文化高権（Kulturhoheit der Länder）が規定され、学校教育は原則的に州の権限に属している。そこでの国家（Staat）とは、州（Land）を意味するのである。このため、学校評価のあり方も州ごとに構想、立案、実施されており、ドイツ全体に共通する点を明らかにすることは必ずしも容易ではない。

　さて、筆者は先にドイツの南西部に位置するバーデン‐ヴュルテンベルク州（Land Baden-Württemberg、人口約1,080万人）を例に、外部評価の概要を報告した（榊原禎宏「ドイツ、バーデン‐ヴュルテンベルク州における外部評価」福本みちよ研究代表『学校評価システムの展開に関する実証的研究』中間報告書(3)、pp.98-107、2010年3月）。それは、同州が学校評価に関する広範な規定を初期に行った点で、ドイツでシステム的な学校評価をスタートさせた州だったためである。本報告では、その後の調査にもとづく新たな観察を加え、同州を例にしたドイツでの外部評価の概要について、日本での論点を踏まえて述べたい。

1 バーデン – ヴュルテンベルク州における学校評価の進展

(1) 義務化以前

　この州において、学校評価の実施が法的根拠を得たのは2006年末である。その後、いずれも学校側の自発的な参加という先導的期間（Pilotphase）を経て、自己評価は2007年9月以降（2007/08年から）[1]、また外部評価は2008年9月以降（2008/09年から）[2]、本実施（Regelphase）すなわち義務化された。

　彼の地でも学校評価は試行錯誤の取組であり、この間の経緯でも、継続されてきた部分と変化した部分、あるいは新たに盛り込まれた部分が認められる。そこで、まずバーデン – ヴュルテンベルク州における学校評価の義務化以前、すなわち2006年までの学校評価の仕組みについて整理し、次に、2009年1月の現地における調査、および現在、インターネット等から確かめることのできる内容にもとづき記述する。なお、現在の学校評価のうち、自己評価の内容と方法の多くは、義務化以前のものが引き継がれており、基本形ともいうべきものは、2006年初頭におおよそ形作られていたと見なせる。

　以下では、スイスのルツェルン州の学校評価部門により「ドイツ、バーデン – ヴュルテンベルク州における評価アプローチ」と題してまとめられた報告書（Bruno Rohrer, 2006年3月）に拠り、義務化以前の段階で同州における学校評価がどのように構築されようとしていたか、についてまず述べたい。

　同資料は、スイスの学校評価を構想、検討する上で、評価アプローチを比較するために20の基準（Kriteria）を設定して整理したものである。スイスの視点を経るものではあるが、コンパクトに理解する上で大変有用と思われる。以下、**表17-1**にまとめられている内容を見てみよう。

表 17-1　ドイツ、バーデン-ヴュルテンベルク州における評価アプローチ

A：評価アプローチの位置づけ	バーデン-ヴュルテンベルク州審議会は、2004年8月に学校開発のための新たな州立研究所を創設することを決定。2004/2005年に登場した新たな学習指導要領では、インプット志向からアウトプット志向への変化という基本的なパラダイムシフトが図られた。教育スタンダードが達成されているかどうかは、中央に置かれた比較機関において精査されることになる。新しい学習指導要領では、各学校が教育上の決定についていっそうの裁量と責任を負い、そこに対して学校への定期的な評価が行われることになったのである。 2005年2月は「学校の質に関する基本的大枠」（Orientierungsrahmen zu Schulqualität）にもとづき、普通教育学校に対する自己評価のスタートとなった。また「学校の評価方法」（EIS: Evaluationsinstrumente für Schulen）が学校での評価活動を進めるべく、さまざまなツールを用意して学校に提供している。 将来、定期的な外部評価が実施されることになるだろう。それは、いわゆる「評価チーム」によって行われる。そこで重要となる前提は、学校のポートフォリオが示される自己評価の結果にもとづいて外部評価がなされるということである。バーデン-ヴュルテンベルク州は、外部評価に関して現在、先導的試行を行っている。
B：質領域、質のマネジメント	質領域Ⅰ：授業の結果と授業プロセス ・教科および教科をまたいだ成果 ・成果の測定 ・教授―学習プロセスの具体 ・学校概念 質領域Ⅱ：教員の専門性 ・同僚間の協力 ・継続的な質向上 ・職業的な要求と負担への対応 質領域Ⅲ：学校ガバナンスと学校経営 ・統制 ・価値志向 ・人的開発 ・資源 質領域Ⅳ：学校とクラスの風土 ・教育上の基本原則 ・学習環境 ・学校生活 質領域Ⅴ：外部との関係 ・学校と保護者との協同 ・他の機関との協力 ・外部の印象

C：学校評価の指標	Bに示す5つの質領域のそれぞれに、尺度と指標が置かれる。
D：それぞれの質領域の評価	評価は3段階で行われる。 第一段階：＋＋ 第二段階：＋ 第三段階：0
全体評価の尺度	全体評価の尺度の目盛り A：著しく開発されている（entwickelt） B：やや開発されている C：あまり開発されていない D：ほとんど開発されていない
E：用いられる方法	文書の解読（Dokumentenstudium）：学校ポートフォリオ 学校におけるさまざまな集団へのグループ・インタビュー 授業観察
F：評価プロセス （2006/2007から先導試行が始まる）	実施要領：外部評価において学校の質的開発は、質保証とその開発のための構造に関して文書にて、具体化に関して評価チームによる観察、及び校長・教員・保護者・生徒という学校関係者による見方から。 評価チーム：2～3人の、授業を免除された期限付きの、外部評価についてトレーニングを積んだ教員、少なくとも1名は評価される学校種と同じ種類の学校種の教員からなる。州立学校開発研究所が評価チームを編成する。 手順： 評価準備 　・評価チームの編成 　・学校とのコンタクト 　・学校に対する課題の説明と合意形成 　・評価チームと学校を通じた計画づくり 学校ポートフォリオの分析 学校でのデータ収集（2～3日間） 　・学校内見学によって指標にもとづく観察 　・教員・生徒・保護者それぞれに即した手引きにもとづくインタビュー 　・指標にもとづいた授業場面の観察 データの分析と評価 学校に対する口頭および文書によるフィードバック 先導試行の局面ゆえ、いずれの指標について評価を行うかは学校との協議になる。
G：道具 （Instrumente）	教員・生徒・保護者とのインタビューの手引き

| H:授業の評価 | 2004年の学習指導要領においては、すべての教科及び教科を束ねた教育スタンダードを規定した。各学年が終わるまでに達成すべき生徒の能力を示す。

評価センターのモデルは、基幹学校・実科学校・ギムナジウム・職業学校および5～11学年ごとの分析的・構造的な観察と評価シートを提供している。

授業観察の焦点は、教科をまたぐ生徒の能力、学習環境の整備、授業場面での観察にある。これは、スコットランド、イングランドやオランダで行われているような授業訪問とは異なる。 |
|---|---|
| I:質のマネジメント | 指標
1. 自己評価の概念
2. 学校の質のマネジメントの基礎

第一の指標:自己評価の概念
自己評価の実施は、学校の専門的活動の土台となるものである。自己評価は、それぞれの側面のシステム的な繋がりを志向する。自己評価のプロセスにおいては、評価結果が学校のさらなる開発にとって重要なものとなることに留意されなければならない。

問いの設定―自己評価において計画、調査、データ評価とそのフィードバックは学校でいかに行われているか。学校において重視すべき、また補うべき手がかりを得られるか。
・評価の計画が教員会議および学校会議で扱われること。
・自己評価についての合意が得られること。
・学校がいつ、どのような評価を実施するかについて明らかにした評価計画を立てること。
・評価に際しては、状況と観察できる行為を評価すること。
・自己評価の手続きと結果の扱いは、関係者に公正に感じられるように進めること。
・自己評価は、学校が変えられる領域を対象とすること。
・評価の際の道具は、設定された問題に関するデータを収集する上で適していること。
・問題設定、評価領域、あるいは自己評価を実施する際には、多様な人たちに質問をすること。また、多様な方法をもってデータ収集がなされること。
・データ分析と評価、さらにフィードバックは、速やかに行われること。
・評価結果は、関係者にわかりやすくフィードバックされ、議論されること。
・自己評価においては、データ保持規定に留意がなされること。

第二の指標:学校の質のマネジメントの基礎 |

	質のマネジメントは、学校のコンセプトとして文書に示され、また記述がさらに続く、発展させるべき中心テーマと目的をいずれも含むものである。評価の結果は、中心テーマと目標を実現するために計画される方略の基礎となる。内部および外部に対して透明性を保証するために、学校ポートフォリオが舵を取ることになる。責任と質のマネジメントのプロセスを志向する、確固とした規則が求められるパフォーマンスと透明性を担保するのである。 問いの設定—学校は質のマネジメントをいかに構造化しているか。学校において重視すべき、また補うべき手がかりを得られるか。 ・学校は継続的で理解の得られるプロセスにおいて、互いにどのような中心テーマと目標が達成されるべきかについて議論していること。 ・学校は継続的で理解の得られるプロセスにおいて、目標から導かれるどのような方略があるかを議論していること。 ・教育上の中心テーマは、学校のカリキュラムにおける授業の具体的方略に投影されている。 ・学校は、教育上の中心テーマにもとづいた学校生活を実現する具体的な活動プログラムを組み立てている。 ・学校のコンセプトにおいて目標と方略が、継続して保持されている。 ・学校は確固とした評価計画を持っていること。それは、質的開発に向けた方略を確かめるために、いつどのような評価が実施されるのかについて周知されていること。 ・自己評価から導かれる結論が、質的開発のプロセスに組み込まれること。 ・学校の質的開発のプロセスにおいて、学校で生活している人々の参加がなされていること。 ・質のマネジメントのプロセスに関わる規定が、明確に定められていること。 質のマネジメントに踏み出したい学校は、教育上の責任によって支えられる。外部評価のデータおよび行政上の統計からの教育政策上の重要なデータは、バーデン－ヴュルテンベルク州の教育報告の内容に含まれることになる。
J：アウトプット／アウトカム評価	新たな学習指導要領によって、インプット志向からアウトプット志向へのパラダイムシフトが図られた。評価の手段は基礎学校においては診断活動（Diagnosearbeiten）だが、それ以降の学校では比較活動（Vergleichsarbeiten）となる。中央で実施される修了試験は維持される。第3学年および第5学年では、学習標準診断（Lernstandsdiagnosen）、第6学年および第8学年においては、年間を通じた評価活動が行われる。
K：報告のフィードバック：報告内容とその形式	・学校に対する口頭でのフィードバック ・文書による最終報告書 ・報告に対する態度表明と今後の学校開発上の重点の決定（学校のアクションプラン） ・学校監督との目標に関する合意づくりのための議論

	・評価報告が州立学校開発研究所において行われる場合、学校は報告に対して文書による態度表明を行うことができる。
L：データ保持、評価結果の公表	評価に関わるデータの保護については、小冊子に規定される。データの保護に関する規定は、州データ保護法にもとづく。それらはデータの収集、データの記録化、そしてデータの伝送（伝播）の3種類に分けられる。個人情報に関わるデータの公表にあたっては、学校会議における合意が必要である。学校監督へのデータの伝送に際して、法的規定がある場合は問題とならない。 評価報告のフィードバックについて、現在準備中の評価チームによる外部評価の結果は、学校の執行部メンバー（Schulleitung）に送られるが、データ保護法上の考慮から、データを変更するように求めることもできる。評価報告の最終まとめは、州立学校開発研究所を通じて伝えられる。全教員会議（Gesamtlehrerkonferenz）は、評価報告のどの範囲までを別の委員会に知らせるかを決めることができる。報告が学校内の事項についてのみであり、さらなる委員会に送られる場合、個人まで追跡可能な場合、当人の了解を得ることが必要である。 学校のデータは、後に実施される外部評価のために蓄積されるが、学校の希望により、データを消去することもできる。学校は、目標に関する合意づくりの議論のために、評価報告を今後に向けたアクションプランと合わせて当該の学校監督機関に送るものとする。
M：学校間の比較、実施する場合はいかに、ベンチマーキング？	自己評価を支援するために、基礎学校において診断活動、それ以上の普通教育学校においては比較活動を行うが、これらと合わせて州立学校開発研究所は、教員に対して自分のクラスでの達成状態を州レベルで比較するための課題セット（Aufgabensets）を策定する。
N：評価に要する時間、評価の手順	学校における外部評価は、学校の規模によるが、2～3日間である。
O：評価の頻度	2004年の学習指導要領を通じて、学校はいっそうの裁量を得ている。もって学校のさらなる開発が比較できる大枠において生まれており、定期的な学校評価を行うことができる。
P：アプローチの経験	現在のところ、ESQ（質の鍵としての評価）のモデル試行が進行中である。
Q：評価の効果、現実性、継続性	評価は、学校と授業の現実に対するシステム的測定に資するものである。
R：公表されている利用可能な道具	州学校開発研究所内、学校評価のための道具、HPを参照。
S：さらなる観点	外部評価の関係者は、以下のポイントを考慮する義務を負う。 ・自己理解（学校構成員の特性を踏まえること） ・態度（評価づけ、公正さ、尊敬） ・専門性（役割と課題に関する明確な理解、有能な評価活動） ・透明性（公表された手続き、情報の周知）

	・効率（労力と効用の適切な関係）
T：重要な文献、出典	略

(2) 法定化と現在の枠組み

こうした前史ののち、同州では学校評価が学校教育法に規定されることになった。2006年12月に全会派の賛成で成立、発効した同州の学校教育法（Schulgesetz für Baden-Württemberg）の第114条は、次のように述べている。

> 評価（Evaluation）
> ①学校は、自身の学校と教授の質を定期的に評価するために、自己評価を実施する。自己評価は専門的な第三者のサポートによって補完されうる。州立学校開発研究所（Das Landesinstitut für Schulentwicklung）は、適切な時間間隔を空けて外部評価を実施する。その準備として、学校は自己評価の結果と結論を送付するものとする。学校は州立学校開発研究所による外部評価の実施を支える。州立学校開発研究所は、引き続き学校監督庁に送られる学校の外部評価の結果を学校に提出する。評価に際しては、すべての学校関係者とくに生徒と保護者が含まれるものとする。教員はこれに協力しなければならない。
> ②文部省は、学校に関する現状を含み、学校教育行政や教育計画上の目的に資する、あるいは、生徒や教員にとって合理的と思われる学校外の要因に関する、国際的・国内的あるいは州レベルの比較研究に関する学習状況データ収集に、生徒と教員を参加させることができる。
> ③文部省は、評価に関するテーマ、方法、手順、時期に関する詳細な規定を設けることができる。

このような学校による自己評価と外部評価について、同州の文部省（文化・青少年・スポーツ省）は「学校教育の質の開発と評価」として、次のように説明している。

> 戦略的な教育政策の目標設定の大枠の中で、州の学校には教育上の職

務に対する独自性と責任に関して、大きな裁量が認められている。この独自性と質に対する責任は、州が責任を負う公立学校制度にあって、学校と授業の質に関わるチェックと評価を多様な形態で行うことを条件づけるのである。

　学校と授業に関する評価の問題は、いっそう重要な役割を持つに至っている。2006年12月の学校教育法改正により、州の学校の質的発展に、システム的な自己評価と外部評価が伴うこととされた。このことは、学校の質を結果と同じく、過程についても重要な領域と見なすのである。これより州の学校の教育的・専門的な第一義的責任が強められることになっている。

　自己評価において、それぞれの学校はスタッフとともに自分たちの職務の質を自らの責任で調査、評価する。これには外部からの支援が関わることもできる。自己評価は、教育的な職務を批判的に振り返ることを促し、質の発展のための根拠をもたらす。この点で自己評価は、学校の質の発展のための鍵的機能を持つことができるのである。

　自己評価を補うものが、評価チームによって数年ごとに実施される外部評価である。州立学校開発研究所（LS）は、外部評価の実施および概念の発展のための法的に独自な機関であり、評価チームの投入計画と実施に責任を負う。外部評価の結果は、対象となった学校に対してプレゼンテーションされ、評価報告書にまとめられる。

　報告書は学校内の委員会で議論できる、さらなる質の発展のための勧告を含み、学校は時期を置かず評価報告を当該の学校監督庁に提出し、場合によってはデータ保護上の問題に対応した後に、学校設置者に送付する。外部評価報告は、本質的に学校による自己評価（die Selbsteinschätzung der Schulen）を補完するものであると同時に、発展を目指した個々の学校と学校監督庁との間の合意づくりの基盤となる。

　このように同州ではこんにち、自己評価と外部評価に大別される学校評価が、法的根拠を持って行われていることがわかる。以下、現在の時点で確認ができる外部評価の概要と事例について述べたい。

2　州立学校開発研究所による外部評価

(1)　制度的概要

　バーデン－ヴュルテンベルク州における外部評価は、次のような制度として設計されている。
　①評価の対象となるのは、職業学校を除く一般教育を担う州内の学校およそ3,700校であり、適切な間隔を空けて評価を受けることとなっている。後述するように、外部評価のために学校を訪問する評価者（Evaluator）の数が増えるにしたがって、評価対象となる学校数を増やすことが見込まれているが、初年度の2008/09年[3]には280校（全体の7.3％）、2009/10年[4]は460校が対象になる予定である。
　②外部評価を実施するのは、州文部省のもとに置かれる学校開発研究所に設けられた専門部門1「質の開発、評価および教育報告」（Fachbereich 1: Qualitätsentwicklung, Evaluation und Bildungsberichterstattung）である。
　③外部評価の対象となる学校の選定に際しては、学校数や学校種、同州に置かれる4つの「県」（Regierunspräsidium）、都市や郡に応じて割り振られる。郡内では学校種ごとに1校は選ばれるようにするが、学校数の少ない場合はこの限りではない。また、州立学校開発研究所が対象となる学校を選ぶものの、それは8桁の行政コード番号に拠って行われるため、決定されるまで学校名は明らかにならない。
　なお、学校の執行チームに欠員があるといった実施上の問題がある場合は、選定後の変更もありうる。学校開発研究所の報告書によれば、対象となることが決まった学校の反応はさまざまで、歓迎する旨を伝える電話や電子メールを送ってくるところもあれば、「4週間前に校長になったばかりで、毎日ごたごたしながらゆっくり進んでいる状況なのです。にもかかわらず外部評価がやってくるなんて…」と予定外の業務が増えたことをいやがるケースもある。著しい例では、「お断りします（NEIN）」と冒頭に書いたファックスを送ってきた例もあると、同研究所の2007年の年報には報告されている。

④評価は、**表17-2**に示す6つの質領域と15の基準、そして34の指標にもとづく。これらは、義務領域（質領域Ⅰ［授業］、質領域Ⅲ［学校経営とマネジメント］と、質領域Q［質保証と質開発］）および、3つの選択領域（質領域Ⅱ［教員の専門性］、質領域Ⅳ［学校と学級の風土］、質領域Ⅴ［学校内外のパートナーシップ］）の選択領域からなる。

すなわち、前者については評価が義務づけられる領域であるが、後者は質領域Ⅱ［教員の専門性］であれば、Ⅱ1およびⅡ2またはⅡ3、もしくは質領域ⅣおよびⅤ［学校と学級の風土］と［学校内外のパートナーシップ］であれば、Ⅳ1に加えてⅣ2またはⅤ1またはⅤ2を学校が選択できる。すべての領域が評価対象になるのではなく、義務領域と選択領域の組み合わせとして、外部評価されることになる。

また、各指標は、基準の下位に置かれるものとして、より具体的に観察、評価される。例えば、「質領域Ⅲ」の「基準Ⅲ1　経営」ではまず、「学校執行部（Schulleitung）あるいは拡大執行部の中心的な課題は、学校と授業の見通しと目標を開発することにあり、対話を通して振り返りを進め、同僚職員を適切に配置することである。そこには学校生活に関わるすべての当事者の関与と情報が必要とされる。透明性と前向きなフィードバックを通じて、学校執行部は良いコミュニケーション文化を促進するのである。いろいろな葛藤や問題に配慮しながら、学校執行部は諸概念と手続きを扱う。人的開発の領域について、学校執行部は、それぞれの職員の職業的な継続的開発と学校の継続的開発に刺激を与えるのである」と、学校経営の課題が示される。

その上で、それぞれの指標が、「授業と学校の開発」として「学校執行部は、学校と授業の開発に対して、ときどき（vereinzelt）刺激を与えている」「繰り返し（immer wieder）刺激を与えている」「継続的に（kontinuierlich）刺激を与えている」のいずれかで評価される、というようにである。

これらの指標にしたがって集められたデータを、評価チームは記述し、評価する。学校での現実は継続的なものだという理解のもと、開発段階（Entwicklungsstufe）として捉えられ、「素晴らしい実践（ausgezeichnete Praxis）」「良い実践（gute Praxis）」「いっそう開発されるべき実践（noch zu entwickelnde Praxis）」の三つのいずれかで「開発段階」が評価される。

⑤評価チーム（Evaluationsteam）は3人を基本とするが、生徒数180人以

表 17-2 外部評価における質領域・基準・指標

質領域	基準	指標
質領域Ⅰ 授業	Ⅰ2 教授—学習過程	学習時間の使い方
		学習機会の構造
		多様な対応機会の提供
		生徒たちの活動
		(子どもの) 方法上の能力の促進
		社会的、人格的な能力の促進
		授業におけるコミュニケーションのスタイル
		教室や専門教室の整備
	Ⅰ3 到達上の判断と連絡	今後の学習のガイドとして生徒と保護者への連絡
		同僚間での評価規準の一致
質領域Ⅱ 教員の専門性	Ⅱ1 協力	同僚間での共同作業
	Ⅱ2 質の向上	必要に根ざした研修計画
		知識の獲得と活用
	Ⅱ3 労働上の需要への対応	学校内の勤務条件の改善
質領域Ⅲ 学校経営とマネジメント	Ⅲ1 経営	授業と学校の開発
		葛藤や問題への対処
		人的開発に向けた活用
	Ⅲ2 管理と組織	機能的な職務遂行
		資源の投入
質領域Ⅳ 学校と学級の風土	Ⅳ1 学校生活	肯定的な相互関係の実現
		生徒への追加機会の提供
	Ⅳ2 生徒たちの共同の可能性	学校生活におけるインクルージョン
		民主的な基本理解と構築
質領域Ⅴ 学校内外の機関とのパートナーシップ	Ⅴ1 保護者との共同	(保護者の) 学校への関与
		教育的パートナーシップ
	Ⅴ2 他の機関との協力	学校上のパートナーシップ
		学校外とのパートナーシップ

質領域 Q 質の保証と質の開発	Q1	教育上の基本原則	活動の基本としての基本原則
	Q2	学校の質的開発の構造	構造の機能
			記録の活用
	Q3	自己評価の実施	学校目標と資源への志向
			評価の基本にもとづいたシステム的な進行
			結論とのつながり
	Q4	各人へのフィードバック	準備と実施における個人へのフィードバック

下の小さい学校の場合は2人の場合もある。同チームは現職の教員でかつ、少なくとも1人は評価される学校と同じ種類の学校での勤務経験を持つ者でなければならない。

　また、評価者となれるのは現職の教員のみである。学校開発研究所は関係部局の協力のもと、年に1回公文書に公募の旨を通知して応募を待つ。校長も応募できるが、給与面からいって応募者がいるとは考えにくい。また、学校経営に関しても評価するからといって、評価者が校長である必要は必ずしもない、と州立教育研究所では考えられている。

　公募に応じたかれらは6ヶ月におよぶ外部評価のための訓練を受けた上で、評価チームを編成する。訓練の内容は公表されていないが、社会科学の諸領域とデータ分析、面接調査の手法などを学ぶ。なお、評価者となってからも州アカデミー（教員研修機関）にて、例えば大学教員を招いた「授業の質と授業観察」の研修などを経験し、外部評価の専門家としての力量を高める機会を持つ。

　この点に関連して、外部評価者の研修について報じるニュースを紹介しよう。

　「外部評価の新たな専門家19人が、州立研究所のチームを強化する――外部評価者としての質は、Comburgにある研修・人的開発のための州立アカデミーにおいて、10の基盤として獲得される。……外部評価のための典型的な手順として、学校とのコンタクト、最初の話し合い、準

備と計画、文書分析の実施、学校での観察とインタビュー、データ分析とまとめ、学校での結果のプレゼンテーションといった内容からなる。とりわけ重要なのは、常に求められる社会的な能力を伝えることである。

例えば、基盤のひとつであるインタビューは、背景となる知識［質的研究におけるインタビューの役割、さまざまなタイプのインタビューの構造とインタビュー手引きの作成、インタビューの進め方］の伝達を行う。こうした基盤の重点はまさに実践的なトレーニングである。研修参加者は、自分でグループ・インタビューを実施し、その模様を集録したビデオを小グループで細かく分析する。さらに、すべての参加者は、研修の指導者から個別にフィードバックされるのである。

あるいは、観察という基盤については、観察と評価との区別が中心的なテーマとなる。これに加えて、最初は認知心理学からのテーマが扱われる［認知と認知の加工、評価と判断のプロセスといった］。授業の状況の観察については、理論的に学び、実践的に応用、振り返りが行われるのである。また、外部評価に関する自己学習や参観の場面も用意されており、学んだことの復習やさらに理解を深めることもできるようになっている。

外部アドバイザーとして第6期の研修修了生が招かれたが、かれらは学校評価やコミュニケーショントレーニングのさまざまな領域の専門家として、諸情報を伝えることで研修参加者の準備を促した。……バーデン-ヴュルテンベルク州における外部評価のコンセプトは、明確な質的大綱を志向し、評価プロセスは標準化され、透明なものであり、教員個人に関係するデータは集められないというものである。それは、外から学校全体を診ようとするものであり、外部評価者はよく準備していること、また共同会議などにおいて暗黙の授業理論を常に明らかにしておくものでもある」(「19人の新たな外部評価者が誕生」と伝える州立アカデミーのニュース、2010年1月30日)。

なお、外部評価者の待遇について。給料は教員の時と同じである。その間は学校における勤務はないものの教員としての身分は維持される。評価者は週41時間勤務、年間30日の有給休暇が保障される。

また評価者の業務は、30％は学校での評価活動、30％は評価のための事前事後の活動（文書を読む、報告をまとめるなど）、30％は別の活動（打ち合わせや事務的業務など）、10％がその他に従事することが想定されている。
　すべての学校に対して5年に1度の外部評価を実施するために、学校開発研究所は100人の評価者が必要と試算しているが、調査時点の2009年1月の段階では50人の評価者を抱えるにとどまっている。評価者は5年間学校で勤務したことを要件とするが、現在のところ平均すれば10年経験程度、40歳くらいの人が多いとインタビューにて聴いた。
　評価者チームは、学校開発研究所において評価対象となる学校の種類や所在に応じて12人のグループを作り、訪問先によって組み合わせている。この12人のグループは1年間維持する。最大三つの学校を同時並行で担当、評価者1人につき1年間で16の学校を担当するという設計である。

(2)　プロセス

　①外部評価は、次の手順で進められる。
1. 評価チームの代表と学校との間での事前の打ち合わせ
2. 学校ポートフォリオの提出とホームページデータ等、文書データの分析

　これに関して、学校による自己評価は、評価チームによる外部評価の前提とされていない。外部評価によって観察される領域を学校が事前に自ら評価しておくことはできないし、またその必要もないとされている。ただし、授業、教員の専門性、学校運営、学校と学級の風土、学校内外のパートナーシップからなる「学校の質」についてのモデルは、自己評価と外部評価のいずれも同じである。

3. 評価計画の立案
4. 学校を通じての外部評価のための組織的準備におけるデータの収集
5. 1〜3日間の学校訪問、データ収集と記録（学校経営層、教員、場合によっては非教授スタッフ、さらに生徒および保護者へのインタビュー［学校規模により1〜4人グループでの］）

　ここで、スイスとの国境近くFriedrichshafen市にあるWerkrealschule（成績優秀な基幹学校卒業者に提供される10学年目のコースで、合格すれば中等教育

修了資格が取得できる）を併置するF基礎・基幹学校において、2008年11月に行われた外部評価のうちインタビュー調査について見れば、**表17-3**のようになされたことがわかる。

また、計18クラスある同校での授業観察は、2日間に合計13クラスに対して行われた。1〜9学年を対象に、1学年は1、2学年は2、3学年は4、4学年は2、5学年は1、6学年は1、7および8学年は1（男子の合同授業）、9学年は1という内訳である。9:10〜11:55の間、いずれの授業も評価者は1

表17-3　事例校の学校訪問におけるインタビュー調査

方法	グループ、人物、学級	時間（分）	評価者のための必要時間（分）	評価者数	備考	日付	時刻
学校見学		60	5	3	案内役1	1日目	8:00
グループインタビュー（以下、GI）	学校管理職	90	15	2	校長および副校長	2日目	15:00
GI	教員1―質開発チーム	90	15	2	学校管理職を除く質開発チーム	1日目	14:00
GI	教員2	90	15	2	教員	1日目	15:45
GI	保護者1	60	15	2	6〜7人の保護者会代表と副代表	1日目	17:45
GI	保護者2	60	15	2	6〜7人（保護者会から、各学年から最大2人）	2日目	17:00
GI	保護者3	60	15	2	6〜7人（保護者会から但し保護者代表は除く、各学年から最大2人）	2日目	18:15
GI	生徒1―3〜4学年（計7クラス）	45	15	2	7〜8人（クラスごとにできれば男女1人ずつ）	1日目	11:10
GI	生徒2―3〜4学年（計7クラス）	45	15	2	7〜8人（クラスごとにできれば男女1人ずつ）	2日目	11:10
GI	生徒3―5〜10学年の生徒会	45	15	2	7〜8人（生徒の相談役を含む）	2日目	9:10

人で、それぞれ 20 分間、観察した。

　州立学校開発研究所が示すモデル例で見れば、8:20 までに来校、学校見学、授業観察、生徒、教員へのインタビュー、午後の授業観察を経て、夕方に保護者へのインタビューを行い、19:45 に全予定を終了という流れであった。

　別の例を挙げよう。フランスとの国境に近いある基礎学校では、「保護者だより」にて、保護者にインタビューの協力を募る文面が、次のように見られる。

　　「バーデン‐ヴュルテンベルク州の学校は、この数年来、外部からその活動の質に関して、定期的に体系的なフィードバックを受けることになりました。このフィードバックは、外部評価と称されます。私たちの学校には 2010 年 11 月 24 ～ 25 日に実施されることになっています。州立学校開発研究所の評価チームが、学校において学校内部の状況を観察するのです。その一方、学校ポートフォリオを検討し、学校内も回ります。さらに学校執行部、教員、生徒、そしてみなさん方保護者の方々へのインタビューも行われ、両日で 10 のクラスの授業が観察されることになります。最後にこのチームは報告書をまとめ、学校のさらなる開発に関して提案を行うのです。

　　そこでみなさん方は保護者として、外部評価に対して積極的な関わりを持つことができます。それは、保護者のインタビューに参加して、他の保護者と一緒に質問を受けることです。みなさん方は、該当する評価領域についてのご自身の印象や意見を述べることができます。このインタビューに興味のある方は、お知らせください。保護者へのインタビューは、11 月 24 日の 16 時または 17 時 30 分に始まる 2 つのグループにおいて行われます。学校はグループあたり 8 人の保護者を評価チームに知らせなければなりません。インタビューにおけるすべての発言はもちろん守秘義務扱いとされ、報告書には個人を特定しない形でまとめられることになります」(Kehl 市内)。

　こうした例からも、上記に述べた概要にしたがって、外部評価の行われていることがうかがわれる。

6. 評価チームによる集められたすべてのデータの評価
7. 評価チームによる教員会議におけるプレゼンテーション
8. 評価の終了と学校への評価報告書の提出

　以上、1から8の過程には、おおよそ3ヶ月（事前の打ち合わせから学校訪問まで）＋10日（学校訪問3日、データの分析と整理3日、報告書作成3日程度）が見込まれている。

　評価の対象となる学校には、2年前に学校開発研究所から外部評価が行われる旨の通知が届く。その後、学校がポートフォリオづくりほかの準備を始める。1年前には、いつの日が都合が悪いかについて照会。学校評価の半年前には、2つの日程（学校訪問の開始日および評価チームが教員会議において評価結果を報告する日）を決定する。この時までに、評価チームメンバーの氏名が明らかとなる。

　外部評価を終えた学校は、行動計画を作成し、学校監督と学校設置者（多くは市町村）に報告をするとともに、学校監督との間で次の目標について協議することとなる。

　②学校訪問の際には、学校内見学、手引きにしたがったインタビュー、授業観察が行われる。評価チームが学校を訪問する際に、案内役を決めるのは学校の裁量である。このため、校長ではなく子どもが案内役を務めることもある。

　教員、児童生徒、保護者へのインタビューでは、複数に対して行われる。評価チームのうちの1人が手引きにしたがい質問をして、もう1人が記録する。授業観察においては、授業方法と人格的あるいは社会的な能力が注目される。

　また、学校は希望すれば、いわゆるAssozierterという批判的友人（kritischer Freund）を1人選ぶことができる。この立場は、学校の教職員や保護者あるいは学校監督などの関係者以外で学校のことをよく知る人物である。この人物は評価チームの学校訪問の際、評価チームに伴い、より広い視野から同チームに意見することができる。

　なお、インタビューおよび授業観察の量は、学校規模によって異なり、**表**

表 17-4　学校規模とインタビューおよび授業観察数

学校カテゴリー	学校規模	インタビュー数	授業観察数
小規模	180人以下	1グループごとに1人	すべての学級
中規模	181〜380人	1グループごとに2人	3分の2の学級
中大規模	381〜750人	1グループごとに3人	3分の2の学級
大規模	751人以上	1グループごとに4人	2分の1の学級

17-4のように規定されている。

③評価チームによる報告は、教員会議で報告を行ったのち、最終報告としてCDにまとめられる。そこには、次の内容が記されることと定められている。

Ⅰ　データ収集の経緯
Ⅱ　学校に関する情報
Ⅲ　評価の全体的印象
Ⅳ　詳細な評価
Ⅴ　勧告・助言

　文献とインタビューからは、外部評価の最後に、学校に対する評価チームによる勧告・助言の含まれる点が重要と思われる。つまり、評価チームは評価を行うのみならず、今後に向けて提案するのである。
　さて、学校開発研究所の任務は以上である。外部評価を受けた学校は、子どもと保護者に対してすべての領域の説明を行うほか、学校監督者と学校設置者に報告、今後の方針について協議する。
　なお、外部評価終了後の目標に関する学校と学校教育行政の取り決めについては、州文部省により、次のように説明されている。

　「2006年12月、バーデン-ヴュルテンベルク州議会が学校に対する自己評価および外部評価を義務づけることを決定したことに伴い、学校への評価システムが一様に導入されることになった。これに加えて近年の学校の裁量が拡大され、個々の学校の独自性が強められてきた。例えば、教育スタンダードと学習領域の導入、組織の柔軟化や学校に即した

スタッフ募集などである。

　学校の独自性と結びついて教育システム全体を動かすために、学校と学校教育行政の新たな協働の概念が導入されている。目標の取り決めは、それぞれの学校の発展と連邦基本法第 7 条に示されるような教育政策上の基準とを結びつけるものである。すなわち、目標の取り決めは、学校の独自性、学校の発展過程の評価そして学校監督上の責任とをシステム的に結合させる。すべての学校種は 2006 年に助言としての目標の取り決めを試みた。この経験から提出された外部評価報告書の基礎を形作っている。この助言・援助は目標の取り決め過程を記述し、学校関係者と学校教育行政をサポートし、統一的かつ透明性のある進行を保証するのである」。

3　小　括

　以上から、日本の「学校評価ガイドライン」を念頭に置けば、次の三点が同州の外部評価として特徴的と捉えることができる。

　一つ目は、学校評価が説明責任や情報公開というよりも、学校教育の質を向上させることを目的にしており、評価領域が授業や学校・学級の風土、あるいは教員の専門性といった、すぐれて教育的な文脈に位置づく内容を重視した構成になっていることである。加えて、教育活動を支える教員の負担や職能開発など、スタッフに関する資源管理にも注意が払われている点を観察できる。

　また、こうした眼目に対応するべく外部評価は、現職教員であって外部評価者としてのトレーニングを受けた、常勤のメンバーがチームとして学校の文書を分析し、学校を訪れ、そして報告をまとめることとされている。評価者は、日本において「第三者評価」として試みられてきたような、大学教員や退職校長などではない。対象となる学校種での経験を持つ者を含む学校教員がチームを組み、当該校に一定程度の期間にわたり携わる形態によってこそ、外部から学校を捉えることができるという前提がうかがえる。

　二つ目には、2006 年の報告書における「質のマネジメント」中の「自己評価は、学校が変えられる領域を対象とすること」という記述にも示される

ように、自己評価の項目が学校開発や革新につながるべきことと関連して、外部評価を通して学校の振り返りが促されるとともに、評価チームによる提案にもとづき、学校へのフィードバックや改善策を創出していくように設定されていることである。

そこで重要となるのが、問いの立て方（Fragestellung）である。学校の中心テーマはカリキュラムや授業に現れており、その如何が評価活動を通じて明らかになるというモデルを採用しており、そのために、自己評価において強調されるように評価方法は多様であるべきこと、その期間や方法が関係者に明らかにされ、よりよいデータが集まるように求められている点を指摘できる。このことは、外部評価においても、結果が文書のみならず口頭にて学校に報告され、学校側と評価チームとのコミュニケーションが重視されており、最終報告書がまとめられた後も、学校と学校監督（Schulaufsicht）との合意づくりに評価結果が生かされるよう、すなわちフィードバックが評価における重要なステップとして設計されている点を認めることができる。

日本でも「PDCAを回すべき」と、評価結果の活用やその後の改善への取組が強調されてはいる。にもかかわらず「評価が終わればおしまい」と徒労感がもっぱら先立ち、効力感が得られにくいのはなぜだろうか。何のための評価なのか、何がわからないからこそ実施する評価なのか、そして、これらにふさわしい評価についての理解やデータ収集の手順はどのようなものか、が日本の場合は明らかでないままに形式が先行しているのではないだろうか。「隣の芝生」の歪みは免れないものの、ドイツの例からこのように考えることができる。

三つ目には、学校を評価する際の地域の位置づけについてである。日本ではとりわけ義務教育段階において「保護者・地域住民」と一括りにされるほど、両者はしばしば同様の位置づけを与えられているが、ドイツの事例の場合、地域あるいは地域住民が学校評価に関わるチャンネルは見出せない。

すなわち、州を長とする国家の事業として学校教育は位置づけられ、その一方で「親の権利」が基本法に定められることから、両者の緊張関係が現れているとも捉えられようが、外部評価、そして学校による自己評価でも、尋ねるのは保護者と児童・生徒に対してのみである。むしろ、外部評価においてすら、教員に対する質問の多いことが注目される。誰に責任を負うという

構図のもとでの学校評価なのかを深める観点として、この点を挙げておきたい。

〈注〉
(1) 2007年9月〜2008年8月。
(2) 2008年9月〜2009年8月。
(3) (2)と同様。
(4) 2009年9月〜2010年8月。

〈参考文献・資料〉
バーデン－ヴュルテンベルク州文化・青少年・スポーツ省 HP
　（http://www.km-bw.de/servlet/PB/）
Das Landesinstitut für Schulentwicklung, Jahresbericht 2007
Das Landesinstitut für Schulentwicklung,Qualitätsrahmen Fremdevaluation Regelphase ab Schuljahr 2008/09
Das Landesinstitut für Schulentwicklung,Fremdevaluation in Baden-Württemberg 2009/10
Das Landesinstitut für Schulentwicklung,Schulische Fremdevaluation in Baden-Württemberg und Qualifizierung einer Evaluatorin/eines Evaluators,2009
Bruno Rohrer, Darstellung ausgewählter Evaluationsansätze durch die Fachstelle für Schulevaluation des Kantons Luzern. Band 10: Baden-Württemberg (D), 2006
榊原禎宏・辻野けんま「学校評価における外部評価論の選択——ドイツ、ヘッセン州の例を手がかりにして」『日本教育経営学会紀要』第52号、2010、pp.80-95

第18章 体系化された自己評価と第三者評価としての相互評価にもとづく学校評価システム

―― アメリカ合衆国・Western Association of Schools and Colleges（WASC）によるアクレディテーション

滝沢　潤

はじめに

　日本では、2010（平成22）年7月に「学校評価ガイドライン」（以下、ガイドライン）が改訂され、第三者評価の内容が追加された。第三者評価の主な目的は、「学校運営の改善による教育水準の向上」とされ、第三者評価の実施体制が次のように例示された。[1][2]

(ア)学校関係者評価の評価者の中に、学校運営に関する外部の専門家を加え、学校関係者評価と第三者評価の両方の性格を併せ持つ評価を行う。

(イ)例えば、中学校区単位などの、一定の地域内の複数の学校が協力して、互いの学校の教職員を第三者評価の評価者として評価を行う。

(ウ)学校運営に関する外部の専門家を中心とする評価チームを編成し、評価を行う。

　(ア)は、実行可能性の観点から有望であるが、第三者評価に期待されている評価の専門性が十分反映されるかは不確実である。(イ)についても実効性は高いと考えられるが、評価基準の客観性や適切性が十分担保されないと同業者同士の「お手盛り」との批判が予想される。(ウ)については、専門家の人数が限られる現状を踏まえれば、人材確保に課題が残る。もちろん、ガイドラインの方針は、これらの長所、短所を踏まえ、実施者がその実情にあわせて選択するものではある。

　しかし、第三者評価の普及には、(ウ)が典型的なように、評価者の人材確保が大きな課題となると考えられる。そこで、(イ)のような教職員による相互評

価を前提に、公的な評価基準の設定や評価の体系化によって評価の質を担保することを検討する意義は大きいと思われる。

そこで本章では、アメリカ合衆国（以下、アメリカ）において実施されているアクレディテーション（学校認証評価）のうち、Western Association of Schools and Colleges（以下、WASC）によるアクレディテーションを、公的に設定された基準にもとづく体系化された自己評価と第三者評価としての相互評価として捉え、その構造と特徴を明らかにする。

1　WASCによるアクレディテーションの概要[3]

アメリカのアクレディテーションにおいて、カリフォルニア州は、WASCの管轄であり、ハワイ州、グアム、東アジアおよび太平洋地域のアメリカン・スクールやインターナショナル・スクールなども含まれる。

アクレディテーションは、法的に強制されるものではなく、任意のものである。しかし、WASCの事務局長David Brownによれば、大学進学（カリフォルニア大学やカリフォルニア州立大学、私立大学）という進路確保のためにアクレディテーションが必要となることから、高校では事実上必須のものであると捉えられているし、任意であることを知らない場合も多いとされる[4]。

（1）　WASCの使命、信念およびアクレディテーションの目的[5]

WASCは、その使命を次のように述べている。「本委員会（Commission ＝ WASC、引用者注）の使命は、継続的な評価の過程を通じて学校改善（school improvement）を奨励することによって、初等、中等、成人および中等後教育における卓越性を促進することであり、学校が確立された基準に照らして受容できるレベルの（教育の：引用者挿入）質を満たしていることをアクレディテーションによって認定することである」。ここでは、その使命が、評価を通じた「学校改善」への指向性と確立された基準に準拠した教育の質の認定であることが明確にされている。

また、WASCの哲学（Philosophy）は次のようなものである。

「本委員会は、いかなる学校の目的（goal）も成功に満ちた生徒の学習機会を提供することであるべきだと信じている。認知的および情緒的要素の両方を含む学習プログラムは、人間的な成長や発達を促し、生徒が学校コミュニティおよび民主的な社会において責任を果たし、生産的な一員となることを可能にするべきものである。各学校は、その信念（beliefs）を反映した学校教育目標を明らかにすべきである。継続的なプログラムの改善のために、各学校は、目標達成への改善状況を評価するための客観的および主観的な内部評価と外部評価（objective and subjective internal and external evaluations）を行うべきである」。

ここでは、学校の目的（すなわち、WASCが求める学校のあり方）が、生徒に対して豊かな学習機会を提供することであること、各学校がその信念を反映した学校教育目標をもつべきであることが明らかにされている。そして各学校の目的達成のための改善状況を評価するための内部評価、外部評価が、ともに客観性と主観性をもったものであるとの認識が示されている。言い換えれば、内部評価が主観的で、外部評価が客観的であるとの認識ではなく、評価は、主観性および客観性の両方の側面をもつものであるとの認識が示されている。WASCのBrown事務局長によれば、アクレディテーションにおいて最も客観的なものは、生徒の学力データ（student performance data）であり、学校の質（school quality）の最も重要で客観的な基準は、生徒の学力データである[6]、という。

また、WASCは、アクレディテーションの目的を、各学校が、質の高い教育機関であることを認定するとともに、自己改善（学校改善）を継続的に行っていることを証明することであるとしている。それら教育の質や学校改善では、生徒の学習改善と学力の向上が最重要視される。そのため、生徒の学力向上を図るという観点からすれば、アカウンタビリティとアクレディテーションには「事実上違いはない」[7]（Brown事務局長）のである。しかし、アカウンタビリティは結果（のみ）を評価の対象とするのに対して、アクレディテーションはプログラムの各領域が有効に機能しているかを評価するものであり、学校改善を志向するものである。したがって、学校改善はアカウンタビリティにとって典型的なものではないとされる[8]。しかし、筆者の研究に

Ⅲ　諸外国における学校評価システムの展開過程

よれば、近年のカリフォルニア州におけるアカウンタビリティ政策（公立学校アカウンタビリティ法やNCLB法）においては、児童・生徒の学力向上を図るための学校改善プログラムが展開されつつあり、アクレディテーションにおける学校改善との違いをどのように捉えるかはアクレディテーションおよびアカウンタビリティ政策の意義を検討するうえで重要なポイントになると考えられる。

　ともに生徒の学力向上を志向するアクレディテーションとアカウンタビリティの違いについて、WASCのアクレディテーションに約13年の長きにわたって関わってきたDowntown高校のMark Alvarado校長は、その違いを次のようにわかりやすく説明する。すなわち、アカウンタビリティが結果（のみ）を評価するのに対して、アクレディテーションは、プロセスの評価である。したがって、例えば、ある高校の生徒の多くがマイノリティで占められ、その学力が低い場合でも、アクレディテーションの基準に照らしてその高校が効果的に学校運営を行っていると判断されれば、アクレディテーションにおいては、その高校は最長期間（6年間）の認証期間を得ることができる。逆に、ある高校の生徒の多くが中産階級の上位層の出身者で占められ、学力が高い場合であっても、アクレディテーションの基準にしたがって、効果的な学校運営がされていないと判断されれば、その高校は短期間（例えば3年間）の認証期間しか得ることができない、と。

(2) WASC理事会の構成と会員

　WASCの理事会は、以下のように行政当局、教員組合、私立学校等の諸団体からの代表者によって構成され、多様な利益団体によってそのアクレディテーションの基準が設定され、運営されている（（　）内は人数）。

- WASC Officers：(Chairperson, Assistant Chairperson)（2）
- 州当局等：California Department of Education（欠員）、Hawaii State Department of Education（1）、Hawaii Government Employees' Association（1）
- 教育委員会：California School Boards Association（1）
- 学校管理職：Association of California School Administrators（7）

・教員組合：California Federation of Teachers（1）、California Teachers Association（1）
　・私立学校：Association of Christian Schools International（欠員）、Western Catholic Educational Association（4）、California Association of Independent Schools（1）、California Association of Private School Organizations（1）、California Congress of Parents and Teachers, Inc.（PTA）（1）、East Asia Regional Council of Schools（1）、Hawaii Association of Independent Schools（2）
　・その他：Pacific Union Conference of Seventh-day Adventists（1）、Postsecondary Education（1）、Public Members（5）

　また、アクレディテーションの対象となるWASC会員は、2008～2009年（2008年度）で合計4,026校（内訳：カリフォルニア州3,589校、ハワイ州189校、東アジア176校など）である。

(3)　アクレディテーションのプロセス（サイクル）

　アクレディテーションのプロセスの概要は以下の通りである。
　WASCのアクレディテーションの対象となり得るかの確認（有資格であるかどうかの確認）のあと、最初の学校訪問評価が2人の調査委員によって1日行われる。この調査にもとづいて学校改善に関する勧告を含む報告書が作成され、WASCの学校認証委員会（Accrediting Commission for Schools）に提出される。委員会から示された改善案を承諾すると3年間のアクレディテーション対象校となる。ただし対象校は、アクレディテーション候補校（Candidate for Accreditation）と初期アクレディテーション校（Initial Accreditation）に分けられる。前者は、WASCのアクレディテーション基準を満たしていないため、それを可能にする年次計画の提出を求められる。後者は、3年目に全面的な自己評価（Full Self-Study）を実施する。
　アクレディテーションのプロセスは、①自己評価（Self Study）、②訪問評価（Visit）、③WASC委員会によるアクレディテーション期間の決定（Commission Action）およびフォローアップ（Follow-up）の三つの段階からなる。

①自己評価は、教職員、生徒代表、地域代表が参加し、改善点とその対応策を確定する。

　②訪問評価は、3〜8人の訪問評価委員によって行われ、その構成は一般に、校長、教員、大学の学長や代表、州または郡教育局代表、教育委員、学区教育委員会事務局管理職、などからなる。自己評価報告書の分析のあと、3日半の実地調査が行われる。調査結果は学校関係者との議論を経て、WASC委員会に提出される。その際、訪問評価委員はWASCの基準に照らした評価等にもとづいてアクレディテーション期間の勧告を行う。

　③WASC委員会によるアクレディテーション期間の決定は、学校の自己評価報告書を参考になされる。フォローアップでは、各校の改善状況について「期待される学校全体の学習成果」(the expected schoolwide learning results) と学力 (academic) スタンダード、特に、重要な生徒の学習ニーズがどの程度達成されているかについて評価され、教育委員会や学区教育委員会事務局も継続的な学校改善に参加し、フォローアップ・プロセスが学区の計画や目標設定と統合されるようにする。

　①自己評価、②訪問評価、③WASC委員会によるアクレディテーション期間の決定とフォローアップの三つの段階は、通常6年のサイクルで実施されるが、その期間が、1年、2年、3年あるいは非認証となる場合もある。そうした場合には、WASC委員会による報告書の分析、短期間のうちに実施される訪問評価を通じた継続的な学校改善支援が行われる。

2　アクレディテーションの基準

(1)　基準開発の目的と　Focus on Learning Joint WASC/CDE Process

　WASCによるアクレディテーションはその評価基準にもとづいて実施されるため、評価基準が非常に重要な意味をもつ。WASCの基準は、体系的な学校改善に関する研究成果にもとづいたガイドラインであり、多くの指導的な教育者や研究者の支援によって開発されたものである。開発の目的は、効果的 (effective) な学校と非効果的 (ineffective) な学校を識別するための

概念や要因に注意を促すことであった。[11]

　チャーター・スクールを含むカリフォルニア州の全ての公立学校を対象にしたアクレディテーション基準は、*Focus on Learning Joint WASC/CDE Process*[12]のなかで定められている。Focus on Learning は、WASC とカリフォルニア州教育局の共同で開発されたアクレディテーション・プロセスであり、このプロセスを通じて、各学校が学校改善のニーズを認識し、改善を図ること、そしてアカウンタビリティの要請に応え、アクレディテーション期間の取得を支援することである。

　その一方で、以下で述べる詳細なアクレディテーション基準が、チャーター・スクールに認められた広範な学校裁量（学校経営の自律性）を制限することが危惧される。しかし、サンフランシスコ市のチャーター・スクール、Life Learning Academy の Craig Miller 副校長は、アクレディテーションの基準によってチャーター・スクールの学校裁量が制限されるようなことはなく、むしろ、とかく日々の課題に追われやすいチャーター・スクールにとって、長期的な学校経営の視点が得られる意義をもつとの見解を示した。ただし、通常とは異なる独自の教育実践（例えば Life Learning Academy では、伝統的な教科教育と職業教育を統合したカリキュラムを実践している）をアクレディテーションの規準に合わせて評価する手間は必要になるとしている。[13]

(2) 期待される学校全体の学習成果

　Focus on Learning のプロセスの基本となる概念は、「期待される学校全体の学習成果」(the expected schoolwide learning results) と学力スタンダード（生徒が卒業までに何を知り、できるようになるべきか）を生徒が達成することに集約されている。この「期待される学校全体の学習成果」とは、卒業までに全ての生徒が何を知り、理解できるようになるべきかについての学際的な声明である。「期待される学校全体の学習成果」の例の一つとして以下のようなものがあげられている。[14]

・全ての生徒が効果的なコミュニケーションができる。
・全ての生徒が他者と効果的に仕事ができる。
・全ての生徒が基礎的な生活スキルの理解を表現できる。

- 全ての生徒が、応用、分析、統合、評価といった高次思考能力（higher order thinking skills）を習得する。
- 全ての生徒が、世界には様々なものの見方、信念、文化があることを認識する。
- 全ての生徒がコミュニティに貢献できる。
- 全ての生徒が読み書き計算の基礎的なスキルを意義ある活動やプロジェクトで活用できる。
- 全ての生徒が基礎的なテクノロジー・リテラシーを習得する。
- 全ての生徒が高校卒業後の将来計画（roadmap）を立てることができる。

(3) Focus on Learning の評価の5領域

Focus on Learning の評価は次の五つの領域から構成されている。五つの評価領域で求められているのは、①生徒はどの程度達成しているか、②全ての生徒の達成度を高めるために学校はなし得る全てのことをしているか、である。

A. 組織：ビジョンと目標、ガバナンス、リーダーシップとスタッフ、資源
B. スタンダードにもとづく生徒の学習：カリキュラム
C. スタンダードにもとづく生徒の学習：教育
D. スタンダードにもとづく生徒の学習：アセスメントとアカウンタビリティ
E. 学校文化と生徒の人格的、学術的（academic）成長

ここでは、「C. スタンダードにもとづく生徒の学習：教育」を例にその内容を示す。

C. スタンダードにもとづく生徒の学習：教育
C1. 教育基準
　学力スタンダードと「期待される学校全体の学習成果」を達成するために、全ての生徒が意欲的な学習機会を経験している。

C1に明らかなように、WASCの評価基準は、学力スタンダードと「期待される学校全体の学習成果」を達成することに関連づけられており、他のAからEの領域の基準においても同様である。
　C1の達成状況をはかる指標が次のように示されている。

〈C1の指標〉
・生徒の観察と学習状況の調査
　　生徒の学習状況の観察や調査は、全ての生徒が学力スタンダードと「期待される学校全体の学習成果」を達成するための支援がどの程度のものであるかについての情報を提供する。学校は、特に、多様な背景や能力をもつ生徒の学習への参加状況を評価し、その知見にもとづいて方針を修正してきている。
・生徒の学習到達度の認識
　　生徒が各教科のスタンダードと、期待される学習達成度を前もって認識している。
・教授方法の識別
　　学校の教職員が教授方法を識別し、生徒の学習に対して与える影響を評価する。
・生徒の認識
　　生徒がスタンダードや学校全体の学習成果にもとづいた期待される学習到達度を理解している。学校の生徒集団を代表する生徒へのインタビューや対話を通じて、学校は、生徒が学習経験をどのように認識しているかを理解している。
・カリキュラム：その他の知見
　　訪問評価委員会は、学校がこの基準の達成度に影響を与える他の情報を考慮する。

　上の指標に関して、達成度を証明するためにどのような証拠が必要となるかが次のように示されている。

〈C1　調査のための証拠〉

・指針となる質問
　学力スタンダードと「期待される学校全体の学習成果」を達成するために、全ての生徒が意欲的な学習機会を経験しているか？
・調査のための証拠
　○全ての生徒が学力スタンダードと「期待される学校全体の学習成果」を達成するための支援がどの程度のものであるかを示す生徒の学習状況の観察（生徒の学習状況（student working）の例：口頭発表、個人学習およびグループ・ワーク、議論、調査および実験、パフォーマンス。生徒の学習成果（student work）の例：エッセイ、レポート、プロジェクトの制作物、雑誌、ポートフォリオ、オープンエンドの反応（open-ended response）、テスト）
　○生徒が各教科のスタンダードと期待される学習達成度を前もって認識している程度
　○教授方法の識別の程度やそれが生徒の学習に与えている影響度
　○生徒が学力スタンダード、「期待される学校全体の学習成果」や期待される学習到達度をどの程度認識しているかについての生徒に対するインタビュー
　○多様な背景や能力をもった生徒がどの程度学習参加しているか
　○その他学校で確認した証拠

3　自己評価

(1)　自己評価委員会の構成[15]

　自己評価を実施する自己評価委員会（Self-Study Committee）の構成は、次の図18-1のようなモデルが示されており、全ての教職員が参加することが期待されている。
　また、自己評価委員会の各チームの役割とメンバーのモデルを一覧にした表18-1からは、学校の教職員に加え、保護者や生徒の代表も多くのチームで委員となっており、学校全体（学校関係者）の参加による自己評価となっ

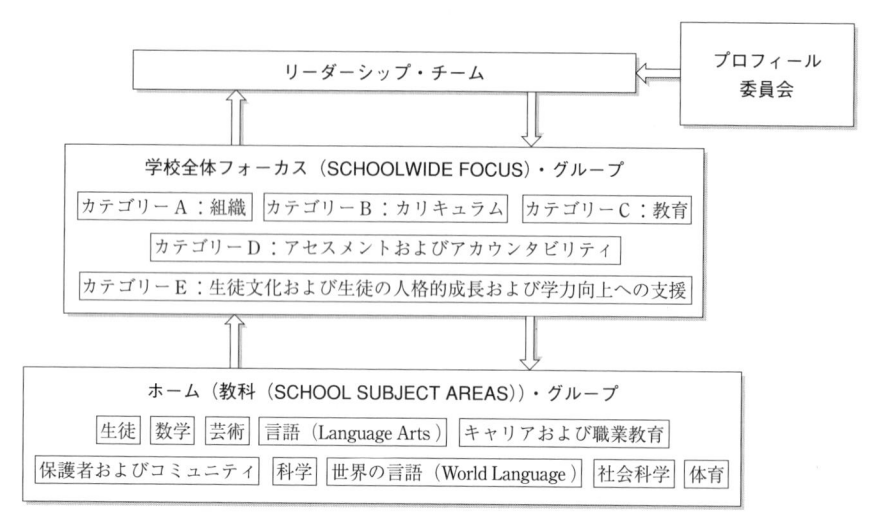

```
                ┌─────────────────────┐      ┌──────────┐
                │ リーダーシップ・チーム │ ◄──  │ プロフィール │
                └─────────────────────┘      │   委員会   │
                          ▲ ▼                └──────────┘
  ┌─────────────────────────────────────────────────────┐
  │      学校全体フォーカス（SCHOOLWIDE FOCUS）・グループ      │
  │  ┌──────────────┐ ┌──────────────────┐ ┌────────────┐│
  │  │カテゴリーA：組織│ │カテゴリーB：カリキュラム│ │カテゴリーC：教育││
  │  └──────────────┘ └──────────────────┘ └────────────┘│
  │  ┌────────────────────────────────────────────────┐ │
  │  │カテゴリーD：アセスメントおよびアカウンタビリティ       │ │
  │  └────────────────────────────────────────────────┘ │
  │  ┌────────────────────────────────────────────────┐ │
  │  │カテゴリーE：生徒文化および生徒の人格的成長および学力向上への支援│ │
  │  └────────────────────────────────────────────────┘ │
  └─────────────────────────────────────────────────────┘
                          ▲ ▼
  ┌─────────────────────────────────────────────────────┐
  │     ホーム（教科（SCHOOL SUBJECT AREAS））・グループ       │
  │  生徒 数学 芸術 言語（Language Arts） キャリアおよび職業教育 │
  │  保護者およびコミュニティ 科学 世界の言語（World Language） 社会科学 体育 │
  └─────────────────────────────────────────────────────┘
```

図 18-1　自己評価委員会の構成モデル

表 18-1　自己評価委員会の各チームの役割とメンバー（モデル）

チーム	役　割	メンバー
リーダーシップ・チーム	・自己評価のプロセス全体が円滑に行われるようにする。 ・「期待される学校全体の学習成果」（学校全体の生徒の目標）を精選する。 ・学校全体フォーカス・グループの知見を用いながら学校全体活動計画（single schoolwide action plan）を作成し、継続的に改善する。 ・学校全体の改善策を統合した活動計画の実施と達成状況を監視する。	自己評価コーディネーター（※1）校長、学校全体フォーカス・グループの議長、学校管理職、サポート・スタッフ・グループの議長、生徒委員会（student committee）の議長、保護者委員会（parent committee）の議長、学区代表者、その他重要な関係者
プロフィール委員会	・生徒／地域プロフィールの作成と改善。	学校管理職、有資格職員、学区評価スタッフ、生徒、保護者

学校全体フォーカス・グループ	・生徒の学習と評価領域に関する全てのデータの総括。 ・改善ニーズの決定。	（※2）学校管理職、各教科からの教員（キャリア－職業プログラム、外国語、歴史－社会科学、英語、数学、体育、科学、芸術）、サポート・スタッフ（カウンセラー、プログラム・コーディネーター（タイトルIなど）、ESL、図書館司書／視聴覚専門家、特別支援教育、健康サービス、教育助手、事務職員、管理スタッフ、フード・サービス、輸送スタッフ）、生徒、保護者、学区代表者、教育委員
ホーム・グループ：教科グループ	・重要な学力ニーズ、「期待される学校全体の学習成果」、学力スタンダード、その他のカリキュラムの事項、WASC／CDE基準に関して、何が教えられ、学ばれているのかについての分析。	各教科の全ての有資格職員、教育助手
ホーム・グループ：サポート・スタッフ・グループ	・重要な学力ニーズ、「期待される学校全体の学習成果」、学力スタンダード、WASC／CDE基準、その他の事項に関して、生徒が受けているプログラムの分析。	サポート・スタッフ（カウンセラー、プログラム・コーディネーター（タイトルIなど）、ESL、図書館司書、視聴覚専門家、特別支援教育、健康サービス、教育助手、事務職員、管理スタッフ、フード・サービス、輸送スタッフ）
ホーム・グループ：生徒グループ	・重要な学力ニーズ、「期待される学校全体の学習成果」、学力スタンダード、WASC／CDE基準に関して、生徒の視点からのプログラムの分析。	2人以上の生徒会役員、教員代表（生徒会顧問）、学校コミュニティの多様性を十分反映した生徒
ホーム・グループ：保護者グループ	・重要な学力ニーズ、「期待される学校全体の学習成果」、学力スタンダード、WASC／CDE基準に関して、保護者／地域住民（community）の視点からのプログラムの分析。	活動が盛んな学校関係グループの保護者、学校の多様性を反映した保護者、1人以上の保護者でない地域住民代表、教員1名

（※1）WASCによる3日間の研修を受ける必要がある。ただし、Galileo高校のZoe Duskin校長補佐は、WASCのマニュアル（Focus on Learning）は詳細かつ大部であるので、これを熟読し、既にコーディネーターを経験した他校の教員に質問したり、経験を話してもらったりすることの方が有意義であるとしている。

（※2）学校全体フォーカス・グループは多様な教科と関係者（shareholders）の各分野を代表する有資格のスタッフから構成され、12から15人が目安となる。大規模校では、グループが複数となってもよい。

ていることがわかる。各グループの役割、関連を見ると、リーダーシップ・チームにおいて、自己評価の促進、目標の設定（「期待される学校全体の学習成果」の精選）、学校全体フォーカス・グループの知見を踏まえた活動計画の作成とその進捗状況の把握が行われる。学校全体フォーカス・グループでは、改善ニーズが決定される。各ホーム・グループにおいては、重要な学力ニーズ、「期待される学校全体の学習成果」やWASC／CDE基準等の分析がなされる。このように、リーダーシップ・チームが自己評価の中心的な役割を担いつつ、重要な学力ニーズや「期待される学校全体の学習成果」の達成のための改善が行われるようになっている。

(2) 自己評価報告書の構成[17]

自己評価報告書の構成は以下のようになっている。すなわち、第1章、2章、3章で、生徒のパフォーマンスや「期待される学校全体の学習成果」を中心に学校の現状（改善状況）分析が行われ、第4章で自己評価結果が示される。そして、第5章で今後の学校全体の行動計画（改善計画）が述べられる。

表18-2　自己評価報告書の構成

第1章　生徒／（学校）コミュニティ・プロフィールとその証拠となるデータおよび知見 以下のデータや知見を含む。 ・生徒構成のデータ、精選された「期待される学校全体の学習成果」を含む。 ・分類され、分析された生徒の学習成果データ ・調査の概要（実施した場合）
第2章　生徒／（学校）コミュニティ・プロフィール――プロフィールデータの分析結果の概要 ・生徒のパフォーマンスに関するデータが意味すること ・データにもとづいて2つから3つの重要な学力ニーズを選び、「期待される学校全体の学習成果」との関連について言及する。 ・生徒のパフォーマンス、（人種的民族的）構成、認識データの分析から見いだされた重要な問題のリスト
第3章　改善報告 前回の自己評価で問題とされた、全ての重要な領域に関する行動計画の改善状況の要約
第4章　自己評価結果 A.（WASC／CDE）の各評価領域の簡単な要約 ・各評価領域の質問に関する回答とその根拠 ・長所とその根拠のリスト

・大きく改善された領域とその根拠のリスト B. 訪問評価委員会がレビューする際に利用できる適切な証拠に関する記述。これには、分析に用いられた代表的な生徒の成果（work）の例を含む。
第5章　学校全体行動計画 A. 学校全体行動計画（生徒の学力達成のための計画（Single Plan for Student Achievement））の改訂 B. 学校全体行動計画を推進するために各教科領域や支援プログラムのスタッフが用いる付加的で特別な戦略についての説明 C. 継続的な改善プロセスを確実なものとするための学校のフォローアップ・プロセスの記述
付録 A. 生徒への質問やインタビューの結果 B. 保護者やコミュニティへの質問やインタビューの結果 C. 日程表 D. 学校アカウンタビリティ報告書（School accountability report card） E. CBEDS 学校情報フォーム F. 卒業要件 G. 関連データ H. 予算情報 I. 学区教育委員会（local board）が採用したスタンダードにもとづいた教科書リスト

　また、**表18-3**は、自己評価報告書と対応した自己評価活動がどのような成果をもたらすかを示したものである。表中の「期待される5つの成果」からは、この自己評価報告書の作成プロセスが、教職員の参加・共同、学校目標の明確化、目標達成に関わるデータ収集と分析、学校全体活動計画（改善計画）の作成、実施とモニタリング、を通じた学校経営改善を促進させるものとして意義づけられていることが看取できる。

**表18-3 Focus on Learning Joint Process WASC/CDE（自己評価）の
4つのタスクと期待される5つの成果**

	自己評価報告書との対応	期待される5つの成果				
		1 生徒の学力達成を支援するための全ての教職員と他の学校関係者（shareholder）の参加および共同	2 「期待される学校全体の学習成果」と学力スタンダードの検討を通じた、全ての生徒が知り、理解し、何ができるようになるべきかの明確化と測定	3 生徒および生徒の学力に関するデータの収集と分析	4 「期待される学校全体の学習成果」、学力スタンダード、およびWASC/CDE基準に照らした学校全体のプログラムとそれが生徒の学習に与える影響に関する評価	5 学校全体活動計画の開発、実施とモニタリング・プロセスの開発、実施
タスク1 生徒／コミュニティ・プロフィールの明確化。データの分析、分類にもとづいた2つから3つの重要な学力ニーズの確認。「期待される学校全体の学習成果」の明確化	1章 2章	○	○	○		
タスク2 前回の自己評価で確認された重要領域の改善を含む学校全体活動計画にもとづく改善状況の要約	3章	○				○
タスク3 重要な学力ニーズに関するWASC/CDE基準にもとづいた学校プログラムの質の分析。情報の統合、長所と改善ニーズの確認、実行可能な改善活動の確認	4章	○	○	○	○	○
タスク4 学校全体活動計画の改訂。学校全体およびサブグループの改善目標（growth targets）の定義づけ。学校全体活動計画の実施と達成状況の評価のための継続的なフォローアップ・プロセスの構築	5章	○	○			○

4　訪問評価

(1)　訪問評価委員

　訪問評価委員（Visiting Committee Member）は、WASC の研修を必ず受ける必要がある。そして十分な教育経験をもち、通常、校長等に推薦される必要がある。[19]

　しかし、現在の経済不況下では、訪問評価委員の確保は特に難しい。財政が逼迫するなか、学校は予算削減を求められており、訪問評価委員の代替教員の費用（300 ドルから 450 ドル程度）は負担となる。しかし、訪問評価委員としての経験は教員の職能開発に効果が大きいだけでなく、自校の学校改善に非常に良い影響があると認識されている。[20]

　一方、訪問評価をうける学校は、学校段階ごとに異なる年会費（500 ドル〜1500 ドル）、訪問評価委員一人当たり 400 ドル〜 750 ドル（訪問評価の実施時期等で異なる）を支払う必要がある。

(2)　訪問評価報告書の構成と事例[21]

　訪問評価報告書の構成は**表 18-4** の通りである。すなわち、第 1 章で生徒（学校）のプロフィール、第 2 章で学校改善の状況、第 3 章で自己評価の状況、第 4 章で自己評価と訪問評価の知見にもとづいて WASC の五つの評価領域の基準にしたがって評価が行われるとともに、学校の長所とフォローアップのなかで重視すべき領域が明確にされ、第 5 章でフォローアップのための学校全体行動計画（学校改善計画）の適切性や阻害要因について述べられる。

表 18-4　訪問評価報告書の構成

第 1 章：生徒／コミュニティ・プロフィール 　学校に影響を与える生徒／コミュニティー・プロフィールからの最も重要な情報の簡単な要約。以下の内容を含む。 ・生徒およびコミュニティの簡単な記述

・生徒のアチーブメント・データの分析（CAHSEE（高校卒業資格試験）、AYP、API、AP、SAT、卒業率、改善プログラムのステイタス（NCLBのProgram Improvement status））
・他の関連データ（出席率、EL/LEP数、教員の免許・資格、学級規模、中退率、プログラム）
・他の重要事項に関するコメント

第2章：改善報告（2頁）
最後の自己評価以後について
・学校の大きな変化やフォローアップ・プロセスについて
・生徒の学習に影響を与えるフォローアップの重要な領域について、行動計画を通じて学校がどのような成果をあげているか。

第3章：自己評価プロセス（1〜2頁）
・「期待される学校全体の学習成果」のコピー
・「期待される学校全体の学習成果」に関する自己評価に関するコメント
  1. 生徒の学力達成を支援するための、全ての教職員や他の学校関係者の参加と共同
  2. 「期待される学校全体の学習成果」と学力スタンダードを踏まえて、全ての生徒が知り、理解し、できるようになるべき事項についての明確化と測定
  3. 生徒とそのアチーブメントに関するデータの収集と分析
  4. 学校のプログラム全体の評価と、それが「期待される学校全体の学習成果」、学力スタンダードおよびWASC/CDE基準に関して生徒の学習に与える影響
  5. 学校の改善ニーズに対する長期的な行動計画の一貫性（alignment）；行動計画の達成状況をモニタリングするためのアカウンタビリティシステムの開発と運用

第4章：学校のプログラムの質
パートA：現在の状況（10〜20頁）
自己評価と訪問評価の知見にもとづき、以下の各領域について記述する。
  A. 組織：ビジョンと目標、ガバナンス、リーダーシップとスタッフ、資源
  B. スタンダードにもとづく生徒の学習：カリキュラム
  C. スタンダードにもとづく生徒の学習：教育
  D. スタンダードにもとづく生徒の学習：アセスメントとアカウンタビリティ
  E. 学校文化と生徒の人格的、学術的（academic）成長
・現状とそれが生徒の学習に与える影響についての分析の要約
・長所の指摘
・鍵となる問題の指摘
・長所や鍵となる問題についての重要な証拠のリスト

パートB：学校全体の長所とフォローアップのための重要領域（2頁）
・事前に確認されている学校全体の長所とフォローアップのための重要領域に関する簡単なコメント
・長所の統合とリスト
・フォローアップのための重要領域の統合とリスト
  ○学校によってすでに行動計画のなかで認識されている領域
  ○認識されている領域のなかで、改善されている領域
  ○訪問委員会によって認識された付加的な領域（生徒の学力と他のプロフィールデータ、プログラムの実施、行動計画を含む）

第5章：継続的な学校改善（1〜2頁）
・学校全体行動計画の簡単な要約

> ・学校改善に関わる以下の問題についてのコメント
> 　○フォローアップのための重要領域への取組に関する学校全体行動計画の適切性
> 　　●行動計画はフォローアップのための重要領域について言及しているか。
> 　　●行動計画は生徒の学習を向上させるか。
> 　　●行動計画は、主要な学校の取組（II/USP（カリフォルニア州公立学校アカウンタビリティ法にもとづく即時介入プログラム）、テクノロジー計画、職員研修計画）を統合した運用しやすいものとなっているか。
> 　　●行動計画は、現在の（経営）資源のなかで実行可能か。
> 　　●行動計画に対する十分な関与（学校全体、制度全体（system-wide））があるか。
> 　○学校改善を促進する既存の要因
> 　○学校が克服する必要のある改善のための阻害要因
> 　○学校全体行動計画の成果をモニタリングするためのフォローアップ・プロセスは十分なものか。

ここでは、George Washington 高校の訪問評価報告書第 5 章を例として取り上げる。

> ・学校全体行動計画の簡単な要約
> 　本校の行動計画は、自己評価の一部として開発されたものであり、生徒の学力を改善するための二つの主要な課題に焦点化されている。
> 　①学力ギャップの解消
> 　②ワシントン高校がその総合性を維持するための方法の開発
>
> 訪問委員会は、全員一致で以下の問題が取り組まれなければならないと確信する。
> ・中核的な授業の全てがスタンダードにもとづくべきであり、そうすることによって、ワシントン高校の全ての生徒にとって、カリキュラムが一貫し、厳格で、妥当なものとなる。
> ・スタンダードに照らしてプログラムと各生徒の学力向上の両方が評価できるように、共通のルーブリックスと成績評価の方法を確立させるべきである。
> ・多様なニーズと能力（skills）レベルをもつ生徒たちが効果的な指導を受けられるように多様な教育方法が用いられるべきである。

5　まとめ

　以上の考察から次の点が指摘できよう。
　第一に、WASCによるアクレディテーションは、自己評価と、校長・教員等の教育経験を有する委員による訪問評価（相互評価）から構成されるが、その評価基準は、多様な利益団体の参加によって確立されてきたものである。そこでは、評価の客観性は生徒の学力テストの結果によって担保され、評価の公平性、妥当性は、学校改善の研究成果にもとづく教育関係諸団体による評価基準の「公的な」設定によって保証しようとするものであるといえよう。
　第二に、WASCによるアクレディテーションはその名が示す通り、生徒の学習に焦点化（Focus on Learning）されているといえる。そして、生徒の学習状況（学習機会）が、学力向上や「期待される学校全体の学習成果」という目標の達成に結びつけて評価されている。換言すれば、WASCによる学校評価は、これら二つの目標の達成に焦点化、あるいは統合されている。
　第三に、アクレディテーション基準にもとづいて自己評価、自己評価報告書、訪問評価、訪問評価報告書が体系化されており、自己評価（自己評価報告書の作成過程）およびそれを評価する訪問評価のそれぞれの活動を経ることで学校改善が促進されることを想定している。
　第四に、訪問評価委員の自校の学校改善への好影響が指摘される。日本における第三者評価の普及のためには、この点がより強調されて良いだろう。
　第五に、詳細な基準にもとづく体系化された学校評価・学校改善のプロセスとしてのWASCによるアクレディテーションは、大学への進路確保という大きな強制力のもとで機能している側面を否定できない。このような強制力を前提としない場合、学校の自己改善を促す環境をどのように醸成していくのかが問われる。その際、結果の評価としてのアカウンタビリティが新たな別の強制力として機能しているのか否かが注目される。したがって、プロセスの評価としてのアクレディテーションにおいてもアカウンタビリティが強調され、州教育局もアクレディテーションの基準設定に大きく関与していると思われるカリフォルニア州の場合は、特に考察が必要であろう。

以上のような構造と特徴をもつWASCによるアクレディテーションは、すでに長い歴史をもち社会制度として定着しているものである。こうした前提のもとで、この学校評価システムが有効に機能する要件について、アクレディテーションの中心的な役割を果たす校長等は、一定の強制を伴うアクレディテーションが自校の学校改善にとって有意義な取組（プロセス）であることを教職員が共有する（させる）ことであると指摘する。そのためには、煩雑なプロセスでもある自己評価にかかる時間を日常業務のなかで適切に確保することが基本条件となる。また、訪問評価委員の滞在費等の負担や訪問評価委員を送り出す学校の代替教員の費用などを限られた学校予算のなかで確保する必要がある。

〈注〉
(1)　文部科学省『学校評価ガイドライン（平成22年改訂）』28頁。
(2)　同上、29頁。
(3)　以下の考察は、2010年1月16日～24日（9日間）アメリカ合衆国・カリフォルニア州サンフランシスコ市で行った、WASCによるアクレディテーションの実施状況調査にもとづく。調査は、次表に示したように、アクレディテーション機関であるWASC、アクレディテーションを受けているサンフランシスコ市内の高校3校（チャーター・スクール1校を含む）、サンフランシスコ統合学区を訪問し、担当者へのインタビューと資料の提供を受けた。

アクレディテーションに関する訪問調査の概要

訪問日	訪問先	応対者
1/18	Western Association of Schools and Colleges（WASC）	David Brown（事務局長）
1/19	San Francisco Unified School District	Janet Schultz（エグゼクティブ・ディレクター） Mark Alvarado（Downtown高校・校長）
1/20	George Washington 高校	Ericka Lovrin（校長）
1/20	Galileo 高校	Zoe Duskin（校長補佐）
1/21	Life Learning Academy（チャーター・スクール）	Craig Miller（副校長） Joanne da Luz（アカデミック・ディレクター）

(4)　David Brown（WASC事務局長）への筆者のインタビューによる（2010年1月18日）。
(5)　Western Association of Schools and Colleges, *WASC Words 2009, Volume 21, Issue 1*, September 2009, p.2.
(6)　David Brownへの筆者のインタビューによる（2010年1月18日）。
(7)　David Brownへの筆者のインタビューによる（2010年1月18日）。
(8)　David Brownへの筆者のインタビューによる（2010年1月18日）。

(9) 滝沢潤「カリフォルニア州におけるNCLB法にもとづく学校改善——要改善学区に対する学区支援介入チーム（DAIT）を中心に」『学校評価システムの展開に関する実証的研究』中間報告書(3)（平成19～22年度科学研究費補助金基盤研究(B)課題番号19330181、研究代表者福本みちよ）、2009年、pp.128-138。
(10) Mark Alvarado(Downtown高校・校長）への筆者のインタビューによる（2010年1月19日）。
(11) http://www.acswasc.org/about_criteria.htm（最終アクセス：2010年8月26日）
(12) *Focus on Learning Joint WASC/CDE Process Guide*, 2009 EDITION.
(13) Craig Miller（Life Learning Academy副校長）への筆者のインタビューによる（2010年1月21日）。
(14) *Focus on Learning Joint WASC/CDE Process Guide*, 2009 EDITION, p.225.
(15) *Focus on Learning Joint WASC/CDE Process Guide*, 2009 EDITION, pp.24-29.
(16) Zoe Duskin（Galileo高校・校長補佐）への筆者のインタビューによる（2010年1月20日）。
(17) *Focus on Learning Joint WASC/CDE Process Guide*, 2009 EDITION, pp.19-20.
(18) *Focus on Learning Joint WASC/CDE Process Guide*, 2009 EDITION, pp.35-36. をもとに筆者が修正。
(19) David Brownへの筆者のインタビューによる（2010年1月18日）。
(20) David Brownへの筆者のインタビューによる（2010年1月18日）。
(21) *Focus on Learning Joint WASC/CDE Process Guide*, 2009 EDITION, pp.167-168.
(22) George Washington High School, *WASC REPORT*, March 6-9 2005.
(23) Ericka Lovrin（George Washington高校・校長）、Zoe Duskinへの筆者のインタビューによる（2010年1月20日）。
(24) Mark Alvaradoへの筆者のインタビューによる（2010年1月19日）。

第19章 Cambridge Education による第三者評価を導入した学校評価システム
―― アメリカ合衆国ミネソタ州 Roosevelt High School を事例として

湯藤定宗

はじめに

　アメリカ合衆国（以下、アメリカ）では社会的格差が固定化し、近年においてはその格差がより広がりつつあるという認識が一般的である。その格差を是正する手段の一つとして、これまでも教育には大きな期待が寄せられてきた。だからこそ、アメリカでは教育改革によって教育格差を縮小させ、社会的格差を是正しようと取り組んできたのである。

　しかし、その取組は必ずしも成果を上げているとは言えない。例えば、1983年の『危機に立つ国家』以降、各州は知事をリーダーとしてトップダウン的に教育改革を進めた。その主たる目的は、「学力」テスト得点の下げ止まりを目指していた。しかし、1990年代末期においても教育格差は縮小されるどころか、むしろ拡大していった。[1]

　そういった閉塞的な状況において2002年1月に No Child Left Behind（以下 NCLB）法が初等中等教育法の修正法案として成立した。教育予算の重点配分という「アメ」、そして教員の配置換え等の「ムチ」の両方を盛り込んだ NCLB 法は、主として「学力」テスト結果を基準として、公立学校における教育成果を向上させようとした。NCLB 法に則り、州及び学区は「学力」テスト結果を向上させるために、さまざまな支援を展開してきた。[2]本稿で言及する Cambridge Education による第三者評価もその一つである。事例とするミネソタ州ミネアポリス学区は、2008年度より同学区内のすべての公立学校を対象に第三者評価も含めた学校評価（School Review）を実施している。

日本における学校評価制度については、2006（平成18）年に「義務教育諸学校における学校評価ガイドライン」、次に2008（平成20）年の「学校評価ガイドライン〔改訂〕」、さらに2010（平成22）年の「学校評価ガイドライン〔平成22年改訂〕」という流れを経てきた。特に「学校評価ガイドライン〔平成22年改訂〕」においては第三者評価の趣旨・定義・実施体制・評価結果の取り扱い等についての提言がなされ、これをもって自己評価、学校関係者評価、第三者評価から構成される学校評価の全体像が提示されたことになる。しかし現段階では、どのような第三者評価が行われれば、学校評価が機能し、学校改善が達成されるかについては、必ずしも明確には示されていない。

　したがって、本章では、ミネソタ州ミネアポリス学区内のローズベルト高校（Roosevelt High School）を事例として、Cambridge Education による第三者評価が、同校の学校改善の取組に及ぼした影響を明らかにすることを通して、日本における第三者評価も含めた学校評価の在り方に関して示唆を得ることを目的とする。

1　ミネアポリス学区における学校評価の全体像

(1)　ミネアポリス学区、及びローズベルト高校の教育状況

　ミネアポリス学区の幼稚園から第12学年までの児童生徒数は34,570人である。同学区内には、小学校（K～5学年）18校、小・中学校（K～8学年）18校、ミドルスクール（6～8学年）4校、高校（9～12学年）7校、チャータースクールを含むその他の学校25校、計72校の公立学校が設置されている。同学区内における児童生徒の人種構成比は、白人29.8％、アフリカン・アメリカン39.6％、ヒスパニック17.1％、アジア9.0％、ネイティヴ・アメリカン4.5％である。また、English Language Learners（以下ELL）と称される英語を第一母語としない児童生徒の割合は23.2％、昼食の全・半免除の児童生徒の割合は65.6％である。

　本章において事例としたローズベルト高校の属性は以下のとおりである。生徒数1,124人、人種構成比は、アフリカン・アメリカン（ソマリアを含む）45％、ヒスパニック27％、白人15％、アジア9％、ネイティヴ・アメリカ

ン3%である。また、ELLは46％であり、この割合は同学区の高校の中でも最も高く、同学区の割合と比べてもおよそ倍の割合となっている。さらに83％の生徒が昼食費の全・半免除を受けており、同学区の平均と比較して、17ポイント以上高くなっている。

　以上のことからローズベルト高校は、他の同学区内の高校と同様か、それ以上に厳しい教育状況を有していることがわかる。そういった厳しい教育状況であるにもかかわらず、同校は、第三者評価としての長い歴史を有するアクレディテーションと称される認証評価も受けており、一定の教育水準は確保できていると言える。[6]

(2) ミネアポリス学区における学校評価

　次に、ミネアポリス学区における学校評価の仕組みについて言及する。同学区は、2008年度から学校評価に関する抜本的な改革を行った。それはCambridge Education[7]という非営利組織が派遣するreviewerと称される第三者が、対象となる学校を一定の評価領域・基準（review criteria）に則り、評価（review）するという学校評価を導入している。対象は同学区内のすべての公立学校（大学は含まない）である。2008年度に実施された評価結果は、Quality Review Report（以下QRR）として、当該校、及び同学区に提出されている。当該校は、QRRを参考に継続的学校改善計画（Continuous School Improvement Plan）を作成し、同学区に提出する。次年度（2009年度）にreviewerが再度訪問調査を実施する際、継続的学校改善計画は、重要な参考資料として使用される。2009年度の訪問調査の評価結果は、School Progress Review（以下SPR）として当該校、及び同学区に提出される。

　報告書の名称が異なるのは、以下の理由による。2008年度1回目として実施された第三者評価を含む学校評価は、Quality Reviewと称されており、それは当該校における教育の質全体を評価対象としている。2009年度に2回目として実施されているSPRは、後述するように、QRRで指摘した改善を要する領域に関して、継続的学校改善計画においてどのような改善計画が立案され、それによってどのような教育が展開され、結果として改善がなされたかを評価するという形式になっている。

　以下では、ローズベルト高校を事例として、QRRの評価内容、そして継

続的学校改善計画の内容に焦点を当てて、第三者評価結果を明らかにし、その評価結果がどのように次年度の改善計画に盛り込まれているかについて言及する[8]。

(3) ローズベルト高校の学校評価実態

2008年度のローズベルト高校への訪問評価は、2009年4月20・21日に実施された。QRRの分量は、10頁程度であり、三つのパートに分かれている。

(1)パート1——学校の状況（The School Context）

パート1は、学校の状況（school context）として、対象学年（第9〜12学年）、生徒数（1,124名）等、既述したような同校の属性的な情報が提示されている。以下の内容から、厳しい環境にありながらも学校としての特色を出しつつ、前向きに学校改善に取り組んでいることをうかがい知ることができる。

「生徒の46％がEnglish Language Learnersであるが、この数字はミネアポリス学区の平均の数字よりもかなり高い。16％の生徒が特殊教育を受けている。2007年度における生徒の平均出席率は92％であり、目標値とされている95％を下回ってはいるが、それは同学区平均の88％を上回っている。83％が昼食半・全免除であり、この割合は、同学区の平均よりかなり高くなっている[9]」。

「この学校は三つの特色あるコースによって構成されている。すべての生徒は共通のカリキュラムは履修しながら、三つのコースはそれぞれカリキュラムの特色を有している。それらは、自動車・建築、健康・福祉、デジタルメディアの三つである。教員は現在、International Baccalaureate（IB）の研修を受けており、2011年度からIBのカリキュラムが提供される予定である[10]」。

(2)パート2——概観（Overview）

パート2は概観（Overview）として、当該校の良い点（What the school does well）と改善点（Areas for Improvement）が、以下のとおり各々五つ列

挙されている。[11]

良い点（What the school does well）
- 同校は安全、清潔、生徒の面倒見がよく、そして前向きな環境を生徒に提供しており、生徒たちは学習に対して積極的な姿勢を持ち、教員に尊敬の態度を示し、生徒同士や教員に対する良好な関係を築くことができている。
- 同校は特に英語と数学において生徒の「学力」向上を達成している。また、学びに対する生徒の態度も同様に向上しつつある。生徒の卒業率も高く、ELLを対象とした「学力」向上のための取組は効果を示している。
- 生徒に対する大学進学指導については、進路指導にかかわる教員の取組が効果的な成果を示している。
- 同校のカリキュラムは、生徒が意欲的に学びたいと思えるような、技術や知識を得る機会を生徒に広範に提供している。三つの小さなコース（自動車・建築、健康・福祉、デジタルメディア）に分けた学校の組織化は、生徒に肯定的に受け入れられている。
- 保護者は、同校に支援的で、自分たちの子どもが良い教育を受けていると考えている。また教員はいつも接しやすく、子どもたちの成長とニーズに関して議論することに積極的に時間を費やしてくれる、と保護者は感じている。

改善点（Areas for Improvement）
- 学校をあげての「学力」テスト、特に英語と数学の得点向上に引き続き取り組むこと。加えて、学力向上の観点から、理科と社会にも力を入れるように。
- すべての生徒が取り組めるような応答性のある話や論理的な思考を促すような特色ある教授方法を開発すること、そして生徒に向かってただ単に話しかける時間を減らすこと。
- 管理職（senior leader）が教授や生徒の学びの効果を観察するための機会を増やすこと。そしてその情報を提供することを通して、教員に自分の短所・長所を自覚させること。
- 以下の事項に関して中期・短期の目標設定を改善すること。一つは、

各々の授業の目的が生徒によってしっかり理解できているようにすること。もう一つは、個々の生徒の学習目標が設定され、それにそって評価がなされるようにすること。そうすれば、生徒に次の学習段階を提供できるようになる。
・生徒会の活動の幅と深みを改善すること。そうすれば、生徒は学校での生活や学習に直接影響を与える事柄について、もっと積極的に話をするようになる。

(3)パート3――主要な結論（Main Findings）
　報告書の中心的なパートである主要な結論（Main Findings）では、まず全体的な評価結果（Overall Evaluation: The school's overall performance）が示されている。その後、以下に示す①〜⑥の各評価領域・基準に基づき、より詳細に評価者による評価内容が記されている。
　①主要科目における生徒の「学力」
　②学習、教授、アセスメント・データ使用
　③生徒のニーズを満たすカリキュラムの有効性
　④効果的なリーダーシップ、マネジメント、そしてデータの活用
　⑤生徒個々人の人格形成と学校風土
　⑥保護者や地域社会との連携
　以下、引用が長くなるが、全体的な評価結果を示す（下線・波線部は筆者による）。

　「ローズベルト高校は、ここ2年間学校風土（学校文化）を改善することにとても成功してきている。生徒たちは安心して学校生活を送っている。また生徒たちは高校での活動に対して積極的にかかわる態度を示している。こういった肯定的な変化によって、生徒の学業成績は、改善傾向を示している。全体的に見れば、依然として学業成績は高いとは言えないものの、当該学区の平均と比較すると、アフリカン・アメリカン、ヒスパニック、ELL、そして特殊教育の生徒の改善は見られるようになってきた。「学力」的な数字は、州平均をわずかに下回っている。卒業率は85％となっている。

生徒と教員の関係は良好である。生徒は非常に教員に協力的であり、保護者とも良好な関係を有している。また生徒は、一対一の会話を教員とするための約束を調整することがとても容易であると認識している。多くの生徒は、そのような教員との一対一の会話が、生徒の学校生活においてより援助的なものとして必要であると考えている。結果としては、教員との良い対話が成立し、また効果的な授業ができていることから、生徒の学習に対する姿勢は肯定的になっている。

　しかしながら、<u>授業の質を全体でみた場合は、かなりのばらつきがある</u>。<u>とても多くの教員が、生徒に対する授業目標の記録や共通する質問記録を持っていない。また何人かの教員は、生徒のニーズに合っていない内容にもかかわらず、生徒に一方的に話しかけるような授業を行っている。短期の授業目標を持っていない教員もわずかながらにいる。</u>しかし、たいていの教員は、そういったことのないような授業を行っている。その証拠として、生徒は教員を理解し、生徒は、学業成績を改善させて自分たちの責任を果たしている。結果として、いくつかの教室では、生徒は教室に入るとすぐに積極的に自分たちの活動に従事している。授業の目標が明確で、学習目標が設定されていて、一人ひとりの生徒が相談することを通して、教員が彼らの学習を確認しながら、基礎的な教授は成立している。これらの教室では、学習と進捗が見てとれる。

　カリキュラムは広い範囲をカバーしており、伝統的なアカデミックな科目から三つの学習コミュニティの学びまで、技術を獲得するための学習機会が生徒には広く供給されている。生徒は幅広いフィールド学習に参加している。特に、健康・福祉や職業に関する学習に多く参加している。多くの場合、専門的な内容を生徒に提供するために、外部の専門家が学校に招聘される。放課後の活動は多様に用意されている。それらの活動の中には、放課後の補習活動、従来からある運動系のクラブや、チェスや聖歌隊のような活動もある。大学進学に関する生徒への支援は積極的である。大学選びや申込みに関する説明は機能している。

　生徒と保護者は自分たちの高校に対して支援的である。彼らはこの学校が改善されつつあることを知っており、校長も含め、教職員とコミュニケーションを取りやすいと認識している。この学校にはビジョンがあ

り、近年の改革に基づき、学校が厳格な検証を必要としているということを全教職員が受け入れている。この学校はとても円滑に毎日運営されている。しかし、<u>管理者（senior leaders）たちは、カリキュラム、教授、学習をモニタリングしていない</u>。明確な改善が求められる点は、改善されつつあるが、全体的な計画は、機能しているとは言えず、その原因の一つは、学校の目標に向かっての進捗を測定するための基準を有していないことにある」。

上記の全体的な評価に続き、評価領域①〜⑥各々について以下の評価尺度を用いた５段階評価がなされている。その後①〜⑥の各評価領域に関して、５段階評価を行った根拠を示しつつ、評価内容が詳細に記されている。本稿では紙幅の都合上、評価結果と定型的な短い文章のみを示す。

2008年度ミネアポリス学区において使用された５段階尺度と定型文[12]

段階	定型文
5	要求水準を越えている。
4	十分に要求水準を満たしている。
3	たいていの領域において要求水準を満たしているが、引き続きモニタリングとサポートが必要である。
2	多くの領域において要求水準を満たしておらず、追加的なサポートが必要である。
1	要求水準を満たしておらず、かなり大きなサポートが必要である。

<u>①主要科目における生徒の「学力」――評価３</u>
　生徒の学業成績とその改善は、たいていの主要な領域において要求水準を満たしているが、引き続きモニタリングとサポートが必要である。
<u>②学習、教授、アセスメント・データ使用――評価２</u>
　学習、教授、そしてアセスメントの質は、多くの主要な領域において要求水準を満たしておらず、追加的なサポートが必要である。
<u>③生徒のニーズを満たすカリキュラムの有効性――評価３</u>
　カリキュラムの質は、たいていの主要な領域において要求水準を達成しているが、引き続きモニタリングとサポートが必要である。
<u>④効果的なリーダーシップ、マネジメント、そしてデータの活用――評価３</u>

リーダーシップ、マネジメント、そしてデータの活用はたいていの主要な領域において要求水準を達成しているが、引き続きモニタリングとサポートが必要である。
⑤生徒個々人の人格形成と学校風土——評価4
　学校文化の質は十分に要求水準を満たしている。
⑥保護者や地域社会との連携——評価3
　保護者や地域社会との連携は、たいていの主要な領域において要求水準を満たしているが、引き続きモニタリングとサポートが必要である。

　上記の①〜⑥の評価領域において、最も評価が低いのは②学習、教授、アセスメント・データ使用で、5段階評価で評価2である。それは、上記引用部分の下線部において、教員の教授レベルのばらつきがあることを指摘していることを根拠として、評価2がついていると考えられる。
　もう一つ指摘しておきたいことは、④効果的なリーダーシップ、マネジメント、そしてデータの活用に関して、である。定型的な文章の評価としては、要求水準を満たしている、としているが、上記引用箇所の波線部にも示されているように、校長も含めた管理職のマネジメントについて厳しいコメントが記されている。④に関してより詳細に言及している箇所を一部引用すると以下のとおりである。

　「管理職（school leaders）たちは、時折教室での授業を観察する。管理者たちは授業観察に費やされている時間は、要求されている時間よりも短いということを理解している。さらに、管理職による授業観察の評価、あるいはその収集された情報がその後のプランニングにいかに活用されるかなどに関して、管理職間の合意は見られない。副校長たちはいくつかの教科ごとの会議に出席する、そしてあらゆる関心は、全体的な生徒の成績（work）に集中していることから、結果として、いかなるコースの、またはいかなるレベルにおける生徒の成績に対してなのかという、系統的なモニタリングにはなっていないのである」。

2　Cambridge Educationによる学校評価の枠組み
—— Minneapolis Progress Review Notes of Guidance 2010

(1)　学校評価の原理

　前節ではローズベルト高校を事例として、Cambridge EducationによるQRRを概観した。本節では学校評価について、Cambridge Educationが発行している「ミネアポリス改善評価手引書〔2010年版〕(Minneapolis Progress Review Notes of Guidance2010)」を参考に言及する[13]。
　まずSchool Progress Review(SPR)の目的は、以下の2点とされている。
・ミネアポリス学区の学校が改善に向けたはっきりとした姿を描けること。
・前回のQRR以降、各々の学校が実現した進捗（Progress）の確かな見方を持てること。
　次に、「ミネアポリス改善評価手引書〔2010年版〕」の目的は二つある。
・ミネアポリス学区内の公立学校、特に校長のための手続きを明確にするため。
・評価者にとっての包括的な参照を提供するため。
　そして、次のように記載されている。

　　「校長は、評価者による評価に備えるためにアセスメント基準を活用することができる。そして、その基準はまた学校の自己評価を焦点化するために使用される」[14]。

　つまり、Cambridge Educationが提示する評価基準は、第三者評価にとどまらず、自己評価や継続的な学校改善計画も含めた一連の学校評価に活用されるべき性質のものと理解できる。
　次にreviewerと称される評価者については以下のような説明がなされている（二つの下線部は筆者による）。

　　「ミネアポリスの学校にreviewerとして従事したメンバーは、厳格な

研修を受けており、彼らは現場経験を有するか、教育専門家としての信頼に値する経歴を有している」[15]。

次にSPRの役割について記載されている。

「SPRは、学校開発（school development）のためにミネアポリス学区が提供するプログラムの一つであり、それは外部によるバイアスがかからない学校の成果と質の承認（validation）である。評価チームによって使用される基準は、ミネアポリス学区内において同一のものである。評価者が訪問日の最後に、口頭でのフィードバックを行った後に、最終報告書が評価者より提出される。訪問以降30日以内に作成される報告書は、要約であり、<u>当該校が前回のレビューで指摘された領域の改善に焦点を当てた分析</u>となっている。この報告書は、学区と学校のリーダーシップチームに学校の客観的な姿と学校が達成した改善を示す。
　<u>学校評価が、進行中の自己省察、結果の分析そして行動という一連のつながり</u>になれば、学校改善のための非常に強力なツールになる。学校改善のための優先順位を決定すること、プログラム提供のモニタリングを行うこと、そして生徒の学習成果を評価することが可能になるときに自己評価が組み込まれれば、自己評価は第三者評価を補うことになる」[16]。

上記二つの下線部について言及すると、まず「<u>当該校が前回のレビューで指摘された領域の改善に焦点を当てた分析</u>」という点については、2008年度の学校評価はQRRであり、2009年度の学校評価はSPRである理由が下線部に示されていると理解できる。
　また、「<u>学校評価が、進行中の自己省察、結果の分析そして行動という一連のつながり</u>」となるという箇所については、Plan（計画）－Do（実施）－Check（評価）－Action（改善）という、教育経営学で頻繁に言われるマネジメント・サイクルがベースにある。つまり、二つの下線部から言えることは、QRRで指摘した改善を要する領域に関して、継続的学校改善計画においてどのような改善計画が立案され、それによってどのような教育が展開され、結果として改善がなされたかを評価するというマネジメント・サイクル

が形成されることになる。以下において、2008年度の評価結果を受けて、どのような改善計画がなされたかについて述べる。

(2) SPRの各段階

　SPRは大きく分けて三つの段階がある。第一に学校訪問前の準備、第二に評価者による学校訪問、そして第三に最終報告書である。

　第一の学校訪問前の準備として、校長はProgress Reflection Formというシートに必要事項を記入しなければならない。同時に学校は、生徒の「学力」の状況を示す資料を作成し、Cambridge Educationに提供しなければならない。評価者は、上記両方の資料を学校訪問の際に活用することになる。

　第二は、学校訪問である。評価者は一人で対象となっている学校を1～2日訪問する。日程は以下のとおり、タイトになっている。評価者は、教室での授業観察に加えて、校長、教員、生徒、保護者などとのインタビューを通じて情報を収集することになる。また、当該学区や当該学校から提供される文書やデータも評価の対象とする。

　校長、学校で組織したSPRのためのチーム（school leader and administration teams）とのミーティングは、非常に重要である。このミーティングにおいて以下の観点に基づき、質問が評価者から出される。

　SPRの鍵となる質問は以下の三つである。第一に学校がどのくらい機能しているか、第二に改善プランの効果はどの程度であり、その改善プランに基づく改革が生徒の学業成績向上をもたらしたとされる証拠は何か、そして第三に学校が改善を継続していくために必要なことは何か、である。

　また学校教育の質を考える際に重点をおく領域は次の2点である。

・主要科目における個々の生徒の学力向上の根拠と生徒集団として進捗した根拠
・前回のQRRにおいて改善が求められるとされた領域における改善の根拠

学校訪問日程のサンプル

8:00 〜 9:30	校長とのミーティング、SPRと学校のデータのreview
9:30 〜 10:45	授業見学（最大4つまで）。前回のreviewで指摘された後、改善が見られたと校長が考える授業を中心に
10:45 〜 11:45	校長以外の管理職等とのミーティング
11:45 〜 12:30	生徒へのインタビュー
12:30 〜 13:15	教師と一緒に食事
13:15 〜 13:45	省察、校長との再度のミーティング
13:45 〜 14:15	授業見学（最大3つまで）。前回のreviewで指摘された後、改善が見られたと校長が考える授業を中心に
14:15 〜 14:45	省察、追加資料の収集
14:45 〜 15:15	保護者へのインタビュー
15:15 〜 16:00	校長へのフィードバック（口頭および書類）

　評価者による学校訪問の最後は、校長へのフィードバックである。ここでは、評価者が当該校の長所や改善が求められる点について言及しながら、評価結果の全体を校長に伝える。これらの結果は、既述した六つの評価領域・基準をベースに判断される。SPRを通してのコミュニケーションにより、当該校は、日常の教育活動等を反省的に自己評価することができる。また、この場において、下された評価等に対して校長は評価者に質問をすることもできる。

　評価者は学校訪問後30日以内に報告書を作成する。その報告書は、前回のQRR以後の、改善が求められる点がどのように変わっていたのかについての分析でもある。当該校は、この報告書を受け取り、来年度の改善計画に反映させる。

3　ローズベルト高校の継続的学校改善計画への QRRの影響

　本節では2010年1月21日付けのローズベルト高校の継続的学校改善計画の内容を概観する。その際、Cambridge Educationの評価者George Wallaceによって作成されたQRRにおいて改善点として指摘された事項が、継続的学校改善計画に盛り込まれているかを検討する。2009年度のローズ

ベルト高校の継続的学校改善計画の構成は以下のとおりである。
　同校の基本情報として、連邦補助金タイトルⅠ受給の有無、NCLB法の年次改善指標（Adequate Yearly Progress: AYP）の達成の有無、そして人種構成比等が示されている。ちなみに、ローズベルト高校は、タイトルⅠの受給を受けており、AYPについては、ステージⅤのRestructuringに位置している。これは5年連続して、AYPを達成できていないことを意味する[17]。
　次に、学校改善計画が要約として示されている。QRRにおいて指摘された事項が反映されている部分を以下に引用する。

　「学校目標を達成するために、我々は全体的な学校計画において、生徒のニーズを満たすために授業を増やすという修正を行った。加えて、我々は二人のファシリテーター（Instructional Facilitators）を配置した。一人は、ミネソタ州教育局からの学校改善に関する補助を受け、もう一人は、学区から派遣された。彼らは、我々の継続的な改善努力を機能させるために配置され、職能開発やコーチングの仕事を担当する。彼らは、QRRで改善点として指摘された職能開発を行う[18]」。

　既述したように、2008年度のQRRにおいて5段階評価で最も低い評価であった（評価2）評価領域②学習、教授、アセスメント・データ使用では、追加的なサポートが必要であると判断されていた。それを受けて、州教育局、及びミネアポリス学区が、ファシリテートできる専門スタッフを配置している。つまり、ローズベルト高校の授業において、一方的に話しかける教員がいるなど、教員の教授レベルにばらつきが見られることを評価者が指摘し、追加的支援が必要だとした判断を受けて、州レベル、及び学区レベル双方の教育行政が支援的なサポートを展開していることを意味している。
　次に改善要素として、年次改善指標（AYP）、州内統一テスト、出席率、卒業率、学校改善目標、学校改革戦略等が示され、以下のような分析の要約がなされている。

分析の要約

領域	目標項目
学業成績	1. すべての生徒の「読解」力を向上する。特にヒスパニックの生徒を。 2. すべての生徒の「数学」力を向上する。特にネイティヴ・アメリカン、アフリカン・アメリカン、ヒスパニック、そして英語学習者を。
学校文化	1. すべての生徒の出席率を改善する。 2. すべての生徒の卒業率を改善する。 3. アフリカン・アメリカンとネイティヴ・アメリカン生徒の停学率を減らす。
Quality Review	1. すべての生徒に対して higher-order thinking skill が身につくように促進する。そして教師が生徒にただ一方的に話しかける時間を減らす。 2. 各授業の目標が生徒に理解できるような目標設定を行う。

　上記分析の要約でも、Quality Review が低い評価（評価2）を下した②学習、教授、アセスメント・データ使用を目標項目に掲げていることがわかる。そしてその目標を達成すべく、より詳細に年間計画を立てている。[19]

おわりに

　本章では、主として2008年度にローズベルト高校を対象に実施されたQRR、及び同校が作成した継続的学校改善計画の内容を検討しながら、第三者評価としてのQRRが、同校の学校改善の取組にどのような影響を与え、また、QRRによる評価内容によって、いかなる行政的な援助が同校に対してなされたかを検証した。

　明らかになったことは、以下のとおりである。第一に、第三者評価としてのQRRによる改善に関する指摘が、同校の継続的学校改善計画に直接的に盛り込まれていた。第二に、QRRの評価として追加サポートが必要だと判断された領域②学習、教授、アセスメント・データ使用では、次年度専門性を有する教員が2名配置され、行政的な人的支援が、QRRを根拠として実現していた。

　ところで、本章の目的は、日本における第三者評価も含めた学校評価の在り方に関して示唆を得ることであった。事例として扱ったCambridge Educationによる第三者評価結果を受けて、ローズベルト校での継続的学校改善計画にはCambridge Educationによって指摘された内容が盛り込まれ

たこと、そして当該内容を受けて、行政的な支援が同校に対して行われた事実は、日本における第三者評価も含めた学校評価の在り方を考える際に、参考になる。具体的には、第一に、個々の学校が改善を志向し計画を立てる場合、主観的な自己評価に加えて、専門性の高い第三者による評価結果を取り入れることによって、より客観的な観点を踏まえた学校改善のための計画を立てることができる。第二に、個々の学校が行政的支援を得るために教育委員会等に陳情するよりは、第三者による指摘を根拠にすれば、教育委員会等としても、支援を必要とする根拠が第三者評価機関によってオーソライズされていることから、行政的な支援をより行いやすいことになる。したがって、上述したような支援をローズベルト高校は受けることができたのである。

〈注〉

(1) Barton, P. E., *Raising Achievement and Reducing Gaps: Reporting Progress Toward Goals for Academic Achievement in Mathematics*, National Education Goals Panel, 2002, pp.1-10.
(2) 支援策の一つである "Supplemental Educational Services" に関しては以下に詳しい。拙稿「米国公立学校のアカウンタビリティ・システムの実態と成果に関する一考察（Ⅰ）──ミネソタ州の補充教育サービス（Supplemental Educational Services）を中心に」研究代表：福本みちよ『学校評価システムの展開に関する実証的研究』玉川大学、2009 年、111-122 頁。
(3) 日本における「学校評価ガイドライン〔改訂〕」までの学校評価に関する政策的動向については、以下を参照のこと。拙稿「日本における学校評価に関する政策的動向」研究代表：福本みちよ『学校評価システムの展開に関する実証的研究』山梨英和大学、2008 年、24-33 頁。
(4) http://www.mext.go.jp/a_menu/shotou/gakko-hyoka/__icsFiles/afieldfile/2010/07/20/1295916_1.pdf（最終アクセス 2010 年 12 月 24 日）
(5) http://www.mpls.k12.mn.us/cms/lib/MN01001471/Centricity/Domain/9/fact-sheet10-11_2.pdf（最終アクセス 2011 年 1 月 23 日）
(6) 学校認証評価（school accreditation）については以下の論文を参考のこと。浜田博文「アメリカにおける学校認証評価（school accreditation）の仕組みと最近の動向」研究代表：小松郁夫『戦略的学校評価システムの開発に関する比較研究』玉川大学、2010 年、74-83 頁。
(7) 2003 年に Cambridge Education Association と Cambridge Education Consultants が統合した非営利組織である Cambridge Education は、イギリスやアメリカを中心に、25 年以上教育サービスを世界規模で提供している（http://www.camb-ed.com/）。
(8) 本章で主要な資料として扱ったローズベルト高校の QRR と継続的学校改善計画は、同校校長の Bruce Gilman からの提供によるものである。深く感謝の意を表する。
(9) Minneapolis Public Schools, *Quality Review Report Roosevelt High School*, Cambridge Education, 2009, p.3.
(10) Minneapolis Public Schools, *ibid.*, p.3.
(11) Minneapolis Public Schools, *ibid.*, p.4. 同学区における他の学校の QRR を複数概観する限り、良い点が 8 点列挙されている学校もあれば、改善点が 8 点示されているケースなど、学校ごとに提示されている数は異なっている。

(12) Cambridge Education, "Appendix1 Review Criteria and Rubric", *Minneapolis Progress Review Notes of Guidance 2010*, Minneapolis Public Schools, 2010.
(13) Cambridge Education, *Minneapolis Progress Review Notes of Guidance 2010*, Minneapolis Public Schools, 2010.
(14) Cambridge Education, *ibid.*, p.4.
(15) Cambridge Education, *ibid.*, p.4.
(16) Cambridge Education, *ibid.*, p.5.
(17) AYPを達成できなかった場合の各ステージの内容については以下の拙稿を参照のこと。拙稿、前掲書、2009年、114-116頁
(18) Roosevelt Senior High School, *Continuous School Improvement Plan*, 2010, p.3.
(19) アクションプランとして五つ設定されている内容の詳細は他稿に譲る。

結　章　質保証時代の学校評価を
　　　　どう展望するか

1　日本と諸外国の現状から

(1)　日本が直面する課題

①　日本の学校評価の現状

　現在の日本の学校評価の展開状況をみてみると、おおよそ次のような問題が発生しているように思われる。まず第一は、成果主義の浸透により、数値で示せる「成果」に頼る傾向が生まれつつあることである。学校自己評価は、国レベルでの統一的なスタイルが存在せず、各学校が任意の方式で行うか、あるいは自治体レベルでの統一フォーマットに従って実施しているケースが増えているが、特に後者の場合、成果を客観的に示すために数値目標を掲げるところが多くみられる。この場合、適切な設定の仕方であればよいが、単純に数値を上げることが教育活動の目標になるようなやり方や、現状分析が不十分なまま数値の設定がなされると、肝心な教授学習活動の質ではなく量的な側面に注意がいくようになる。また数値に引きずられるあまり定性的評価へのまなざしも弱まってくる。目標値に達したかどうかだけをチェックして確認するという矮小化された学校評価が無意識のうちに定着していく危険性がここにはある。

　第二は、学校自己評価を充実させるための支援・指導機能が大切であると指摘されながらも、それが不十分なまま推移している点である。「学校評価ガイドライン〔改訂〕」(2008（平成20）年)、そして学校教育法施行規則において教育委員会の支援機能が強調されていながら、現状は、その体制づくりに向けた具体的筋道は明記されず自治体任せになっている。その役割を期待されているのは指導主事であろうが、指導主事制度自体の脆弱さゆえに学校

評価に人員や時間を割けるほど余裕がある自治体は多くない。その結果、支援を欠いた制度が常態化しつつあり、展望も今のところほとんどないといってよい。

　第三は、外部評価の中心が関係者評価に置かれるようになった点である。以前から第三者評価の制度化については検討課題とされ、文部科学省も試行事業を 2006（平成 18）年度から 4 年間にわたって実施したが、結果的に国としての制度化は見送られた格好になっている。いくつかの意欲的な自治体において第三者評価が実施されているが、その内容・方法は様々であり、比較検討もされていない。そのようななか、次第にクローズアップされ現場で重視されるようになったのが、学校関係者評価である。「学校評価の推進に関する調査研究協力者会議」（2006 年 7 月設置）において、外部評価の概念的不明瞭さを克服する過程で浮上してきた関係者評価であるが、その実施が努力義務化されたのを機に、いわゆる外部評価はここが担うかのように進行している。関係者評価は、専門性よりは関係者とともに学校づくりを行っていくこと、コミュニケーションツールとすることに重点が置かれており、教育活動その他の学校運営全般について専門的観点から評価し向上させる、という志向性が薄くなっているようにみえる。上で述べた指導助言機能の欠如と重なって、学校評価の最終目標とされている「教育水準の向上」（学校教育法第 42 条）がこれで果たせるのか、疑問が残る[1]。

　以上のことは、近年の教育行政・学校経営政策の動向に重ね合わせてみると、学校現場で以下のような深刻な状況を生み出していると思われる。

　それは、成果主義の進行のなかで、教育の結果責任が学校や教師に帰せられ、それが教育現場を締め付けていくという姿であり、このことは、一方で 80 年代後半以降学校の自律性確立を奨励しながら、逆に拘束性が高まるというパラドックスともいえ、学校での自由な教育実践（教師と子どもの創造性や活力を引き出すことなど）の阻害要因として働く。

　「義務教育の構造改革」（2004（平成 16）年）以後、日本の教育行政スタイルは「結果によるコントロール」を行う NPM 型に移行し、行政の重点は教育条件整備から結果の評価に基づく資源配分へとシフトし、その中核的施策として全国一斉学力テストの導入とともに学校評価システムの整備が位置づけられた。明らかなトップダウンの施策は、学校・教師の実態や課題とは無

関係に学校評価が突然現場に入り込むという事態を招き、学校評価が学校にとって、また教師や児童生徒にとってどのような意味を持ち、いかなる価値を持つのか、という内発的問いかけが不在のまま目に見える成果達成をめざす学校評価が行われる、という事態が進展してきている。こうしたなか危惧されるのは、〈やらなければならない〉という圧力のもとで、中途半端な評価依存により、子どもと学習の実態についての関心が希薄になっていくことである。教育・学習の実態と無関係に進行する評価の横行により、成果に頼る評価を追究すればするほど肝心の教育の質を自ら問う志向性が学校内から失われていくパラドックスに関係者はもっと敏感になるべきである。

　こう考えると、現在我々が追究すべきは、学校の現実の姿に立脚しない形だけの成果主義的評価を乗り越える、専門性に裏づけられた学校評価とはどのようなもので、それをどのようにすべての学校で保証していくか、ということであろう。「学校評価ガイドライン」制定以後、「質保証のための学校評価システム」が喧伝され、そこでは学校、関係者、第三者、というカテゴリー分けでそれぞれを評価主体者として捉えているのであるが、誰がどこの質に責任を持ち、どのようにそれを高めていくかということは曖昧なままである。特に核になるべき自己評価の主体とその力量を問題とする視角は残念ながら明瞭ではない。各学校の教授学習活動の質向上をどうするか、という発想を出発点とし、これを教職員集団の自律的営みによって成し遂げるプロセスにおいて有効な学校評価はどのようなものか、という課題の捉え方をしない限り、形式主義的学校評価からの脱却は難しいのではないだろうか。質保証に寄与する学校評価を現実のものにするには、「質」の内実を具体的に捉える視点が不可欠である。

② **専門性に根差した学校評価を展望する際に必要な視点**

　では、専門性をキーワードに学校評価を考えるとはどういうことか。具体的には次の二つのことを同時に問うていくことになるだろう。

　1）教職員の自律的営みとしての組織的自己評価の在り方

　まずは、教職員のリフレクション（省察）の文化をどう浸透させ常態化させていくか、という点が課題視される必要がある。これがないなかでどんなに整った評価システムが入っても教職員の内発的な向上意欲に迫ることはで

きず継続的な学校・教育改善には結びつかない。チームとして学校の教育総体を見つめ、現状をリアルに把握してどこに向かって何をどうすればよいのか、というリフレクションの習慣に根差してこそ、教職員の自律的営みとしての教育・組織改善がなしうるのである。そしてまた、組織的動きのなかで自分の位置や意義を見出し、自らの職能発達につなげていける見通しが同時に視野に入れられる必要がある。こうした環境設定が前提的検討課題とならなければならない。

　そうした前提の上で児童生徒や授業の実態を軸とした学校改善サイクルをどう組み立てて実施するかが問われなければならない。そのためには、具体的に各学校内でどのような手順で何を具体的に行っていくかという手法の問題、そこに誰がどのように関わっていくかという担い手の問題、そして改善サイクルに不可欠な枠組みや指標等のツールが、それぞれ検討される必要がある。何をどうすれば自校の質向上が図れるかを、教職員自身が具体的に把握・構想・計画できなければ真の意味での学校改善につながっていかないのであるが、現実は、評価項目の例示が先走って行われたことにより、かなり形式先行の学校評価が進展しているように思われる。その大きな契機となったのは「学校評価ガイドライン」の制定（2006年）であろう。

　最初のガイドラインは、5ページにわたって「3、評価の項目、指標の例」として学校の活動領域のすべてにわたって例を示しているが、これは完全に全方位型であり、学校評価とは学校を広範囲にわたって点検評価することである、とのメッセージ性が強かった。その後多くの自治体で取り組まれることになった学校評価システムの導入事業も、基本的に従来の学校運営に新たに学校評価という一つの業務を入れること、すなわち定型的な学校評価システムを導入し、とにかく学校が何らかの評価を行い外部に対してその報告を行う、ということに主眼が置かれていった。

　後に調査研究協力者会議等の協議を経て刊行されたガイドライン改訂版（2008（平成20）年、2010（平成22）年改訂版も同様）では、評価項目の例示は参考資料的扱いになり（「評価項目・指標等を検討する際の視点となる例」）、トーンダウンさせるとともに指標の重点化が強調された。これによって網羅的にすべてを評価しなければならない、という捉え方から、個々の学校が独自に評価を設計し実施することを奨励する方向へと修正がなされたわけだ

が、自治体によっては、統一フォーマットによって「行わせる」学校評価がいまなお進展している。指標やチェックリストは使い方を誤ると主体性が奪われ、評価のための評価になりやすいが、逆に有効な活用法もある。要は他律的な学校評価基準を自律的学校経営に取り込み、学校改善、教育の質向上のための学校固有のツールに変換するプロセスと、そこへの教職員一人ひとりの関わり方を課題にするという視座の設定が必要なのである。

2) 専門性確立を学校の内外から捉える視点

教授学習活動の自律的改善に資する学校評価を考えるにあたっては、自律性の担い手である教職員一人ひとりの現下の力量と職能発達を視野に入れる必要がある。しかし多くの学校評価の議論においては、教職員の力量形成や職能発達は評価の対象とみなされることはあっても、出発点に置かれることは少ないのではないか。学校の自律的改善という場合、通常自律性は学校と行政の関係において把握され、教職員の専門的自律性の拡充という意味を持たない。こうした議論の在り方自体が学校評価の形骸化を招いているともいえる。まずは教授学習活動の質的充実を担う教職員の専門性（＝専門的力量）を問題にし、その次のステップとしてこれをいかに確保・向上していくか、という観点で当事者以外の専門的視点の投入を考えるという立論の仕方で学校評価を考えてみてはどうか。つまり専門的力量の形成・発展・深化の一連のプロセスを学校の内側（教職員）と外側（学校外の専門機関や専門性保持者）の両側面から相互補完的に捉えるのである。

教育の質の向上を目標に据えながらも、学校改善につながる自己評価が未定着で、かつ学校への助言指導・支援機能と専門的な第三者評価のいずれも未発達な日本においては、専門的力量の向上を核にして学校評価システムの制度設計をすることにもっと積極的であってもよいのではないか。そうすると、外部評価の意義が客観性や妥当性の担保、あるいは学校外のステークホルダーの参加や連携とは別のところにもあり、むしろそちらの方が緊急性が高いということに気づくであろう。

(2) 諸外国の現状からの示唆

以上のような視点は、諸外国においても明確になっているわけではない。学校評価を先鋭的に進めているニュージーランドやイングランドにおいて

も、自己評価への焦点化という動向はみられるものの教職員の職能発達と絡めた議論は前面には出てきていない。しかしながら、両国のここ20年の歩みをみると、個別学校の実情に即して学校評価システムを再編していくという着実な努力の跡がみられ、日本にとって示唆的である。それ以外の国においても、様々なやり方で学校の質的改善に向けた自己評価の充実を進めている。ここでは、自己評価と外部評価の関連性を中心に諸外国の学校評価の展開状況を確認しておきたい。

① **NPM型学校評価システムの進化過程――監査から学校支援充実へ**

まず、早くから学校評価の制度化を進め我が国の政策にも影響を与えたイングランドとニュージーランドを見てみたい（詳細は第14、15章を参照）。両国（本章では便宜的にイングランドとニュージーランドを指す）はいずれもNPM型学校評価システムを採っている。それは、政府から独立したエイジェンシーとして第三者評価機関（イングランド：Ofsted、ニュージーランド：ERO）を設置して結果管理の徹底を図ったこと、またこの機関が行う第三者評価には要改善指示や閉校措置などサンクション機能が伴っていることに顕著に表れている。

両国とも1990年代初頭に第三者評価制度がスタートするが、その時にはまだ学校自己評価の十分な定着をみておらず、そのやり方は、様々な基準を外側から持ってきて学校を監察し評価し公表するというものであり、監査的性質が強かった。イングランドの場合は特にリーグ・テーブルの公表とも相まって、Ofstedの存在が学校選択や学校淘汰といった市場原理に基づく競争にすべての学校を参加させる制度として機能する一面を持ち、学校・教師にとってOfstedの監査は圧力として受け止められていた。ニュージーランドにおいても学校側の反発はかなり強く、90年代後半には政府自ら改革に乗り出していく。

その結果両国が見出した方向性は、第三者評価の簡素化と機能変容である。イングランドでは監査活動が長期間にわたりかつ煩雑であることで学校に負担をかけていたことが反省され、まずは2000年に導入された新制度により内容の簡素化と短期化が図られた。そして、2005年度からは学校の自己評価結果をもとに監査を行う仕組みに改変された。ニュージーランドにお

いても、2000年代にEROの大改革が行われ、学校評価の重点が自己評価にシフトし、第三者評価は自己評価をもとに、各学校の自己改善能力を育成していく役割を担うように改変された。いずれの国でも自己評価を通して学校をサポートし、教育活動の質的改善を促すことに第三者評価の機能を変えていったのである。ここで、学校が主体的に自らの在り様を自己点検し、それを学校改善の起点にしようとする指向性と、改善に向けた一連のプロセスを学校任せにしないで専門的に助言指導し、具体的な支援を行う、という確固たる考え方でシステム化が図られている点が重要である。支援に関しては、ニュージーランドでは自己評価研修プログラムやコンサルテーション活動などがERO、支援機関、教育省等によって多彩に展開されているし、イングランドでも学校改善アドバイザー等の派遣や新たな専門職としての学校改善パートナー（SIPs）の養成などに積極的に取り組んでいる。

両国とも約20年の実践を経てたどり着いたのが、学校評価は各学校が主体的に教育の質向上を図るための出発点かつツールであり、第三者評価及び各種の支援機能によってその着実な遂行を専門的に支えるという理念と構図であったことは確認されておくべきであろう。

② ヨーロッパ諸国における内部評価と外部評価の関係

次に、ヨーロッパ諸国の現状をみてみたい。欧州委員会（EC）の「ヨーロッパ教育情報ネットワーク（Eurydice）」が2004年に刊行した報告書『ヨーロッパにおける義務教育の学校評価』[3]において、加盟国の学校評価制度を様々な観点から比較検討しているが、そのなかで内部評価（＝学校自己評価）と外部評価の関係を表1のように分類している（いずれも2000～2001年度の調査結果）。

ここで「独立型」とは内部評価と外部評価が関連性なくそれぞれ独立で実施されているという意味である。しかし、そのなかの並行アプローチに分類されている国では、学校が質改善のためのプランを作るという行為によって両者が関連づけられているという。ドイツ、スペインでは、外部評価の結果に基づいて改善計画（ドイツでは「学校プログラム」）が更新され、ポルトガルでは、外部評価に記された勧告がどのように内部評価に反映されたかを次の外部評価で説明することが要求される。補完アプローチとは内部、外部評

表1　内部評価と外部評価の関係（2000/2001）

独立型		相互依存型	
並行アプローチ	補完アプローチ	外部評価の実施方法	
ドイツ、スペイン、ポルトガル、エストニア、キプロス	エストニア、ハンガリー	〈内部評価を基準に実施〉	
^	^	デンマーク、フランス、アイルランド、スウェーデン、アイスランド、リヒテンシュタイン、リトアニア、ポーランド、ルーマニア、スロベニア、	+〈相互的〉オランダ、イギリス、チェコ、リトアニア	〈内部評価プロセスの監督〉オーストリア、アイルランド
ベルギー（フラマン語圏）、スロバキア			

出典：注3の文献、p.44.

価が各々異なる対象を評価するやり方で、ハンガリーでは内部評価は教授学習活動を、外部評価は学校運営管理面を評価する。

　もう一つの「相互依存型」とは、外部評価と内部評価が強く関連づけられているタイプであり、大部分の国では外部評価が内部評価をもとに実施されている。フランスでは、2002年度より学校長が自校の学校評価書を大学区当局（国民教育省の出先機関）に提出し、それをもとに当局が学校との協議の上で「ミッション」を定め、4年後にその成果が当局によって評価される、という制度が開始した。リヒテンシュタイン、リトアニア、ポーランド、ルーマニア、スロベニアでは学校の自己評価書を基礎資料として外部評価を行っている。

　北欧諸国は全国統一の外部評価制度はなく地方自治体の判断に委ねられているが、デンマークでは、当局が外部評価を行う際に各学校の年次報告書の提出を求めている。スウェーデンでも各学校の年次報告書としてまとめられた自己評価の結果が、当局が行う評価の基礎になっている。リトアニア、ポーランドもほぼ同様の仕組みである。

　これに加えて、オランダ、イギリス、チェコ、リトアニアの4国は、視学が行った外部評価の結果が学校に返され、それが内部評価に使われるという制度も伴っているという。内部評価と外部評価が相互的に行われるのであ

る。例えばオランダでは、学校は自らの当初計画の目標に照らしてどの程度達成できたかを判断し、視学官はその判断をもとに外部評価を行う。そして学校は外部評価の結果を受け取り、内部評価の際に参照する。2002年に施行された「教育と学校の視学（inspection）に関する法律」の重要ポイントの一つは、学校の内部評価を視学の出発点にすることであった。

　イギリス（スコットランドを除く）では、Ofstedの査察は内部評価の結果を参照して行い、査察結果はPANDAレポート（Performance And Assessment Report）として学校に送付され、学校はこれをもとに改善など次のステップに向かう。2003年度以降、自己評価と外部評価の関係はさらに強められたという。スコットランドは、学校が自己評価結果の報告書を作成し、教育共同体（学校、地域その他の学校を支える関係者）と当局がこの報告書を題材に話し合いを持つ。視学官はこの報告書に盛られた内部評価に基づいて査察を行うが、その際に種々の統計・資料や比較分析などが用意され学校側と協議する。チェコとリトアニア（2004年度開始）でも同様の仕組みに移行中だと記されている。

　さらにEurydiceは、外部評価が学校にどのような影響を及ぼすかについて**表2**のように分類している。外部評価の後に学校に対して勧告や指示を行う国が多いが、そのなかで改善プラン作成義務のある国とない国が半々で

表2　外部評価が学校に与える影響

		勧告・指示無し 改善プラン作成義務無し	勧告・指示有り	
			改善プラン作成義務	
			無し	有り
サンクション機能	無し	ギリシャ、スペイン（バスク地方）、ルクセンブルグ、リトアニア、ハンガリー	デンマーク、フランス、アイルランド、オランダ、オーストリア、ポルトガル、アイスランド、エストニア、リトアニア	スペイン、スウェーデン、イギリス（スコットランド）、リヒテンシュタイン、キプロス、ポーランド、ルーマニア
	有り	ルーマニア	ベルギー（フラマン語圏）、チェコ、リトアニア、スロバキア、スロベニア	イギリス（イングランド、ウェールズ、北アイルランド）

出典：注3の文献　p.91.

分かれている。ここでいうサンクション（制裁）機能としては、予算削減、特権（免状付与等）の取り消し、減給や解雇などが挙げられている。イギリスではOfstedが下す勧告への対応はかなり厳格に求められ、達成できない場合は廃校や校長交代などの厳しい制裁措置が用意されている。日本の場合、学校評価にサンクション機能を持たせる可能性はまずないので、それ以外の改善プランを作成している国をみると、スペインでは州によって学校理事会、管理職、学校評価特別委員会がそれぞれ改善プランを作成する。スコットランドでは学校と地方当局が、ルーマニアでは学校長が作成する。スウェーデンでは、評価結果を受けて文部省が市町村に対して措置を講じる。

　以上のように、ヨーロッパ諸国の学校評価制度の実態はかなり多様であり、分権化の度合いや教育政策理念の違い、特にNPM理論の適用状況によって様々な様相を呈している。とはいえ、多くの国が学校自己評価を外部評価と関連づけながら実施し、これを通して学校の質的改善をめざそうとしていることが窺える。我が国も、学校評価は学校の教育活動全般の質的向上をもたらす手段であり、そのために自己評価と外部評価が適切な関係に置かれる必要があるということを再認識すべきであろう。そしてここから一歩進んで、各学校の教育力の向上に向けて教職員集団が自発的に取り組んでいく際の専門的力量の有り様を問い、これをいかに確保するか、という視角から自己評価と外部評価の関係を築いていく筋道を探っていくべきではないだろうか。

（藤井佐知子）

2　提　言

　これまで論じてきた日本が直面する課題及び諸外国の現状を踏まえ、本節では学校による自己評価、学校関係者評価、第三者評価、学校支援の各側面から、今後の学校評価システムの在り方を検討するための視座を提示してみたい。

(1)　自己評価

①　法制度化の推移と自己評価の有する他律性
　第2章で論じたように、学校評価の制度化に係る端緒は、2002（平成14）

年3月に規定された小学校設置基準等によるものであり、つまりそこでは学校設置の条件として"最低基準"の一つとして学校の自己評価を実施する努力目標が課された。そして、そこでの規制緩和という背景には、例えば"株式会社立学校"の参入といった市場原理の導入という流れが存在していた。そういった圧力、つまり、もっと直接的には「市場化テスト」、NPMの導入、成果主義の重視といったかたちが学校評価に突きつけられていたといえる。他方、2007（平成19）年3月の中央教育審議会答申「教育基本法の改正を受けて緊急に必要とされる教育制度の改正について」では、学校評価の結果に基づき学校運営の改善を図ることにより教育水準の向上に努めることや保護者等との連携協力の推進に資するため学校の情報を提供することについて学校教育法において規定すべきこと、また、自己評価・外部評価の一層の推進や、第三者機関による全国的な外部評価の仕組みを含めた学校評価の充実方策を検討することについての提言がなされた。

　これら一連の会議・答申等は、一方で学校の外部評価や監査機能を重視する方向と、他方で、改めて学校の現場、またそこに学校の自主性・自律性、校長のリーダーシップを重視する方向とが存在してきた。つまり、「外部」ないし「学校関係者」としてのステークホルダーによる外部評価・監査機能を強化する方向と、学校の「自己」による評価・改善によるマネジメント機能を重視する方向である。これら両者の論理は必ずしも正対するかたちにあるとはいえないが、いずれにしてもこれら両者の"せめぎ合い"にあって、結果的に見れば、両者の共通の"落としどころ"、すなわち学校評価は「教育の質保証」を可能とする「学校運営確立」のためのツールとして義務化されるに至ったといえる。

　このように「自己評価」はいわば"外堀"が様々な概念や議論によって埋められていくなかで、すなわち他律性の有り様をもって、描きうる、構想しうる、マネジメントの一つの様態といえる。

② **自己評価を機能させる校長のマネジメント力とリーダーシップ**

　よって、前項で述べた他律性にあって、校長のリーダーシップを中心としたマネジメント機能を最大限、その裁量によって活かすという意味での学校の自己評価が求められるといえる。つまり、裁量を最大限活かすかたちで

「自己評価」を実施することが可能であるためには、そのために講ずるべき可能な限りのマネジメント上の措置なり、工夫なりが必要である。だが、技術合理的な方法論(7)も含めて、学校現場においていかに自己評価を展開するべきかという、その支援としての教育委員会の指導・助言は、現段階でいえば必ずしも十分ではないといえる。また、学校関係者評価の役割を期待される人材の絶対数も欠如しているといえる。つまり、制度上、担保されるはずの他律的な形式は、むしろ学校の側がお膳立てし、機能させなくてはいけない。現状ではこれが学校評価であり、"自己評価"である。

　本書においてわれわれは、学校評価システムが極めて錯綜したなかに置かれているがゆえに、自治体・教育委員会による支援や援助とその必要性について言及し、これを強調してきた。それは特に自己評価を支援するための教育委員会の指導・助言の在り方を含む学校評価システム（横浜市など）や自己評価に対する専門的支援（品川区など）の在り方の検討であった。こういった支援システムの構築とともに、自己評価の実施主体である学校をリードする校長のマネジメント力が一層高められることが求められているといえる。すなわち、教育委員会や外部からの支援や援助は条件として必要であっても、他方で絶対的に求められるのは校長によるリーダーシップの発揮とマネジメント能力であり、よって自己評価を含む学校評価全体が有効に機能するかどうかは校長の力量に係っているとさえ指摘できるのである。その意味で自己評価という課題は、それ自体というよりはむしろマネジメントを機能させるなかにいかに評価を位置づけていくかという意味で学校マネジメントとしての課題であり、そのマネジメントを可能とする校長のマネジメント能力をいかに向上させるかという課題であるといえる。

　　　　　　　　　　　　　　　　　　　　　　　　　　（加藤崇英）

(2)　学校関係者評価

　「学校評価ガイドライン〔2010（平成22）年改訂〕」によれば学校関係者評価は「保護者、学校評議員、地域住民、青少年健全育成関係団体の関係者、接続する学校の教職員その他の学校関係者などにより構成された委員会等が、その学校の教育活動の観察や意見交換等を通じて、自己評価の結果について評価する」ことを基本として行うものとされる。以下、第1章で参照した2012（平成24）年3月12日の報告「地域とともにある学校づくりと実効

性の高い学校評価の推進について」（学校運営の改善の在り方等に関する調査研究協力者会議学校評価の在り方に関するワーキンググループ）にみられる学校関係者評価に係る論点を整理した上で、文字通り「実効性の高い」学校関係者評価の方向性について提言を試みたい。

① 学校運営の必須ツールとしての位置づけ

　1990年代半ばから顕著となった「開かれた学校づくり」や「特色ある学校づくり」を推進するための数多くのスローガンが掲げられるとともに、地域との連携や学校運営への保護者、地域住民の参加が理念的に唱道され、今日では各地で保護者や地域住民等の学校運営への参画度が次第に増してきていることが一つの傾向として指摘できる。上記報告では、同じく文部科学省に設置されている「学校運営の改善の在り方等に関する調査研究協力者会議」における「地域とともにある学校づくりを進めるための学校運営の必須ツール」として「すべての学校で実効性のある学校関係者評価を実施」する提案（2011（平成23）年7月）を受けて、より実効性の高い学校関係者評価の実施の必要を強調している。

　これまで濃淡様々なレベルで個別に実施されてきた学校関係者評価は、その実施態様を一覧してみても、それを学校評議員会議と重ねたり、学校行事や学校参観日における感想アンケートの実施を持って片づける傾向が強く、学校運営の改善や学校と保護者、地域住民の「協働の場」には至ってはいないのが実情である。したがって学校行事の参観90.6％、校長等管理職との対話89.1％、授業参観83.5％、一般教職員との対話33.6％、保護者からの意見聴取33.4％、児童・生徒との対話18.5％、といった学校関係者評価委員の活動の現実[8]をより高めるべく、学校関係者評価の手法を早期に示す必要があろう。

② 意見交換・懇談から組織体として提案をめざす会議へ

　一口に学校と学校関係者評価委員との連携・協働を図る必要があるといっても、組織体として委員が自己の役割に自覚的でなければ、ガイドライン等に示された目的を果たし得ないことは容易に想定できることである。幸いにも上記報告書にはこれまで蓄積されてきた好事例が多く収録されている。学

校関係者評価委員を学校のスポークスマンとして情報発信を担わせたり（上越市）、課題解決に向けた学校の対応を併せて示すことにより学校の説明責任を果たす事例（仙台市）が紹介されている。本書においても、協働を進め保護者が保護者をケアする環境を整えたり（福岡県春日市：第4章）、既存の仕組みを適宜活用する事例（京都市：第7章）を紹介しているが、これらの事例に倣い、体制を整えたとしても直ちに実効性が高い取組に発展しうるかどうかは極めて不透明である。

　ガイドラインによって学校関係者評価へ与えられた定義のうち、後段にある「その学校の教育活動の観察や意見交換等を通じて」行うことは、手法としてはおおむね普及しているといえるが、「自己評価の結果について評価する」という目的の達成はいまだ道半ばにあるといえよう。現実には委員全員が自己評価についての検証能力を有するわけではなく、ましてや学校が精緻な検証を委員個人に対して求めるわけにはいくまい。この点についてはコミュニティ・スクールの実践のなかに多くのヒントを見出すことができる。学校の置かれた所与の事情に左右されず、多くの学校で比較的容易に実践に移すことができることを手順ポイントとして示すならば以下の点を提示しておきたい。もちろん組織マネジメントとして大きなサイクルを念頭に置かねばならない。

　第一に、学校関係者評価委員の全体会議に設置者派遣の職員（行政職、指導職どちらでも可）に同席してもらい、校長が示す学校経営方針の読み合わせの時間を確保することである。設置者、関係者に対して自己評価の基本ともなる校長のビジョンを明らかにする必要があるからだ。

　第二に、会議室での話し合いに終始しないことである。職員の了解のもとでメンバーが校内を自由に観察する時間を十分に確保するのである。委員が歩き回ることにより多くの複数の目で学校の良さと至らない点を共有することが期待できる。

　第三に、複数の委員から成るチームと職員の懇談の場を設けることである。当初は年配の委員による「昔話」等から始まり議論の拡散が予想されるが、委員と職員の距離を縮め意見やアイデアの交換に昇華するには不可欠な作業である。

　最後に、形式や内容はどうあれ学校関係者評価の結果がまとめられたなら

ば、委員から職員にそれを説明する時間と場を確保することである。評価の往還とお互いの考えの共有が劇的に進化する事例がみられることから、「評価しっぱなし」と揶揄される段階を脱するために、これも不可欠なポイントである。

(髙妻紳二郎)

(3) 第三者評価

① 任意となった第三者評価

　第三者評価は、「学校評価ガイドライン〔改訂〕」（2008（平成20）年）において初めて公式に学校評価の一種類として位置づけられ、「学校とその設置者が実施者となり、学校運営に関する外部の専門家を中心とした評価者により、……教育活動その他の学校運営の状況について専門的視点から評価を行うもの」と定義された。国は並行して、イギリスやニュージーランド等の先進国に倣って3回の試行事業を実施し、日本式第三者評価の導入可能性を探っていたが、2010（平成22）年版ガイドラインは、法令上の実施義務や努力義務を課さない、という結論を下した。そして、現下の国の学校評価政策の主眼は、〈すべての学校で実効性の高い自己評価と学校関係者評価を一体的に実施〉することに置かれ、第三者評価については、そのための設置者による支援の充実策の一つとして「地域や学校の実情等に応じ、第三者評価を実施する」と述べるにとどまっている。一時期の第三者評価導入をめぐる論議も沈静化し、トーンダウンの感は否めない。

　結果として、第三者評価を実施するかしないかは設置者の判断に委ねられることになったのであるが、自己評価の形骸化や支援機能の未発達という現状を見る限り、専門的視点による評価は極めて大きな意味を持つ。2010年版ガイドラインでも、第三者評価の意義を次のように述べている。

　　「学校が自らの状況を客観的にみることができるようになるとともに、専門的な分析や助言によって学校の優れた取組や、学校の課題とそれに対する改善方策が明確となり、具体的な学校運営の改善に踏み出すことができるようになるなど、学校の活性化につながることが期待される」。

第三者評価の実施に伴う負担、とりわけ財源確保は今日の財政状況からみて自治体にとっては厳しく、本格的な第三者評価が広く普及していくことは期待できない。では、今後、第三者評価が持つ上記のような積極的機能を少しでも多くの自治体が発揮していくにはどうすればよいだろうか。

② 専門的視点の取り入れ方
　第三者評価の実施方法は多様にある。本書で取り上げた自治体を見ても、岡山県矢掛町は、小規模自治体の特性を生かして専門家がチーム（現在は2人）で全学校を訪問する方式であり（第9章）、広島市は毎年対象校を複数決めて専門家チームが訪問する方式（第11章）、そして品川区は4人の専門家（内3名は大学教授）がヒヤリングを全校対象に実施する方式（第10章）、と様々である。
　これらだけでも、訪問型／ヒヤリング型、全校対象／一部校対象、一部の場合の選定に関して希望制か指定制か、その際の基準や実施頻度をどうするか、などの組み合わせによって様々なバリエーションがあり、また専門家を大学教員等に限定する場合（品川区）と、退職校長等を含める場合（こちらが一般的）、さらに評価結果の取り扱い方にも色々な考え方がある。これらの事例はいずれも、外部の専門家が評価者となるやり方であるが、実は2010（平成22）年版ガイドラインは、これ以外のやり方も提示している。

【ガイドラインが示す第三者評価の実施体制】
①学校関係者評価の評価者の中に、学校運営に関する外部の専門家を加え、学校関係者評価と第三者評価の両方の性格を併せ持つ評価を行う
②例えば中学校区単位などの、一定の地域内の複数の学校が協力して、互いの学校の教職員を第三者評価の評価者として評価を行う
③学校運営に関する外部の専門家を中心とする評価チームを編成し、評価を行う

　これは、財源と専門家の確保という条件整備が必要となる③のみでは、第三者評価が広く普及しないことを見込んでの柔軟化措置だといえ、特に①は、現在力を入れている関係者評価のより一層の充実という方向性にも沿う

ものであり、今後この方式を導入する自治体が増えてくると予想される。

　②については、教職員が評価者となるやり方で、諸外国ではピア評価といって近年積極的に取り入れられつつある方式である。現在横浜市で準備が進められている横浜型の第三者評価はこれにあてはまる。中学校区の主幹教諭等が評価者となって校区の小・中学校の授業を参観し、検討会を行って課題や改善点を明確にし学校改善に活かしていくという構想であるが、このプロセスにおいて主幹教諭等の人材育成という視点が盛り込まれている点が特徴的である。関係者評価、第三者評価とも評価者の力量形成をどうするかは重要な課題であり、各地で実施される研修会等の一層の充実が図られるべきところであるが、横浜市の場合は実践を通して力をつけるという独特の方式をめざしており注目される。

　いずれの体制を採るにせよ、評価結果をどう改善につなげていけるかがポイントとなろう。そのために、学校が評価結果をどのように受け止め、次期の学校経営計画に盛り込んでいるか、また実際に計画通りの実施がなされ、改善につながったかの一連のプロセスを見守り、また必要な場合に予算・人事面の配慮を行うのは、現時点では教育委員会の役割であることを改めて確認しておきたい。この場合、教育委員会の組織体制の充実、人材育成が喫緊の課題であることは言うまでもない。指導主事の力量向上（横浜市）や第三者評価と教育委員会の有機的な連携（広島市）など、着々と歩みを進めている自治体もある。

　第三者評価の有効性は学校の意思、客観的状況、設置者の力量等に依存する。全国の自治体・学校は、各学校の組織的・継続的な学校改善と教職員の力量向上、そして子どもの成長につながるサイクルとして第三者評価を位置づけ、身の丈にあった制度導入をすることが求められるが、その際には教育委員会との役割関係に配慮しながらの制度設計が不可欠となろう。

（藤井佐知子）

(4) 学校支援

　本章第1節において、「学校自己評価を充実させるための支援・指導機能が大切であると指摘されながらも、それが不十分なまま推移している」という指摘がなされている。文部科学省「学校評価等実施状況調査」（2008（平

成20) 年度間) によれば、教育委員会による学校評価に関する取組として (自己評価の)「評価結果・分析結果に基づく学校の改善、支援」を実施している教育委員会の割合は、都道府県・政令指定都市で56.3％、市区町村で60.1％にとどまっている。2006 (平成18) 年度の結果と比較するとその割合は増えているが、それでも学校支援が十分に機能しているとは言い難い。この要因はいくつか指摘できるだろうが、ここでは第一に「支援」の捉え方が曖昧のまま推移してきた点、第二に「誰が支援を提供するのか」という支援者確保及び養成の点について検討し、そこから学校支援機能の強化に向けた方向性について提言を試みたい。

① 学校支援とは何か

そもそも学校支援とは何なのか。実は、これまでこの点が曖昧のまま推移してきた。学校評価ガイドラインを見てみると、2006 (平成18) 年版から2010 (平成22) 年版に至るまで一貫して「各学校の設置者等が、学校評価の結果に応じて、学校に対する支援や条件整備等の改善措置を講じることにより、一定水準の教育の質を保証し、その向上を図る」(下線は筆者による、以下同じ) と述べられているが、ここでいう支援・改善のとらえ方は2006年版と2008年・2010年版では若干の相違が見られる。

第一に、2006年版では「評価結果の説明・公表、設置者への提出及び設置者等による支援や条件整備等の改善」を「自己評価」「外部評価」と並んで学校評価の3要素として位置づけているが、2008年版・2010年版では学校評価の三つの実施方法とは別建てで「設置者による支援・改善」を説明している。これは、2008年版の学校評価ガイドラインに先立ち、2007 (平成19) 年8月に出された学校評価の推進に関する調査研究協力者会議の第一次報告「学校評価の在り方と今後の推進方策について」のなかで、設置者などによる学校に対する支援について、「学校評価は、その結果に基づき改善策が講じられることに意義があるものであり、その過程においては、当然に、市区町村教育委員会などの設置者をはじめとする関係諸機関による学校の支援・改善のための指導・助言や具体的な改善策が極めて重要である」としながらも、「しかし同時に、特に評価 (Check) としての側面に着目した「学校評価」の三つの実施手法である「自己評価」「学校関係者評価 (外部評価)」

「第三者評価」と、設置者などによる「支援・改善」をそのまま同列に並べることは違和感があり、少し性質が異なるのではないかと考えられる」と述べられていることと連動するものであると考えられる。これは、第6章にある横浜市の事例にみる「評価と支援の一体化」という発想とは大きく異なる。「評価結果に応じて支援・改善措置を講じる」ことを前提とする以上、学校支援機能の強化に向けては学校評価の捉え方においても、さらにはシステム面においても、評価と支援の連動が求められるのではないか。

　第二に、2008年・2010年版で「設置者による支援・改善」を、「学校訪問や教職員からの意見聴取→学校への支援や条件整備等の改善のための現状把握→予算・人事等の支援・改善」という図式で説明していることからもわかるように、2006年版で見られた「自己評価結果の適切性の検証にもとづく学校運営の改善に向けた指導・助言」という支援・改善の具体的方策の捉え方とは、力点の置き方が変化している。「ヒト・モノ・カネ」も支援・改善の具体的内容であることは間違いないが、各自治体で展開されている具体的な支援・改善内容を類型化してみると、学校支援機能はより幅広く捉えることが可能なはずである。

　文部科学省では、学校評価・情報提供の充実・改善等に向けた取組事業の展開や、教育委員会における学校評価の取組事例の収集など、学校評価の結果に応じた支援機能の充実に向けた動きを見せている。いくつかの調査報告書がすでに出されているが、各自治体で展開されている学校支援の具体的取組内容の類型化と、支援の効果を検証していくことが急務の課題といえる。

② **教育委員会は支援機能を担えるのか**

　では支援機能は誰が担うのか。「教育委員会の支援機能が強調されていながら、現状は、その体制づくりに向けた具体的筋道は明記されず自治体任せになっている」（本章第1節）という指摘にあるように、人的・財政的制約もあり多くの自治体では手探りのまま指導主事がその役割を担っている。指導主事制度の機能論を論争する時間的余裕のないまま、指導主事が学校支援機能を担えるだけの力量形成を図らざるを得ないのが現状ではないか。

　ニュージーランドの学校評価システム（第15章）の強みは、独立した学校支援機関が多数存在し、学校のニーズに迅速かつ的確に応じていく体制が

結　章　質保証時代の学校評価をどう展望するか　｜　411

整備されている点である。それゆえ、支援機能を強化するノウハウを開発することができる。ニュージーランドのような支援機関を新たに設置したり、大学等の学識経験者だけに頼るには限界がある。それでも、例えばニュージーランドの支援機関のなかでも大学付設のサポートセンターは日本でも検討の余地はあるだろう。現状のまま、指導主事が学校支援機能を担うのであれば、指導主事制度自体の機能の見直しが不可欠である。横浜市（第6章）の事例は、他のすべての自治体で応用可能なわけではないが、他の自治体でも活かせる示唆はあるはずである。

（福本みちよ）

3　総　括

　本節では、これまで論じてきた学校評価の現状と課題を踏まえ、これからの日本の学校評価システムを展望しつつ、その到達点を総括してみたい。ただし、筆者の立場は、そうした総括を担えるのかの疑問も残る。筆者は、同世代・同時代の方々に比して、いささか早くから日本の学校評価についての研究と実践の一端を担い、しかも、1990年代末以降、国立教育研究所員として文部行政にも関わり、しかも「学校評価ガイドライン」の策定をはじめとする学校評価政策に深く関わってきた。その意味では、「総括」はある意味で研究と実践の「自己総括」でもあり、どこまで客体化しうるかの問題を残しているからである。

　その疑問を担保した上で、以下、上記の課題を果たしたい。

(1)　学校評価政策の二重性

　学校評価の普及・定着が日本の政策課題になっていった背景には、二つの異なる契機があったことを看過してはならない。

　その一つは、第16期中央教育審議会答申「今後の地方教育行政の在り方について」（1998（平成10）年）に始まる「学校の自律性」強化政策の流れに沿うものである。この文脈では、「学校（の自己）評価」は、本答申で「公立学校が地域の教育機関として、家庭や地域の要請に応じ、できる限り各学校の判断によって自主的・自律的に特色ある学校教育活動を展開できるようにするため」と述べられているように、学校の自主性・自律性の枠組みを前

提にしたマネジメントツールに位置づけられ、「校長の方針の下に地域の実情に応じた組織的、機動的な学校運営が行われるようにする」ことがねらいの中心に置かれていた。この当時、確かに、学校評議員制など保護者や地域住民による学校経営参画の強化が意図されていたが、まだ「学校の自己評価」論に比重があり、校長等の学校当事者自身の自浄力に期待が懸けられていたといえる。

ところが、そうした自浄力への懐疑が、「学級崩壊」や「指導力不足教員」などの問題事例についてのマスコミ追及を通じて世評に登り、首相の私的諮問機関であった教育改革国民会議に取り上げられて、「学校の自主性・自律性」強化政策を覆し、「学校（の閉鎖性・隠蔽体質）」を外部から糾すツールとして「学校（外部）評価」が位置づけられるようになっていったのである。

こうした二つの契機に、株式会社立学校容認などの自由化政策抑制、あるいは「ゆとり教育」批判や「低学力」問題、義務教育費国庫負担問題などの教育問題や国立教育政策研究所の独立行政法人化問題、さらには政治的思惑が絡んで、文部科学省の調査研究協力者会議での学校評価論議は、激しい意見対立や認識の齟齬を示しつつ、ガイドラインの策定、さらには改訂、補筆修正へと推移してきた。したがって、この間に示されてきた「学校評価ガイドライン」には、調査研究協力者個々の学校の自律性や自浄力についての確かさへの判断（実態認識）をもとに、また政治情勢をも加味して、あえて述べていることや、逆にあえて述べていないこと、文末のみで軽重をつけた表現などが混在しており、しかも座長一任の最終とりまとめという経過もあり、一貫した論理が読みとりにくくなっている。

しかし、およそ今日に至り、第三者評価論議も「教育活動その他の学校運営の専門家」による評価を中心にすることで収束しており、政策が加熱した時期は過ぎたといえよう。本章前々節で述べられた課題の克服は重要であり、前節での改革提言を踏まえつつも、今後は、文部行政への依存から脱却し、地域や学校の実態に応じ、内発性を備えた、学校経営の変革に実際に機能する組織的、協働的な学校評価システムの構築が期待される。

(2) 学校評価義務化の二重性

「学校評価」は、一面で「機能」であり、他面で「様式」である。つま

り、どんな学校においても、マネジメントの機能として、計画通りの進行であるとか、目標が達成できたかなどを点検して、取組の修正を図っていくプロセスが存在している。マネジメント・サイクル論は、そうした動態的側面に注目したマネジメント論であり、PDSとかPDCAとかの経営過程を描き、主たる構成要素をもってマネジメントのつながりや流れを表現してきた。この面から見るならば、その義務を果たしていない学校など存在しないのであって「学校評価」の法的義務化の意味はない。

したがって、「学校評価」が義務化された意味は、その「様式」の徹底にある。しかし、「学校評価」が機能しないで「様式」を整えるのは形骸化の言い換えでしかない。そのため、「学校評価ガイドライン」の策定においては、「学校評価」が機能しうるように「様式」を条件づけていくことが主たる論点となった。そのため、「学校評価ガイドライン」でも、「自己評価」の前提となる目標設定にまで言及しているのである。また、従来の「学校評価」の形骸化要因を踏まえつつ、目標が達成可能であること、取組が組織的であること、評価項目を精選・重点化することなどを求め、保護者アンケート等が評価そのものではないことを示唆し、しかも、評価結果が学校の内部改善努力に活かされるだけでなく、教育行政、人的・物的な条件整備の改善に活かされることを求めているのである。つまり、多くの取組実態に見られる「様式」の統一は、その統一そのものに意味があるのではなく、「学校評価」実施の背後にあるマネジメント機能の実質化と、その成果に応じた教育行政作用の整備が噛み合うことに意味があるのである。したがって、例えば品川区のように、いくら「様式」を整えても、マネジメントが学校で十分に機能していないならば、教育行政も含めて革新的な改革の進展は望めないのである。

そもそも、教育の質向上、教育水準の向上は、実は、「学校評価」の問題である以前に、学校教育の問題であり、教員養成、教育実践、研究・研修、マネジメントの問題なのであり、例えば、教育専門家が問題指摘するだけで図られるものではない。行き着くところ、個々の教職員の資質能力、それらを統合するマネジメント力に掛かっているのである。したがって、学校・教職員と、地域社会・保護者と、教育の様々な専門家とが協働していくシステム開発、学校ガバナンスの確立こそが求められるのである。

(3) 学校評価他律性の二重性

　日本に限らず、NPM型改革の一環としてのエビデンス・ベースのマネジメント改革においては、他律的な評価政策が展開されてきた。その有り様に対しては、いずこも軋轢を生み、強圧的な評価結果の押しつけに対して学校側の強い不満が示されてきた。しかし、欧米諸国や英国連邦諸国における「不満」は、日本とは異なり、評価したり評価されたりすることの他律性にあったのではなく、外部評価結果のみを示す在り方にあったのであり、そのため外部評価結果を踏まえた支援システムの構築によってその「不満」は解消の方向をたどっていった。つまり、各学校は、自己評価の実施を当然のこととし、支援システムの整備に伴って「外部評価」結果に基づく改善を果たすことをも受け入れていったのである。

　市民性の成熟の上に打ちたてられた公教育システムでは、自由、平等が前面に打ち出されたのに対して、日本のように遅れて近代化を進めることになった国々では、啓蒙思想に立って義務を前面に打ち出したことに似ている。「学校評価」は、歴史的にも国際的にも組織統制機能と組織開発機能を有しているが、日本では、組織開発が内熟し遅れてきたために評価実施自体の他律性を随伴し、しかも、他律的「形式」重視の組織統制機能が強調されてきた。理念的な教育の専門性、自律性と、現実的な学校・教育の劣化や不祥事の続発との間で、今後も、その両者の比重をいかにすべきかの議論は続くものと考えられる。

　それは、確かに一方で「他律的な学校評価」をいかに自律化するかの問題であるのだが、他方で、地域の情勢や課題、あるいは教職員の実態や児童生徒の問題といった、学校からするとひとまず無条件に受け入れざるを得ない諸問題に律せられるという意味での他律性に向き合いながら、学校のマネジメントを、いかに自他を統合した協働体制のもとで構想するかにあるといえよう。

(4) 学校評価システムの現実的展望

　今日の教育改革は、規制緩和と地方分権を基軸として学校の自主性・自律性の確立を焦点に進められてきた。こうした動きは、学校経営の在り方を組

み替える大きなインパクトになりうる。それだけに、学校の組織実態に踏み込んで、いかなる評価システムを構想するかは重要な課題である。ただ、「学校評価」は一時期のブームに終わったり、継続はしているもののほとんど機能しないで形骸化してきたりした半世紀に及ぶ経緯がある。その根底には、評価システムが組み込まれた組織として学校を律しようとする組織統制と、組織の自律的な機能である評価を組織自らの手で生み出させようとする組織開発の相克が刻まれている。前者は、組織の内実にまで踏み込めないで学校評価の形式のみを示したにとどまり、後者は、制度依存したままいつまでも組織に成っていかない現実を乗り越えられなかったのである。

　例えば、品川区教育委員会は、その点にいち早く着眼し、学校選択制から特色ある学校づくり、そしてその質の検証という方向でシステムを確立してきた。それはある種の外圧による制度化であったといえる。しかし、そのシステムを学校に定着させるには、内発的な意味づけが不可欠であった。そのため、校区単位で地域協働を推進するかたちでの緩やかな導入で第1ステージを固め、その効果を足場にして、第2ステージへと移行したのである。それが、専門家による外部評価システムの構築であった。

　確かに、学校の自己評価や学校関係者評価では評価しきれない、あるいは改善しきれない問題や実態もある。この間の文部科学省による第三者評価試行を通じても、そのような状況が明らかになっている。しかし、試行を担った評価者は各地のキャリア豊富な人々ではあるが、短時日の訪問調査であり、その評価が精確になされたとは言い切れず、それでも把握できた問題が妥当なものであったとしても、評価される側からすれば、一面的な、あるいは局所的・表面的なものとの印象をぬぐいきれないであろう。評価や診断は信頼性こそ核心的な問題であり、それは評価結果の信頼性にとどまらず、評価方法や評価者への信頼性を根幹にしている。したがって、そうした信頼性の構築には、経験や交わりが重要であり、時間も大いに要する問題である。制度改革は、目に見える変化が早い。しかし、その制度理念が浸透しマネジメントが機能していくには時間がかかる。第10章に示したように、品川区は、早くから学校選択制度を改革ツールにし、小中一貫教育の確立を掲げて制度改革を推進してきた。「学校評価」はそうした制度改革をマネジメント改革に落とし込んで、制度理念の浸透を推し進めることにねらいがあった。

しかし、まだ十分に学校評価システムが機能していると言い切れない状況にある。

　そうした問題を踏まえながら、品川区の第三者評価は、2012年度から第3ステージを迎えている。ここでのキーワードは、「学校を基礎とする」であり、さらには「開発研究」である。すなわち、学校の内発性を強化するために、専門外部評価の対象校を重点研究校として希望制にし、評価委員がその対象校を訪問してヒヤリングや観察を行う方式に改めたのである。これがいかなる展開を示すか、その有り様が、「学校評価」の政策展開と実践展開に深く関わってきたわたしの決算と覚悟して、学校づくりの現実に関わり直している。

　わたしは、これまでの経験と研究に照らして、中学校区を単位にした地域協働的な学校づくりが、持続可能な義務教育を拓くものと考えている。その上で、わたしは、「学校評価」は、そうした学校づくりを推進する自浄化ツールであるだけでなく、人々を地域再創造への協働へと巻き込む装置であると位置づけている。その具体的な展開の方向性は、本書第13章での愛知県高浜市の事例にも見ることができるが、核心的な問題は、常に「よりよい」事態を引き出そうとする持続的な組織的適応行動の喚起にある。それを今は、第三者評価や「学校経営コンサルティング」のかたちで外在的に、他律的にしか果たせていない。

　その他律性を克服していく鍵は、職の自律性と密接に関わる問題であるゆえに、教職の専門職性の確立にあると考えられる。その意味で、教職大学院のカリキュラムや各地の教職員研修プログラムの開発が大いに重要であるといえよう。教育職員免許法の改正や「新しい職」の位置づけが、こうした問題を視野に入れて検討されていくことを期待したい。　　　　　　　　（木岡一明）

〈注〉
(1) この傾向は、2012年3月12日に出された、中央教育審議会の学校運営の改善の在り方等に関する調査研究協力者会議内に設置された学校評価の在り方に関するワーキンググループの報告「地域とともにある学校づくりと実効性の高い学校評価の推進について（報告）」にもはっきりと看て取れる。そこでは、学校評価の今日的意義を「地域とともにある学校づくり」という視点から実効性の高い学校評価の在り方、進め方が論じられている。
(2) 第16章で扱ったスコットランドは別の理念・制度を有しているのでこのように記す。
(3) Eurydice, "L'évaluation des établissements d'enseignement obligatoire en Europe", 2004.

(4) すなわち、「評価の充実、多様性の拡大、競争と選択の導入の観点」を重視し、「義務教育について、学校の外部評価の実施と結果の公表のためのガイドラインを平成17年度中に策定するとともに、学校選択制について、地域の実情に応じた導入を促進し、全国的な普及を図る」(『経済財政運営と構造改革に関する基本方針2005』、2005年6月21日、14頁)とされた。また、教育再生会議第一次報告『社会総がかりで教育再生を』(2007年1月)では、保護者等による外部評価の導入とその結果公表や第三者機関による厳格な外部評価・監査システムの導入の検討が提言された。

(5) この提言は中央教育審議会『新しい時代の義務教育を創造する』(答申)(2005年10月26日)以降、指摘される視点ともいえる。

(6) 学校評価に関する法改正は、いわゆる教育三法の改正として、副校長や主幹教諭、指導教諭といったいわゆる「新しい職」の設置を可能とする法改正(学校教育法)、教育委員会の責任体制の明確化(地方教育行政の組織及び運営に関する法律)、教員免許更新制の導入(教育職員免許法)、指導が不適切な教員の人事管理の厳格化(教育公務員特例法)、分限免職処分を受けた者の免許状の取扱い(教育職員免許法)といった、学校の組織運営確立のための一連の法律改正と同列に並べられた法改正であったといえる。

(7) すなわち、内外における評価アンケートを実施し、さらに学校関係者評価と擦り合わせ、最終的には自己評価結果を提供・公開・報告するといった取組は他律的に課されるいわば"制約"である。つまり、今日の学校の多忙な年間スケジューリングにあって、これらをマネジメント全体として見通すなかでいかに効率的・合理的に実施するか、また、そのなかで教育課程や生徒指導、その他、設定すべき「適切な項目」を教育的及び経営的観点から適切に抽出し、その結果をいかに活用するかが課題である。加藤崇英「マネジメントツールとしての学校評価①自己評価の手法」(大脇康弘編著『学校をエンパワーメントする評価』ぎょうせい、19-38頁)。

(8) 同会議報告、5頁。

(9) 各地の学校関係者評価の実態や筆者が2011年度から関わっている春日市立中学校の実践をもとにして整理したものである。

(10) 注1の資料

(11) 2006年度の結果では、都道府県・政令指定都市で38.7%、市区町村で32.3%であった。

(12) 例えば(株)三菱総合研究所『学校評価結果を受けた設置者による支援の視点とポイント』2011年、(株)PHP研究所『「学校の現状と課題を踏まえた学校の改善策の実施に対する教育委員会の支援に関する調査研究」報告書』2012年、学校運営の改善の在り方等に関する調査研究協力者会議『地域とともにある学校づくりと実効性の高い学校評価の推進について』2012年など。

(13) 詳細は、拙稿「学校評価をめぐる組織統制論と組織開発論の展開と相克——戦後教育改革期における学校評価展開の再吟味」小島弘道編著『時代の転換と学校経営改革——学校のガバナンスとマネジメント』学文社、2007年、参照されたい。

資　料

資料1　文部科学省「学校評価ガイドライン」の動きと
　　　　自治体における学校評価システムの構築過程

資料2　イングランド・ニュージーランドにおける学校評価の枠組み

資料3　学校評価関連文献リスト

資料1　文部科学省「学校評価ガイドライン」の動きと自治体における学校評価システムの構築過程

政策課題としての学校評価	横浜市	品川区	矢掛町	高浜市

〈学校のアカウンタビリティ〉

1998（平成10）年
中教審答申「今後の地方教育行政の在り方について」
⇒学校の説明責任を果たしていく一手段として、学校評価の内容吟味とその運用の在り方が検討され始める。

〈学校・保護者・地域での評価結果の共有〉

2000（平成12）年
教育改革国民会議「教育を変える17の提案」⇒外部評価を含む学校評価制度を導入し、評価結果を学校・保護者・地域が共有し評価改善につなげる必要性を提言。

2000（平成12）年〜
「品川の教育改革（プラン21）」の展開 ⇒「学校選択制」の導入。学校に対して「選ばれる学校」としての位置づけを与え、選びうる「特色ある学校」づくりを推進し、「特色ある学校」としての成果基盤の妥当性を検証・強化するための仕組みとして学校評価の導入を検討。

420

政策課題としての学校評価	横浜市	品川区	矢掛町	高浜市
〈学校経営点検のための自己評価の義務化〉				
2002（平成14）年4月 小・中学校設置基準（自己評価・その他の学校運営の状況について自ら点検及び評価（自己評価）を行う。	2002（平成14）年 「まちとともに歩む学校づくり懇話会」を校とする→教育活動その他の学校運営の努力義務化）→教育活動その他の学校運営状況について自ら点検及び評価（自己評価）を行う。づくりを強力に推進　→学校による情報提供の重要性を強調。	2002（平成14）年 「新しい学校評価」システムの導入　→学校のアカウンタビリティ（結果責任、説明責任）を果たすための学校評価。「内部（選択される側）評価＋外部（選択する側）評価。外部関係（PTA関係者、地域関係者、学識経験者）を積極的に位置づけ、内部評価との連動を指向。	2002（平成14）年 学校評議員制度を置き、学校評価を連動させる。矢掛町学校管理規則に学校評価に関する規定を追加。 学校が実施した自己評価結果に基づいて、学校評議員会が学校運営の改革について提言し、学校は学校評議員会の提言を受けて教育活動の推進を努めるように努力するという意図に基づく矢掛町立小・中学校学校評議員設置要綱の策定。	2002（平成14）年 教育委員会主導により学校評価導入に向け検討を開始。検討委員会の設置。アドバイザーとして学識経験者が就任。
	2003（平成15）年 本市学校評価システムの構築に向けた研究開始。			2003（平成15）年～ 学校評価導入と関連して、学校組織マネジメントを主題とする研修講座の展開→学校評価の啓蒙と理解の促進（2003年度対象：市内全小中校の校長、教頭、教務主任、校務主任。

政策課題としての学校評価	横浜市	品川区	矢掛町	高浜市
	2004(平成16)年 「横浜市学校情報公開指標」 ⇒小学校設置基準(2002年)を踏まえ、学校が公開すべき情報の項目を指標として提示。「学校や地域の特別な事情による」ほか、(中略)「指標」の「公開すべき情報」の各項目をできるだけ公開するよう努める。			**2004(平成16)年** 研修講座の実施。〈対象：市内全小中校の学年主任、学校事務職員〉 アドバイザーによる各校の学校評価の取組、課題報告に対して個別の指導活動の開始。
〈学校評価システム構築による義務教育の質の保証・向上〉			
2005(平成17)年7月 「経済財政運営と構造改革に関する基本方針2005」(骨太方針2005)→大綱的な学校評価のガイドラインの策定/自己評価の実施とその結果の公表を義務化/第三者機関による全国的な外部評価の仕組みも含めた評価充実方策を検討。		**2005(平成17)年** 学校評価システムの見直しに着手。		**2005(平成17)年** 研修講座の実施。〈対象：市内全小中校の一般の学級担任〉

政策課題としての学校評価	横浜市	品川区	矢掛町	高浜市
2005（平成17）年10月 中教審「新しい時代の義務教育を創造する」⇒アウトカム（教育の成果）を国の責任で検証し、教育の質を保証する教育システム構築。				
2006（平成18）年3月 文科省「義務教育諸学校における学校評価ガイドラインのための学校評価ガイドライン」⇒学校評価の構成要素（自己評価／外部評価／評価結果の説明・公表、設置者への提出及び設置者等による支援や条件整備等の改善）。	2006（平成18）年3月 横浜教育改革会議最終答申⇒「学校は明確な目標設定と学校評価を行い、保護者・地域に情報発信すること」を提言。①「中期学校運営計画」（学校版マニフェスト）の市立全校での策定、②外部評価と経営評価を核にした学校評価と経営評価の推進、③第三者評価を視野に入れた学校評価の推進、④市立学校らしい数値目標の創意工夫。	2006（平成18）年 新たな学校評価システムの導入 ⇒各学校に置かれていた外部評価委員会に加え、教育委員会事務局に各学校評価に対する専門外部評価委員会を設置。「校区単位の外部評価（校区版外部評価）と専門的な視点による外部評価（専門外部評価＝第三者評価）」。	2006（平成18）年4月 文部科学省委託事業「義務教育の質の保証に資する学校評価システム構築事業」への取組を開始。事業運営委員会、評価研究委員会を設置し、町の学校評価システム構築に関する研究を推進。 各学校においては、校内評価委員会（自己評価）の計画・実施を行う組織）と外部評価委員会（外部評価を実施する組織）を設置し、実践研究を推進。	2006（平成18）年～ 第三者評価ガイドライン策定の検討を開始。

資料1 | 423

政策課題としての学校評価	横浜市	品川区	矢掛町	高浜市
2006(平成18)年7月 学校評価の推進に関する調査研究協力者会議設置 ⇒ 各学校における学校評価実施内容が不十分/公表が進んでいない。	2006(平成18)年7月 本市独自の学校評価ガイドラインの策定作業開始。		2006(平成18)年10月 「矢掛町学校評価指針(暫定版)」を矢掛町学校評価システム構築事業研究委員会にて策定。文部科学省ガイドラインを踏まえつつ、各学校が学校評価の実践・研究に取り組む際に、矢掛町(推進地域)としての取組の方向性・方法等を提示。 2006(平成18)年12月 文科省による第三者評価を町内小中学校各1において実施。文科省より専門家4～5人による。 「事前に資料提出をし、2日間の教育活動の観察があったが、当日はそれ以上にたくさんの資料を準備することになり、大変ではあった」という感想が残り、負担感の強い学校評価に対する懸念が生じた。	

424

政策課題としての学校評価	横浜市	品川区	矢掛町	高浜市
2007（平成19）年6月 学校教育法改正　⇒学校評価の実施及び情報提供に関する規定を整備（学校評価の義務化／情報提供の積極的推進／学校関係者評価の努力義務化）。 2007（平成19）年8月 学校評価の推進に関する調査研究協力者会議『学校評価の在り方と今後の推進方策について』（第一次報告） 2007（平成19）年8月 文科省『平成18年度　学校の第三者評価の施行について』（報告書）			2007（平成19）年3月 学校評価システム構築事業の中間報告「義務教育諸学校における学校評価ガイドラインに基づく評価実践研究」の実施報告。 ・学校評価年間計画のモデルの検討・策定 ・学校評価の評価書（自己評価・学校関係者評価）の様式の共通化の検討・様式案の策定	

資料1 | 425

政策課題としての学校評価	横浜市	品川区	矢掛町	高浜市
2008（平成20）年1月 文科省「学校評価ガイドライン」（改訂） →高等学校をガイドラインの対象に／自己評価における目標の重点化、学校の積極的な評価、学校評価の重要性を強調／設置者への学校評価の結果報告・設置者による人事・予算上の支援・改善策の重要性を強調。	2008（平成20）年3月 「横浜市学校評価ガイド」完成。		2008（平成20）年3月 学校評価システム構築事業の最終報告「学校力」を培う学校評価～矢掛町のチャレンジ～」の作成。 ・外部評価（学校関係者評価）の意義と性格についての共通理解の促進 ・2008年度学校園共通の具体的目標の設定 ・矢掛町立学校管理規則を改正。各学校に学校関係者評価を義務づけ 2008（平成20）年4月 文部科学省委託事業「都道府県市区町村が主体となる学校の第三者評価に関する調査研究」への取組。	2008（平成20）年～ 「元気が出る授業づくり講座」研修（学校組織マネジメント研修の継続）の展開。

426

政策課題としての学校評価	横浜市	品川区	矢掛町	高浜市
2009（平成21）年4月 「学校の第三者評価のガイドラインの策定等に関する調査研究協力者会議」設置⇒学校の第三者評価のガイドラインの策定に向けた検討開始。	2009（平成21）年3月 「横浜市学校評価ガイドライン」改訂作業開始。		2009（平成21）年3月 委託事業報告書「学校運営の改善を図る矢掛町の第三者評価の試み（H20年度）」の作成。 同町の企画した第三者評価に対しては好意的な受け止めがなされたことが報告された。 2009（平成21）年4月 「第三者評価ガイドラインの策定に向けた実地検証（地方実施型）」により、第三者評価（試行）の継続実施。	
2010（平成22）年3月 学校の第三者評価のガイドラインの策定等に関する調査研究協力者会議「学校の第三者評価のガイドラインに盛り込むべき事項等について（報告）」	2010（平成22）年2月 「横浜市学校評価ガイドライン」改訂版完成（4月より新学校評価システム始動）。		2010（平成22）年4月 「学校評価・情報提供の充実・改善に向けた取組」の指定。	2010（平成22）年 学識経験者を中心とした第三者評価委員会の設置。第三者評価の導入。

政策課題としての学校評価	横浜市	品川区	矢掛町	高浜市
2010(平成22)年7月 文科省「学校評価ガイドライン」(改訂) ⇒基本構成は変更せず、主に学校の第三者評価に係る内容を追加。			2010(平成22)年10～12月 ア型、ウ型による第三者評価(試行)の実施。 2011(平成23)年3月 「学校評価やかけはしパッケージョン」の策定、同パンフレットの作成。 矢掛町学校関係者評価設置要綱を改正し、専門評価委員の設置と必要に応じてチーム型による第三者評価を実施できる規定を設置。	

428

資料 2　イングランド・ニュージーランドにおける学校評価の枠組み

		イングランド	ニュージーランド
義務教育	学校制度	5～16歳（11年間）。5～14歳　初等教育／14～16歳　中等教育	6～16歳（10年間）。ただし、多くの場合5歳から準備級をスタートさせる。6～13歳　初等教育／13～16歳　中等教育
	教育課程の基準（学習指導要領）	学習領域：4つのキーステージ（key stage: KS）・英語、数学、科学、地理、現代外国語、コンピュータ、歴史、地理、現代外国語、芸術、音楽、体育、市民教育の12教科で教科書は各学校で採択。時間数、学習計画と達成目標は各学校で決定。	ナショナル・カリキュラム：①「将来像（Vision）、②「価値観（Values）、「キー・コンペテンシー」（Key Competencies）、「学習分野」（Learning Area）、および到達目標（Achievement Objectives）、③原則（Principles）の3段階で構成。 学習領域：英語、芸術、保健体育、外国語学習、算数・数学、統計、科学、社会科学、テクノロジー、公用言語で構成。前回（1993年）と比較して、学校裁量を大幅に拡大。
	策定のレベル		国
	策定機関		教育省
	最新改訂年次		2010年1月全面改訂
教育行政	中央レベル	子ども・学校・家庭省（DfCSF）　＊2010.5.12　労働党政権から保守党・自由民主連立政権への交代を受け、教育省（DfE）へ改組。	教育省（Ministry of Education）
	地方レベル	地方教育当局（Local Authority: LA）	地方自治体に教育に関する権限なし（教育省地方事務所はあるが、地方教育委員会は廃止されている）

		アイルランド	ニュージーランド
学校運営		学校理事会（LA、保護者、教員、地域住民の代表）が管理運営の実質的な意思決定機関。予算執行、補助金の管理運営に関わり理事会の承認を得て人事管理や予算管理責任用、校長は理事会の承認が得て人事管理や予算管理等の管理運営の権限は絶大。校長給与等を含む）ができる権限大。教員の業績評価（職員：パフォーマンス・マネジメント（教員の個別評価）の導入、上級教員給与（能力給）、上級教員が存在する。	学校理事会（Board of Trustees: BOT、保護者代表、校長、教員代表、生徒代表、その他から構成）が管理運営の実質的な意思決定機関。予算執行、補助金運営の実質的な意思決定機関。予算執行、補助金運営の実質、校長、教職員任用、校長給与・教職員の管理運営等に関わり理事会の権限は大きい。
全国共通テスト	初等教育ナショナルテストの実施の有無と実施内容等	各KSの最終学年において英語〈除く〉の3教科で毎年5月に実施。結果は小学2年を除き公表し、学校ランキングは毎年回公表（インターネット閲覧可能）。なお、共通テストは学校の予算配分に直接結びつく。	全国調査（National Education Monitoring Project）を抽出調査）を実施。
	中等教育ナショナルテストの実施の有無と実施内容等	KS3（9学年生、16歳）対象に実施されていたが廃止された。*2010年5月、KS2におけるナショナルテストのボイコットも発生。	全国統一資格試験（National Certificate of Educational Achievement: NCEA）。大学入学資格や中等教育修了資格となる。Level 1 〜 Level 3 に分かれる。
	全国共通テストと学校評価の関係	全国共通テストの結果は学校評価の主要項目、前回の結果との比較が重視され、学校経営目標等に反映される。	テスト結果自体の善し悪しではなく、結果に対して「学校がどのようなアクションを起こしたか」が評価の対象となる。

		イングランド	ニュージーランド
学校評価	鍵となる法令等	2005年教育法が基本。 同法に先だって [Ofsted 2004 *The Future of Inspection*]の提示や [学校との新しい関係：更なるステップ (Ofsted 2005 *A New Relationship with Schools: Next Steps*) 及び (Ofsted 2005 *New Relationship with Schools: Improving Next Steps*)]がみられる。 また、2005年に導入された査察枠組みの核心はSEFの重視にある [Ofsted 2005 *Every Child Matters: Framework for the Inspection of Schools in England from September 2005*]。	①1989年教育法 (Education Act 1989) ⇒第三者評価の義務化 ②National Administration Guidelines (NAGs) ⇒自己評価の義務化 ③Planning & Reporting framework (PRF) ⇒自己評価の枠組み及びサイクル
	自己評価	同上。[*Every Child Matters: Framework for the Inspection of Schools in England from September 2005*]	①PRFにより、各学校が「学校計画の立案－目標の焦点化－教育活動の展開－目標の達成度の評価及び結果の分析－次年度の教育計画の立案－国・保護者への報告」を実施。 ②チャーターの作成・年次更新義務
	第三者評価	1839年に設置された視学官制度を柱とし、1992年創設のOfstedから委託された査察チームが3～4年毎にすべての学校を一定の基準に基づいて4段階評価。	①教育機関評価局 (Education Review Office: ERO) が、各学校その他の教育機関の第三者評価を実施。評価指標はEROが作成。 ②NZ資格審査機構 (New Zealand Qualifications Authority: NZQA)：各学校のカリキュラムと資格課程の承認、大学評価。

資料2 | 431

		イングランド	ニュージーランド
自己評価	評価者	在学する生徒、保護者、教職員、理事、支援団体機関、LA等すべての関係者が評価主体。	校長がまとめたものを学校理事会が評価。
	評価指標	SEF (Self-Evaluation Form：自己評価票)：記載した内容に対し、すべて1から4までの4段階評価	①各学校のチャーター、②ERO「自己評価チェックリスト」(Board Assurance Statement and Self-Audit Checklist)
	評価領域	①学校の一番の特徴とは何か ②生徒や保護者、その他の営利団体からの情報収集などの程度できているか ・学校が見いだした意見をどのように共有しているか。集めた意見をどのように処理しているか。実際に起こした行動を測定し、その効果についてどのように評価しているか。 ③生徒の学業達成について ・児童の達成はどこまでできたか。・学校全体の水準はどうか。ターゲットが設定され、そのターゲットを成し遂げたか。 ④生徒の健全さと人間形成について ・個々の生徒が健全か。子どもが安全か。・学習を楽しんでいるか。自分のコミュニティ、社会に対し前向きな貢献をしているか。・将来的な経済面での健全性について教えているか。 ⑤教育の質について ・カリキュラムが生徒のニーズにマッチしているか。・管理、ガイダンス、サポートの質の向上はどうか。 ⑥管理運営について	①学校理事会運営 ②カリキュラム (NAGs1) ③健康・安全・福利厚生 ④人事 ⑤財務 ⑥資産管理

	イングランド	ニュージーランド
	・学校で明確なリーダーシップおよび方向性の提示がなされているか。・機会均等性が保証されているか。・子どもの発達を阻害しない包括的な取組がなされているか。・予算等が効率よく使われているか。理事会が効果的に機能しているか。 ①全体的なまとめ ・主要な長所。・短所。・前回の査察からどれだけ改善したか。・将来継続的な改善をするためのキャパシティーをどれだけ持っているか。子どもたちがいろんな成果を上げるために、コミュニティ内の多様な機関と連携しているか。	
自己評価のプロセス、手順、管理職の役割	教員のパフォーマンスマネジメントが基本。リーダーシップチームによる授業参観と目標達成度の評価を中心として、学校改善計画を作成する。	PRF、及び ERO が示す「自己評価チェックリスト」をもとに実施。
報告書の構成	同上。通常年1回更新が義務。オンラインで管理される。Ofsted からパスワード交付。	大体は国レベルで共通枠組みが提示されるが、基本的には学校が作成。
評価結果の公表	Ofsted のほか、3週間以内に正式な報告書が公開。保護者へも配布義務。学校選択時の資料となる。	教育省への年次報告書の提出義務。保護者への簡易版公開。
保護者・地域による評価	学校関係者評価に該当する評価の有無、機能、内容	評価項目の設定および意見聴取は各校で実施。学校理事会 (school governors) が設置されており、保護者代表も参加。	学校理事会 (BOT) が、校長を中心にまとめられた教職員による自己評価を評価。
	学校評価員、機能、内容の有無、機能、内容		

		イングランド	ニュージーランド
第三者評価	評価者	教育水準局 (Ofsted)：約170年の伝統をもつ視学制度を基盤とした学校査察機関。勅任視学官 (HMI) 及びOfstedが外部委託した査察チーム、地方レベルではLAの地方視学（アドバイザー）：名称は多様。	EROの評価官 (Review Officer) のみ。約150名。
	評価指標	SEF (Self-Evaluation Form)：自己評価に沿った形。4段階評価。	ERO「学校評価のための評価指標」(Evaluation Indicators for Education Review in Schools)
	評価領域	児童生徒の学業達成・水準・発達・健全性、実際の学習における学校カリキュラム・ケアガイダンス・サポートなど。これらに学校のリーダーシップ、管理運営が加わる。	①生徒の学習に対する関わり（結果指標）、②教授活動の質（経過指標）、③評価およびフィードバック（経過指標）、④知識、技術および価値（結果指標）、⑤カリキュラムデザイン及びアクセス（経過指標）、⑥学校管理及び学校経営（経過指標）
	評価サイクル	3年サイクルを基本とし、評価結果により次回までの期間が伸長する。優秀校への査察は長期間かつ簡便化。	2009年3月より学校の状況により第三者評価の実施サイクルを4段階に分類。カテゴリー1：4～5年サイクル/カテゴリー2：3年サイクル/カテゴリー3：2年サイクル/カテゴリー4：1年サイクル
	評価書の構成	評価領域に沿い数ページ限度で作成される。	評価領域を中心に構成。
	評価結果の公表	査察チームの主任 (chief inspector) が報告書作成後、事実確認が学校との間でなされる。3週間以内に正式な報告書が公開。保護者へも配布義務。優秀校はインターネット上でexcellent providersとして公開。	EROによる訪問調査実施後、EROのHPにて評価報告書を公開。報告書の最後に保護者向けのページあり。学校選択時の資料にもなる。
	評価結果への異議申し立て	事実確認の際に協議。決裂時にはOfstedから独立した異議申し立て裁定官 (Independent Complaints Adjudicator: ICA) による調査。再度査察が実施される場合あり。	・訪問調査終了から20日以内に報告書の草案が作成され、BOTに送付される。事実誤認があれば、15日以内にEROに報告する。 ・評価チームに学校 (BOT) 代表を1名加えることができる。

	イングランド	ニュージーランド
評価後の学校支援	なし。評価後に児童生徒宛の手紙が公開される。	・緊急に改善すべき課題があると判断される場合は、通常の評価サイクル以外の再調査が行われる。 「要再調査」と判断した学校に対しては、EROがその学校内でBOTメンバーとのワークショップを開催する。評価結果を受けて、BOTが次にとるべきアクションについてEROがアドバイスする機会であり、これがEROのサポート機能である。ワークショップには、教育省地方事務所の所員が参加する場合が多い。ただし、EROは当該校にこれは義務ではなく、あくまでの開催を提示するが、これは義務ではなく、あくまでBOTが希望する場合に開かれる。2007/2008年では59校で開催。 ・学校による自助努力に期待することは困難と判断される場合、教育省が介入。
評価者養成	登録視学官（registered inspector）は民間の委託機関による研修を受ける。Ofstedとの契約に基づき、当該機関が質を担保する（イングランド3地区に2つの契約機関）。	EROが実施する研修を受ける。
評価に要するコスト	概算レベルでは初等学校1校あたり6000ポンド（約80万円）、中等学校で15000ポンド（約200万円）。 ＊ただし旧システムにおける概算。人員と日数削減後については不明。推定ではほぼ半額。	概算レベル（2009/10年）では就学前教育機関1校あたり7100NZドル（約48万円）、初等・中等学校で18780NZドル（約128万円）。

資料2 | 435

		イングランド	ニュージーランド
学校支援	支援機関(者)の属性	主として「要改善校」に対してLAが雇用する学校改善パートナー(School Improvement Partner: SIP)が学校改善計画作成プロセスへ関与。この他LAによっては教育改善アドバイザー(Education Improvement Adviser)や学校改善戦略立案リーダー(Strategic Leader: School Improvement)、初等教育主任アドバイザー(Principal Adviser for Primary Education)等を雇用し、コンサル機能を付与。	①学校支援機関、②大学附属学校支援センター、③大学教員、④個人コンサルタント、⑤(学校介入に関して)教育省(地方事務所)。
	支援内容	SEF作成指導等。その他個別相談に応じる要請訪問形態。	①研修機能、②コンサルテーション機能、③学校介入
	支援方法	学校訪問による。	学校訪問、セミナー開催、ウェブサイトの活用

資料3　学校評価関連文献リスト

[本文献リストについて]

本文献リストは、本研究を開始するにあたり、学校評価に関する先行研究を検討するうえで（さらにはその前提として）、学校評価についてその全体像を把握するべくリストアップされたものである。4か年計画の当初の時点で作成された本文献リストに、最新の文献を加える形で本書には掲載することとした。本文献リストの作成にあたっては、国立情報学研究所による論文情報ナビゲータを含む、複数の検索WEBサイト等も利用した。

今日、学校評価に関する論考は、きわめて膨大な量と種類の論文が登場しており、今後、その傾向はいっそう強まると考えられる。特に雑誌論文は、その量や種類、詳細な研究から、簡略なガイドあげたものまで、さまざまに多様である。これらの執筆には、現場の教職員や行政関係者、そして研究者にあたっており、研究的に取りあげたものには精査する作業が求められる。また、学校評価にとどまっているのもあれば、隣接する概念を含むもとなる。今回は、これらについては協力者から、「授業評価」「行政評価」など、隣接する概念を含むものとなる。今回は、これらについては協力者の判断で、「学校評価」に制限したつもりであるが、それでも分類しきれていないとは必ずしもいえず、したがって、どのような観点で"ライン"を引くのかが課題となるといえる。

著書・編著書等

TOSS学校づくり研究会	2006	「学校評価」で学校を変える	明治図書出版
池田熙、小島宏 編集	1995	学校評価と経営改善の手引―モデル説明と活用法	明治図書出版
浦野東洋一、勝野正章、中田康彦 編著	2007	開かれた学校づくりと学校評価	学事出版
大阪教育大学スクールリーダー・プロジェクト (SLP) 編	2004	学校づくりの思想と技術―学校評価を軸に	
大脇康弘、天笠茂 編著	2011	学校をエンパワーメントする評価（学校管理職の経営課題―これからのリーダーシップとマネジメント）	ぎょうせい
奥村太一	2012	教育実践データの統計分析―学校評価によりよい実践のために	共立出版

資料3　437

金子郁容 編著	2005	学校評価―情報共有のデザインとツール	筑摩書房 ちくま新書
亀井浩明、小松郁夫 編	2006	こうして使おう"学校評価ガイドライン"―ガイドラインによるやさしい実践方法	教育開発研究所
木岡一明	2003	新しい学校評価と組織マネジメント―共・創・考・開を指向する学校経営	第一法規
木岡一明	2004	学校評価の「問題」を読み解く―学校の潜在力の解発	教育出版
工藤文三、小島宏、寺崎千秋 編著	2006	学校評価マニュアル―ガイドライン対応	ぎょうせい
窪田眞二、木岡一明 編著	2004	学校評価のしくみをどう創るか―先進5カ国に学ぶ自律性の育て方	学陽書房
栗林宣夫 編	1967	学校評価の方法と実践 (学校経営問題新書)	明治図書出版
幸田三郎	1964	学校評価 (学校選書)	帝国地方行政学会
髙妻紳二郎	2007	イギリス視学制度に関する研究―第三者による学校評価の伝統と革新	多賀出版
国立教育政策研究所国際研究・協力部 監訳	2007	韓国における学校評価の現状	国立教育政策研究所
柴山一郎	1986	指導と管理が機能する学校評価 (新しい学校論 5)	明治図書出版
全国都道府県教育長協議会第1部会 編	2004	確かな学力の向上のための取り組みと学校評価の推進について	
全日本私立幼稚園幼児教育研究機構	2009	幼稚園における学校評価―こどもの育ちをみんなで支える名園を目指して	フレーベル館
善野八千子	2004	学校評価を活かした学校改善の秘策―汗かく字書く恥をかく	教育出版
善野八千子	2007	学校力・教師力を高める学校評価	明治図書出版

髙階玲治 編集	2003	学校の自己点検・自己評価の進め方ー学校評価システムの確立と学校のアカウンタビリティ（教職研修総合特集、読本シリーズ No.156)	教育開発研究所
玉井康之	2008	学校評価時代の地域学校運営ーパートナーシップを高める実践方策	教育開発研究所
長尾彰夫、和佐眞宏、大脇康弘 編	2003	学校評価を共に創る―学校・教委・大学のコラボレーション	学事出版
中留武昭	1994	アメリカの学校評価に関する理論的・実証的研究	第一法規出版
西村文男、天笠茂、堀井啓幸 編	1994	学校評価の論理と実践ー子どもの側に立った学校の改善	教育出版
西村文男、天笠茂、堀井啓幸 編	2004	新・学校評価の論理と実践ー外部評価の活用と内部評価の充実	教育出版
平井明	1988	学校評価―父母の信託に応える	日本教育新聞社出版局
平井明	1991	生活指導と学校評価	日本教育新聞社出版局
北海道教育開発研究所 編	1991	教育実践に生きる学校評価票ーすぐに役立つファイル式評価観点票	ぎょうせい
民主教育研究所 編	2004	子ども・教師・学校評価を問う（季刊人間と教育／民主教育研究所編集）	旬報社
無藤隆 監修・編、東京教育研究所 編著	2003	子どもを伸ばす学習評価・学校評価	東京書籍
村越正則、橋本誠司、西村佐二 編著	2001	小学校事例に学ぶ特色ある学校づくりと学習評価・学校評価	ぎょうせい
八尾坂修	2001	現代の教育改革と学校の自己評価	ぎょうせい

資料3 | 439

八尾坂修 編	2002	期待される学校評価能力―学校の自己点検・評価のために（教職研修総合特集 学校管理職スキルアップ講座）	教育開発研究所
横浜国立大学教育人間科学部附属横浜中学校 編	2009	学校関評価―自己評価と学校関係者評価をつなぐ新しい学校評価システムの構築	学事出版

事例紹介

	1996	事例研究―中学校（特別企画 実践につなげる「学校評価」の工夫）―（「生徒指導・生活指導に関する学校評価項目」の作成）	総合教育技術 51(15), 63-66（小学館）
	2002	仙台発"学校の通信簿"実物と反響アラカルト―紹介とまとめ（特集 学校評価どう進む？住民参加の採点簿）	学校運営研究 41(6)（通号 537）, 32-35（明治図書出版）
	2002	学校評価の試み 今号総合教科の自己診断(10) 座談会「生徒も親も先生も輝いている学校を創りたい」	月刊高校教育 35(10), 70-76（全国高等学校長協会、高校教育研究会 編／学事出版）
	2003	資料 高知県教育委員会「学校評価基準、学校評価アンケート例」（特集 学校評価改善 学校文化にどう根づかせるか）	教職研修 31(6)（通号 366）, 76-79（教育開発研究所 編／教育開発研究所）
	2007	PART4 実践レポート（特集1 客観性・信頼性を高める「学校評価」）	総合教育技術 61(14), 32-39（小学館）
青柳義昭	2004	実践事例1 学校評価を生かした教育課程の改善（特集 学校評価―学校改善に結びつける）	学校運営 45(10)（通号 510）, 18-21（全国公立学校教頭会 編／学校運営研究会）
秋田県教育委員会	2004	シリーズ学校評価 秋田県における学校評価―信頼される学校づくりを目指して	教育委員会月報 55(12)（通号 654）, 52-60（文部科学省 著／第一法規）
秋田県横手市立横手西中学校	2004	実践研究 我が校［秋田県横手市立横手西中学校］の学校評価への取組（特集 学校評価の自己点検・自己評価）	中等教育資料 53(3)（通号 814）, 26-31（文部科学省教育課程課 編／ぎょうせい）

440

阿部恵美子	2005	実践事例2 外部評価の簡素化をめざして（特集 学校評価システムの確立）	学校運営47(2)（通号526）、16-19（全国公立学校教頭会 編／学校運営研究会）
池永孝男	1999	実践事例4 地域との交流の中から、新教育課程の創造を（中学校）（特集 学校評価・教育課程の編成）	学校運営41(9)（通号461）、24-27（全国公立学校教頭会 編／学校運営研究会）
池野仁	2003	実践実施1 学校教育目標を生かした学校評価の試み（特集 学校をとりまく評価）	学校運営44(12)（通号500）、18-21（全国公立学校教頭会 編／学校運営研究会）
石村卓也、足立麻里、近藤裕吾	2012	学校評価と地域特性―京都府内小中学校の学校評価	教育実践研究紀要(12)、241-251（京都教育大学教育学部附属教育実践総合センター）
岩堂秀明	2006	実践 岡山市立石井中学校 学校評価を中核としたPDCAサイクルの実施（特集 学校評価所／教育開発研究所をどう工夫・改善するか―「学校評価活用ガイドライン」活用の視点）	教職研修34(12)（通号408）、74-77（教育開発研究所 編／教育開発研究所）
卯田重子	2000	実践事例(3) 小学校 学びの魅力を追い続けられる子どもの育成（特集 教育課程の編成と学校評価）	学校運営42(8)（通号472）、20-23（全国公立学校教頭会 編／学校運営研究会）
海野丈芳	2000	実践事例(1) 小学校 ともに生きる力をもつ子どもをめざして―情報化・国際化の視点から教育課程を見直す（特集 教育課程の編成と学校評価）	学校運営42(8)（通号472）、12-15（全国公立学校教頭会 編／学校運営研究会）
大阪府教育委員会	2004	学校評価 大阪府教育委員会の学校教育自己診断―開かれた学校づくりの展開	教育委員会月報56(6)（通号660）、28-37（文部科学省 著・第一法規）
大谷清純	2003	実践実施3 学校評価についての取り組み（特集 学校をとりまく評価）	学校運営44(12)（通号500）、26-29（全国公立学校教頭会 編／学校運営研究会）
岡林保幸	2000	実践事例(4) 中学校 まなび かがやき つながり はぐくむ学校づくり―集団づくりを通して基礎学力の向上をはかり、進路を確かなものにすることを目指して（特集 教育課程の編成と学校評価）	学校運営42(8)（通号472）、24-27（全国公立学校教頭会 編／学校運営研究会）

資料3　441

小川正人、品川区教育政策研究会 編	2009	検証 教育改革―品川区の学校選択制・学校評価・学力定着度調査・小中一貫教育・市民科	教育出版
沖縄県教育委員会	2005	学校評価 沖縄県における学校評価―生徒の活動を保障し、さらなる学校の活性化をめざして	教育委員会月報 56(10)(通号 664)、41-49(文部科学省 著／第一法規)
梶田叡一、武泰稔	2011	「学校力」を培う学校評価―矢掛町の挑戦	三省堂
勾田勝	2005	開かれた学校づくり／高校学校評価と授業改善 (1) 高知工業高等学校	人間と教育（通号 47)、110-117（民主教育研究所 編／旬報社)
金子一彦	2003	東京都教育委員会における学校評価の取り組みについて〔特集 学校評価の取り組むにどう取り組むか〕	月刊高校教育 36(11)、35-47（全国高等学校長協会、高校教育研究会 編／学事出版)
河田修	2001	学校評価の試み 今高総合学科の自己診断 (8)「今宵は愉快だ」―今高総合学科創設期を振り返って	月刊高校教育 34(5)、74-79（全国高等学校長協会、高校教育研究会 編／学事出版)
川邉成人	1999	実践事例 5 21世紀を開く "田上" の教育課程（小学校）―子供が輝き、生きる力をはぐくむ学校づくり（特集 学校評価・教育課程の編成)	学校運営 41(9)(通号 461)、28-31（全国公立学校教頭会 学校運営研究会)
木岡一明	2003	先進地域の取り組みを見る (1) 三重県「学校自己評価システム」―学校の主体性と活動の一貫性に重きを置いた PDCA サイクル（特集〈新・学校評価〉の時代―足もとからの確かな評価のために）	総合教育技術 57(5)、20-27（小学館)
岐阜県教育委員会	2002	事例紹介 岐阜県における「学校評価システム」への取組について（特集 学校と説明責任（アカウンタビリティ）(3))	教育委員会月報 54(7)(通号 636)、11-25（文部科学省 著／第一法規)
京都市教育委員会	2004	学校評価 京都市における「学校評価システム」の取組―地域の子どもを地域ぐるみで育てる	教育委員会月報 56(8)(通号 662)、39-48（文部科学省 著／第一法規)
工藤雅士	1999	実践事例 1 新学習指導要領実施への移行のための条件整備―学校評価・教育課程の編成（小学校）（特集 学校評価・教育課程の編成)	学校運営 41(9)(通号 461)、12-15（全国公立学校教頭会 学校運営研究会)

窪田眞二、加須南小学校学校評価委員会	2005	学校第三者評価の進め方―加須南小学校の実践	学陽書房
久米三喜	2005	実践事例1 よりよい学校評価と評価票の開発（特集 学校評価システムの確立）	学校運営 47(2)（通号 526）, 12-15（全国公立学校教頭会 編／学校運営研究会）
倉科浩彰	2007	長野県における教員評価の船出（小特集 教員評価・学校評価 新たな段階）	教育 57(2)（通号 733）, 93-98（教育科学研究会 編／国土社）
栗澤孝信	2006	岩手県における学校評価の取組み（学校評価支援システム推進事業）について（特集 新しい学校評価の視点）	教育展望 52(8)（通号 569）, 36-43（教育調査研究所 編／教育調査研究所）
群馬県総合教育センター	2006	学校評価 元気あふれる学校づくりを目指す「群馬県『学校評価システム』」の展開	教育委員会月報 58(3)（通号 681）, 56-66（文部科学省 著／第一法規）
高知県教育委員会	2005	学校評価 高知県の学校評価―県立高校の実践から	教育委員会月報 57(6)（通号 672）, 48-55（文部科学省 著／第一法規）
高知県四万十教育委員会	2006	事例紹介2 教育課程の実施状況に関する自己点検・自己評価に係る研究指定校事業の取組について―高知県四万十市立中村中学校を例に（特集 学校評価システムの構築に向けて）	教育委員会月報 58(4)（通号 682）, 48-53（文部科学省 著／第一法規）
小久保京子	2004	「学校評価」に取り組む高校事例 三重・県立松阪高校―「学校評価 経営品質」導入に向けて校長がリーダーシップを発揮（学校評価 全国レポート いかに学校をマネジメントするか）	キャリアガイダンス 36(4)（通号 358）, 40-45（リクルート）
小島昌夫	2001	愛知私教連運動における学校評価・教育評価（特集／検証 学校評議員制度と学校協議会）	教育 51(5)（通号 664）, 73-79（教育科学研究会 編／国土社）
埼玉県志木市立志木小学校	2003	指導事例 地域と歩む学校づくりと学校評価（特集1 客観性、信頼性のある評価の推進）	初等教育資料 (772), 20-27（文部科学省教育課程課・幼児教育課 編／東洋館出版社）

資料3 | 443

酒井道弘	2006	実践提案 東京都府中市立府中第四中学校 豊かな心と確かな学力を培う学校づくり―学校評価システムを生かした授業改善を通して―（特集 第35回 教育展望セミナー 分科会報告）―(第1分科会 (教育課題部会) 要旨「学校力」を強化する)	教育展望 52(11)（通号 572）、7-9（教育調査研究所／教育調査研究所 編）
境光春	2005	横浜 生徒・保護者の学校評価を「学校改革」に 文科省「義務教育改革」で教育・学校は救えるか	クレスコ 5（通号 56）、23-25（クレスコ 編集委員会・全日本教職員組合 編／大月書店）
榊原恒雄	2003	実践例 広島における学校評価システム導入の原動力に（特集 学校改革に活かす学校評価―学校文化にどう根づかせるか）	教職研修 31(6)（通号 366）、68-71（教育開発研究所 編／教育開発研究所）
佐賀県教育委員会	2006	学校評価 佐賀県における学校評価	教育委員会月報 58(6)（通号 684）、71-80（文部科学省 著／第一法規）
佐賀県立武雄青陵高等学校	2004	実践研究 学校評価への取組について（特集 学校の自己点検・自己評価）	中等教育資料 53(3)（通号 814）、32-37（文部科学省教育課程課 編／ぎょうせい）
迫田恒夫	2003	実践例 信頼で結ばれた「開かれた学校づくり」をめざして―「学校評価システム」の構築（特集 学校改革に活かす学校評価―学校文化にどう根づかせるか）	教職研修 31(6)（通号 366）、72-75（教育開発研究所 編／教育開発研究所）
佐藤明彦	2003	事例紹介2 [広島] 県内の全学校で学校評価制度を導入―広島県教育委員会（特集「学校評価システム」を導入する―開かれた学校づくりに向けて）	学校経営 48(1)、53-61（第一法規出版）
静岡県教育委員会	2004	学校評価 静岡県における学校自己評価	教育委員会月報 56(4)（通号 658）、50-58（文部科学省 著／第一法規）
品川区教育委員会	2006	学校評価 品川の教育改革「プラン21」における学校評価	教育委員会月報 58(2)（通号 680）、52-61（文部科学省 著／第一法規）
鈴木正則	2006	実践例 豊田市教育委員会 豊田市独自の学校評価ガイドラインによる学校評価の推進（特集 学校評価をどう工夫・改善するか―「学校評価ガイドライン」活用の視点）	教職研修 34(12)（通号 408）、78-81（教育開発研究所 編／教育開発研究所）

諏訪英広、小山悦司、岡野浩美、高瀬淳	2011	学校改善を促す第三者評価システムの開発プロセスと実践―矢掛町における取組事例	日本教育経営学会紀要(53)、102-112(日本教育経営学会)
先崎卓歩	2003	岐阜県における「開かれた学校」づくりの取り組み―「学校評価」を中心として(特集 学校評価にどう取り組むか)	月刊高校教育 36(11)、30-34(全国高等学校長協会、高校教育研究会 編/学事出版)
田邉正明	2004	実践事例2 学校評価を生かした特色ある教育の実践―新しいタイプの学校運営を目指す実践研究指定校として(特集 学校評価の生かし方に関する実践研究指定校に結びつける)	学校運営 45(10) (通号 510)、22-25(全国公立学校教頭会 編/学校運営研究会)
田村昌平、木下伝二	2001	学校評価の試み・今営総合学科の自己診断(7) 今営総合学科の将来を考える―教育課程の編成を中心に	月刊高校教育 34(13)、70-75(全国高等学校長協会、高校教育研究会 編/学事出版)
千々布敏弥	2009	現場発！学校経営レポート④「学校評価」実践レポート	教育開発研究所
千葉県千葉市立本町小学校	2002	指導事例 学校評価委員会を活用した自己点検・自己評価の工夫―学校評価委員会の開催を通して学校が変わった(特集 1 特色ある学校づくりを進める)	初等教育資料 (通号 752)、26-31(文部科学省 学習教育課程課・幼児教育課 編/東洋館出版社)
東京都教育委員会	2004	学校評価 都立学校のマネジメント・システムと都立学校評価システムの確立(都立学校評価確立検討委員会報告より)	教育委員会月報 56(1) (通号 655)、43-52(文部科学省 著/第一法規)
東京都府中市教育委員会	2006	指導事例 外部評価を生かした学校教育の改善(特集1 外部評価を生かした学校づくりの改善)	初等教育資料 (通号 811)、14-19(文部科学省 学習教育課程課・幼児教育課 編/東洋館出版社)
栃木県教育委員会	2007	学校評価 栃木県における「開かれた信頼される学校」づくりを目指して	教育委員会月報 58(10) (通号 688)、63-72(文部科学省 著/第一法規)
鳥取県教育委員会	2006	学校評価 鳥取県における学校評価の取組―家庭・地域社会との連携、そして学校の自立へ	教育委員会月報 58(8) (通号 686)、37-46(文部科学省 著/第一法規)
富山県教育委員会	2008	学校評価 富山県公立小中学校における学校評価―とや型学校評価システム推進の成果と課題	教育委員会月報 59(12)、30-38(第一法規)

永田哲雄	2003	学校教育自己診断を実施してきて グラフ化した各項目と自由記述欄を学校評価に活用 大阪府河内長野市立天野小学校（特集「学校評価」の時代—足もとからの確かな評価のために）	総合教育技術 57 (15), 34-37（小学館）
中村光男、浅川又一	2004	「今月の特集 学校評価自己診断」と学校改革—大阪府立吹田東高等学校の実践（今月の特集 学校評価を改善に活かす）	月刊高校教育 37 (4), 43-47（全国高等学校長協会、高校教育研究会 編／学事出版）
新潟県教育委員会	2004	学校評価 新潟県における学校評価—地域に信頼される特色ある学校づくりを目指して	教育委員会月報 56 (2)（通号 656）, 46-55（文部科学省 著／第一法規）
早川勉	2005	実践事例3 学校評価システムの確立について—改善し続ける学校への取り組み（特集 学校評価システムの確立）	学校運営 47 (2)（通号 526）, 20-23（全国公立学校教頭会 編／学校運営研究会）
坂東博文	1999	実践事例3「総合的な学習の時間」を創る（小学校）一地域に根ざした「総合的な学習の時間」の展開（特集 学校評価・教育課程の編成）	学校運営 41 (9)（通号 461）, 20-23（全国公立学校教頭会 編／学校運営研究会）
広島県教育委員会	2004	学校評価 広島県における学校評価システムに関する取組み	教育委員会月報 55 (11)（通号 653）, 53-61（文部科学省 著／第一法規）
広島市教育委員会	2007	広島市学校評価システムの推進について—「まちぐるみ」による教育の推進・充実を目指して	教育委員会月報 59 (3), 43-51（第一法規）
福岡県教育委員会	2004	学校評価自己評価制度の概要と事例	教育委員会月報 55 (11)（通号 652）, 32-40（文部科学省 著／第一法規）
福岡市教育委員会	2005	学校評価 福岡市における学校評価の確立	教育委員会月報 56 (12)（通号 666）, 47-57（文部科学省 著／第一法規）
福島県教育委員会	2006	学校評価 福島県における学校評価の実際	教育委員会月報 57 (12)（通号 678）, 45-54（文部科学省 著／第一法規）

著者	年	タイトル	出典
藤崎雅子	2004	「学校評価」に取り組む高校事例 新潟・県立 新発田高校―従来の取り組みを整理し数値化、自ら掲げた目標に教師の意識が変化（「学校評価」全国レポート いかに学校マネジメントするか）	キャリアガイダンス 36(4)（通号 358）、34-39（リクルート）
北海道教育委員会	2005	学校評価 北海道における学校評価の推進―学校評価改善に生かすために	教育委員会月報 57(7)（通号 673）、44-52（文部科学省 著・第一法規）
三重県教育委員会	2006	学校評価 三重県型「学校経営品質」の取組を通して―三重県における学校評価の推進	教育委員会月報 58(1)（通号 679）、52-61（文部科学省 著・第一法規）
宮城県教育委員会	2005	学校評価 宮城県の学校評価	教育委員会月報 56(11)（通号 665）、49-58（文部科学省 著・第一法規）
宮城県教育庁	2007	宮城県における学校評価の推進（特集 学校評価の充実と推進）	中等教育資料 56(10)、22-25（ぎょうせい）
宮本光美	1999	実践事例 2 教育課程編成の取り組みで育つもの（中学校）（特集・学校評価〉〈新・学校評価〉教育課程の編成）	学校運営 41(9)（通号 461）、16-19（全国公立学校教頭会 編／学校運営研究会）
武笠和夫	2003	事例紹介 1 学校評価制度を生かした特色ある学校づくり―東京都品川区教育委員会（特集「学校評価システム」を導入する―開かれた学校づくりに向けて）	学校経営 48(1)、43-52（第一法規出版）
武藤晴美	2003	30年の継続をみる学校評価の取り組み 外部評価への対応（援助）をする―茨城県結城市立結城中学校（特集・学校評価〉〈新・学校評価〉足もとからの確かな評価のために）	総合教育技術 57(5)、42-45（小学館）
森田文修	1999	外部評価を一部取り入れた学校評価の試み（特集 学校の説明責任）―〈実践事例〉説明責任という観点から「開かれた学校」の実践例を見直す	教育じほう（通号 618）、62-65（東京都立教育研究所 編／東京都新教育研究会）
八尾坂修	2007	大阪府学校教育自己診断の意義と課題（特集 学校評価と学力保障）	部落解放研究(176)、4-15（部落解放・人権研究所）

資料3 | 447

著者	年	タイトル	出典
矢内忠	2005	実践レポート1／大阪市立大津市立北津守小学校（特集2 保護者の力を生かす〈学校評価〉）	総合教育技術 60 (1), 94-97（小学館）
矢内忠	2005	実践レポート2／東京都杉並区立天沼中学校（特集2 保護者の力を生かす〈学校評価〉）	総合教育技術 60 (1), 99-101（小学館）
矢野俊一	2003	「学校評議員制度」を活用して教職員と評議員の相違やズレを分析する大切さ─福岡県甘木市立金川小学校（特集〈新・学校評価〉の時代─もう一足もとからの確かな評価のために）	総合教育技術 57 (15), 38-41（小学館）
矢ノ浦勝之	2002	全国縦断「特色ある学校づくり」リポート (8)「開かれた学校づくり協議会」による学校評価・授業診断─東京都足立区立五反野小学校	総合教育技術 57 (13), 88-93, 4-5（小学館）
矢ノ浦勝之	2005	実践事例／保護者の協力を取り入れるための学校評価項目一各校の工夫を探る（特集2 保護者の力を生かす〈学校評価〉）	総合教育技術 60 (1), 88-93（小学館）
山形県教育委員会	2006	事例紹介1 山形県における学校評価システムの在り方─PDCA together on SHOW を基盤にした学校評価システムづくり（特集 学校評価システムの構築に向けて）	教育委員会月報 58 (4)（通号 682）, 39-47（文部科学省／第一法規）
山口県教育委員会	2006	学校評価 山口県における学校づくり─よりよい学校づくりに向けて	教育委員会月報 58 (5)（通号 683）, 36-46（文部科学省／第一法規）
山田正廣	2007	三重県における学校経営品質の取組（シンポジウム 学校評価と学校経営品質）	教育行財政研究 (34), 99-102（関西教育行政学会）
横浜市教育委員会	2004	学校評価 横浜市における学校評価─教育課程の自己点検・自己評価と授業評価	教育委員会月報 56 (7)（通号 661）, 54-64（文部科学省／第一法規）
吉田弘文	2000	実践事例 (2) 中学校 人間性豊かな実践力ある生徒の育成（特集 教育課程の編成と学校評価）	学校運営 42 (8)（通号 472）, 16-19（全国公立学校教頭会 編／学校運営研究会）
和歌山県教育委員会	2004	学校評価 和歌山県における学校評価	教育委員会月報 56 (5)（通号 659）, 37-53（文部科学省／第一法規）

渡辺敦司	2004	「学校評価」に取り組む高校事例 高知・県立 高知工業高校―生徒と教員との討議を中心に据えた、授業改善のための「授業評価」（「学校評価」全国レポート いかに学校をマネジメントするか）	キャリアガイダンス 36(4)（通号 358）、46-49（リクルート）
渡部謙一	2007	東京における教員評価と学校改革の新たな段階（小特集 教員評価・学校評価の新たな段階）	教育 57(2)（通号 733）、99-104（教育科学研究会 編／国土社）

学会誌・研究紀要 論文

(国内等)

有元佐興	1951	学校評価に関する研究調査―第1次予備調査分報告-2-	教育統計（通号 11）、45-54（文部省調査局統計課 編／東京教育研究所）
有元佐興	2003	親の学校選択と学区制見直し―学校評価の基準はどこに（シンポジウム 親の学校選択と学区制の見直し―学校評価の基準はどこに）	日本教育社会学会大会発表要旨集録(55)、370-371（日本教育社会学会）
有元佐興他	2004	親の学校選択と学区制の見直し―学校評価の基準はどこに	教育社会学研究 74、381-383（日本教育社会学会編集委員会 編／東洋館出版社）
池田隆他	2003	福岡県教育センターにおける「学校評価」の手引書作成―各学校の経営ビジョンに応じた学校評価の研究	教育実践研究(11)、135-141（福岡教育大学教育実践総合センター）
池田良夫	2004	[学校経営・学校運営] 私立校の特性を生かした在外教育施設の学校運営の試み―特殊教育・学校評価	教育実践研究 14、129-134（上越教育大学）
石井眞治他	2004	学校評価に関する研究(1) 中学校卒業生による教育活動への評価	学校教育実践学研究 10、41-49（広島大学大学院教育学研究科附属教育実践総合センター）
出雲路猛雄	1989	学校病理学としての学校評価論	教育研究（通号 33）、141-161（青山学院大学教育学会）

稲垣美樹夫	2005	愛知県における教員評価問題（中部地区教育公開シンポジウム「今日の『公立学校改革』と教員評価問題」）	中部教育学会紀要 (5), 71-75 (中部教育学会)
井上正明	2004	「教育評価学」連続講義 (5) 学校の自己点検・自己評価から学校評価へ	福岡教育大学紀要, 第4分冊, 教職科編 (53), 113-148 (福岡教育大学 編)
岩崎保之	2006	マネジメント・サイクルを生かした学校評価の在り方―ティーミングの品質管理理論を中心にして	現代社会文化研究 (37), 1-18 (新潟大学大学院現代社会文化研究科紀要編集委員会)
植田健男	2004	今日の「公立学校改革」と教員評価・学校評価問題（中部地区）(2003年度地区研究活動報告その1)	教育学研究 71 (4), 482-483 (日本教育学会)
潮木守一	1959	社会の学校評価	教育社会学研究 14, 63-73 (日本教育社会学会)
及川美美子、高島秀樹	2004	学校評価・診断に基づく学校経営の改善―地域社会との連携による「経営改善ストラテジー」の構築を中心に	明星大学研究紀要, 人文学部 (40), 111-123 (明星大学)
扇谷尚	1985	今こそ学校でカリキュラム評価を（特集 教育改革と教育経営改革への提言）	日本教育経営学会紀要 (27), 7-10. 1985
大崎功雄	2006	「学校をひらく」とはどういうことか？―近年の諸答申にみる「開かれた学校」観	北海道教育大学紀要, 教育科学編 57 (1), 1-16
大西俊江、早瀬眞知子、木村裕美	2002	スクールカウンセリング活動に関する学校の評価―島根県における特徴と全国の比較	島根大学教育学部教育臨床総合研究 2, 17-33 (島根大学教育学部附属教育臨床総合研究センター)
小川正人、政木和孝	1984	北海道における「学校評価」実践の展開 (1) ―道立教育研究所と札幌市立 A 小学校・B 中学校の調査報告	東京大学教育学部教育行政学研究室紀要 13, 51-73 (東京大学)
沖清豪	2003	外部評価の専門性について―「意見表明システム」の構築と「評価の評価」をめぐって	教育制度学研究 (10), 136-139 (日本教育制度学会紀要編集委員会 編)
樫村勝	1952	学校評価における問題の所在	茨城大学教育学部紀要 (通号 2), 17-43 (茨城大学教育学部)

著者	年	タイトル	出典
勝野正章	1984	学校評価論の予備的考察	東京大学教育学部教育行政学研究室紀要 13, 37-49（東京大学）
勝野正章	2005	「公立学校改革」と教員評価（中部地区教育公開シンポジウム「今日の「公立学校改革」と教員評価・学校評価問題」）	中部教育学会紀要(5), 57-66（中部教育学会）
加藤崇英	2004	山形県における学校評価の取り組み状況と今後の課題―山形県小中学校における学校評価に関する研究(1)	山形大学教育実践研究(13), 29-38（山形大学教育学部附属教育実践総合センター）
加藤崇英	2005	書評 長尾彰夫 和佐眞宏 大脇康弘編『学校評価を共に創る―学校・教委・大学のコラボレーション』学事出版、2003年	学校経営研究30, 58-65（『学校経営研究』編集委員会／大塚学校経営研究会）
加藤崇英	2005	学校規模・企画者・評価領域と方法別に見る学校評価の現状―山形県小中学校における学校評価に関する研究(2)	山形大学教育実践研究(14), 1-10（山形大学教育学部附属教育実践総合センター）
加藤崇英	2006	地方教育行政施策にとっての学校経営研究の有用性―山形県における学校評価の取り組みに参画して（特集 学校経営研究の実践的有用性）	学校経営研究31, 20-31（『学校経営研究』編集委員会／大塚学校経営研究会）
加藤崇英	2011	学校評価と学力保障の課題（特集 教育経営と学力）	日本教育経営学会紀要(53), 46-57（日本教育経営学会）
川崎登志喜, 山田信幸	1991	学校体育経営評価に関する研究 -1-学校評価・学校体育経営評価の課題	論叢（通号32）, 23-40（玉川大学文学部編／玉川大学文学部）
木岡一明	1983	戦後期学校評価構想における文部省試案の位置―文部省試案作成に到る文献史的考察	日本教育経営学会紀要(25), 55-68（日本教育経営学会）
木岡一明	1989	学校評価をめぐる教育委員会の位置と役割―戦後期学校評価構想の再検討	学校経営研究14, 57-64（筑波大学）
木岡一明	1992	学校評価の現状と課題―教育経営研究の学術性と実践性を検討する手掛かりとして（課題研究報告1―教育経営研究の学術性と実践性に関する検討）	日本教育経営学会紀要(34), 114-116（日本教育経営学会）

木岡一明	1995	従来の教育経営評価の理論・政策と課題(特集1 教育経営と評価)	日本教育経営学会紀要(37), 2-10(日本教育経営学会)
木岡一明	2003	学校組織開発を目指す学校評価制度の在り方—品川区における学校評価制度を事例として	教育制度学研究(10), 132-135(日本教育制度学会紀要編集委員会 編/日本教育制度学会)
木岡一明	2003	学校評価の視点から(〈シンポジウム〉特色ある学校づくりとこれからの教育経営)	日本教育経営学会紀要(45), 138-139(日本教育経営学会)
木岡一明	2004	学校評価への視座と研究の視点—自己形成史をもとに(特集 学校評価と教師のコミットメント)	現代学校研究論集 22, 15-26(京都教育大学公教育経営研究会)
木岡一明	2005	学校評価をめぐる組織統制論と組織開発論の展開と研究—日本における組織開発の取組実態をもとに(特集 教育評価における日本的評価の視座と統制論と開発論に着目して)	国立教育政策研究所紀要 134, 59-80
木下典子	1972	質問紙調査法による学校評価のこころみ—1—本調査質問紙作成と配布までの経過	ノートルダム清心女子大学紀要 一般教育部門(通号7), 113-147(ノートルダム清心女子大学)
木下典子	1973	質問紙調査法による学校評価のこころみ—2—結果と考察	ノートルダム清心女子大学紀要 一般教育部門(通号8), 73-109(ノートルダム清心女子大学)
清原正義	2006	学校経営における評価と参加(特集 教育改革と学校経営の構造転換(3) 学校経営の自律化に向けた評価の在り方)	日本教育経営学会紀要(48), 41-50, 2006
窪田眞二	2011	教育委員会による学校評価への支援(公開シンポジウム 学校評価システムにおける教育委員会の役割を検証する 総括)	日本教育行政学会紀要(37), 169-172(日本教育行政学会)
久保裕也他	2005	カスタマイズ可能な調査スキーマの共有による学校評価支援(知識協創応用)(特集 知の共有・知の共創・知の協創へ)	情報処理学会論文誌 46(1), 172-186(情報処理学会・社団法人情報処理学会)

久保裕也他	2006	学校行政へのオープンソース概念の適用 ― Shared Questionnaire Systemによるカイゼン支援（セッション1）	情報処理学会研究報告「電子化知的財産・社会基盤」2006 (129), 53-60（社団法人情報処理学会）
倉科浩彰	2005	長野県における教員評価・学校評価問題（中部地区教育公開シンポジウム「今日の『公立学校改革』と教員評価・学校評価問題」）	中部教育学会紀要 (5), 80-83（中部教育学会）
黒田嘉美子他	1999	全国国立病院療養所附属看護・助産学校の自己点検・評価―主として教育環境から	日本看護学会論文集 看護教育 30, 112-114（日本看護協会 編／日本看護協会出版会）
小島賢久他	2006	学校評価および改善に対する取り組み―学生への授業評価アンケートを実施して	「鍼灸手技療法教育」2, 41-45（「鍼灸手技療法教育」編纂委員会 編／あはき教育研究懇話会）
小松茂久	2005	長尾彰夫・和佐眞宏・大脇康弘編『学校評価を共に創る―学校・教委・大学のコラボレーション』、学事出版、2003年	日本教育経営学会紀要 (47), 242-244（日本教育経営学会 編／第一法規／日本教育経営学会）
佐古秀一	2005	書評 長尾彰夫・和佐眞宏・大脇康弘（編）『学校評価を共に創る―学校・教委・大学のコラボレーション』	教育行財政研究 (32), 71-73（関西教育行政学会）
笹田茂樹	2005	学校評価活動における公共性の実現―長野県辰野高等学校の事例を中心として	日本教師教育学会年報 (14), 62-69（日本教師教育学会年報編集委員会 編）
佐藤博志	1999	1 自著紹介『オーストラリア首都直轄区の学校評価に関する考察―自律的学校経営における学校評価の役割に着目して―』「日本教育経営学会紀要第38号」1996年（研究奨励賞の部）（学会褒賞）	日本教育経営学会紀要 (41), 131-133（日本教育経営学会）
佐藤満雄、菅原康之、本間久美子	1999	東川養護学校におけるインフォームドコンセントを導入した個別教育計画	情緒障害教育研究紀要 18, 1-12（北海道教育大学旭川分校障害児教育研究室）

資料3 | 453

篠原清昭、石川英志、原田信之	2005	岐阜大学教育学部の新しい地域貢献事業のための予備的研究	教科教育学研究 23、295-304（日本教育大学協会第二常置委員会 編）
清水希益	2004	高等学校商業教育の改善に向けて―学校経営の視点から	拓殖大学経営経理研究 73、117-144（拓殖大学経営経理研究所編集委員会 編）
鈴木重男	2002	特殊教育諸学校の経営―保護者の学校評価・説明責任	情緒障害教育研究紀要 21、205-212（北海道教育大学旭川分校障害児教育研究室／北海道教育大学）
鈴木武嗣、多賀令智	1989	授業研究の進め方と評価に関する研究（要約）（教育経営ノート）	日本教育経営学会紀要 (31)、129-139、1989
関正夫	1991	大学教育経営の現代化試論―学校経営論・学校評価論・学校評価等から学ぶ	広島大学大学教育研究センター大学論集（通号 21）、1-30（広島大学大学教育研究センター）
善野八千子	2005	学校評価を活かした総合的学習のカリキュラム改善	せいかつか&そうごう (12)、68-75（日本生活科・総合的学習教育学会）
高木正一	2005	あいまい!? な評価による教員管理（中部地区教育公開シンポジウム「今日の『公立学校改革』と教員評価・学校評価問題」）	中部教育学会紀要 (5)、76-79（中部教育学会）
玉井康之	2002	生涯学習社会における学校評議員制度の意義と学校評価の観点	北海道生涯学習研究：北海道教育大学生涯学習教育研究センター紀要 2、169-175
竺沙知章	2004	学校評価と教師の意識（特集 学校評価と教師のコミットメント）	現代学校研究論集 22、7-11（京都教育大学公教育経営研究会）
辻野博之	2004	若手教員からみた学校評価―三重県の学校評価の取り組みから（特集 学校評価と教師のコミットメント）	現代学校研究論集 22、12-14（京都教育大学公教育経営研究会）
筒井和幸	2004	高等学校における学校評価の実態的構造に関する考察（特集 学校評価と教師のコミットメント）	現代学校研究論集 22、1-6（京都教育大学公教育経営研究会）

中條安芸子	2005	学校評価の現状と問題点	情報研究 33, 361-368（文教大学情報学部／文教大学）
中留武昭	1995	教育課程経営の評価に関する現状と課題（特集1 教育経営と評価）	日本教育経営学会紀要 (37), 11-23, 1995
中村伍	2005	名古屋市立高校を取り巻く現状と直面する課題（中部地区教育公開シンポジウム「今日の『公立学校改革』と教員評価・学校評価問題」）	中部教育学会紀要 (5), 67-70（中部教育学会）
西穣司	2002	学校経営評価の今日的課題と展望―各学校の「自己更新力」の漸進的向上を目指して（特集 学校をめぐる「評価」の新たな方向）	学校教育研究（通号 17), 59-69（日本学校教育学会機関誌編集委員会 編）
西山薫	2004	都道府県の「学校評価」モデルの検討―実施ガイドラインの事例分析と長野県の特質	清泉女学院短期大学研究紀要 23, 1-13（清泉女学院短期大学／清泉女学院大学）
馬場雅史	2006	政策的教員・学校評価の構造的矛盾とその再生産―「土佐の教育改革」における政策的評価とそれに伴う関係性の変容に関する考察	社会教育研究 (24), 25-38（北海道大学大学院教育学研究科社会教育研究室）
林孝	2006	学校評価・教員評価による学校経営の自律化の可能性と限界（特集 教育改革と学校経営の構造転換(3) 学校経営の自律化に向けた評価と参加の在り方）	日本教育経営学会紀要 (48), 16-27（日本教育経営学会 編／第一法規／日本教育経営学会）
葉養正明	2001	学校評価の情報公開・学校公開と学校経営の自律性（わが国教育経営研究の到達点と今後の課題―学校経営概念の再確定）	日本教育経営学会紀要 (43), 153-160（日本教育経営学会 編／第一法規／日本教育経営学会）
葉養正明	2003	学校教育の質保証と中範囲の公教育圏へのビジョン―品川区を事例に（シンポジウム 親の学校選択と学区制の見直し―学校評価の基準はどこに）	日本教育社会学会大会発表要旨集録 (55), 374（日本教育社会学会）

原一雄、渡辺幸一	1969	大学における学校評価と国際基督教大学のための試案（大学教育の総合評価）	教育研究 国際基督教大学学報 01 A（通号 14）、123-139（国際基督教大学教育研究所）
平田永哲、安里陽洲、山田稔	1995	全員参加的思考による学校目標の具現化―学校評価、児童による自己評価を活かして	琉球大学教育学部紀要 第一部・第二部（通号 46）、337-366
福嶋尚子	2010	"価値内面化機能" の視点から見た地方における学校評価制度の分析	日本教育行政学会紀要 (36)、123-140（日本教育行政学会）
福本みちよ	2002	学校評価に関する研究動向―教育改革を背景とした学校評価論の展開―（教育制度研究情報）	教育制度学研究 (9)、255-258（日本教育制度学会紀要編集委員会編／日本教育制度学会）
藤田英典	2003	教育における公共性の再審―「学校選択制」「学校参加」問題を中心に（シンポジウム 親の学校選択と学区制の見直し―学校評価の基準はどこに）	日本教育社会学会大会発表要旨集録 (55)、372-373（日本教育社会学会）
藤原文雄	2004	書評 木岡一明『新しい学校評価と組織マネジメント』第一法規、2003 年	学校経営研究 29、94-101（『学校経営研究』編集委員会／大塚学校経営研究会）
府中市立府中第四中学校	2006	豊かな心と確かな学力を育う学校づくり―学校評価システムを生かした授業改善を通して（第 35 回 教育実践展望 改めて現代に応える教育(1) 改革の時代に応える教育を問う）―（第 1 分科会 教育課題部会）	教育展望 52 (6)（通号 567）（増刊）、52-57（教育調査研究所／編／教育調査研究所）
北海道立教育研究所	2003	北海道教育大学・北海道教育委員会連携事業 学校評価の在り方に関する研究	北海道立教育研究所平成 14 年度研究紀要 131
堀内孜	2006	学校経営の構造転換にとっての評価と参加（特集 教育改革と学校経営の構造転換(3) 学校経営の自律化に向けた評価と参加の在り方）	日本教育経営学会紀要 (48)、2-15、2006

456

増田健太郎	2003	学校改革過程に関する事例研究―学校評価の分析から	教育経営学研究紀要 6、67-74（九州大学大学院人間環境学研究院（教育学部門）教育経営学研究室）
水本徳明	2006	書評 窪田眞二・木岡一明編著『学校評価のしくみをどう創るか―先進5カ国に学ぶ自律性の育て方』	筑波教育学研究 (4)、205-210（筑波大学教育学会 編／筑波大学教育学会）
南澤信之	2005	学校マネージメントにおける評価計画の現実的課題	学校教育研究（通号 20）、144-156（日本学校教育学会機関誌編集委員会 編／日本学校教育学会）
村田俊明	2006	現代教育改革と学校評価の諸問題	摂南大学教育学研究 (2)、21-34（摂南大学外国語学部教職教室 編／摂南大学外国語学部教職教室）
元兼正浩	2004	木岡一明著『新しい学校評価と組織マネジメント―共・創・考・開を指向する学校経営』、第一法規、2003年	日本教育経営学会紀要 (46)、199-201（日本教育経営学会 編／第一法規／日本教育経営学会）
八尾坂修	1999	審査結果の概要（オーストラリア首都特別区の学校評価に関する一考察―自律的学校経営における学校評価の役割に着目して）、『日本教育経営学会紀要第38号』、1996年（研究奨励賞の部）（学会褒賞）	日本教育経営学会紀要 (41)、133-135（日本教育経営学会）
八尾坂修	2002	クオリティを高める学校の組織マネジメントと学校評価政策	奈良教育大学紀要. 人文・社会科学 51 (1)、171-181
八尾坂修	2003	学校評価をめぐる今日的方向と課題（特集 これからの教育改革）	都市問題研究 55 (11)（通号 635）、38-53（都市問題研究会）
山谷敬三郎他	1992	学校評価に関する研究―校種・規模別学校評価方法と様式	日本教育学会大会発表要旨集録 51、104（日本教育学会）

(海外)

有賀健他	1995	生徒たちによる学校評価/授業評価―ドイツの場合―	早稲田教育評論 9, 125-141（早稲田大学）
沖清豪	2001	イギリスにおける学校の外部評価―学校制度視学制度の現状と課題―（［日本教育制度学会］第8回研究大会報告）―（課題別セッション 4 外部セクターの方式による学校評価の実施方略と実行システム（1））	教育制度学研究 (8), 94-97（日本教育制度学会紀要編集委員会 編/日本教育制度学会）
小島弘道、木岡一明、黒木田紀子	1984	ソビエト学校評議の構造と特質	筑波大学教育学系論集 8 (2), 41-78（筑波大学教育学系/筑波大学）
小野正利	1982	フランスの学級運営への父母参加に関する研究―学級委員会の教育評価機能をめぐる法制論議を中心に	日本教育経営学会紀要 (24), 29-39, 1982
窪田眞二	2001	イギリスの学校評価と父母の学校参加―OFSTEDの視察報告書を手がかりとして	筑波大学教育学系論集 25 (2), 13-22（筑波大学教育学系/筑波大学）
窪田眞二	2004	イギリスの学校理事会制の改革と学校評価・学校査察システム（教育における〈国家〉と〈個人〉）―（第2分科会 教育法制改革の国際比較）	日本教育法学会年報 (33), 84-92（有斐閣）
髙妻紳二郎	2002	学校評価の今日的動向にみる意義と課題―イギリスと日本の一事例を手がかりとして	九州産業大学国際文化学部紀要 23, 19-41（九州産業大学国際文化学会 編）
髙妻紳二郎	2004	イギリスにおける学校評価基準とパフォーマンス・マネジメント	九州産業大学国際文化学部紀要 28, 39-55（九州産業大学国際文化学会 編）
髙妻紳二郎	2008	イギリスの教員評価の動向―第三者による学校評価・学校関連研究に関わる研究を中心として（海外の教育経営事情）	日本教育経営学会紀要 (50), 194-204（日本教育経営学会）
小松郁夫、西川信廣	1992	イギリスの教員評価と学校経営改革―教員の職能成長と学校教育の「質」の向上を目指す方策	日本教育経営学会紀要 (34), 64-77, 1992

榊原禎宏、辻野けんま	2010	学校評価における外部評価論の選択―ドイツ、ヘッセン州の例を手がかりにして	日本教育経営学会紀要 (52), 80-95 (日本教育経営学会)
佐藤貴虎	2006	イギリスの学校評価	情緒障害教育研究紀要 (25), 191-196 (北海道教育大学情緒障害教育学会)
佐藤博志	1996	オーストラリア首都直轄区の学校評価に関する考察―自律的学校経営における学校評価の役割に着目して	日本教育経営学会紀要 (38), 88-99 (日本教育経営学会編／第一法規／日本教育経営学会)
玉井康之	1996	生活指導に関するアメリカの学校改善自己評価研究―「HOPE AT LAST for At-Risk Youth」の学校評価リストの成果を通じて―	北海道教育大学紀要．第一部．C，教育科学編 46 (2), 79-93
玉井康之	1996	地域による学校開放―住民の学校評価による学校改革―スカリア州キチナチャック小学校の学校改革(山田定市教授退官記念号)	北海道大學教育學部紀要 71, 155-167 (北海道大学教育学部／北海道大学)
照屋翔大	2011	アメリカにおける学校区を単位とした認証評価(accreditation)の研究―AdvancEDの「学校区認証評価」を中心に	日本教育行政学会紀要 (37), 118-134 (日本教育行政学会)
富田福代	2005	堂田眞二・木岡一明編著『学校評価のしくみをどう創るか―先進5カ国に学ぶ自律性の育て方』、学陽書房刊、2004年	教育學研究 72 (4), 551-552 (日本教育学会)
永岡順	1963	(4) アメリカ教育行政における学校評価の意義	日本教育学会大会発表要旨集録 22, 57-59 (日本教育学会)
南部初世	2001	ドイツにおける「評価」の位置づけ(《日本教育制度学会》第8回研究大会報告)―(課題別セッション4 外部セクター方式による学校評価の実施方略と実行システム(1))	教育制度学研究 (8), 101-103 (日本教育制度学会紀要編集委員会編／日本教育制度学会)
南部初世	2003	「内部評価」と「外部評価」の関係性に着目してードイツの事例から	教育制度学研究 (10), 140-143 (日本教育制度学会紀要編集委員会編／日本教育制度学会)

南部初世	2012	ドイツにおける「目標協定（Zielvereinbarung）」制度―学校と学校監督の新たな関係	教育制度学研究(19), 226-240（日本教育制度学会）
西穣司	1996	中留武昭著『アメリカの学校評価に関する理論的・実証的研究』、第一法規出版、1994年	日本教育経営学会紀要(38), 179-181（日本教育経営学会 編／第一法規／日本教育経営学会）
福本みちよ	2001	ニュージーランドにおける外部機関方式による学校評価システム―学校による自己評価と外部機関評価の関連性に着目して	教育制度研究(8), 97-100（日本教育制度学会紀要編集委員会 編／日本教育制度学会）
福本みちよ	2002	ニュージーランドの学校評価システムに関する研究―外部評価機関の位置と役割に着目して	教育制度研究(9), 216-229（日本教育制度学会紀要編集委員会 編／日本教育制度学会）
福本みちよ	2003	外部評価制度における支援機能について―ニュージーランドの事例から	教育制度研究(10), 143-146（日本教育制度学会紀要編集委員会 編／日本教育制度学会）
本多正人	1984	アメリカ学校評価の評価基準に関する資料	東京大学教育学部教育行政学研究紀要 13, 103-114（東京大学）
湯藤定宗	2010	米国チャータースクールにおけるスポンサーによる学校評価に関する研究―Bethel UniversityによるPACT評価制度にて	日本教育経営学会紀要(52), 111-125（日本教育経営学会）

教育雑誌論文

(国内の事例等)

青木朋江	2001	学校評価「中間まとめ」で気になること―子どもにとって必要か否かの検証を（変わる教育評価と指導要録―教育課程審まとめをめぐって）	教育評論（通号645）, 25-29（アドバンテージサーバー 編）

460

著者	年	タイトル	掲載誌
明石要一	1994	学校評価の総合的な診断法を作成しよう (論壇時評-47)	現代教育科学 37 (2)、91-94 (明治図書出版)
我妻秀範	2004	学校現場から見た教員評価制度 (特集 子ども・教師・学校評価を問う)	人間と教育 (通号 41)、92-97 (民主教育研究所／旬報社)
浅野良一	2002	学校評価システムの考え方・進め方―組織マネジメント手法を活用した学校評価 (特集 学校と説明責任 (アカウンタビリティ) (2))	教育委員会月報 54 (6)(通号 635)、2-30 (文部科学省／第一法規)
安達拓二	2005	文教ニュース 文科省が「問題行動白書」を公表、学校評価と情報提供の実態調査	学校マネジメント 44 (3) (通号 571)、74-77 (明治図書出版)
阿原成光	2004	「くらべる評価」よりも「みとめる評価」を―人間らしい教育評価の創造をめざして (特集 子ども・教師・学校評価を問う)	人間と教育 (通号 41)、32-39 (民主教育研究所／旬報社)
天笠茂	2004	学校運営協議会制度と学校評価―今後どういうことが予想されるか (特集 新学校評価―どんな診断票でどう進めるか)	学校マネジメント 43 (12) (通号 568)、10-13 (明治図書出版)
天笠茂	2004	学校文化を育てる学校評価 (特集 学校文化と学校評価)	教育展望 50 (2) (通号 541)、13-20 (教育調査研究所／編／教育調査研究所)
天笠茂	2005	いきいきした学校づくりと学校評価 (特集 教育評価の課題を問い直す)	教育フォーラム (通号 35)、110-120 (人間教育研究協議会／編／金子書房)
天笠茂	2006	これからの学校評価をめぐる諸課題 (特集 新しい学校評価の視点)	教育展望 52 (8) (通号 569)、4-11 (教育調査研究所／編／教育調査研究所)
荒木徳也	1999	教職員の「教育活動」をどう評価するか (特集 学校評価を総点検する)	学校経営 44 (2)、21-26 (第一法規出版)
飯田稔	2003	学校評議員制を活かす学校評価―学校改善に活かす学校評価―学校文化にどう根づかせるか	教職研修 31 (6) (通号 366)、60-63 (教育開発研究所／編／教育開発研究所)

資料3 | 461

池田亮一	1952	学校評価の基準と留意点―教育評価の問題点とその解決	教育技術 6 (12), 59-62 (教育技術連盟 編／小学館)
磯村篤範	2002	行財政研究 教育行政の改革と学校評価の導入	行財政研究 (9), 16-26 (行財政総合研究所 編／行財政総合研究所)
伊藤忠二	1955	学校評価について	新しい学校 7 (2) (興文館)
伊藤雄二	2007	低い評価であったとしても、どのようにして改善に結びつけるかが重要―東京都教育委員会の場合（特集 学校評価と事務職員の役割）	学校事務 58 (3), 21-26 (学事出版)
いばらき学校経営研究会	2000	学校経営改善の工夫 (2) 見える・生きる学校評価	教職研修 28 (10) (通号 334), 84-87 (教育開発研究所 編／教育開発研究所)
岩城孝次	2003	評価結果等の公表・説明と意見聴取を行っているか（特集 学校改善に活かす学校評価文化にどう根づかせるか）	教職研修 31 (6) (通号 366), 64-67 (教育開発研究所 編／教育開発研究所)
岩崎永夫	2004	学校改善に結びつける学校評価（特集 学校改善一学校評価に結びつける）	学校運営 45 (10) (通号 510), 12-17 (全国公立学校教頭会 編／学校運営研究会)
岩部壽夫	2002	学校をどう評価するか―外部委員として、行ったこと、考えたこと（第二特集 学校評価をどう実施するか）	月刊高校教育 35 (7), 40-44 (全国高等学校長協会、高校教育研究会 編／学事出版)
岩津泰彦	2006	自己評価の実施、結果の検証と改善方策の検討（特集 学校評価をどう工夫・改善するか―「学校評価ガイドライン」活用の視点）	教職研修 34 (12) (通号 408), 42-45 (教育開発研究所 編／教育開発研究所)
岩淵忠男	1998	高知県が全県下で実施／「子どもによる授業評価」の実際とその結果（特集 1 学校評価―子どもの目、親の目を生かす）―（子どもと親は「教師」をどう評価しているか）	総合教育技術 52 (17), 22-24 (小学館)
植田義幸、佐古秀一	1995	学校評価をめぐるキーワード（特集 学校評価を改革する）	季刊教育法 (通号 104), 72-77 (エイデル研究所 編／エイデル研究所)

著者	年	タイトル	掲載誌
内田博文	2003	人事評価にとらわれない現場での心構え—先ずは適正な学校評価から（特集 人事評価をめぐる考え方と各地の動き）	学校事務 54(11), 11-23（現代学校事務研究所 編集・企画／学事出版）
内山節	2004	人間にとって評価とは何か—内山節さんに聞く（特集 子ども・教師・学校評価を問う）	人間と教育（通号 41）, 16-23（民主教育研究所 編／旬報社）
浦野東洋一	2003	明るく楽しい学校評価を（特集 学校評価）	クレスコ 3(2)（通号 23）, 12-15（クレスコ編集委員会・全日本教職員組合 編／大月書店）
大島孜	1968	中学校 評価から出発—教育課程研究の自由と責任（特集）—（現場の教育計画研究はどこから手をつけたらよいか）	現代教育科学 11(11), 97-98（明治図書出版株式会社 編／明治図書出版）
大照完	1951	学校評価について	文部時報（通号 885）, 16-20（文部省 編／ぎょうせい）
大鳥克人	2003	生徒とともに授業をつくろう—生徒会の全校アンケートを出発点に（特集 学校評価）	クレスコ 3(2)（通号 23）, 9-11（クレスコ編集委員会・全日本教職員組合 編／大月書店）
大脇康弘	2001	学校評価の試み 今宮総合学科における自己診断(1)—総合学科の自己診断 学校評価の取り組み	月刊高校教育 34(5), 72-78（全国高等学校長協会、高校教育研究会 編／学事出版）
大脇康弘	2002	学校評価の試み（最終回）総合学科の高校像と構成原理	月刊高校教育 35(4), 74-80（全国高等学校長協会、高校教育研究会 編／学事出版）
大脇康弘	2004	学校評価の役割と実践指針（今月の特集 学校評価を改善に活かす）	月刊高校教育 37(4), 22-29（全国高等学校長協会、高校教育研究会 編／学事出版）
岡崎信二	2007	学校改善促進のための学校評価の充実へ向けて—事務職員の積極的なアクションを（特集 学校評価と事務職員の役割）	学校事務 58(3), 15-20（現代学校事務研究所 編集・企画／学事出版）
岡本越夫	2000	子どもによる授業〈学校〉評価—どのような観点で評価を受ければよいのか（特集 広がる〈子どもの授業評価〉）	総合教育技術 55(11), 64-67（小学館）
荻野一郎	1999	学校評価を総点検する（特集 学校評価を総点検する）	学校経営 44(2), 27-32（第一法規出版）

小島弘道、川田政弘、木岡一明	1989	学習指導著の部屋-8-学校評価を生かす経営戦略	季刊教育法（通号78）、81-87（エイデル研究所 編／エイデル研究所）
小島弘道	2002	学校設置基準と学校評価（学校設置基準と自己点検・評価、情報公開）	教育評論（通号663）、23-27（アドバンテージサーバー 編）
越智康詞	2004	「学校文化」の視点からみた学校評価—学校評価を「客体化」する評価から「主体化」する評価へ（特集 学校文化と学校評価）	教育展望 50(2)（通号541）、40-47（教育調査研究所 編／教育調査研究所）
鬼木英幸	2005	実効性のある学校評価の在り方についての一考察—学校評価に対する教職員の主体性形成の試み	教育実践研究 15、187-192（上越教育大学学校教育総合研究センター 編／上越教育大学）
小野由美子	1998	「校長の自己評価の地域反映」でどう変わるか—学校評価の実効性確立のための留意点（特集 教育行政のあり方」審と学校変革課題」—（私の予想 中教審中間報告「教育行政のあり方」でどこが変わるか）	学校運営研究 37(11)（通号484）、22-24（明治図書出版）
貝ノ屋仁	2003	学校評価委員会など校内組織は整備されているか（特集 学校改善に活かす学校評価—学校文化にどう根づかせるか）	教職研修 31(6)（通号366）、40-43（教育開発研究所 編／教育開発研究所）
笠井尚	2003	学校評価の実態をふまえた評価目標・評価項目が設定されているか（特集 学校改善に活かす学校評価—学校文化にどう根づかせるか）	教職研修 31(6)（通号366）、32-35（教育開発研究所 編／教育開発研究所）
笠井尚	2006	自己評価と外部評価の連関（特集 学校評価をどう工夫するか—「学校評価ガイドライン」活用の視点）	教職研修 34(12)（通号408）、66-69（教育開発研究所 編／教育開発研究所）
梶井貢	2002	学校評価の新しい流れと教員の意識改善（第5章 教職員の育成と意識改善）	学校経営 47(3)（臨増）、172-175（第一法規出版）
勝野正章	2001	教員評価・学校評価の批判的とりくみ（特集／検証 学校評議員制度と学校協議会）	教育 51(5)（通号664）、14-21（教育科学研究会 編／国土社）

勝野正章	2004	教員評価・学校評価を問う―自己評価と対話の意味を中心に（特集 子ども・教師・学校評価を問う）	人間と教育（通号 41）, 24-31（民主教育研究所 編／旬報社）
勝野正章	2006	教育の商品化・市場化と学校評価―そのつくり替え可能性に関する討議のために（教科研大会案内・大分科会）	教育 56(9)（通号 728）, 92-97（教育科学研究会 編／国土社）
加藤圭木	2004	対話から生まれる「学びの主体」―所沢高校における授業改善運動から（特集 子ども・教師・学校評価を問う）	人間と教育（通号 41）, 77-82（民主教育研究所 編／旬報社）
川上朋衛	1954	資料と施設 設備―学校評価の実際	教育創造 7(2), 21-26（高田教育研究会）
木岡一明	1998	開かれた学校評価システムの形成へ―責任と実行力を備えた協同体制の確立を求めて（特集 教育改革に向けての学校組織と運営）	教育展望 44(4), 22-29（教育調査研究所 編／教育調査研究所）
木岡一明	1998	学校競合時代に備える学校評価再考―「学校環境」への評価視点（'98／'99から始める！教育改革に備える〈人づくり〉〈学校づくり〉）	総合教育技術 53(10), 36-38（小学館）
木岡一明	2000	共・創・考・開をめざす学校評価（特集 教育課程の編成と学校評価）	学校運営 42(8)（通号 472）, 6-11（全国公立学校教頭会 編／学校運営研究会）
木岡一明	2000	学校評価を共に創り考え開こう―共・創・考・開を指向する学校経営への展望(1) 教育改革がめざす学校経営の転換	学校経営 45(9), 74-81（第一法規出版）
木岡一明	2000	学校評価を共に創り考え開こう―共・創・考・開を指向する学校経営への展望(2) 歴史が教える学校評価のありう展望	学校経営 45(10), 66-74（第一法規出版）
木岡一明	2000	学校評価を共に創り考え開こう―共・創・考・開を指向する学校経営への展望(3) 日本における「学校評価」制度化の動向	学校経営 45(11), 68-76（第一法規出版）
木岡一明	2000	学校評価を共に創り考え開こう―共・創・考・開を指向する学校経営への展望(4) 行政改革の進展と「学校評価」システム	学校経営 45(12), 59-67（第一法規出版）

木岡一明	2000	学校評価を共に創り考え開こう—共・創・考・開を指向する学校経営への展望 (5) 学校評価からみた学校評議員制度の課題と問題	学校経営 45 (13), 64-72 (第一法規出版)
木岡一明	2000	学校評価を共に創り考え開こう—共・創・考・開を指向する学校経営への展望 (6) 学校評議員制度と学校評価を活かすビジョン	学校経営 45 (14), 58-67 (第一法規出版)
木岡一明	2000	学校評議員と学校評価（学校評議員読本—学校を開き、説明責任を果たして地域とともに歩む学校へ）—（学校評議員と学校）アカウンタビリティ、服務	教職研修総合特集 (140), 110-113 (教育開発研究所 編／教育開発研究所)
木岡一明	2000	業績評価と学校評価（教員の人事考課読本）—（人事考課と業績評価）	教職研修総合特集 (141), 83-87 (教育開発研究所 編／教育開発研究所)
木岡一明	2001	学校評価を共に創り考え開こう—共・創・考・開を指向する学校経営への展望 (7) 義務公立学校の選択制と学校評価	学校経営 46 (1), 66-73 (第一法規出版)
木岡一明	2001	学校評価を共に創り考え開こう—共・創・考・開を指向する学校経営への展望 (8) 学校評価の実施の現状と問題点 (1) 校長用調査結果をもとに	学校経営 46 (2), 68-77 (第一法規出版)
木岡一明	2001	学校評価を共に創り考え開こう—共・創・考・開を指向する学校経営への展望 (9) 学校評価の実施の現状と問題点 (2) 教務担当者用調査結果の概要	学校経営 46 (3), 69-78 (第一法規出版)
木岡一明	2001	学校評価を共に創り考え開こう—共・創・考・開を指向する学校経営への展望 (10) 学校評価実施実態の背後にあるもの	学校経営 46 (5), 114-122 (第一法規出版)
木岡一明	2001	学校評価を共に創り考え開こう—共・創・考・開を指向する学校経営への展望 (11) 協働性の再構築と「意味ある協議」の促進	学校経営 46 (6), 89-97 (第一法規出版)
木岡一明	2001	学校評価を共に創り考え開こう—共・創・考・開を指向する学校経営への展望 (12) 危機認識に根ざした創出モードへのギアチェンジ	学校経営 46 (7), 115-123 (第一法規出版)

木岡一明	2001	学校評価を共に創り考え開こう―共・創・考・開を指向する学校経営への展望(13) 　ミッションに照らして自己を見つめる	学校経営 46 (08)、91-99（第一法規出版）
木岡一明	2001	学校評価を共に創り考え開こう―共・創・考・開を指向する学校経営への展望(14)　学校外部評価への関心の高まり	学校経営 46 (09)、86-94（第一法規出版）
木岡一明	2001	学校評価を共に創り考え開こう―共・創・考・開を指向する学校経営への展望(15)　学校評価システムの構築と教育委員会の役割	学校経営 46 (10)、90-99（第一法規出版）
木岡一明	2001	学校評価を共に創り考え開こう―共・創・考・開を指向する学校経営への展望(16)　教職員の人事考課と学校評価システム	学校経営 46 (11)、90-100（第一法規出版）
木岡一明	2001	学校評価を共に創り考え開こう―共・創・考・開を指向する学校経営への展望(17)　学校組織開発を促すリーダーシップ	学校経営 46 (12)、91-101（第一法規出版）
木岡一明	2001	学校評価を共に創り考え開こう―共・創・考・開を指向する学校経営への展望(18)　学校評価する意味と意義、組織的教育力の向上へ	学校経営 46 (14)、83-93（第一法規出版）
木岡一明	2002	根拠のある教育の推進と当を得た応答（特集 学校評価―どう進むか？住民参加の採点簿）―外部評価に耐える"学校評価"の規準＆基準づくり	学校運営研究 41 (6)（通号 537）、42-44（明治図書出版）
木岡一明	2002	学校評価を共に創り考え開こう―共・創・考・開を指向する学校評価　学校組織開発の方略としての学校評価	学校経営 47 (01)、87-97（第一法規出版）
木岡一明	2002	学校評価を共に創り考え開こう―共・創・考・開を指向する学校評価　新しい学校評価の創出に向けて	学校経営 47 (02)、68-78（第一法規出版）
木岡一明	2002	学校評価を共に創り考え開こう―共・創・考・開を指向する学校評価	学校経営 47 (04)、60-70（第一法規出版）
木岡一明	2003	設置基準の趣旨を活かした学校評価が行われているか（特集 学校改善に活かす学校評価―学校評価文化にどう根づかせるか）	教職研修 31 (6)（通号 366）、28-31（教育開発研究所編／教育開発研究所）

資料3　467

木岡一明	2003	学校評価システムの構築—なぜ必要なのか（特集 学校評価を考える）	日本教育 (316), 6-9（日本教育会 編／日本教育会）
木岡一明、齋藤剛史	2004	学校評価システムを何のために、いかに導入すべきか 学校を元気にする組織マネジメントと学校評価の在り方	キャリアガイダンス 36(4)（通号 358）, 20-27（リクルート）
木岡一明	2004	学校組織開発のための新しい共・創・考・開を指向する組織マネジメントの展開（特集 学校評価改善に結びつける）	学校運営 45(10)（通号 510）, 6-11（全国公立学校教頭会 編／学校運営研究会）
木岡一明	2005	双方向のコミュニケーション関係を軸にしたシステム構築（特集 学校評価システムの確立）	学校運営 47(2)（通号 526）, 6-11（全国公立学校教頭会 編／学校運営研究会）
木岡一明	2005	学校評価・教員評価の徹底（特集 義務教育改革をどう進めるか—「義務教育の改革案」から2005年の課題を探る）	教職研修 33(5)（通号 389）, 64-67（教育開発研究所 編／教育開発研究所）
木岡一明	2006	特集2 学校事務から見た「新しい学校づくり」の考え方と進め方 学校事務から見た「新しい学校づくり」の考え方と進め方（中）目標管理と学校評価	学校事務 57(2), 31-37（現代学校事務研究所 編集・企画／学事出版）
木岡一明	2006	学校評価システム構築の視点と戦略—学校組織開発からのアプローチ（特集 学校評価システムの構築に向けて）	教育委員会月報 58(4)（通号 682）, 2-8（文部科学省 著／第一法規）
木岡一明	2006	学校の外部評価を再企画する視点と課題（特集 新しい学校評価の視点）	教育展望 52(8)（通号 569）, 28-35（教育調査研究所 編／教育調査研究所）
木岡一明	2006	学校評価の現状と「ガイドライン」活用の視点（特集 学校評価「ガイドライン」活用の視点）	教職研修 34(12)（通号 408）, 34-37（教育開発研究所 編／教育開発研究所）
木岡一明	2011	〈連載〉学校マネジメント研修講座 学校評価—「学校力」を高める管理職のワザ	教職研修（通号 464号〜）（教育開発研究所）

著者	年	タイトル	掲載誌
菊地栄治	2004	「学校評価」を問い直す―「学校文化を深く耕すために（特集 学校文化と学校評価）	教育展望 50(2)（通号 541）, 32-39（教育調査研究所 編／教育調査研究所）
北尾倫彦	2004	児童生徒の授業評価・教師評価の現状と課題（特集 学校評価―現状と課題）	教育時評(2), 20-23（学校教育研究所 編／学校教育研究所）
木下伝二、早崎公男	2001	学校評価の試み・今令総合学科の自己診断(3) 生徒の科目選択と授業の創造	月刊高校教育 34(8), 49-57（全国高等学校長協会、高校教育研究会 編／学事出版）
清広志	2004	学校評価改革はあらゆる機会と手法を利用して（今月の特集 学校評価を改善に活かす）	月刊高校教育 37(4), 34-42（全国高等学校長協会、高校教育研究会 編／学事出版）
黒田美千代、三浦清司	2001	学校評価の試み・今令総合学科の自己診断(4) 生徒の進路形成と進路ガイダンス	月刊高校教育 34(9), 62-67（全国高等学校長協会、高校教育研究会 編／学事出版）
高知県奈半利中学校保護者	2004	保護者から見た学校（特集 子ども・教師・学校評価を問う）	人間と教育（通号 41）, 98-100（民主教育研究所 編／旬報社）
小島宏	2003	適切な評価方法が工夫されているか（特集 学校評価改善に活かす学校評価―学校文化にどう根つかせるか）	教職研修 31(6)（通号 366）, 36-39（教育開発研究所 編／教育開発研究所）
小松郁夫	1998	子どもや保護者と創る学校―子どもの声、親の声、どう授業改善、学校改善に生かすか（特集1 学校評価―子どもの日、親の目を生かす）	総合教育技術 52(0), 14-17（小学館）
小松郁夫	1999	「ステイクホルダー型」学校経営のススメ―「学校評議員」制度の今後の展望（特集 学校経営を総点検する）	学校経営 44(2), 40-45（第一法規出版）
小松郁夫	2003	「協働・共創組織」の経営と学校評価（第32回教育展望セミナー研究討議資料 いま、学校に活力を！(2) 子どもの学びを生かす―確かさと豊かさと―（第1分科会 経営部会）	教育展望 49(6)（通号 534）（臨増）, 42-47（教育調査研究所 編／教育調査研究所）
小松郁夫	2006	学校評価システム開発の意義と課題（特集 学校評価システムの構築に向けて）	教育委員会月報 58(4)（通号 682）, 9-15（文部科学省 著／第一法規）

資料3 | 469

小山昇、堀水潤一	2004	カリスマ経営者から校長先生へ贈るエール 経営者は、マネジメントとは何か?(「学校評価」全国レポート いかに学校をマネジメントするか) ― (Part1 advanced case)	キャリアガイダンス 36 (4) (通号 358), 8-10 (リクルート)
坂田仰	2005	学校教育の新動向で学ぶ 必須教育法規 (24) 学校評価の理念と手法 開かれた学校づくりと学校改善 (2005学校管理職研修)	総合教育技術 59 (15), 142-145 (小学館)
坂田仰	2006	事務職員のためのリーガルマインド「学校評価」再考―信頼される学校づくりに向けて	学校事務 57 (4), 52-57 (学事出版)
佐野慎二	2006	評価結果の教委への提出と条件整備の推進 (特集 学校評価をどう工夫・改善するか―「学校評価ガイドライン」活用の視点)	教職研修 34 (12) (通号 408), 62-65 (教育開発研究所)
佐竹勝利	2003	教職員の参画意識の向上は図られているか (特集 学校改革に活かす学校評価―学校文化にどう根づかせるか)	教職研修 31 (6) (通号 366), 48-51 (教育開発研究所)
佐竹勝利	2004	ポイント2 教職員の指導に役立てるには 評価される教職員が「評価の意義」を十分共通理解することが必要。また、評価項目の妥当性」も強く求められる (特集1 次年度の授業改善に活かす〈学校評価〉)	総合教育技術 59 (10), 24-26 (小学館)
佐藤晴雄	1999	統計・資料にみる学校経営診断の実態と課題 (特集 学校経営診断の総点検する)	学校経営 44 (2), 46-57 (第一法規出版)
佐貫浩	2004	NPMとは何か―総務省「新たな行政マネジメントの実現に向けて」批判 (特集 子ども・教師・学校評価を問う)	人間と教育 (通号 41), 56-63 (民主教育研究所 編/旬報社)
佐野金吾	2002	学校の経営責任を明らかにする学校評価 (特集 学校評価―どう進む?住民参加の採点簿) ― (提言=情報公開による"学校評価"の規準&基準づくり)	学校運営研究 41 (6) (通号 537), 36-38 (明治図書出版)
猿田真嗣	2007	保護者・地域住民への責任を果たすために、評価結果をどのような場面・方法で説明すればよいのか? (特集1 客観性・信頼性を高める「学校評価」) ― (PART3 評価結果について)	総合教育技術 61 (14), 26-28 (小学館)

著者	年	タイトル	掲載誌
塩田寛幸	2005	学校の使命から考える学校評価─保護者からの外部評価をいかにもらうか（特集 学校の自己評価で教育が変わる？）──説明責任と学校の自己評価─保護者	現代教育科学 48 (2)（通号 581）、43-45（明治図書出版株式会社 編／明治図書出版）
篠原清昭	2003	教育改革を評価する (19) 学校評価改革 (1) 学校評価システムをいかに構想するか	教職研修 32 (4)（通号 376）、119-123（教育開発研究所 編／教育開発研究所）
篠原清昭	2004	教育改革を評価する (20) 学校評価改革 (2) 学校評価に対する教職員・教育長の意識	教職研修 32 (5)（通号 377）、134-137（教育開発研究所 編／教育開発研究所）
篠原清昭	2004	教育改革を評価する (21) 学校評価改革 (3)「外部評価」導入についての意識	教職研修 32 (6)（通号 378）、134-137（教育開発研究所 編／教育開発研究所）
地引友次	1952	学校評価とその対象としての施設─教育評価の問題点とその解決	教育技術 6 (12)、56-59（教育技術連盟 編／小学館）
志水廣	2002	算数の評価規準の作成と活用	別冊教職研修 7月（増刊）、28-31（教育開発研究所）
稲田一敏	1999	論説 人間教育の学校づくり──パラダイムの転換と教育課程の創造（特集 学校評価・教育課程の編成）	学校運営 41 (9)（通号 461）、6-11（全国公立学校教頭会 編／学校運営研究会）
鈴木武嗣	1995	中学校の場合（特集 学校評価を改革する）─（校長からみた学校評価の現状と改革課題）	季刊教育法（通号 104）、33-38（エイデル研究所 編／エイデル研究所）
瀬尾京子	2000	講座 学校経営改善の工夫・実践的研究とその活用 (2) 評価の生命を生かし方─活力ある学校の創造	教職研修 28 (9)（通号 333）、103-106（教育開発研究所 編／教育開発研究所）
善野八千子	2005	学校評価を活かした「総合的な学習の時間」（特集 教育評価の課題を問い直す）	教育フォーラム（通号 35）、98-109（人間教育研究協議会 編／金子書房）
善野八千子	2006	自己評価書・外部評価書の作成と活用─改善を工夫・改善する一「学校評価ガイドライン」活用の視点	教職研修 34 (12)（通号 408）、54-57（教育開発研究所 編／教育開発研究所）
大東加佳、堀成應、百瀬健一郎他	2002	学校評価の試み (11) 生徒座談会・卒業生が語る今合総合学科	月刊高校教育 35 (2)、92-99（全国高等学校長協会、高校教育研究会 編／学事出版）

著者	年	タイトル	掲載誌
高井聡史	2003	「学校教育自己診断」から「こんな学校がいいなアンケート」へ（特集 学校評価）	クレスコ 3(2)（通号 23）、6-8（クレスコ編集委員会・全日本教職員組合 編／大月書店）
高木国昭	1995	校長の自己診断としての学校経営診断の開発（特集 学校評価を改革する）	季刊教育法（通号 104）、46-51（エイデル研究所 編／エイデル研究所）
高野敬三	1995	開かれた学校評価基準の開発（特集 学校評価を改革する）	季刊教育法（通号 104）、39-45（エイデル研究所 編／エイデル研究所）
高野鷹二	1952	生徒指導を中心としての学校評価―教育評価の問題点とその解決	教育技術 6(12)、63-64（教育技術連盟 編／小学館）
武内清	2004	学校文化と学校評価の関係（特集 学校文化と学校評価）	教育展望 50(2)（通号 541）、4-12（教育調査研究所 編／教育調査研究所）
竹田操	1952	学校評価からみた学習指導―教育評価の問題点とその解決	教育技術 6(12)、42-46（教育技術連盟 編／小学館）
竹田操	1954	学校評価の機能と特質	教育創造 7(2)、1-4（高田教育研究会）
舘野健三	1990	まず初めに学校評価から（「学校づくり」をふまえた教師研修（特集））―（教務主任として何から手をつけたか）	現代教育科学 33(1)、57-60（明治図書出版株式会社 編／明治図書出版）
玉井康之	2003	保護者や地域などの評価を活かしているか（特集 学校改善に活かす学校評価にどう根づかせるか）	教職研修 31(6)（通号 366）、56-59（教育開発研究所 編／教育開発研究所）
玉井康之	2003	外部および内部評価組織の整備と運用（特集 学校評価を考える）	日本教育 30(6)、12-15（日本教育会 編／日本教育会）
田村昌平	2001	学校評価の試み 今宮総合学科の自己診断(6) 教育改革を推進する学校経営	月刊高校教育 34(12)、94-97（全国高等学校長協会、高校教育研究会 編／学事出版）
田村昌平、木下稔、三浦清司他	2001	学校評価の試み・今宮総合学科の自己診断(5) 生徒の自己規律と自己実現	月刊高校教育 34(10)、78-83（全国高等学校長協会、高校教育研究会 編／学事出版）

田中昌平、早苗良雄、木下伝二	2001	学校評価の試み (2) 今宮総合学科の創出—改革と伝統の継承	月刊高校教育 34 (7)、58-63 (全国高等学校長協会、高校教育研究会 編／学事出版)
統有恒	1953	学校評価の基本的問題	教育技術 7 (3)、10-14 (教育技術連盟 編／小学館)
恒吉勉	2002	教職員の意識改革を図る学校評価 (特集 学校評価—どう進む？ 住民参加の採点簿) — (提言＝外部評価に耐える "学校評価" の規準＆基準づくり)	学校運営研究 41 (6) (通号 537)、45-47 (明治図書出版)
寺崎千秋	2002	はぐくむ子どもを視点にして重点を明確にする (特集 学校評価—どう進む？ 住民参加の採点簿) — (提言＝情報公開に耐える "学校評価" の規準＆基準づくり)	学校運営研究 41 (6) (通号 537)、39-41 (明治図書出版)
天井勝海	2003	これからの学校経営と評価 (特集 学校評価にどう取り組むか)	月刊高校教育 36 (11)、48-52 (全国高等学校長協会、高校教育研究会 編／学事出版)
徳武靖	2005	学校評価の諸問題	広領域教育 (3)、38-45 (広領域教育研究会)
永井聖二	2004	教職員の勤務評定の現状と課題 (特集 学校評価—現状と課題)	教育時評 (2)、16-19 (学校教育研究所／学校教育研究所)
長尾彰夫	2006	「学校力」を高める学校評価の在り方を問う (特集 学校力「評価」を高める)	教育展望 52 (4) (通号 565)、13-20 (教育調査研究所 編／教育調査研究所)
中薗政彦	1997	実践事例 4 教育課程編成に生かす学校評価の工夫と改善	学校運営 39 (8)、24-27 (全国公立学校教頭会 編／学校運営研究会)
中田康彦	2007	教員評価・学校評価の新たな段階 (小特集 教員評価・学校評価の新たな段階)	教育 57 (2) (通号 733)、85-92 (教育科学研究会 編／国土社)
中留武昭	1995	いま、なぜ学校評価の改革なのか (特集 学校評価を改革する)	季刊教育法 (通号 104)、4-19 (エイデル研究所 編／エイデル研究所)

資料3 | 473

著者	年	タイトル	掲載誌
中留武昭	1999	新・教頭職務講座 (22) 学校評価と教頭	学校運営 41(8) (通号 460), 34-39 (全国公立学校教頭会 編／学校運営研究会)
長野浩三	2004	共同専門委員会報告をどう読みこなすか (特集 子ども・教師・学校評価と同う)	人間と教育 (通号 41), 64-68 (民主教育研究所 編／旬報社)
中村智彦	1996	学校評価改善の工夫 (特別企画 実践につなげる「学校評価」の工夫)	総合教育技術 51(5), 56-59 (小学館)
新堀義昭	2004	教職員の賃金・人事制度「改革」と「新しい教員評価」の全国的状況 (特集 子ども・教師・学校評価を問う)	人間と教育 (通号 41), 83-91 (民主教育研究所 編／旬報社)
新村恵一	2004	企業内の人材育成と業績評価 (特集 子ども・教師・学校評価と同う)	人間と教育 (通号 41), 69-76 (民主教育研究所 編／旬報社)
西穣司	2003	評価結果が学校改善に活かされているか (特集 学校評価―学校評価文化にどう根づかせるか)	教職研修 31(6) (通号 366), 44-47 (教育開発研究所／教育開発研究所)
西穣司	2004	ポイント 3 児童・生徒の学習指導に役立てるには 素朴で簡便なアンケートの回答結果も吟味次第で学習指導の改善につながる (特集 1 次年度の授業改善に活かす〈学校評価〉)	総合教育技術 59(10), 27-29 (小学館)
西穣司	2007	保護者、地域住民からより客観性の高い学校評価を得るために、どのようなシステムを構築すればよいのか？	総合教育技術 61(4), 20-22 (小学館)
西山薫	2003	児童・生徒の評価を活かしているか (特集 学校評価―学校評価文化にどう根づかせるか)	教職研修 31(6) (通号 366), 52-55 (教育開発研究所／教育開発研究所)
野口克海	1995	行政担当者からみた学校評価の現状と改革課題 (特集 学校評価を改革する)	季刊教育法 (通号 104), 20-25 (エイデル研究所 編／エイデル研究所)
能穫外喜雄	1999	学校評価を総点検する―教員の経営参加の意欲と学校改善を図る学校評価 (特集 学校評価を総点検する)	学校経営 44(2), 14-20 (第一法規出版)
伯井美徳	2006	学校評価システムの構築について (特集 学校評価システムの構築に向けて)	教育委員会月報 58(4) (通号 682), 16-19 (文部科学省 著／第一法規)

伯井美徳	2006	学校評価システムの構築について―学校評価ガイドラインのねらいと概要（特集 新しい学校評価の視点）	教育展望 52(8)（通号 569）, 12-19（教育調査研究所 編／教育調査研究所）
伯井美徳	2007	行政職員としての知識やネットワークが必要―学校評価と学校事務職員の役割（特集 学校評価と事務職員の役割）	学校事務 58(3), 6-9（学事出版）
羽豆成二	2004	ポイント4 保護者への対応に役立てるには 学校評価を通して保護者の果たすべき役割を明確にし、学校としての方針や考えについて理解を得ることが重要	総合教育技術 59(10), 30-32（小学館）
浜田博文	2003	提言1「学校評価」はなぜ必要か？―教育活動の継続的改善へ向けて（特集「学校評価システム」を導入する一開かれた学校づくりに向けて）	学校経営 48(1), 20-25（第一法規出版）
浜田博文	2004	「組織文化」変革の「仕掛け」としての学校評価―「オリジナル」の学校づくりへ向かって（特集 学校評価）	教育展望 50(2)（通号 541）, 21-27（教育調査研究所 編／教育調査研究所）
浜野功一	1995	小学校の場合（特集 学校評価を改革する）―（校長からみた学校評価の現状と改革課題）	季刊教育法（通号 104）, 26-32（エイデル研究所 編／エイデル研究所）
林部一二	1957	学校評価の方法	文部時報（通号 953）（文部省 編／ぎょうせい）
早野英智、高橋宏幸、佐藤芳正他	2005	政策課題研究(26) 自治の課題への取組(16) みんなあつまれ！地域に根ざした学校を目指して―地域住民との協働による学校評価の在り方について（要約）	月刊自治フォーラム(550), 64-70（自治研修協会 編／第一法規）
葉養正明	2001	学校評価制度の導入と学校選択制（教育改革と「21世紀・日本の教育」改革国民会議「教育を変える17の提案」を検討する）―（新しい時代の新しい学校づくり―地域の信頼に応える学校づくりを進める）	教職研修総合特集(149), 193-196（教育開発研究所 編／教育開発研究所）
葉養正明	2004	学校評議員の現状と課題（特集 学校評価―現状と課題）	教育時評(2), 12-15（学校教育研究所／学校教育研究所）

葉養正明	2004	ポイント5 地域との連携に役立てるには評価項目数を十数項目に絞り込み、学校の経営サイクルの中にきちんと位置づける（特集1 次年度の授業改善に活かす《学校評価》）	総合教育技術 59 (10), 33-35（小学館）
日俣周二	1973	学校評価の現代的課題	児童心理 27 (3), 122-131（児童研究会／金子書房）
平井貴美代	2006	自己評価結果・外部評価結果の説明・公表 (特集 学校評価をどう工夫・改善するか―「学校評価ガイドライン」活用の視点)	教職研修 34 (12)（通号 408）, 58-61（教育開発研究所／教育開発研究所 編）
平野孝三	1954	私の学校評価と学校経営	教育創造 7 (2), 5-10（高田教育研究会）
平野ゆり	1998	父親・母親に聞きましたら「この一年、学校・先生のことに満足、ここに不満」(特集1 学校評価―子どもの日、親の日を生かす) ―（子どもと親は「教師」をどう評価しているか）	総合教育技術 52 (17), 25-27（小学館）
深谷昌志	1998	「子どもから見た教師像」の国際比較調査から (特集1 学校評価―子どもの日、親の日を生かす) ―（子どもと親は「教師」をどう評価しているか）	総合教育技術 52 (17), 28-31（小学館）
福本みちよ	2006	外部評価の実施、結果の検証と改善方策の検討 (特集 学校評価をどう工夫・改善するか―「学校評価ガイドライン」活用の視点)	教職研修 34 (12)（通号 408）, 50-53（教育開発研究所／教育開発研究所 編）
福本みちよ	2007	教育的観点からだけでなく、経営的視点からの検討がこれからの学校の全教職員に必要―学校評価における事務職員の役割（特集 学校評価と事務職員の役割）	学校事務 58 (3), 10-14（学事出版）
福本みちよ	2007	より実りのある自己評価を行うために、全教職員の意識をどのように向上させていけばよいのか？ 評価をもとにして得た学校の全教職員の"知恵"、改革へのネットワークを形成が、現状を変えていこうとする意思が、改革へのネットワークを形成し、信頼性・信頼性を高める「学校評価」―(PART1 自己評価について)	総合教育技術 61 (14), 17-19（小学館）

476

著者	年	タイトル	掲載誌
藤井佐知子	2006	自己評価の目標と具体的な指標の設定 ―改善するか―「学校評価」活用の視点	教職研修 34(12)(通号 408)、38-41(教育開発研究所 編／教育開発研究所)
藤井佐知子	2007	特別企画1 全国公立小中学校事務職員研究会役員等研修会【学校組織マネジメント研修】(その1)新しい学校評価・教職員評価とどう立ち向かうか―学校組織マネジメントの観点から	学校事務 58(1)、36-46(学事出版)
藤井佐知子	2007	特別企画1 全国公立小中学校事務職員研究会役員等研修会【学校組織マネジメント研修】(その2)新しい学校評価・教職員評価とどう立ち向かうか―学校組織マネジメントの観点から	学校事務 58(2)、45-59(学事出版)
藤井佐知子	2007	特別企画1 全国公立小中学校事務職員研究会役員等研修会【学校組織マネジメント研修】(その3)新しい学校評価・教職員評価とどう立ち向かうか―学校組織マネジメントの観点から	学校事務 58(3)、38-55(学事出版)
藤原文雄	2004	学校経営(研究)の立場から学校評価を問う(特集 子ども・教師・学校評価を問う)	人間と教育(通号 41)、40-48(民主教育研究所 編／旬報社)
府中市立府中第四中学校	2005	わたしの教育実践(200) 新しい学校評価システムの構築―関係者評価・自己評価・第三者評価を通して	教育展望 51(5)(通号 555)、52-60(教育調査研究所 編／教育調査研究所)
細井克彦	2004	大学における評価問題(特集 子ども・教師・学校評価を問う)	人間と教育(通号 41)、49-55(民主教育研究所 編／旬報社)
堀井啓幸	2007	学校評価システムをどう構築するか(特集 教育の"2007年問題"への対応―当面する重要課題にどう取り組むか)	教職研修 35(6)(通号 414)、52-55(教育開発研究所 編／教育開発研究所)
堀井啓幸	2007	評価結果を学校運営の改善に活かすために、何をポイントにし、どのように分析をすればよいのか? 評価尺度を簡潔に設定し、関わる人間の「意識のずれ」に着目して結果を分析する(特集1 客観性・信頼性を高める「学校評価」) ― (PART3 評価結果について)	総合教育技術 61(14)、29-31(小学館)
牧昌見	1996	学校評価―その基本発想と生かし方(特別企画 実践につなげる「学校評価」の工夫)	総合教育技術 51(15)、52-55(小学館)

資料3 | 477

著者	年	タイトル	掲載誌
牧昌見	1997	論説 今求められる学校評価と教頭の役割（特集 評価と改善）	学校運営 39(8), 6-11（全国公立学校教頭会 編／学校運営研究会）
牧昌見、いばらき学校経営研究会	2000	学校経営改善の工夫（23・最終回）学校評価とその課題	教職研修 28(11)（通号 335), 92-95（教育開発研究所 編／教育開発研究所）
牧昌見	2004	学校評価の現状と課題（特集 学校評価―現状と課題）	教育時評(2), 4-7（学校教育研究所 編／学校教育研究所）
松山美重子	2002	「学ぶ楽しさ、ふれあう喜び」のある学校―日常的、多面的な評価を（特集 学校評価―どう進む？住民参加の採点簿）―（"学校評価"の改善は何をどう見直していくか 何を規準にどんな基準化を進めるか）	学校運営研究 41(6)（通号 537), 48-50（明治図書出版）
円山博司	2004	ポイント1 校長の経営方針、教育課程づくりに役立てるには評価項目は「質的変化を促す新学校評価システム」の具体的評価基準によって決定する	総合教育技術 59(10), 20-23（小学館）
三浦清司、西谷義昭	2001	学校評価の試み(9) 新しい授業への挑戦―今晶総合学科の自己診断	月刊高校教育 34(16), 60-66（全国高等学校長協会、高校教育研究会 編／学事出版）
三橋浩志	2003	提言3 教育という「聖域」にこそ「評価」の導入を―行財政改革の視点から見た学校評価の必要性（特集「学校評価システム」を導入する―開かれた学校づくりに向けて）	学校経営 48(1), 34-42（第一法規出版）
南万三	1952	学校評価について―教育評価の問題点とその解決	教育技術 6(12), 54-56（教育技術連盟 編／小学館）
村田俊明	1999	学校評価の活性化の課題―学校評価の組織化と「開かれた学校」運営の実現（特集 学校評価を総点検する）	学校経営 44(2), 6-13（第一法規出版）
矢内忠	2000	東京都足立区 地域協議会の設置 授業評価とセットで推進。地域が「学校評価」し、子どもは「授業診断」広がる〈子どもの授業評価〉―〈実例リポート／子どもの声、主体性を重視する「授業改善」の動き〉	総合教育技術 55(11), 60-63（小学館）

矢内忠	2004	特別企画2 教員評価、学校評価の次は… 「校長が評価される時代」	総合教育技術59(1)、94-99（小学館）
八尾坂隆	2004	学校評価を支える教育委員会の取り組み（今月の特集 学校評価を改革に活かす）	月刊高校教育37(4)、30-33（全国高等学校長協会、高校教育研究会 編／学事出版）
八尾坂修、八木正博	1997	学校評価基準の今日的特質と各学校での実践状況	季刊教育法（通号108）、74-78（エイデル研究所／エイデル研究所）
八尾坂修	2000	学校評価と学校協議会の今日的方向と課題―子どもの願いがわかり、授業改善にも（特集 開かれた学校「スクール・ガバナンス」とは）	教育評論（通号640）、19-24（アドバンテージサーバー 編）
八尾坂修	2001	学校の説明責任と情報公開のヒント―学校評価、評議員制における説明責任の実施（平成14年度）計画―焦点はどこか―（全面実施で混乱しない学校経営―検討課題は何か）	学校運営研究40(12)（通号530）、43-45（明治図書出版）
八尾坂修	2001	学校評価の今日的特質と求められる課題	都市問題92(5)、51-65（東京市政調査会 編／東京市政調査会 財団法人東京市政調査会 刊行センター）
八尾坂修	2002	学校評価の実施主体と留意点（特集 学校評価する）	悠.19(9)、16-19（ぎょうせい 編／ぎょうせい）
八尾坂修	2003	学校評価の考え方と実際（特集 学校評価にどう取り組むか）	月刊高校教育36(11)、22-29（全国高等学校長協会、高校教育研究会 編／学事出版）
八尾坂修	2004	学校改善に果たす学校評価の役割	書斎の窓（534）、41-44（有斐閣）
八尾坂修	2006	学校評価ガイドラインにおける自己評価の有効活用（特集 新しい学校評価の視点）	教育展望52(8)（通号569）、20-27（教育調査研究所 編／教育調査研究所）
八尾坂修	2006	学校評価と教員評価の連動（特集 学校評価をどう工夫・改善するか―「学校評価ガイドライン」活用の視点）	教職研修34(12)（通号408）、70-73（教育開発研究所 編／教育開発研究所）

八尾坂修	2007	その評価結果を学校改善に活かすために、どのような具体的評価項目を策定すればよいのか？ 具体的評価項目も達成目標的視点を取り入れることが、保護者や地域との信頼性の構築につながる（特集1 客観性・信頼性を高める「学校評価」）―（PART1 自己評価について）	総合教育技術 61 (4), 14-16（小学館）
柳澤良明	2006	外部評価委員会の設置と運用（特集 学校評価・改善するか―「学校評価ガイドライン」活用の視点）	教職研修 34 (12)（通号 408), 46-49（教育開発研究所 編／教育開発研究所）
柳澤良明	2007	より質の高い外部評価を実現させるために、外部評価委員に対してどのような情報提供を行えばよいのか？ 外部評価委員に専門性がある場合には、その専門性に特化した形で評価を依頼すればよい（特集1 客観性・信頼性を高める「学校評価」）―（PART2 外部評価について）	総合教育技術 61 (4), 23-25（小学館）
矢野俊一	2002	「学校の特色化が図れるか」の規準で（特集 学校評価に進む？ 住民参加の採点簿）―（"学校評価"の改善＝何をどう見直していくか 何を基準にどんな規準化を進めるか）	学校運営研究 41 (6)（通号 537), 51-53（明治図書出版）
山極隆	2005	教員評価の光と影―学校評価との関連で（特集 教師の適格性が問われる業績評価）―（提言・教師の適格性を問う人事考課とは？）	現代教育科学 48 (5)（通号 584), 5-8（明治図書出版株式会社 編／明治図書出版）
山口隆	2005	「子ども参加・父母共同の学校づくり」で「学校評価」「教職員評価」の押しつけをはねかえそう（特集 誰のための「評価」か？）	クレスコ 5 (6)（通号 51), 6-9（クレスコ編集委員会・全日本教職員組合 編／大月書店）
山口隆	2006	とりくみ「教職員評価」「学校評価」押しつけを共同の力で跳ね返そう（特集 教職員を分断する「評価」一学校づくり一で対抗する）	クレスコ 6 (8)（通号 65), 26-29（クレスコ編集委員会・全日本教職員組合 編／大月書店）

山田武士	2002	学校評価の導入—どんな切り口で迫るか—「学期制の取組みと学校評価」(特集 動き出した"学力保障の学校づくり")—("学力保障の学校づくり"にどんな切り口で迫るか)	学校運営研究 41 (5) (通号 536)、37-39 (明治図書出版)
山本恒夫	2004	学校の自己点検・自己評価の現状と課題 (特集 学校評価—現状と課題)	教育時評 (2)、8-11 (学校教育研究所 編/学校教育研究所)
山本紀子	1998	特別記事／「教師の評価」の転機になるか？東京都「指導力不足教員」認定制度の実施とその背景 (特集 1 学校評価—子どもの目、親の目を生かす)	総合教育技術 52 (17)、36-38 (小学館)
油川勝治	2002	開かれた学校づくりをめざして (特集 学校評価—どう進む？住民参加の採点簿")—("学校評価"の改善＝何をどう見直していくか、何を規準にどんな基準化を進めるか)	学校運営研究 41 (6) (通号 537)、54-56 (明治図書出版)
横浜市立港南台第一中学校	2005	学校改善の営み—略、術としての学校評価 (第 34 回 教育展望セミナー研究討議資料 転機に立つ教育への挑戦—創造と発展 (2) 教育の「質」を高める)—(実践提案 第 1 分科会)	教育展望 51 (6) (通号 556) (臨増)、91-97 (教育調査研究所 編/教育調査研究所)
若井彌一	2006	教育と時事—解説・提言 (3) 学校評価ガイドラインの実践的課題	教職研修 34 (9) (通号 405)、104-106 (教育開発研究所 編/教育開発研究所)
和佐眞宏	2004	学校評価と教育課程編成の新情報 (特集 学校 変化に対応！教育課程編成の新情報 33)—(05 年の教育課程編成—取り組み必須の新情報へ—いくつ持っていますか)	学校マネジメント 43 (11) (通号 567)、27-29 (明治図書出版)
和田成	2007	特集 がんばれ！公立校！！学校評議員制度＆学校評価に新しい視点を持ち込んでくれるもの—すればは学校経営に活用できるのか？	教育ジャーナル 45 (11)、6-17 (学習研究社)
渡辺尚人	2002	学校評価—学校選択の視点から総合的な指標整備を (特集 学校評価—どう進む？住民参加の採点簿")—(シンポジュウム 提案 学校選択時代の学校評価—規準＆基準づくりの試み)	学校運営研究 41 (6) (通号 537)、14-17 (明治図書出版)

| 渡辺弘 | 1999 | 学校評価を総点検する―効果を高めるための条件づくり（特集 学校評価を総点検する） | 学校経営 44(2), 33-39（第一法規出版） |
| 渡辺弘 | 2003 | 学校評価の現状とこれからの課題（特集 二年目に入った新教育課程） | 教育展望 49(3)（通号 531), 42-47（教育調査研究所 編／教育調査研究所） |

(海外)

大田直子	2007	イギリスにおける学校査察報告書の実践例―2005年から新しい査察制度を順次導入	学校事務 58(3), 32-37（学事出版）
沖清豪、福本みちよ	2003	提言 2 イギリス・ニュージーランドに学ぶ学校評価システム―専門性の確保と支援機能の強化（特集「学校評価システム」を導入する―開かれた学校づくりに向けて）	学校経営 48(1), 26-33（第一法規出版）
沖清豪	2003	世界の学校評価―イギリスにおける監察制度の概要と課題（特集学校評価を考える）	日本教育 (306), 16-19（日本教育会 編／日本教育会）
加藤崇英	2003	諸外国の「学校評価」「学校の外部評価」はどうなっているのか（特集〈新・学校評価〉の時代―足もとからの確かな評価のために）	総合教育技術 57(15), 46-49（小学館）
嵩妻紳二郎	2002	イギリスの学校評価・住民参加の方向から考える―新しい学校査察と保護者の参加（特集 学校評価―どう進む？住民参加の採点簿）―（こう進めたい！"住民参加評価"の方向諸外国の学校評価から考える）	学校運営研究 41(6)（通号 537), 26-28（明治図書出版）
嵩妻紳二郎	2007	イギリスの第三者による学校評価の現在―学校評価の日英比較（特集 学校評価と事務職員の役割）	学校事務 58(3), 27-31（学事出版）

482

小松郁夫	2006	インタビュー 学校が子どもたちの社会的実践的実践を育成する場となるために―イギリスの学力調査と学校評価に学ぶ (特集 学力 学力向上についての調査、その狙いとデザインを考えるー子どもの学力向上につなげるために求められること)	BERD(4), 22-27 (ベネッセコーポレーション Benesse 教育研究開発センター)
坂本真由美	2001	イギリスの学校評価における教職員団体の役割	大学院教育学研究紀要 3, 151-162 (九州大学大学院人間環境学研究科発達・社会システム専攻教育学コース 編)
篠原康正	2004	外国の学校評価の現状―イギリス (特集 学校評価―現状と課題)	教育時評(2), 24-27 (学校教育研究所／学校教育研究所)
中留武昭	2002	アメリカの学校評価・住民参加の方向性から考える―多様な関係者による多様な学校評価のシステム化 (特集 学校評価 どう進む？住民参加の学校評価の採点簿) ― (こう進めたい！"住民参加の学校評価"―諸外国の学校評価の方向)	学校運営研究 41(6) (通号 537), 23-25 (明治図書出版)
馬場雅史	2006	政策的評価・学校評価の構造的矛盾とその再生産「土佐の教育改革」における政策的評価とそれにともなう関係性の変容に関する考察 (4 教育行財政・教育法A、自由研究発表、発表要旨)	日本教育学会大会発表要旨集録 65, 82-83 (日本教育学会)
原田信之	2002	ドイツの学校評価・住民参加の方向から考える―内外連動型の評価システムの構築を！ (特集 学校評価 どう進む？住民参加の学校評価の採点簿) ― (こう進めたい！"住民参加の学校評価"―諸外国の学校評価の方向)	学校運営研究 41(6) (通号 537), 29-31 (明治図書出版)
日永竜彦	1995	イギリスの大学評価と水準維持方式をめぐる今日的動向 (特集 学校評価を改革する) ― (大学評価の現状と課題)	季刊教育法 (通号 104), 66-71 (エイデル研究所／エイデル研究所)
藤井佐知子	2000	フランスにおける学校自治と学校評価「教師の協働」がスクール化しない限界の克服 (特集「開かれた学校」への道筋 スクールガバナンスとは)	教育評論 (通号 640), 25-29 (アドバンテージサーバー／アドバンテージサーバー 編)

藤井佐知子	2001	フランスにおける学校自治と学校評価	都市問題 92(5), 67-77（東京市政調査会 編／東京市政調査会／財団法人東京市政調査会刊行センター）	
前田早苗	1995	アメリカにおける基準認定の新展開（特集 学校評価を改革する）－（大学評価の現状と課題）	季刊教育法（通号 104）, 59-65（エイデル研究所 編／エイデル研究所）	

科学研究費助成事業 テーマ（2012まで）

久部勝治	2012-2013	学校・学校関係者・学校設置者の三者が連携した効果的な学校評価システムの実証的な研究	奨励研究
植田みどり	2010-	地方教育行政における学校改善支援機能の開発に関する日英比較研究	若手研究(B)
浦野東洋一	1993-1994	学校の評価、選択、経営に関する日・英・米3ケ国の比較・実証的研究	一般研究(B)
沖清豪	2005-2006	英国教育機関への外部評価に対する異議申立制度の実態と機能に関する実証的研究	基盤研究(C)
沖清豪	2007-2008	英国教育機関への外部評価におけるメタ評価の制度化と実態に関する実証的研究	基盤研究(C)
織田揮準	2004-2006	学校評価項目データベースの構築と学校評価アンケート作成支援システムの開発	基盤研究(C)
勝野正章	2001-2002	学校の自己評価と外部評価の連携・統合に関する理論モデル構築のための基礎的研究	奨励研究(A)→若手研究(B)
加藤崇英	2006-2007	公立小中学校の組織マネジメントに資する学校評価の基礎的調査研究	若手研究(B)

氏名	年度	研究課題	種別
木岡一明	1988	日本現代公教育経営における学校評価実施様式に関する実証的研究	奨励研究 (A)
木岡一明	1993	日本現代公教育経営における学校評価実施様式に関する開発的研究	奨励研究 (A)
木岡一明	1999-2002	学校評価の促進条件に関する開発的研究―外部セクターの在り方に着目して	基盤研究 (B)
木岡一明	1999-2002	学校組織開発に関する実証的研究―「創出」モードへの組織進化プロセスの追跡	基盤研究 (C)
木岡一明	2003-2006	学校評価システムの構築に関する開発的研究	基盤研究 (B)
久冨善之	2003-2004	日本型チャータースクールと公教育行財政様式の変容	萌芽研究
髙妻紳二郎	2003-2005	イギリスにおける学校評価の組織・構造に関する実証的研究	基盤研究 (C)
髙妻紳二郎	2010-	学校評価を基盤とした学校改善に関する日英比較研究	基盤研究 (C)
河野和清	2000-2002	地方分権下における自律的学校経営の構築に関する総合的研究	基盤研究 (B)
小松郁夫	1999-2001	初等・中等教育学校の外部評価に関する基礎的比較研究	萌芽的研究
小松郁夫	2007-2009	戦略的学校評価システムの開発に関する比較研究	基盤研究 (B)
小山宏明	2001	「総合的な学習の時間」の授業・学校評価―チェックリストの作成とその有効性の検証	奨励研究 (B)
坂野慎二	2007-2008	学校教育質保証とその評価手法開発に関する日独比較研究	基盤研究 (C)
坂野慎二	2009-2011	教育の質保証に関する日欧比較研究	基盤研究 (C)
佐藤博志	2001-2002	オーストラリアの自律的学校経営におけるアカウンタビリティー確保に関する研究	奨励研究 (A) → 若手研究 (B)
佐藤博志	2009-2010	学校第三者評価に関する英豪比較研究	若手研究 (B)

髙瀨淳	2004-2005	ロシア連邦における学校評価と校長・教員に対する人事評価に関する研究	若手研究(B)
髙瀨淳	2006-2008	ロシア連邦における教育水準の向上を図る学校評価と教育課程評価に関する研究	基盤研究(C)
坪井由実	1999-2001	米国都市教育委員会のアカウンタビリティ制度と学校の自己評価体制に関する実証的研究	基盤研究(C)
豊福晋平	2011-	学校評価・教育質保障におけるDDDM概念の導入・普及研究	基盤研究(C)
長尾眞文	2003-2004	公立学校における学校評価システムの導入と評価人材育成の課題	萌芽研究
成松美枝	2007-2008	アメリカ合衆国の自治体・学区における「学校評価システム」の調査・研究	若手研究(スタートアップ)
南部初世	2000-2001	ドイツにおける「学校の自律化」政策形成・実施過程に関する研究	奨励研究(A)
南部初世	2005-2006	ドイツにおける教育領域への組織マネジメント導入過程に関する研究	基盤研究(C)
橋本昭彦	2009-2011	1950年代の日本における学校評価制度の導入とその展開に関する基礎的研究	基盤研究(C)
濱田博文	2006-2008	学校の「自己評価」機能を促進する要因に関する研究	基盤研究(C)
濱田博文	2009-2011	現代アメリカの学校認証評価における学校改善支援機能に関する学術調査研究	基盤研究(B)
林孝	2000-2002	学校の組織風土・組織文化認知の多様性を活かした特色ある開かれた学校づくりの研究	基盤研究(C)
林孝	2003-2006	学校評価システム導入による家庭・学校・地域社会の教育連携の推進に関する研究	基盤研究(C)

福本みちよ	2005-2006	学校評価システムにおける評価と支援のネットワーク形成に関する研究	若手研究 (B)
福本みちよ	2007-2010	学校評価システムの展開に関する実証的研究	基盤研究 (B)
福本みちよ	2011-	学校評価に連動した学校支援システムの開発に関する研究	基盤研究 (C)
藤井佐知子	2003-2005	学校評価システムの理論と実態に関する日仏比較研究	基盤研究 (C)
藤井佐知子	2006-2008	フランスにおける視学制度の機能変容と視学官・校長の職能向上策に関する研究	基盤研究 (C)
藤井佐知子	2009-2011	フランスにおける地方教育行政当局のアカウンタビリティシステム再構築に関する研究	基盤研究 (C)
前原健二	2007-2008	PISA調査以後のドイツの教育行政の「学校プログラム」から「学校評価」への展開	基盤研究 (C)
牧昌見	1996-1998	学校評価に関する実証的研究	基盤研究 (A)
八尾坂修	2002-2003	教員の人事評価と職能開発プログラムに関する国際比較研究	基盤研究 (B)
湯藤定宗	2007-2009	米国ミネソタ州におけるチャータースクールの学校評価モデル構築に関する研究	若手研究 (B)
湯藤定宗	2010-	米国チャータースクールにおける特色ある学校評価による効果に関する実証的研究	若手研究 (B)
吉田重和	2010-2011	オランダの教育監査制度に関する質的研究―教育監査局の分析を中心に	若手研究 (B)
渡部宗助、本多正人	2002-2004	教育評価政策研究の課題と評価手法の開発に関する基礎的研究	基盤研究 (B)

資料3 | 487

その他

1995	特集 学校評価を改革する	季刊教育法（通号 104）, 4-77（エイデル研究所 編／エイデル研究所）
1995	大学評価の現状と課題（特集 学校評価を改革する）	季刊教育法（通号 104）, 52-71（エイデル研究所 編／エイデル研究所）
1996	「生徒指導・生活指導に関する学校評価項目」の作成（特別企画 実践につなげる「学校評価」の工夫）	総合教育技術 51(15), 60-66（小学館）
1998	特集 1 学校評価—子どもの目、親の目を生かす	総合教育技術 52(17), 12-38（小学館）
1998	子どもと親は「教師」をどう評価しているか（特集 1 学校評価—子どもの目、親の目を生かす）	総合教育技術 52(17), 18-31（小学館）
1999	特集 学校評価・教育課程の編成	学校運営 41(9)（通号 461）, 4-31
1999	特集 学校評価を総点検する	学校経営 44(2), 6-57（第一法規出版）
1999	あなたの学校は"星、いくつ？" 一特色づくりに真剣に取り組まないと、厳しい学校評価を受ける（特集「特色づくり」と学校淘汰の時代）	総合教育技術 54(14), 60-61（小学館）
2000	特集 教育課程の編成と学校評価	学校運営 42(8)（通号 472）, 4-27（全国公立学校教頭会 編／学校運営研究会）
2000	学校教育法施行規則等の改正について—学校評議員制度の導入、校長・教頭の資格要件の緩和及び職員会議の位置付けの明確化	初等教育資料（通号 717）, 85-89（文部科学省教育課程課・幼児教育課 編／東洋館出版社）
2001	学校評価—見直しにつながる項目の立て方（特集 全面実施の来年度〔平成14年度〕計画：焦点はどこか）	学校運営研究 40(12)（通号 530）, 54-59（明治図書出版）

488

2001	学校教育目標が抽象的で学校評価に反映できない（学校経営ハンドブック(2) 新しい時代の「学校の危機管理」）―（事例―予防・点検から事後処理まで(2)）教育課程と教育活動にかかわるトラブルと危機管理	学校経営 46(4)（臨増），114-119（第一法規出版）
2002	シンポジウム 提案 新しい学校選択時代の学校評価＝規準＆基準づくりの試み（特集 学校評価―どう進む？住民参加の採点簿）	学校運営研究 41(6)（通号 537），14-22（明治図書出版）
2002	こう進めたい！"住民参加の学校評価"のあり方 諸外国の学校評価から考える（特集 学校評価―どう進む？住民参加の採点簿）	学校運営研究 41(6)（通号 537），23-31（明治図書出版）
2002	提言＝情報公開に備える "学校評価"の規準＆基準づくり（特集 学校評価―どう進む？住民参加の採点簿）	学校運営研究 41(6)（通号 537），36-41（明治図書出版）
2002	提言＝外部評価に耐える "学校評価"の規準＆基準づくり（特集 学校評価―どう進む？住民参加の採点簿）	学校運営研究 41(6)（通号 537），42-47（明治図書出版）
2002	特集 学校評価―どう進む？住民参加の採点簿	学校運営研究 41(6)（通号 537），7-56（明治図書出版）
2002	第二特集 学校評価をどう実施するか	月刊高校教育 35(7)，36-44（全国高等学校長協会，高校教育研究会 編／学事出版）
2002	ラウンジ 学校評価と教員評価	内外教育 (5116)，20（時事通信社 編／時事通信社）
2002	ホームページを新手法として重視―教育長協議会の研究報告(3) 情報提供と学校評価	内外教育 (5111)，10-11（時事通信社 編／時事通信社）
2003	特集 学校評価	クレスコ 3(2)（通号 23），4-15（クレスコ編集委員会・全日本教職員組合 編／大月書店）
2003	新しい教育課題への対応度をチェックできる評価項目とは（特集 新課題に対応する"学校評価"の改革点）	学校運営研究 42(11)（通号 554），20-31（明治図書出版）

2003	視点が見え改善方向がわかる評価項目とチェックポイント（特集 新課題に対応する"学校評価"の改革点）	学校運営研究 42(11)（通号 554），32-51（明治図書出版）
2003	学校評価を次年度の学校計画にどう役立てるか—ポイントはここだ（特集 新課題に対応する"学校評価"の改革点）	学校運営研究 42(11)（通号 554），52-59（明治図書出版）
2003	特集 新課題に対応する"学校評価"の改革点	学校運営研究 42(11)（通号 554），7-59（明治図書出版）
2003	どんな評価システム導入の動きがあるのか（特集 新課題に対応する"学校評価"の改革点）	学校運営研究 42(11)（通号 554），8-19（明治図書出版）
2003	特集「学校評価システム」の改革点	学校経営 48(1)，12-61（第一法規出版）
2003	特集 学校評価に活かす学校設置基準—学校文化にどう根づかせるかに向けて	教職研修 31(6)（通号 366），27-84（教育開発研究所／教育開発研究所）
2003	資料 小学校設置基準及び中学校設置基準について（通知）（特集 学校評価に活かす学校設置基準—学校文化にどう根づかせるか）	教職研修 31(6)（通号 366），80-84（教育開発研究所／教育開発研究所）
2003	特集 学校評価にどう取り組むか	月刊高校教育 36(11)，21-52（全国高等学校長協会，高校教育研究会 編／学事出版）
2003	特集〈新・学校評価〉の時代—足もとからの確かな評価のために	総合教育技術 57(15)，17-49（小学館）
2003	東京都品川区「学校評価制度」—外部評価者を325人委嘱，自治体内の全小・中学校で実施（特集〈新・学校評価〉の時代—足もとからの確かな評価のために）	総合教育技術 57(15)，28-33（小学館）
2003	評の評 教育雑誌（2003年）2月号 信頼が得られる学校評価を	内外教育 (5301)，17-20（時事通信社 編／時事通信社）

2003	特集 学校評価を考える	日本教育 (316), 6-19 (日本教育会 編／日本教育会)
2004	特集 学校評価 公立高校における「学校マネジメントの考え方と導入状況 (「学校評価」全国レポート いかに学校をマネジメントするか)	キャリアガイダンス 36 (4) (通号 358), 18-49 (リクルート)
2004	Part2 public case 公立高校における「学校マネジメントの考え方と導入状況 (「学校評価」全国レポート いかに学校をマネジメントするか)	キャリアガイダンス 36 (4) (通号 358), 28-33 (リクルート)
2004	47都道府県 13政令指定都市完全網羅「学校マネジメント」全国調査レポート (「学校評価」全国レポート いかに学校をマネジメントするか) ―― (Part2 public case 公立高校における「学校評価」の考え方と導入状況)	キャリアガイダンス 36 (4) (通号 358), 28-33 (リクルート)
2004	「学校評価」全国レポート いかに学校をマネジメントするか	キャリアガイダンス 36 (4) (通号 358), 6-49 (リクルート)
2004	Part1 advanced case (「学校評価」全国レポート いかに学校をマネジメントするか)	キャリアガイダンス 36 (4) (通号 358), 8-17 (リクルート)
2004	児童生徒にかかわる評価と学校改善の方向と課題 (特集 新学校評価―どんな診断票でどう進めるか)	学校マネジメント 43 (12) (通号 568), 52-59 (明治図書出版)
2004	特集 新学校評価―どんな診断票でどう進めるか	学校マネジメント 43 (12) (通号 568), 7-59 (明治図書出版)
2004	学校評価のマネジメント計画・実行・改善のサイクルづくり (特集 新学校評価―どんな診断票でどう進めるか)	学校マネジメント 43 (12) (通号 568), 14-21 (明治図書出版)
2004	経営の評価―改革に役立つ診断票の開発 (特集 新学校評価―どんな診断票でどう進めるか)	学校マネジメント 43 (12) (通号 568), 22-39 (明治図書出版)
2004	教職員の教育活動にかかわる評価―改革につながる診断票の開発 (特集 新学校評価―どんな診断票でどう進めるか)	学校マネジメント 43 (12) (通号 568), 40-51 (明治図書出版)
2004	経営方針策定に役立つ学校評価とは―05年度の焦点・重点 (特集 新学校評価―どんな診断票でどう進めるか)	学校マネジメント 43 (12) (通号 568), 7-9 (明治図書出版)

2004	特集 学校評価─学校改善に結びつける	学校運営 45 (10) (通号 510), 4-26 (全国公立学校教頭会編／学校教育研究所
2004	特集 学校評価─現状と課題	教育時評 (2), 2-31 (学校運営研究会編／学校教育研究所
2004	特集 学校文化と学校評価	教育展望 50 (2) (通号 541), 4-27, 32-47 (教育調査研究所編／教育調査研究所)
2004	今月の特集 学校評価を改善に活かす	月刊高校教育 37 (4), 21-47 (全国高等学校長協会、高校教育研究会編／学事出版)
2004	特集 子ども・教師・学校評価を問う	現代学校研究論集 22, 1-26 (京都教育大学公教育経営研究会)
2004	はじめの一歩を踏み出すための新学校評価─考え方と実践の手引き	人間と教育 (通号 41), 16-100 (民主教育研究所編／旬報社)
2004	特集 1次年度の授業改善に活かす〈学校評価〉	総合教育技術 58 (15) (増刊), 6-145 (小学館)
2004	ポイント解説／教職員・保護者・子どもたちから集めた「自己評価・外部評価」を、授業改善や学校教育改革につなげるために、どのように咀嚼して活用すればよいのか？（特集 1次年度の授業改善に活かす〈学校評価〉）	総合教育技術 59 (10), 19-51 (小学館)
2004	検証レポート／「自己評価・外部評価」で得た「学校評価」を、いかに効果的に次年度の教職員・児童・生徒指導に活用していくのか？（特集 1次年度の授業改善に活かす〈学校評価〉）	総合教育技術 59 (10), 20-35 (小学館)
2004	インフォメーション 公立学校における学校評価及び情報提供の実施状況（平成 14年度間調査結果）	総合教育技術 59 (10), 36-51 (小学館)
2004	インフォメーション 公立学校における学校評価及び情報提供の実施状況（平成 14年度間調査結果）	中等教育資料 53 (3) (通号 814), 112-105 (文部科学省教育課程課編／ぎょうせい)

2004	調査「公立学校の9割が自己評価行う—文科省が「学校評価および情報提供」調査	内外教育 (5416)、4-7 (時事通信社 編／時事通信社)
2004	調査「自己」は9割強、「外部」は6割強が実施—文科省の「学校評価および情報提供の実施状況」調査	内外教育 (5325)、4-7 (時事通信社 編／時事通信社)
2004	学校評価の結果公表にためらいも—全国高校教頭会が研究集録	内外教育 (5327)、2-3 (時事通信社 編／時事通信社)
2005	特集 学校評価システムの確立 まとめ	学校運営 47 (2) (通号 526)、4-26 (全国公立学校教頭会 編／学校運営研究会)
2005	参考資料 学校評価及び情報提供の実施状況 (平成15年度間調査結果) (特集 学校評価システムの確立)	学校運営 47 (2) (通号 526)、24-26 (全国公立学校教頭会 編／学校運営研究会)
2005	特集 2 保護者の力を生かす〈学校評価〉	総合教育技術 60 (1)、83-101 (小学館)
2005	ラウンジ 学校評価システム	内外教育 (5500)、24 (時事通信社／時事通信社)
2005	2006年度重点施策と概算要求—文部科学省 義務教育負担金は例年並みの2兆5246億円—学力テストを準備、学校評価も充実	地方行政 (9576)、6-8 (時事通信社)
2006	特集 学校評価システムの構築に向けて	教育委員会月報 58 (4) (通号 682)、2-53 (文部科学省 著／第一法規)
2006	特集 新しい学校評価の視点	教育展望 52 (8) (通号 569)、4-43 (教育調査研究所 編／教育調査研究所)
2006	特集 学校評価をどう工夫・改善するか—「学校評価ガイドライン」活用の視点	教職研修 34 (12) (通号 408)、33-89 (教育開発研究所)
2006	資料 義務教育諸学校における学校評価ガイドライン 全文 (特集 学校評価をどう工夫・改善するか—「学校評価ガイドライン」活用の視点)	教職研修 34 (12) (通号 408)、82-89 (教育開発研究所 編／教育開発研究所)

2006	ニュース 義務教育諸学校における学校評価ガイドライン	初等教育資料(811), 95-108 (文部科学省教育課程課・幼児教育課 編／東洋館出版社)
2006	教育法規あらかると 学校評価ガイドラインの性質	内外教育(5620), 30 (時事通信社 編／時事通信社)
2006	学力調査の結果などが対象項目に—文科省が学校評価のガイドラインを策定	内外教育(5621), 8-9 (時事通信社 編／時事通信社)
2006	各国の学校評価事例を報告—文科省などが初中教育で国際シンポ	内外教育(5647), 2-3 (時事通信社 編／時事通信社)
2006	調査1 8割弱の公立学校が外部評価導入—文科省の「学校評価及び情報提供の実施状況」調査	内外教育(5650), 2-5 (時事通信社 編／時事通信社)
2006	調査2 校長のリーダーシップ育成がカギに—学校評価めぐり京大大学院研究生が実態調査	内外教育(5650), 14 (時事通信社 編／時事通信社)
2006	評の評 教育誌〔2006年〕3月号 学校評価を新年度に生かす	内外教育(5651), 18-21 (時事通信社 編／時事通信社)
2007	校長の指導力=自己診断するポイント (特集 学校評価に役に立つ "診断・改善票" の提案)	学校マネジメント 46(1) (通号 597), 54-57 (明治図書出版)
2007	学校運営状況の評価—"診断・改善票" の提案 (特集 学校評価に役に立つ "診断・改善票" の提案)	学校マネジメント 46(1) (通号 597), 10-29 (明治図書出版)
2007	教師力の評価=改善点が見えてくる "診断・改善票" の提案 (特集 学校評価に役に立つ "診断・改善票" の提案)	学校マネジメント 46(1) (通号 597), 30-39 (明治図書出版)
2007	学校のリスクマネジメントと経営の "診断・改善票" の提案 (特集 学校評価に役に立つ "診断・改善票" の提案)	学校マネジメント 46(1) (通号 597), 40-53 (明治図書出版)
2007	コピーしてすぐ使える="診断・評価シート"の紹介 (特集 学校評価に役に立つ "診断・改善票" の提案)	学校マネジメント 46(1) (通号 597), 58-63 (明治図書出版)

	2007	特集 学校評価─役に立つ"診断・改善票"の提案	学校マネジメント 46 (1) (通号 597), 7-63 (明治図書出版)
	2007	小特集・教員評価・学校評価の新たな段階	教育 57 (2) (通号 733), 85-104 (教育科学研究会 編／国土社)
	2007	「教師に任せろ」は通用せず、保護者も参加の学校評価 (COVER STORY 全解明 ニッポンの教師と学校)	週刊東洋経済 (6086), 51 (東洋経済新報社)
	2007	PART3 評価結果について (特集1 客観性・信頼性を高める「学校評価」)	総合教育技術 61 (14), 26-31 (小学館)
	2007	PART1 自己評価について (特集1 客観性・信頼性を高める「学校評価」)	総合教育技術 61 (14), 13-39 (小学館)
	2007	PART2 外部評価について (特集1 客観性・信頼性を高める「学校評価」)	総合教育技術 61 (14), 14-19 (小学館)
浦野東洋一	2002	インタビュー 学校評議員制度と学校評価─浦野東洋一 東京大学教授 (第二特集 学校評価をどう実施するか)	月刊高校教育 35 (7), 36-39 (学事出版)
	2006	義務教育諸学校における学校評価ガイドラインの概要 (特集 学校評価システムの構築に向けて)	教育委員会月報 58 (4) (通号 682), 24-26 (文部科学省 著／第一法規)
国立教育政策研究所教育課程研究センター	2002	評価規準の作成、評価方法の工夫改善のための参考資料 (小学校) ─評価規準、評価方法等の研究開発 (報告) (抄)	初等教育資料 (通号 755), 144-95 (文部科学省教育課程課・幼児教育課 編／東洋館出版社)
国立教育政策研究所教育課程研究センター	2002	評価規準の作成、評価方法の工夫改善のための参考資料 (小学校) ─評価規準、評価方法等の研究開発 (報告) (抄)	初等教育資料 (通号 756), 148-93 (文部科学省教育課程課・幼児教育課 編／東洋館出版社)

国立教育政策研究所教育課程研究センター	2002	評価規準の作成、評価方法等の工夫改善のための研究開発（報告）――評価規準、評価方法等の研究開発（抄）	初等中等教育資料 51(6)（通号 757）, 156-99（文部科学省教育課程課 編／大日本図書）
国立教育政策研究所教育課程研究センター	2002	とらのもん・インフォメーション 評価規準の作成、評価方法等の工夫改善のための参考資料（小学校）――評価規準、評価方法等の研究開発（報告）	中等教育資料 51(6)（通号 792）, 170-98（文部科学省教育課程課 編／東洋館出版社）
国立教育政策研究所教育課程研究センター	2002	とらのもん・インフォメーション 評価規準の作成、評価方法等の工夫改善のための参考資料（中学校）――評価規準、評価方法等の研究開発（報告）	中等教育資料 51(7)（通号 793）, 143-107（文部科学省教育課程課 編／大日本図書）
国立教育政策研究所教育課程研究センター	2002	とらのもん・インフォメーション 評価規準の作成、評価方法等の工夫改善のための参考資料（中学校）――評価規準、評価方法等の研究開発（報告）	中等教育資料 51(8)（通号 794）, 142-104（文部科学省教育課程課 編／大日本図書）
初等中等教育課程研究センター	2004	調査・統計 学校評価及び情報提供の実施状況（平成15年度間調査結果）	教育委員会月報 56(8)（通号 662）, 19-28（文部科学省 著／第一法規）
大学評価・学位授与機構	2005		高等専門学校評価基準（機関別認証評価）
古川治	2006	面接対策1 想定Q&Aで考える面接試験――このテーマの出題背景と解答例（第19回）今月の面接テーマ「教育改革の今日的課題(1)」「学校評価ガイドライン」(2006 学校管理職研修)	総合教育技術 61(10), 130-133（小学館）
ベネッセ教育研究所	2000	学校ってどんなところ？――子どもたちの学校評価	小学生ナウ 20(2), 42-45
文部科学省	2006	義務教育諸学校における学校評価ガイドライン（特集 学校評価システムの構築に向けて）	教育委員会月報 58(4)（通号 682）, 27-38（文部科学省 著／第一法規）
文部科学省	2006	義務教育諸学校における学校評価ガイドライン	内外教育(5620), 1-10（時事通信社 編／時事通信社）
文部科学省初等中等教育企画課	2004	調査・統計 公立学校における学校評価及び情報提供の実施状況（平成14年度間）（特集 学校の評価と公開）	教育委員会月報 55(10)（通号 652）, 22-31（文部科学省 著／第一法規）

文部科学省初等中等教育局初等中等教育企画課	2006	調査・統計 学校評価及び情報提供の実施状況調査結果の概要(平成16年度間 調査結果)	教育委員会月報 57(11)（通号 677）, 55-70（文部科学省 著/第一法規）
文部科学省初等中等教育局初等中等教育企画課	2006	特別記事 学校評価及び情報提供の実施状況調査結果（平成16年度間）	文部科学時報（11）, 48-53（文部科学省 編/ぎょうせい）
若月秀夫、矢内忠	2003	「学校は、学校だけの力ではよくなれない」―若月秀夫・東京都品川区教育長インタビュー（特集（新・学校評価）の時代―足もとからの確かな評価のために）―（東京都品川区「学校評価制度」―外部評価者を325人委嘱、自治体内の全小・中学校で実施）	総合教育技術 57(15), 30-33（小学館）

編集分担

熊木天児（くまき・たかし）
香川大学教授
第6章、第15章、稿尾、
其料1、其料2、其料3（編著者）

長峯晴二郎（ながみね・しんじろう）
福岡大学教授
第1章、第4章、第14章、稿尾、其料2

遠藤克弥（えんどう・かつや）
和歌山医科大学准教授
第1章、第19章

加藤崇英（かとう・たかひで）
茨城大学准教授
第2章、第3章、第5章、第12章、稿尾、
其料3

滝沢 潤（たきざわ・じゅん）
大阪市立大学大学院准教授
第18章

長橋 要（ながはし・のぞむ）
横浜大学大学院講師
第7章、其料1

實吉 朋（さねよし・とも）
新潟大学大学院医学系教授
第8章

福木昌之（ふくき・まさゆき）
川崎医療福祉大学教授
第9章、其料1

米國一明（よねくに・かずあき）
名城大学大学院医学系教授
第10章、稿尾、其料1

藤井佐知子（ふじい・さちこ）
宇都宮大学教授
第11章、第16章、稿尾

南部初世（なんぶ・はつよ）
名古屋大学准教授
第13章

杉浦美朗（すぎうら・みろう）
明治図書出版
第13章

小出隆子（こいで・たかこ）
中京大学非常勤講師
第13章

岡田悠佑（おかだ・ゆうすけ）
京都教育大学教授
第17章

2013年2月25日　初版第1刷発行

編著者————福本みち代

発行者————小原芳明

発行所————玉川大学出版部
〒194-8610　東京都町田市玉川学園6-1-1
TEL 042-739-8935　FAX 042-739-8940
http://www.tamagawa.jp/introduction/press/
振替　00180-7-26665

装幀————しまうまデザイン

印刷・製本————創栄図書印刷株式会社

乱丁・落丁本はお取り替えいたします。

©Michiyo Fukumoto 2013　Printed in Japan
ISBN 978-4-472-40466-5 C3037 / NDC 374

学校経営システムの展開に関する実証的研究